U0856661

读懂陈寅恪

王川 著

南京大学出版社

士之读书治学，盖将以脱心志于俗谛之桎梏，真理因得以发扬。思想而不自由，毋宁死耳。

先生之著述，或有时而不章。先生之学说，或有时而可商。惟此独立之精神，自由之思想，历千万祀，与天壤而同久，共三光而永光。

——陈寅恪《清华大学王观堂先生纪念碑铭》

目　录

序　论　陈寅恪姓名的音义

一、陈寅恪的姓氏、字

（一）字

学术界一代宗师陈寅恪先生（1890 年 7 月 3 日—1969 年 10 月 7 日，以下行文中简称“陈寅恪”为“寅恪”），于光绪十六年五月十七日乙酉寅时，出生于湖南长沙的通泰街周达武提督蜕园（即唐刘蜕故宅）。时值农历庚寅年寅时，“双寅”毕至，时年 59 岁的寅恪祖母黄太夫人，便以当年的十二生肖命名为“寅”。

按照中国传统的取名习俗，名、字对文互义，“寅”字还有“恭敬”之义，因此，获字“彦恭”（未用），又字“鹤寿”（亦未用）。至于“寅”字的本义与十二地支的来源，可参阅章太炎弟子汤炳正（1910—1998 年）的宏文[①]。

与此类似，寅恪同辈兄弟取字，亦均如此，或“升隆而平和”（五兄隆恪，字彦和），“方而又能通”（七弟方恪，字彦通），或“登而能上”（八弟登恪，字彦上），等。

（二）叔伯排序

寅恪的同辈叔伯兄弟共八人，即陈宝箴的八个孙子。在叔伯兄弟之间，长兄陈衡恪（1876—1923 年，字师曾）排行最长；老二殇；老三同亮殇；四兄覃恪（1881—1953 年，字陟夫）；八弟登恪（1897—1974 年）排行最少。此外，还有胞妹三人。

① 汤炳正：《试论“寅”字的本义与十二支的来源》，《江汉论坛》1983 年第 8 期，第 45—48 页。

在同辈叔伯兄弟之中，寅恪排行第六，因此被称为“六兄（弟）”“六叔（伯）”等。

（三）自号：“青园翁”或“青园”

20世纪40年代初，西南联合大学内迁，在昆明办学，寅恪寓于城内青云街靛花巷内，他“称之为‘青园学舍’”，因此，自号“青园翁”。[①]

1941年末，寅恪困于港岛，“于万国兵戈饥寒疾病之中”，在读完坊本《建炎以来系年要录》后，跋题云“青园翁寅恪”；1942年初，寅恪在校读完《新唐书》第三遍后，在题字旁，亲钤阳文方印，曰“青园居士”。[②]

（四）陈姓是中国第五大姓

陈姓渊源很久远，为舜帝之后，因而支系庞杂，人口众多。据2007年的一项统计，陈姓是我国第五大姓。公安部治安管理局过去对全国户籍人口的一项统计分析显示：姓氏人口总数在2 000万人以上的姓有10个，依次为王、李、张、刘、陈、杨、黄、赵、吴、周。列前100名姓氏的人口数，占全国总人口的84.77%。

其中，王姓是我国第一大姓，有9 288.1万人，占全国人口总数的7.25%；李姓是我国第二大姓，9 207万人，占全国人口总数的7.19%；第三位是张姓，8 750万人，占全国人口总数的6.83%。陈姓排名第五，5 673万人，占全国人口总数的4.26%。[③]

二、族名“恪”的来历及音义

（一）“恪”的来历及意义

同治二年（1863年）秋季，渐有政声的寅恪祖父陈宝箴，与同为“怀远”人

---

① 中山大学编委会：《纪念陈寅恪教授国际学术讨论会文集》，中山大学出版社1988年版，第35页；蒋天枢：《陈寅恪先生编年事辑》，上海：上海古籍出版社，1997年，第129页。

② 《陈寅恪集　讲义及杂稿》，第445页；《陈寅恪先生编年事辑》，第131页。

③ 《公安部统计显示王姓成为我国第一大姓》，见新浪网“新闻中心·国内新闻”，北京，2007年4月24日。

的同科举人陈文凤完成了“合修宗谱”（通谱），重新制定了陈氏族名、行辈顺序，云：“三恪封虞后，良家重海邦。凤飞占远耀，振彩复西江。”并规定，从开基祖下延到二十一世，一律按通谱派号取名，废止以前各支自定的私派。

为了使“三恪封虞后”的最新派号顺利推行，陈宝箴动员家族成员改字，甚至将当时已成年子弟的原名都改成“三”字。如陈宝箴从侄“成塾”时已年三十，按照新谱派重新改名为“三略”，陈宝箴长子“成牧”，即陈寅恪生父，时已十一岁，亦改名“三立”，等。

“三恪封虞后”典出周代，乃古礼制。先秦时期，新朝为了巩固统治，安抚前朝遗老，赐封地给前朝贵胄后裔。“三恪”即“三客”，即以“客”（贵宾）之礼，优待夏、商、周三代帝胄子孙之意。姬发（？—前1043年）成为周武王后，封舜帝之后妫满于河南东部、安徽西部一带，建立“陈”国，其子孙遂以国为姓。相传，舜帝因姚墟之生而姓姚，又因居于妫水而姓妫，后在蒲阪（今山西永济）建都，名列“五帝”之一。

据明人焦竑《焦氏笔乘》“古字有通用假借”条：“‘以备三恪’，恪当读如客，恪、客古通用。”清人吴大澂（愙斋）所著《古籀汇编》卷十，则据周朝的愙鼎考证，“愙（恪）”为“客”字的异文，因此，“三恪”即“三客”，即以客礼相待夏、商、周三代子孙之意。①

可见，陈宝箴决定的“三恪封虞后”的排行顺序，不仅概括了陈姓得姓的尊贵来源，也蕴含着“恪”字的音、形、义。

（二）“恪”字的音、形、义

寅恪属于客家人，却未在客家地区出生，之后又随祖父、父亲在外省启蒙读书，12岁出国，为了求学而奔波在亚、欧、美三洲之间，发奋攻读古今中外语言文字数十种，并且最终掌握，反过来，对于自己的家乡话——客家话，他本人听得懂，却不会讲。他对客家话记忆最著名的例子就是他名字的读音，即“恪”字读“确”音。对于这个字的读音问题，咬文嚼字的学者争论不休。

① 刘经富：《陈寅恪名字及“恪”字辈的由来》，载《南昌大学学报》2009年12月15日。

1940 年 5 月，陈寅恪在万事准备就绪后，准备于 9 月抵英国牛津大学，以就聘牛津大学汉学讲席。在通知牛津大学的英文亲笔信中，陈寅恪亲书自己姓名的英文读音为“Tschen Yin koh”[①]，此处“恪”为“克”音；陈寅恪的外国学友戴密微（P. Demieville）在《陈寅恪，1890—1969》一文中，亦将陈寅恪亲书自己的姓名作“Tchén Yin-Kò”[②]，系沿用陈氏亲书的“恪”为“克”音。而 1956 年中山大学《本校专家调查表》（中山大学档案馆藏档案）中，陈寅恪口授、唐筼亲书的“外文名”一栏下填写为“Yin koh Tschen”（德文拼音）及“Chen Yin Ke”（英文拼音），此处“恪”有“确”“克”音。

事实上，他的学生、助手如季羡林、王永兴、石泉、李涵、胡守为、蔡鸿生以及今天中山大学的大多数教授，都读“确”音，就连他的女儿也念“确”音。中大的一些老人还亲眼见过当年有人念陈寅恪的名字，把“恪”念成“ke”时，陈夫人唐晓莹还纠正说，“恪”字要念“确”。他的好友、著名语言学家赵元任，刚开始记他的英文名字时记作“Y. C. Chen”，后来看到他自己用的拼法时才改写作“Yinko Tschen”，可见他们平时交往时也念“确”音。

中山大学历史系教授程美宝在英国牛津大学查阅陈寅恪档案，中有胡适用英文写给牛津大学推荐他任教的信件，称为“Professor Ying—chiuh Chen”；伦敦大学东方艺术和考古学教授叶慈（Perceval Yetts）致牛津大学的信件，也称“Professor Chen Yinchieh”，并且说明“Chen Yinchieh”的写法是以往通讯中的写法，这些地方都是“确”音。

中山大学历史系蔡鸿生教授是“著名的中西交通史专家”“当代人文社会科学家”[③]，由于他是中山大学历史系 1953 级学生，有幸亲领陈寅恪之教泽，并与陈寅恪三女陈美延（化学系副教授）共同执教于康乐园。蔡鸿生在中山大

---

① 参阅刘志伟、程美宝：《陈寅恪与牛津绿悭一面的真相》，香港：《明报》（月刊）1999 年 4 月号。

② 戴密微（P. Demieville）：《陈寅恪，1890—1969》（Tchén Yin-Kò，1890—1969），《通报》（TP）第 26 卷，1971 年，第 138 页。

③ 季羡林：《怀旧集》，北京大学出版社 1996 年版，第 178 页；《蔡鸿生唐代九姓胡与突厥文化·序》，中华书局 1998 年版，第 2 页。

学珠海校区“中华优秀文化讲座”的讲演《陈寅恪及其对武则天的评价》(2001年3月6日)中,如是说:

> 陈寅恪的“恪”,词典上读 ke,但他们陈寅恪家族则读 què,正确的“确”音。他教过的学生,跟他一起工作过的同事都是称呼他陈寅恪(què)。对这个字我还不放心,专门请教他的女儿,女儿是绝对不会读错父亲的名字的。她说从她懂事起家里就这样读法。①

蔡鸿生教授请教的是寅恪小女陈美延女士,中共四川省委党校杨伯涛教授请教的则是寅恪长女陈流求女士,流求说:

> 我的父亲是恪(què)字辈,我伯父及叔叔的名字中都有恪字,大家都读“恪”为 què。我母亲嫁到陈家自然也按陈家读音称呼我的父亲,这不能说成是她的首创。②

四川师范大学中文系退休教授郭祝崧先生,是20世纪40年代上半期“东西文化学社总社”的“办公室干事”,当时陈寅恪为总社常务理事,由于同处成都及社务关系,郭祝崧称与陈寅恪“较熟识”,“我听过陈教授的课”,他说:

> 陈寅恪教授大名中的“恪”,上世纪40年代,华西坝各大学师生都称作“què 却”,60年代初,广州中山大学端木正教授等也称作“却”,没有读作“课、克、珂、壳”等音的。
>
> 40年代上半期,陈教授是应金陵大学、燕京大学聘到华西坝,教选修他所开隋唐史的学生包括坝上七所大学的,四川大学、光华大学学生也有

---

① 蔡鸿生:《学境》,(香港)博士苑出版社2001年版,第81页。

② 转引自杨伯涛:《陈寅恪的“恪”应读作 què》,《文史杂志》2001年第2期,第65页。

> 远到坝上听课的……华(西)大(学)中文系办公室的王沛(仲镛,80年代上半期任四川师大教授,1915—1997)、白敦仁(成都大学中文系)二同志曾予协助。当时陈教授目疾严重,不便书写黑板。……他对同事的教师和所教学生,都自读"恪"作"却"。……(我在东西文化学社总社)常听到中外老师称呼他时,把"恪"作"却"。学社外文印件对其"恪"的音译也作"却"。[①]

寅恪夫人唐筼之兄唐兰,当时也任教于华大哲史系,唐教授口中的"恪"也音读为"却"。

> 60年代上半期,我应端木正二表兄(现仍任中山大学法学研究所所长,曾任最高人民法院副院长)约去中山大学,知道陈教授几乎完全失明……当时听中山大学教授们和校干部、职员、工人,也都读"恪"为"却"。……当然,我不了解陈教授大名里的"恪",是否有过读"格"或其他近似音的事实。陈教授的方音很重,没有完全照说国语语音,但却与"格""课"等音读绝不易混淆;而后者也实在未出他尊口。

1939年秋季入学西南联大的何兆武,是寅恪曾教过的学生,他说:"陈寅恪老师是当代学术界的泰斗,但连他那中文的发言,实在也是不够标准的。"[②]20世纪40年代称为成都燕京大学的历史系讲师王钟翰,是寅恪上课的旁听者,他说:"先生讲课,稍带长沙口音,声调低微,每令人不易听懂。"[③]可见寅恪讲话带有江西、长沙二地口音,"令人不易听懂"。

---

① 郭祝崧:《我所知道的陈寅恪之"恪"的读音》,《文史杂志》2001年第5期,第27页。

② 何兆武:《回忆吴雨僧师片断》,载李继凯、刘瑞春编:《追忆吴宓》,社会科学文献出版社2001年版,第97—98页。

③ 中山大学历史系编:《纪念陈寅恪教授国际学术讨论会文集》,中山大学出版社1989年版,第49页。

无论为何地口音，寅恪的学生如周一良、季羡林、王永兴、胡守为、蔡鸿生等氏均读为“确”音[①]，无一读为“克”音，这读音显然来自陈寅恪本人。

查工具书《辞海》对“恪”字的解释[②]：恪（kè 课，旧读 què 却），谨慎、恭敬。《诗・商颂・那》：“执事有恪。”《新唐书・崔元综传》：“性恪慎，坐政事堂，束带终日不休偃。”恪尊，即“可敦”。恪恭，恭敬。《国语・周语上》：“民用莫不震动，恪恭于衣，修其疆畔。”再查《汉语词典》对“恪”字的解释[③]：（一）ㄎㄜ，并以“科”表音节，加点表入声，加圈表今读去声；（二）ㄑㄩㄝ（又读），以“缺”表音节，点圈亦同。

由以上论述可见，“恪”字古有“克”“确”二音，今读亦有“克”“确”二音，寅恪手书自己姓氏的英、德文音译亦有“克”“确”二音，而“确”音稍多。而寅恪弟子及长女、三女、同事、曾教过的学生均读为“确”音。

在此前提下，尊重名字拥有者寅恪的读法（“不够标准的”“长沙口音”的江西修水客家话），将“恪”字读为“确”音，是更好的选择。有学者称，“恪”字是否读为“确”音可视为是否真正了解寅恪及其文化观的“寒暑表”，笔者对此表示赞成。

---

① 笔者出席的多次陈寅恪学术研讨会上，听陈寅恪曾教过的学生言，均读为“确”音。

② 《辞海》（中册），上海辞书出版社 1979 年版，第 1989 页；增补本，1982 年版，第 262 页。

③ 《汉语词典》，商务印书馆 1962 年版，转引自戊丁：《关于“恪”字的两读》，《文史杂志》2001 年第 3 期，第 53—54 页。

第一章　陈寅恪家世

第一节　“客家”“文化贵族”

一、客家“怀远”，江州义门

（一）客家“怀远”籍

寅恪是随祖父、父亲为官湖南长沙而出生于异地的，可谓“客居”异乡而出生的人，事实上，寅恪确是地道的“客家人”。身为客家人的客家学学者罗香林（1907—1978年），是寅恪早年在清华的学生，他回忆道：

> 陈师的籍贯，是江西义宁县，即前清义宁州的修水县，他的上代是从福建的上杭（汀州所属）迁去的，本属客家系统。义宁的客家人，多数是在清初从福建的汀州和广东的嘉义州迁去的。
>
> 我在清华念书的时候，陈师曾对我说：这些从闽粤迁去义宁的客家人，多数以耕读为业，因为生性耐劳，所以考秀才的时候，本地人往往以学额被客家学子多分去了，便出而纷争，甚至阻挡客家学子入场应考，后来由封疆大吏请准清廷，另设“怀远籍”学额，专给客家人应考，与原来的学额无关，这才把纷争平息。
>
> 陈师一家，自他高祖腾远公，以至他父亲伯严先生（三立）都是由“怀远籍”入学，以至逐级考获各种高科的。

陈师一家，正因为是客家系统，而客家又是保持中原文化特别浓厚的族群……这也是陈师因我研究客家语言和历史，所以特别对我说的。[①]

罗香林与寅恪师生关系融洽，过从较多，而且在清华时期寅恪指导罗香林完成论文了《客家源流》，为他后来完成名著《客家源流考》奠定了基础。他的回忆记录了寅恪承认自己家族的两大源流："客家人"和"怀远籍"。

"客家人"——处处为客，四海为家。这一个汉族的支系，在世界范围内广泛分布，许多出门在外的客家人都曾被这样问过：客家人是少数民族吗？

20世纪30年代初，罗香林在研究"客家"问题时，首先引用"民系"的族属概念，来称呼汉族南迁的各大支系，首创了"民系"（the branches of nationality）一词。他认为，一个庞大的民族会因为时代和环境的变迁，逐渐分化，形成微有不同的亚文化群体，也就是"民系"，民系的认同有三个标准：血统、语言、文化认同，"他的内涵就是同一民族内部的各个独立的支系或单元，它涵盖了民族共同体内部多元一体的这一基本格局"[②]。

罗香林在出版的《客家研究导论》《客家源流考》二书中，根据汉族移民史、汉语方言区的划分，将南迁汉族划分为五大民系：越海系（又称江浙系）、广府系（又称两广本地系、南汉系）、闽海系（又称福佬系）、湘赣系、客家系（又称闽粤赣系）；并指出，汉族在中原主体之外，还有潮汕、福佬、客家等民系，而且"客家"是唯一没有用地域来命名的汉族民系。通过民系的划分，罗香林把对方言区的研究上升到了对各民系，特别是客家民系族属源流和社会经济文化的研究。罗香林的这一研究成果，奠定了客家研究的基础，为海内外学术界所认同。"客家"民系的研究，对研究汉族各民系有极大的启示和帮助，推动了汉族内部其他民系的研究。

客家的先民，原是中原人士，居住于黄河流域。从东汉末期起，不得不背

① 罗香林：《回忆陈寅恪师》，转引自卞僧慧《陈寅恪先生年谱长编（初稿）》，第28—29页。

② 罗香林：《客家学导论》，上海人民出版社1996年版，第5页。

图 1-1　客家人

井离乡，另辟天地。西晋末年的民族融合，推动了中原人的第一次大规模南迁，是为客家南迁之始。此后，一旦中原有乱，为了逃避战乱，或者因为“原籍地窄人稠”，或者因为官职调迁，或者因为游学、经商，或者为了躲避政治斗争，中原人士不断南迁。尤其是历代一有战乱，中原民众就成批南移，先后到达南方各地。如公元 8 世纪的“安史之乱”、南宋王朝灭亡前后的朝代更迭、公元 17 世纪满人入主中原、康熙年间的“湖广填四川”等，数次大规模迁徙，一批又一批汉人由中原南下，大规模迁往福建、广东、江西等地区：或到赣南，或到闽西，再到粤东，甚至扩散到海外。也有部分客家人停留在湖南、四川的一些山区，形成了当今客家人散居南方多个地区的状态。这些人为了与所到之处的本地人相区别，因为他们“处处为客”“四海为家”，自称“客家”或“来人”，意为“客居他人家乡的人”，久而久之，他们在所到之处世代劳作生息，不再迁移。可见，客家的历史就是一部迁徙的历史，也是“保持中原文化特别浓厚的族群”传播中原文化的历史。

客家人信守中原传统文化，善于持家兴业，勤勤恳恳、任劳任怨，团结一致。寅恪祖父陈宝箴与黄遵宪极其友好，与后者是广东嘉应客家人也有一定的关系。历史上，客家人中涌现出了许多杰出人物。客家人聚居在一起，始终保持原来的方言、歌谣、风俗等文化特点，很少与所到之处的民众通婚，具有鲜明的特征。

陈家一直保持着客家人的本色。如寅恪父亲陈三立，到南昌后，见了廖国仁等客家后生，仍不忘讲客家话；到了晚年，三立老人依然不忘给孙辈讲祖辈客家人的历史，教孙辈唱客家人的儿歌。

寅恪先祖就是这样的客家人，原居于福建汀州的上杭县，雍正八年(1730年)，寅恪六世祖陈公元(字腾远，号鲲池，1711—1795年)兄弟三人，携家带口，千里跋涉，从福建上杭县中都琳坊(来苏乡中都村)往西迁徙，落户江西南昌府的宁州(嘉庆六年易名义宁州，1912年易名义宁县，1914年分为修水、铜鼓两县)泰乡七都竹塅里(今属修水县)。

陈氏一直保持客家传统，经过几代人艰辛的拼搏、创业，到光绪十六年(1890年)寅恪出世时，陈家已是义宁州很有名望的书香世家。由于这些迁居的客家子弟读书刻苦，屡取科举功名，引发了与当地原住民的矛盾，于是朝廷特设“怀远籍”学额，予以协调解决。

寅恪后来曾对学生罗香林说，从福建、广东迁到义宁的客家人及其子弟，“多数以耕读为业，因为生性耐劳，勤于读书，所以考秀才的时候，本地人往往以学额被客家学子多分去了，便出而纷争”，想方设法地阻碍客家子弟去应考。后来，由地方官员奏请朝廷，另外开设了“怀远籍”学额，规定专给客家人应考，“与原来的学额无关，这才把纷争平息”。而寅恪一家，如罗香林所述，从六世祖陈公元，“以至他父亲伯严先生(三立)都是由‘怀远籍’入学，以至逐级考获各种高科的”。

图1-2　徐悲鸿绘陈三立像

(二)“江州义门陈氏”

根据寅恪祖父陈宝箴《义门陈氏宗谱序》、郭嵩焘《陈府君墓碑铭》等文献,陈氏出自“江州义门陈氏”。①

“江州义门陈氏”,即“江右陈氏”,是发源于唐代江州(今江西德安县)的一个江右民系家族,以数代同居一百五十多年获得唐僖宗御笔亲赠“义门陈氏”匾额而闻名遐迩。至北宋始分家,此后,义门陈氏多次受到皇帝旌表。

寅恪一家自从六世祖陈公元于雍正八年(1730年)迁居义宁后,在这深山老林中勤奋耕作,“耕读传家”,繁衍生息。当时,在江西西部地区的遂川、万载、萍乡等地,清代迁入的客家人不仅来自福建上杭等地,也有迁自广东嘉应(今梅县)、江西赣州等地。

家境逐渐殷实之后,陈公元便设塾办学于陈氏祖宅——“陈家大屋”,现已被列为全国重点文物保护单位。“陈家大屋”位于江西省九江市修水县宁州镇竹塅村,占地约3亩,始建于乾隆时期,系典型的清代民间建筑风格:两层楼房,一进两幢,青砖黑瓦,分上下两厅堂。主厅名“凤竹堂”,源于“盖凤非梧桐不栖,非竹实不食,凤有仁德之名,竹有君子之节”,旨在训导陈氏子孙秉承好学、重德、爱国的良好家传。我国传统社会中,官员主要来自读书人,是通过科举考试而走上仕途的,而相当多的读书人都来自农村,因此,“朝为田舍郎,暮登天子堂”是中国传统社会中绝大多数人家对子孙的期望与梦想,也是绝大多数人家选择“耕读传家”的理由。

陈家先祖正是这样的人家。他们努力奋斗,开荒辟野,同时,毫不放松对子孙读书的要求,所谓“世代耕读,忠孝传家”。“凤竹堂”松骨竹苞,高风亮节,凤竹堂下孕育出了“陈门五杰”,使得义宁陈氏成为中国历史上罕见的文化大族。

随着迁入义宁的“怀远”人经济地位的上升,联宗建祠、重修宗谱提上了日程。咸丰元年(1851年)恩科乡试,陈文凤、寅恪祖父陈宝箴中举。怀远陈姓

---

① 卞僧慧:《陈寅恪先生年谱长编(初稿)》,中华书局2010年版,第1—3、5—6页。

欢欣鼓舞，推动陈文凤、陈宝箴编纂“合修宗谱”（通谱）。同治二年（1863 年）秋季，通谱修成，确定了“三恪封虞后，良家重海邦。凤飞占远耀，振彩复西江”的行辈派号，也规定了未来“江州义门陈氏”的子孙排序，推动子孙走上了“文化贵族”之路。

二、“文化贵族”义宁陈氏

（一）陈寅恪六世祖以来的简况

寅恪一家，从六世祖陈公元（字胜远）开始，“以至他父亲伯严先生（三立）都是由‘怀远籍’入学，以至逐级考获各种高科的”。寅恪之高祖陈克绳（字显梓，1760—1841 年），以及寅恪之曾祖陈伟琳（字琢如，1798—1854 年），均走“耕读传家”这条道路，他们通过童试“入学”，当上了秀才，到过京师、齐鲁、江浙等地游历，只是并未外出做官。

陈家祖屋的“凤竹堂”得名于陈公元。他“重信义、轻财贿”，娶何氏，生子四人。他对子孙指出：凤凰非梧桐不栖，非竹实不食；凤有仁德之征，竹有君子之节。陈家的子孙一定要仰凤凰之高风，慕劲竹之亮节，这样才能达到“立仁德之志，操君子之节”。

陈公元之子陈克绳，陈克绳之子陈伟琳，均是“立仁德之志，操君子之节”，陈腾远和他的子孙们就是这样做的。陈克绳、陈伟琳颇受当地人尊敬，陈克绳“用孝义化服乡里”，治理家政井井有条，热心于公益事业，修筑祠宇、建立义渡、修建考棚、建立浮桥……造福乡邦，因此被称为“韵亭先生”。陈伟琳六七岁时就能通晓儒经的大旨，稍长，读明代大学者王阳明之书，叹曰“为学应当如此”，后来，陈伟琳成为国子监生，还创办了义宁的“梯云书院”，专供怀远子弟入学，招徒授学，被清廷追赠为“光禄大夫”。

由于寅恪高祖母“体羸多病”，寅恪的高祖陈克绳、曾祖陈伟琳除了耕田种地、苦读国学典籍外，还潜心研究祖国的传统医学，能够以医为人解除痛苦，以至在地方声名大振，“以医术知名于乡村间”，远近前往求医者接踵而来。陈伟琳对于上门求治的病者，“望色切脉，施诊无倦”。

为人疗病的余暇，陈伟琳还将医术传于子孙，因此寅恪晚年回忆自己六岁那年在湖北武汉，由于祖父陈宝箴治愈了湖北巡抚谭继洵的病，后者竟一次酬谢以鱼翅一榼、酒一瓮、银票五百两。祖辈的这些行医故事，给寅恪留下了很深的印象，所以他称中医学是其“家学”。

陈伟琳生三子三女。其中，长子树年(字观瑚)，曾为官四川；次子观端，早逝；三子宝箴(原字观善)，即寅恪的祖父。陈伟琳教子甚严，循循善诱，言传身教，“务以德化其乡人，尤相奖以孝友”，感化了不少人。伟琳的临终箴言“成德起自困窘，败身多因得志”，深刻影响了陈家子孙。①

考察寅恪的家族史，不难看出，从他的先祖陈公元、高祖陈克绳、曾祖陈伟琳、祖父陈宝箴，到父亲陈三立，五代人“秉清纯之门风，学问识解，惟取其上”，因此，笃定、务实，这可以说是陈氏的“家风”。

寅恪深受这一笃实严谨的家风影响，从小便培养出一种不囿于经书和已有定论的存疑精神，形成了寻根问底的学术风格，并把严谨治学、爱国爱家的精神传导给家人。

(二) 四代五人并列“五杰”的“文化贵族”

梁启超认为：“吾中国社会之组织，以家族为单位，不以个人为单位，所谓家齐而后国治是也。”吴宓指出，寅恪是“我国当代通儒第一人”，而义宁陈氏是“中国近世模范人家……父子秉清纯之门风，学问识解，惟取其上，所谓文化贵族”；“所谓文化之贵族，非富贵人之骄奢荒淫。降及衡恪、寅恪一辈，犹然如此”，“故义宁陈氏一门，实握世运之枢轴，含时代之消息，而为中国文化与学术

图1-3 梁启超

① 郭嵩焘：《陈府君墓碑铭》，转引自卞僧慧《陈寅恪先生年谱长编(初稿)》，第5—6页。

德教所托命者也”①。

中国社会自古以家庭、宗族为重，家风、家训、家规，在家族延续、文化发展、家国情怀传承等方面，体现出了巨大的作用。法国学者汪德迈(Lon Vandermeersch，1928—)使用“家庭、礼仪、文官制”三个词，来归纳中国儒家文化的特征，指出中国传统社会是“以家族关系为纽带的古老社会模式”，“社会的一切行为规范都从家族关系规范中演绎改造而来”。“世家”现象为中国文化一大景观，文化艺术方面的世家名门可谓屡见不鲜。

寅恪曾祖陈伟琳生三子，三子宝箴即寅恪的祖父。陈伟琳教子甚严，《义宁州志》记载，陈伟琳教育儿子及亲戚子弟，循循善诱，终日不倦，即使是农夫野老也敬而爱之，因而感化了许多人。伟琳的临终箴言“成德起自困窘，败身多因得志”，不仅给予子孙深厚的传统文化修养，而且深刻影响了子孙的文化品格，铸造了陈氏后代淡泊清廉、锐意进取的良好品质。

义宁陈氏留给后世的家规家训，不仅是每一位陈氏后人立身处世的行为准则，更是激励整个家族向着更高境界跋涉的精神动力。

中国传统社会常用“忠厚传家远，诗书继世长”两句诗形容书香门第。书香门第教育成功的秘诀在于，始终把读书做人作为家族的传统、家族的表征，并把这条规则代代相传。家世背景对于寅恪的思想、日后的发展，影响不可谓不大。寅恪研究六朝史，在《崔浩与寇谦之》等论文中指出，东汉以后的学术文化，其重心不在作为政治中心的首都，而分散于各地之名都大邑，是以地方大族盛门乃为学术文化之寄托。这就导致了汉魏之际，世家大族已经成为学术文化传承的重要基地，文士大多出于豪门大族。寅恪由此认为，“学术文化与大族盛门不可分离”，“东汉以后公立学校之沦废，学术之中心移于家族，太学博士之传授变为家人父子之世业”。又指出：

所属士族者，其初并不专用其先代之高官厚禄为其唯一之表征，而实

① 吴宓：《读散原精舍诗笔记》，《国学研究》第一卷，北京大学出版社1993年版，第550—551页。

以家学及礼法等标异于其他诸姓。……夫士族之特点，既在其门风之优美，不同于凡庶；而门风之优美实基于学业之因袭。故士族家世相传之学业乃与当时之政治社会有极重要之影响。①

寅恪还指出：士族的特征，为“实用儒素德业以自矜异，而不因官禄厚高见重于人”。这一宏论揭示出，学术文化世家做学术，往往具备了现代学术体制所缺乏的能够超越具体的功利目的这一特点，具有士人气节。因此，在寅恪心目中，中古的世族文化、士人精神包括了三个方面的主要内容：家风、家学、士人气节。事实上，寅恪一家数代，因袭的不仅仅是门风、家学、士人气节，还有民族大义，乃至家国兴亡之爱恨。

因此，正是因为有了“特殊家庭环境”的熏陶，书香门第出来的孩子才会志趣高远、知书达理、气质高雅、行为得体，具备某种贵族式的自由精神。

新《辞海》收录了“义宁陈氏一门”的三代四人：清末湖南巡抚陈宝箴（1831—1900年）、“同光体”诗代表人物陈三立（1853—1937年）、画家陈衡恪（1876—1923年）、学术宗师陈寅恪；江西修水县的城市中心有著名的“五杰广场”，所谓“陈门五杰”，指陈家的五位杰出人物：陈宝箴、陈三立、陈衡恪、陈寅恪和“中国植物园之父”陈封怀（1900—1993年）。

图1-4　陈宝箴

1995年，程德林等人主编出版了《影响历史的家族》一书，作者编选了全世界有代表性的15个著名家族，包括美国肯尼迪家族等10个西方家族，以及5个中国

① 陈寅恪：《唐代政治史述论稿》中篇《政治革命及党派分野》，生活·读书·新知三联书店2001年版，第260页。

家族。其中，陈宝箴家族与宋子文家族等并列。[①]

可见，从清代初期雍正八年(1730年)由福建上杭迁入江西义宁，时间跨越了清代、中华民国、中华人民共和国三个历史阶段，陈家历经陈公元、陈克绳、陈伟琳、陈宝箴、陈三立，到陈寅恪、陈封怀七代人，近两百年的文化积蓄，从“怀远”之民发展为耕读之家、文化大族，走过了家族史上的辉煌历程，更培育出陈宝箴、陈三立、陈衡恪、陈寅恪、陈封怀五位杰出人物，后世誉为“陈氏五杰”，留下了宝贵的精神财富。他们的风竹之志、君子之节，是一门所系、一脉相承，十分难能可贵。中国历史上的名门望族、文化世家颇多，但是，像《辞海》将陈宝箴一门三代四人并列、“五杰广场”将陈宝箴一门四代五人并列，这样影响极大的文化显赫之家，在中华百家姓中，实属罕见。由此完全可以说，义宁陈氏是中国历史上罕见的文化大家、“中国近世模范人家”“文化贵族”。

(三) 义宁陈氏的“文化贵族”教育

陈家有重视后代教育的传统，寅恪五岁上下时，祖父陈宝箴在湖北武汉任上，就为孙子们请了老师，使子孙很早就发蒙读书。而且，陈家的家庭教育，与当时许多名门世家有所不同。

第一，陈家的私塾教育，十分重视延聘良师，当时知名学者周大烈、王伯沆、柳诒徵、萧厔泉等先后担任陈家的塾师。

开设家塾，重在良师。这是陈氏家塾教育的重要特征。

光绪二十一年(1895年)秋季，六岁的寅恪随任湖南巡抚的祖父陈宝箴迁往长沙。这一年，陈宝箴延聘湘潭大儒周大烈(1862—1934年，字印昆，别号夕红庱，又号十严居)为塾师，使陈家兄弟在家塾跟读。周大烈19岁在本乡教书，十年寒窗，教学相长，门生众多；后受聘于“长沙第一师范学校”，教学认真，爱护青年，在湖南省县之间颇有声望。他个性耿介，喜好交友，与清末民初名流多有交往，传为佳话。

此后，陈宝箴又延请了不少饱学之士来做塾师，陈三立也先后聘请王伯

---

① 程德林等主编:《影响历史的家族》，知识出版社1995年版。

图 1-5　陈福箴与诸孙(左二为陈寅恪)

沆、柳诒徵、萧厔泉等著名学人担任塾师。

寅恪侄女小从回忆:

> 我父和六叔在出国前那段启蒙教育都是延师在家教读,先后所延聘教师有王伯沆(名瀣)、柳翼谋、萧厔泉等。萧兼为画家(《散原精舍诗》中所称萧稚泉),曾教过三位姑母学画。①

王伯沆(1871—1944 年),名瀣,一字伯谦,晚年自号冬饮,又别署沆一、伯涵、伯韩、无想居士等,南京人,清末至民国年间著名的国学学者,曾先后执教于两江师范学堂、南京高等师范学校、金陵女子大学、中央大学(1949 年更名为南京大学)等高校,以学问精深、颇具道德气节而闻名。

柳诒徵(1880—1956 年),字翼谋,亦字希兆,号知非,晚年号劬堂,江苏丹徒人。17 岁考中秀才,后就读三江师范学堂。历史学、文学、文化学者,现代儒学宗师。进入民国后,历任南京高等师范学校、清华大学、北京女子大学、东北大学、中央大学等校教授,并曾任江苏省立国学图书馆馆长、考试院委员、江

① 陈小从:《回忆录》,转引自卞僧慧《陈寅恪先生年谱长编(初稿)》,第 47 页。

苏省参议员，“学衡派”国学支柱之一。

萧厔泉(1865—1949年)，名俊贤，号铁夫，别署天和逸人，斋名净念楼，湖南衡阳人。早年从苍崖法师、沈咏荪学画，后曾任教于两江优级师范学堂图画手工科。民国初年居北京，曾任教于国立北平艺术专科学校，有《碧海青天图》《溪山无尽图》《山居图》等作品传世。

在私塾读书期间，寅恪从六七岁起，就跟从曾经留学日本的朋友学习日文，他晚年回忆说：“小时在家塾读书，又从学于友人留日者学日文。”指的就是这一时期的学习生活。

第二，陈家的家庭教育重视国学，子弟大都打下了深厚的国学根基。

陈宝箴、陈三立父子都具有很深厚的国学修养，所谓“国学”，顾名思义，指中国传统学术文化，大致可分经、史、子、集四门。明末清初的王夫之对每一门都有心得，可称为大儒；其次，便是能专精一门，或通经、史，或擅诗、文。陈家为名门，家学渊源深厚，因此，陈家的家庭教育在教学内容上，“四书”(《大学》《论语》《中庸》《孟子》)、“五经”(《诗经》《尚书》《易经》《礼记》《春秋》)等国学基础知识占了很大的比重，体现了陈家对中国传统文化的高度重视。

图1-6　俞大维

在少年时代学习国学名著时，寅恪很下过一番苦功夫。他的表弟、同学、妹夫俞大维在《谈陈寅恪先生》中特别指出：

> 我们这一代的普通念书的人，不过能背诵《四书》《诗经》《左传》等书。寅恪先生则不然，他对“十三经”不但大部分能背诵，而且对每字必求正解。因此《皇清经解》及《续皇清经解》，成了他经常看读的书……“三通”

序文,他都能背诵,其他杂史,他看得很多。[①]

"十三经""三通"是中国古代最重要的经史著作,《皇清经解》是道光年间两广总督阮元收集清初至乾隆、嘉庆年间训释儒家经学著作 74 家 180 余种 360 册 1 412 卷汇编而成的丛书。这套丛书既搜集了清代学者考订训释的成果,又映现了从清初到乾隆、嘉庆年间经学的演变过程。《续皇清经解》则是光绪年间江苏学政王先谦收集《皇清经解》所遗漏的学者和乾隆、嘉庆以后的 111 家经学著作编成,这套丛书以收乾嘉学派著作为主,同时也收入不少其他学者的著作,共计 209 种 1 430 卷。而所谓"三通"系三种书的合称:唐德宗时宰相杜佑编撰的《通典》,记述我国古代经济、政治制度的沿革变迁;南宋郑樵编撰的《通志》,系以人物为中心的纪传体通史;宋末元初史学家马端临撰写的《文献通考》,乃记述上古至宋时典章制度的鸿篇巨制。但是,陈寅恪的抱负不在"通经",他的志趣只是"治史",在他看来,经、史、子、集以外,集部的流派,诸如小说、传奇、弹词等俗文学,都可能是有用的历史资料。

俞大维还回忆道:"关于国学,他常说'读书须先识字'。因是他幼年对于《说文》与高邮王氏父子训诂之学,曾用过一番苦功。"说明了寅恪对国学中的小学(音韵、训诂、文字)尤其下过一番苦功夫。东汉许慎所撰的《说文》(《说文解字》)是我国最早的一部字典,是研究古代典籍和古文字必读的入门书之一,后代影响深远;高邮王氏父子指籍贯为江苏高邮的清代著名经学家、音韵学家、训诂学家王念孙和他的儿子王引之。王氏父子的著作对学人研读国学有极大的帮助。寅恪刻苦钻研这些著作,为日后形成治学严谨、求实、质朴的学术风格,奠定了坚实的基础。后来他孜孜不倦地学习并掌握德、英、日、法、藏、梵文等十几种语言,运用多种文字研究中国历史文化所取得的卓越成就,与他早年对语言文字的特殊兴趣、爱好和所下的扎实功夫是不可分的。

陈家的家庭教育重视国学,因而,陈家子弟大都能作一手好诗文。这在寅

① 俞大维:《谈陈寅恪先生》,转引自卞僧慧《陈寅恪先生年谱长编(初稿)》,第 59 页。

恪身上也得以体现。

至于诗歌，寅恪在父亲陈三立的指点下，学诗以宋诗为主，但不局限于宋诗，兼及唐诗。正如俞大维所说：“诗，寅恪先生佩服陶杜，他虽好李白及李义山诗，但不认为是上品。”“他特别喜好平民化的诗，故最推崇白香山。”在宋诗中，他特别喜好苏轼、黄庭坚等的诗。赋诗喜用东坡韵；陈三立诗歌的空灵缥缈、用字新奇等风格，也直接影响了寅恪的诗歌创作。

至于文章，寅恪少年时苦读过韩愈、欧阳修、王安石、归有光、姚鼐、曾国藩等古文大家的著作，兼取唐宋八大家、桐城派之长。他很喜欢读曾国藩的诗文，认为桐城派散文大成者姚鼐之文，“叙事条理有余，而气魄不够”。至于传统的义理、辞章、考据等方面，他又深得父亲三立的真传，他后来所写的文章言简意赅、义深旨远、古朴新奇、严密透彻、无一冗言赘语，这与他从小受到的良好训练有极大的关系。

可见，寅恪在祖父和父亲的熏陶下，又经塾师的教诲，从小就对祖国传统的经学、史学、文学、哲学、医学和宗教产生了浓厚的兴趣，通过刻苦学习，寅恪从小就能背诵“十三经”，广泛阅读经学、史学、哲学典籍，打下了深厚的国学根基。更为重要的是，形成了寅恪后来的治学态度、研究方法及思维习惯等。寅恪的学术融汇中西古今，极大地推进了中国现代史学的发展，这一切，都得益于他童年深厚的国学功底，这是他成材的重要条件之一。

第三，在重视国学的同时，陈家的家庭教育，比较注重在教学中融入了西方科学文化的基本知识。即国学为主，并重西学。

1901 年，陈三立挈眷将雏在南京定居，刚一安顿下来，就办起了家塾。而且，除了家塾，陈三立还在家中办起了“学堂”，他的侄儿陈封雄回忆说：

> 自祖父（陈三立）挈家寄寓金陵，延聘西席外，在家里又办了一所学堂。“四书五经”外还开有数学、英文、音乐、绘画等课程，以及文、体设备。这所学堂除了方便自己家中子弟外，亲戚朋友家子弟也附学。六叔和几位叔叔都是在这种环境下，打下他们对国学的基础。

另外，还具备良好的读书条件：祖父藏书很丰富，六叔在他十几岁以及后来自日本回国期间，他终日埋头于浩如烟海的古籍以及佛书等等，无不浏览。[①]

茅以升、茅以南兄弟等就是当时在陈家"附学"的小朋友，与寅恪兄弟一起接受教育，茅以升后来成为我国著名的桥梁专家。

陈家的家塾和家办学堂，在教学安排上，四书五经占了很大的比重，教学内容以国学基础知识为主，体现了陈三立以中学为本位的思想。但家塾同时又"延聘西席"，设立数学、外文、音乐、绘画和文体等课程，在教学中融入了西方科学文化的基本知识。

寅恪六岁起在家塾和家办学堂读书，除传统的经、史、子、集之外，还学习其时尚属新潮的数学、英文、音乐、绘画、文体等课程。他后来成为学贯中西的大学者，与幼年的数学、外文、音乐、绘画、文体等课程的近代教育是分不开的。

第四，陈家的家庭教育，将读书求知、正心、立志、做人结合起来，对于陈氏兄弟的优良人格的塑造、爱国思想的形成等，影响很大。

1898 年，"戊戌维新"失败，陈宝箴、陈三立被革职后，陈宝箴更把心血倾注在子孙身上，他曾训示孙辈如何读书、成德、做人：

读书当先正志；志在学为圣贤，则凡所读之书，圣贤言语便当奉为师法，立心行事俱要依他做法，务求言行无愧为圣贤之徒。经史中所载古人事迹，善者可以为法，恶者可以为戒，勿徒口头读过。如此立志，久暂不移，胸中便有一定趋向，如行路者之有指南针，不致误入旁径，虽未遽是圣贤，亦不失为坦荡之君子矣。君子之心公，由亲亲而仁民，仁民而爱物，皆吾学中所应有之事。故隐居求志，则积德累行；行义达道，则致君泽民。志定则然也。小人之心私，自私自利，虽父母兄弟有不顾，况民物乎？此

① 陈封雄：《回忆录》，转引自卞僧慧《陈寅恪先生年谱长编(初稿)》，第 47 页。

则宜痛戒也。四觉老人书示隆恪。[1]

这一教导尽得《中庸》中“博学之，审问之，慎思之，明辨之，笃行之”的真髓，以“立志”为读书、求知之第一要务。这一家训，尤其是“君子之心公，由亲亲而仁民，仁民而爱物，皆吾学中所应有之事”“隐居求志，则积德累行；行义达道，则致君泽民。志定则然也”，说明求学、成德过程中应该注意的重要方面，成为日后陈家小兄弟们读书做人的准则。祖上有德，自身力行，延及子孙。因此，寅恪幼承家训，很早就把从经史著作所阐发的大义，与正心、立志、做人结合起来，和当时许多读书人不一样，不是为读书而读书、为求知识而求知识。

陈宝箴、陈三立等长期不放松教诲，使得经学中儒家以仁为核心的伦理观念，尤其是儒家的纲纪之说，以礼为根本的立身之道和行为规范的原则，潜移默化地熏陶着苦读经史的寅恪兄弟。正如俞大维所说：

寅恪先生认为，“礼”与“法”为稳定社会的因素。礼法虽随时俗而变更，至于礼之根本，则终不可废。

有其父必有其子。陈宝箴、陈三立等人表现出来的人格魅力，以及公正不阿、廉正高洁的品行和在仕途遭受挫折后仍然保持文人操守的言行，可谓现身说法，更是陈寅恪兄弟随时学习的活榜样。少年时代家庭教育所认同的儒家伦理观念，对寅恪一生都起着重要作用，从他日后表现出的文化人格的核心、学术精神的强大支柱、道德修养的基础、言行举止的准则，以及人格魅力、爱国主义等看，无一不如此。

第五，陈家的家庭教育，颇为开通。

每当新的塾师到来之际，陈宝箴一定前往拜会，要求塾师对孩子们不进行

① 陈宝箴：《书扇诫示隆恪》，《陈宝箴集》卷四十“文录三”，转引自卞僧慧《陈寅恪先生年谱长编（初稿）》，第10页。

体罚、不背书。由此，陈家的小孩子们比同时期的同龄人自由活泼得多，反而因此心情舒畅，学习到了各方面的知识。

寅恪侄女小从回忆：

> 我父和六叔在出国前那段启蒙教育都是延师在家教读……当教师初到时，祖父常和他们约：第一，不打学生，第二，不背书。这和当时一般教师规范，大不相同。所以父亲和几位叔叔都是在这种轻松活泼比较自由的气氛中，度过了他们的蒙馆生涯。①

此外，陈宝箴对于裹足也极为开明。女子裹足是多年延续下来的陋习，清代后期仍然盛行。每当女孩子四五岁时，就要用很长的布将脚裹住，以使足部不再发育，成为所谓的“三寸金莲”，否则找不到婆家。陈寅恪的三个姐妹，只有大妹陈康晦被裹过两天足，便在开明的祖父陈宝箴的赞同下，得到了“解放”。由此，寅恪的三个胞妹都是“天足”，陈家能做到这点，在当时的历史条件下十分可贵，的确是开风气之先。

图 1－7 陈寅恪事迹介绍匾

图片来源：成都市龙泉驿区客家文化博物馆

所以，陈家开风气之先的家塾和家庭教育，在新思想的指导下，能够延聘名师，又颇为开通，与当时许多名门世家所开设的家塾不同，很有特色。

在书香门第这一大背景下，异常聪明，理解力、记忆力、观察力、思辨力强，悟性高的陈氏子弟顺利成长，文化素养、精

① 陈小从：《回忆录》，转引自卞僧慧《陈寅恪先生年谱长编（初稿）》，第 47 页。

神气质、济世情怀、安身立命的智慧，均得到了很好的培养。尤其是陈寅恪，天赋禀异，因而，早年的他受益匪浅：一方面，他接受了全面、系统的传统教育，接受了儒家观念，从小就打下坚实的中国文化知识的基础，虽然以后他留学欧美多年，接受了大量的西方文化知识，但他对于传统文化的自信、尊崇中国传统文化的态度却始终没有动摇过；另一方面，他从小接受的中学、西学的教养，使他自幼对于西方文化就兼收并蓄，取西方自然科学、人文科学之长，补中国传统文化之短。这不仅大大拓展了他的视野，而且也使他在童稚之年就形成融汇中西方文化知识的开放心理和合理的知识结构，为他日后学贯中西作了充分的准备，对他以后的成长产生重要影响。

第二节　簪缨世家

一、"簪缨世家"

俗语云，"富不过三代"，而寅恪一门，却四代人杰，尽得风流。

陈氏一门，在寅恪的祖父和父亲以其才识、能力和品德，跻身于晚清上流社会后，与一些重臣名宦、文人名士关系非常密切，建立了很深的交谊，如与浙江绍兴俞氏是两代姻亲。

寅恪的祖父、父亲、兄弟姐妹以及家庭的亲戚、朋友之中，社会各领域的杰出人物甚多，而且其中曾国藩（1811—1872 年）、张之洞（1837—1909 年）等人，作为清末具有远见卓识的股肱辅臣，更是中国近代史上的风云人物，显赫不凡。因此，寅恪自述："父执姻亲多为当时胜流，但不敢冒昧谒见，偶以机缘，得接其丰采，聆其言论，默而识之。""至寒家在清季数十年间，与朝野各方多所关涉。"由两代姻亲绍兴俞氏扩大，陈家形成了一张极具中国特色的人情关系网络。如宝箴曾入曾国藩幕府，而俞大维（寅恪表弟、妹夫）之母系曾国藩的孙女。俞大维之子扬和，迎娶蒋经国之女蒋孝章为妻。这样，陈、俞、曾、蒋这四个中国近现代史上的著名家族，相互就有了姻亲关系，可见，陈家众多显赫的亲戚、朋友，与中国近现代社会发展有着重要关系。

可以说，陈氏一门，实“门当户对”式的中国传统婚姻之绝唱、近代政治联姻之尾声。

先说陈氏一门的众多显赫亲戚，如曾国藩、郭嵩焘（1818—1891 年）、俞明震（1860—1918 年）、谭钟麟（谭延闿之父）、唐景崧（1841—1903 年）、范当世（1854—1904 年）、傅斯年（1896—1950 年）等人，为近代政治、文化、学术、外交的著名人士。

曾国藩既是镇压太平天国的“曾剃头”，又是同治年间的“中兴功臣”，还是儒学思想家、学者。曾国藩在坚持中国传统文化思想、强调儒家学说是中国人安身立命根本的同时，又敏锐地认识到，学习西方科学文化知识是中国富国强兵的必然途径，对外来文化持欢迎态度，努力倡导和推行“洋务运动”。曾国潢（曾国藩之弟）之曾孙曾昭抡是教育家、化学家，共和国的高教部部长，其夫人为俞大维之妹俞大姻；曾国藩一直都十分赏识陈宝箴、陈三立父子，其思想也对陈寅恪产生了很大的影响，也就是寅恪自陈之“议论近乎湘乡、南皮之间”。

郭嵩焘是我国历史上首位驻英公使，也是重要的维新思想家，被誉为“全国最开明的一个人”，他为寅恪曾祖陈伟琳撰写了墓志。

俞明震，祖籍山阴（今浙江绍兴）斗门，字恪士，号觚庵，晚清知名于诗界、教育界、政界。曾国藩的外孙、晚清翰林俞文保之子，寅恪之舅父。甲午战争时，曾协助唐景崧据守台湾，曾在清末的“台湾民主国”任内务大臣，担任过厘捐总局局长、甘肃省学台等职，被鲁迅称为南京江南水师学堂的“新党”督办（校长）。1898 年，18 岁的鲁迅进入该校，成为俞明震的学生。《鲁迅日记》中多次提到“恪士师”。鲁迅还曾在《琐记》一文中，以亲切的笔致描述过后来送他出国留学的“恩师”：他坐在马车上的时候大抵看着《时务报》，考汉文也自己出题目，和其他教员出题大不同。有一次是《华盛顿论》，汉文教员反而惴惴地来问我们道:“华盛顿是什么东西呀?”[①]。有《觚庵诗存》四卷传世,是清末著名的诗人。

俞大维(1898—1993年),俞文葆之孙,俞明震之子,寅恪的表弟、留美同学、妹夫(与寅恪胞妹新午结婚),获得哈佛大学哲学博士学位后,又留德。俞大维之子俞扬和系国民党空军军官学校第十六期毕业生,在美国飞行学校完成了高级飞行训练,回国参加中美联合飞行大队,参加空战三十多次,最后一次被敌机击落,跳伞受伤,改担任民航驾驶员。俞大维后从政,是蒋介石的智囊,之后逃到台湾,任当局“国防部长”,在解放军炮轰金门时差点丧命。后来,俞扬和与蒋经国唯一的女儿蒋孝章结婚,生子俞祖声(和俞正声同辈,据《俞氏家谱》,俞氏近支辈分序列为“文、明、大、启、声、振、家、邦”)。由于这层关系,1932年,他的父亲陈三立在庐山过80寿辰时,同在庐山的蒋介石向老人献了巨额寿金,陈三立未纳。

谭延闿(1880—1930年),字祖安、祖庵,号无畏、切斋,湖南茶陵人,生于浙江杭州。清末翰林,三立的老友,湖南立宪派首领,任省谘议局议长。入民国后为湖南省省长兼督军,后任国民政府主席、行政院长。

唐景崧,光绪十五年(1885年)任台湾道员,光绪二十五年(1895年)署理台湾巡抚,率领台湾人民反对《马关条约》将台湾割让与日本,自行抗日,宣布成立“台湾民主国”,被推举为“总统”,寅恪夫人唐筼女士祖父。

范当世,江苏通州(今南通)人,岁贡生,曾为李鸿章幕僚,寅恪长兄衡恪的岳父,清末文学家,近代著名诗人,尤擅对联,陈宝箴去世后撰写有《故湖南巡抚义宁陈公墓志铭》。

傅斯年,寅恪的留德同学、表妹夫,“中央研究院”历史语言研究所所长,抗战胜利后代理北大校长、台湾大学校长。夫人是俞大维的胞妹俞大彩。

除了亲戚外,中国近现代史上不少重要人物也是陈家的朋友。如清末士大夫中的清流**李鸿藻**、**翁同龢**(光绪皇帝的老师)、**张之洞**、**陈宝琛**、**谭继洵**(谭

---

① 鲁迅:《琐记》,收入《朝花夕拾》,中国工人出版社2013年版,第52页。

嗣同之父)、**黄遵宪**等人,这些人也是洋务派或维新派中的中坚人物。如1898年,张之洞提出“中学为体,西学为用”的口号,强调“中学为内学,西学为外学;中学治身心,西学应世事”,在充分肯定中国传统文化价值的前提下,主张以儒家文化思想为本体,学习和吸收西方科技文化和人文科学的某些内容,革新和重构民族文化,促使国家朝富强的道路迈进。这一开明主张,得到了开明人士的认同,也影响了寅恪。寅恪虽然没有谒见过曾国藩、张之洞(曾国藩在他出生前就去世了),但是,后来他多次公开表明了二人对自己的影响。如20世纪30年代,他在审查冯友兰《中国哲学史》下册的报告中自陈:“寅恪平生为不古不今之学,思想囿于咸丰同治之世,议论近乎曾湘乡张南皮之间。”“曾湘乡”“张南皮”就是曾国藩(湖南湘乡人)和张之洞(直隶南皮人)。

当然,作为一位多年游学国外、学贯中西的学者,寅恪积极探讨中国文化的出路,不是一个抱残守缺的国粹主义者,也从来没有拒绝或者排斥外来文化,而是主张输入外来文化,以补救中国文化的缺失:“避其名而居其实,取其珠而还其椟。”这是寅恪找到的如何接受外来文化的途径。寅恪这一观点显然有张之洞等“中学为体,西学为用”主张的重要影响,但比“中学为体,西学为用”的主张又多了一些开明的色彩。

二、祖父陈宝箴与父亲陈三立

再说陈氏一门的显赫家人,即寅恪的祖父、父亲、兄弟姐妹。

(一) 祖父陈宝箴(1831—1900年)

陈宝箴,陈家的第一个举人,清代末年著名的政治家、思想家,是光绪皇帝进行维新改革的最坚定支持者、实施者。

陈宝箴字相真,号右铭,生于道光十一年(1831年),咸丰元年(1851年)20岁时参加了恩科乡试,得中举人。之后他没有马上进京参加会试,而是回乡协助父亲陈伟琳办理地方团练,抵御太平军的进攻。

咸丰十年(1860年),陈宝箴离家进京参加会试,不料名落孙山,便待在北京,准备参加三年后的下一科会试。宝箴在北京期间,在酒店望见圆明园上空的冲天火焰，知系侵华的英法联军纵火焚烧，不禁愤怒万分，捶桌悲号，伏案痛哭，声撼全店。第二年，他回湖南探视母亲后，前往拜会了屯兵安徽安庆的两江总督曾国藩，曾国藩大为高兴，称他为“海内奇士”。曾的幕僚长李鸿藻主动提出，以宝箴取代自己，宝箴未接受，但他对化解曾国藩和江西巡抚沈葆桢以及席宝田的矛盾，起了很大的作用。曾国藩非常赏识他的文才、韬略和办事能力，赠送他一副对联，“万户春风为子寿，半瓶浊酒待君温”，器重之意，溢于言表。陈宝箴后到江西策划军务，屡出奇计、立功，被保举为知府，未受，却于同治三年(1864 年)到南京再度拜会了曾国藩，回到曾国藩的幕府，时常与曾国藩谈诗论文，二人讨论诗文的文章被收入晚清学者王先谦编的《续古文辞类纂》中。

曾国藩调任直隶总督后，陈宝箴先后担任了署理湖南辰、永、沅、靖道事，浙江按察使，湖北按察使、布政使，直隶布政使，湖南巡抚等职务。在升为浙江按察使时，光绪皇帝还召见了他，并有所询问。陈宝箴在所任官职上，以卓越的才干办了许多实事，减轻了当地人民的痛苦，如调往河北道，陈宝箴创办了“河北精舍”，重视培养人才，深受人民的敬重。与陈宝箴交往密切的朋友有洋务派或维新派中的中坚人物张之洞、翁同龢、陈宝琛、谭继洵、郭嵩焘、黄遵宪等人。

陈宝箴早年饱读经典名著，通过科举考试起家，深受优秀传统文化的影响，为人正直刚烈，具有强烈的爱国情感。在 1894 年中日甲午海战后，陈宝箴严厉谴责当时权臣李鸿章；当李鸿章从日本返回天津时，全国上下议论李鸿章将再度出任直隶总督，听到这个消息，陈宝箴大为愤慨，痛哭道：“无以为国矣。”不仅拒绝前往拜见，而且公开宣告，如果李鸿章早晨就任直隶总督，他当晚就挂冠而去。这一举动震撼了清末官场。

1895 年 8 月，陈宝箴奉诏出任湖南巡抚，在蹇涩多年后，自己终于有了大展宏图的机会，迎来了人生的黄金时代。此后至 1898 年任湖南巡抚期间，陈宝箴在湖南独当一面，他推行的新政将自己的满腹经纶充分地施展出来。

陈宝箴在湖南，认为新政是富国强兵的有效措施，于是大刀阔斧地推行新政，打破了湖南自洋务运动以来被守旧势力控制的沉闷局面，他宣传开放思想，澄清吏治，裁汰冗余官吏，罢免昏庸的官吏，在官场吹起一阵清风。经济上，他兴办工商实业，开辟航运，引进机器制造，开创了湖南近代工矿业的先河。尤其陈宝箴、陈三立创办“时务学堂”、算学堂、湘报馆、南学会、武备学堂等，发展教育文化事业，以开迪民智，改变陈旧的风俗。“时务学堂”的《学约》明确规定，“中学以经义、掌故为主，西学以宪法、官制为归，远法安定经义治事之规，近采西人政治学说之意”，其办学宗旨是“堂中所课，一切皆以昌明圣教为主义”，“今设学之意，以宗法孔子为主义。……盖孔子之教非徒治一国，乃以治天下。……他日诸生学成，尚当共矢宏愿，传孔子太平大同之教于万国，斯则学之究竟也”，其处理中学、西学关系的原则是“使学者于中国经史大义悉已通彻，根柢既植，然后以其余日肆力于西籍”“专求其有关于圣教、有切于时局者，而杂引外事、旁搜新义以发明之。……中国要籍一切大义皆可了达，而旁证远引西方诸学”。[①] 由此可见，和张之洞一样，陈宝箴、陈三立也是以“西学”之新瓶，装“中学”之旧酒。

当时的湖南，**黄遵宪**来湖南担任盐法道（后为按察使），**江标**、**徐仁铸**先后任学政（教育厅厅长），**梁启超**受聘到长沙为“时务学堂”中文总教习（为陈三立推荐、受陈宝箴之请），主持湖南时务学堂，寅恪《读吴其昌撰书后》（载《寒柳堂集》）一文有记载，李峄琴为西文总教习，熊希龄管理时务学堂，**唐才常**主持《湘学报》，**谭嗣同**筹备“南学会”。这些全国第一流的人才，都以“变法开新治”为己任，如时务学堂培养出了民国初年的护国大将军蔡锷，著名学者、“汉圣”杨树达（1885—1956 年）。可以想见，在陈宝箴的引领下，湖南的改革运动进行得热火朝天，这与 1898 年京师的戊戌变法相策应，其性质为试行西政。

不仅如此，陈宝箴还怀着忠君爱国的满腔热忱，向光绪皇帝上书，力荐重臣张之洞进入执掌军国大权的军机处担任军机大臣，并奏荐杨锐、刘光第、谭嗣同、林旭以及京外官员三十余人，杨锐、刘光第被光绪皇帝任命为军机章京，

① 梁启超：《湖南时务学堂学约》，载《饮冰室合集·文集》第 2 册，中华书局 1989 年版。

与谭嗣同、林旭并列为军机四章京，辅佐新政。康有为、梁启超的激进改革，诱发了慈禧和光绪的矛盾。在正当改革进行得轰轰烈烈的1898年秋天，慈禧太后等守旧势力剥夺了光绪皇帝一切权力，通缉康、梁，杀害杨锐、刘光第、谭嗣同等六君子。

图1－8　杨树达著《积微居小学述林》　　**图1－9　杨树达著《积微居读书记》**

戊戌变法前，陈宝箴的举止已经遭到守旧派王先谦、叶德辉（1864—1927年，字焕彬，号郎园）的攻讦。戊戌变法失败后，陈宝箴因拥护光绪皇帝变法，成为守旧势力的眼中钉，经荣禄等人向慈禧太后求情，陈宝箴因“滥保匪人”的罪名，受到革职、永不录用的处分。陈宝箴被罢官后，携全家老小，回到江西南昌。不久，搬到南昌西郊的西山，筑庐而居。

陈宝箴出任湖南巡抚，既是他一生中最辉煌的时期，也是湖南近现代史上最重要的时期之一，经过三年的努力，湖南的政治、经济、文化、教育等方面，均面目一新，从一个闭塞、落后的小省，不数年一跃成为“全国最富朝气的一省”，为以后湖南的发展奠定了很好的基础。正如当时《湘学报》所赞扬：

> 我湘陈右铭中丞，亟力图维，联属绅耆，藉匡不达。兴矿务、铸银元、设机器、建学堂、竖电线、造电灯、引轮船、开河道、制火柴，凡此数端，以开

利源，以塞漏卮，以益民生，以裨国势，善于变法，而不为法所变。

陈宝箴在湖南进行的政治改革主张渐进徐图，而康有为、梁启超辅佐光绪帝与慈禧太后抗衡，并期盼以激烈的非常手段解决中国的宪政问题，结果反被“后党”以非常手段解决，史称“戊戌之变”。今人刘梦溪曾说：“如果当时的改革能够按照陈宝箴、陈三立父子的主张，缓进渐变，不发生康有为等人的过激行动，清季的历史就是另一番景象了。”在江西南昌西山居住时，陈宝箴的言行时时表现出强烈的忧国忧民之心，与陈三立常在深夜的孤灯下，为国为民而叹息流泪。1900 年 6 月，陈宝箴去世于南昌西山，后葬杭州西湖之侧。

陈宝箴的言行，尤其是新政实施，学习西方励精图治，立足民族文化而又开放的心态，对儿孙影响很大，集中表现在两点：一是踏实、渐变的**维新思想**及实践；二是强烈的**爱国主义**精神。

（二）父亲陈三立（1853—1937 年）、母亲俞明诗（1865—1923 年）

寅恪父亲陈三立（1853—1937 年），字伯严，号散原（系纪念陈宝箴去世于**西山**而名，《水经》中称“**散原山**”），是陈家的第一个进士。与谭嗣同、陶葆廉、吴保初并称为清末“维新四公子”，著名的爱国诗人，作为清末“同光体”诗人的代表、“新江西派”的首领，他的诗受到徐志摩、泰戈尔等中外诗人以及陈衍、钱锺书等学者的高度评价，后来名气、名声不亚于陈宝箴。[①]

“三立”之名，出于《左传·襄公二十四年》：“**大上有立德，其次有立功，其次有立言，虽久不废，此之谓不朽**。”孔颖达疏：“立德，谓创制垂法，博施济众，圣德立于上代，惠泽被于无穷。”“立德”，就是树立良好的德行，是中国传统和现代知识分子追求的最高境界。立功，就是在从事的事业中做出贡献。孔颖达疏：“立功，谓拯厄除难，功济于时。”立言，就是进行规范的学术研究，力争传于后世。孔颖达疏：“立言，谓言得其要，理足可传，其身既没，其言尚存。”也就是“著书立说”，流传后世。

---

① 吴宗慈：《陈三立传略》，转引自卞僧慧《陈寅恪先生年谱长编（初稿）》，第 12—17 页。

陈三立是一位积极探索救国之方的爱国者。

陈三立年少博学，才识通敏，于光绪八年（1882 年）在南昌参加三年一届的乡试，因恶考场规定文体“八股文”，应试时不遵，而以自己平素擅长的散文体答卷，其卷在初选时曾遭摒弃，后被主考官**陈宝琛**发现，大加赞赏。从落第卷中抽出选拔为举人，但终生没有做官。同年，陈三立在长沙与俞明诗（寅恪生母）成婚，光绪十二年（1886 年）成为进士，授吏部主事。平居之日，常与有进步思想的士大夫交游，谈学论世，慷慨激昂，希望“维新”“变法”。还参加了文廷式等组织的“强学会”。在儒家“经世致用”思想的影响下，陈三立觉得北京官场黑暗污浊，难以有所作为，就以侍候父亲的理由未到京城，而在陈宝箴左右协助处理公务，以“变法”为己任。同时他又与一些思想开明的官员、文士如黄遵宪、郭嵩焘、梁启超、严复等人交往，商谈国家大事，切磋诗文学术。

光绪二十一年（1895 年）甲午战争失败后，陈三立与父亲陈宝箴痛心“国无可为”，在李鸿章赴日签订《马关条约》返国之际，于同年 5 月 17 日致电两江总督张之洞，“力请先诛合肥（李鸿章为安徽合肥人），再图补救，以伸中国之愤”。在当时条件下，这一建议不可能实现，但是让人们看到了他的忠贞爱国之心。不过，他在政治活动中的最大建树，还是辅佐父亲在湖南所推行的新政。1895 年，宝箴任湖南巡抚，推行新政。当时，陈三立年富力强，才智奋发，往侍父侧，襄与擘画，在办时务学堂、算学馆、《湘报》、南学会和罗致谭嗣同、梁启超、黄遵宪等“新党”过程中效力较多。陈氏父子希望“营一隅为天下倡，立富强之根基”，父子的通力合作，使昔日偏僻闭塞的湖南百废俱兴，成为“中国的普鲁士”，即全国变法维新的先进省。不久，戊戌政变发生，陈宝箴、陈三立父子受到了革职处分，陈宝箴的罪名是“滥保匪人”；陈三立的罪名是“招引奸邪”，因为请梁启超为时务学堂总教习是陈三立的主张。陈宝箴父子革职后返江西，居西山“崝庐”。

罢黜期间，陈三立在南昌陪伴父亲，未几，宝箴忽以微疾卒。时值八国联军疯狂镇压义和团运动，家国之痛使三立更无心于仕途，乃于金陵青溪桥畔构屋十楹，号“**散原精舍**”，与友人以诗文相遣，自谓“**凭栏一片风云气，来做神州**

袖手人”。

虽对政治绝望，陈三立决定“来作神州袖手人”，但仍以爱国之心，关心着民族的存亡、国家的兴衰。此后“虽复官，迄清之末，未尝一出”。陈三立虽不过问政治，但对兴办社会事业仍极热忱。光绪二十九年（1903 年），他办家学一所，又赞助**柳诒徵**创办“思益小学”，让出住宅作课堂，延聘外国教师，开设英语及数、理、化学新兴课目。他注重全面发展，禁止死背课文及体罚学生，创新式学校之先例。光绪三十一年（1905 年）初，与人共同创办铁路公司，筹建江西第一条铁路（南浔线）；光绪三十四年（1908 年），与人共同发起组织中国商办铁路公司等，由于人事关系的阻碍等原因，均未达到预想的目标。

民国初期，陈宝琛就任“下课皇帝”宣统的师傅，邀请陈三立进京协助。陈三立婉拒。此外，他后来接收的南浔铁路“总办”、江西方志“编撰”等头衔，都是虚衔，并无实职，他不参加当时政界的任何活动，成为秉具独立直行操守的志士。

沈曾植（1850—1922 年），字子培，号乙庵、寐叟，如是记述三立：

> 然则先生之学，海内士大夫翕然服之，朝廷嘉之，固已至矣，而不意见称于东西学者之书，尤有加乎是者。德国学者恺士林莨谒先生，纵谈良久，其著述言先生事至悉，至推先生为中国圣人。东瀛则服从先生者友多，至有以先生字名其书者。其没也，东西学者闻而惜之，同于中国。①

陈三立从 1900 年在南京定居后，就把主要精力用在诗歌创作上。陈三立为诗，初学韩愈，后师山谷，特别是学习和继承了以黄庭坚为台柱的宋诗江西派的传统，好用僻字拗句，流于艰涩，自成一派，是晚清以来影响最大的同光体（晚清诗坛的一个流派，这一派的诗人不宗盛唐，而以仿宋为主）的重要代表、“新江西派”的首领。梁启超在《饮冰室诗话》中评价：“其诗不用新异之语，而

① 汪兆镛：《碑传集三编》，转引自许全胜《沈曾植年谱长编》，中华书局 2007 年版，第 523 页。

境界自与时流异……吾谓于唐宋人集中,罕见其比。”他的诗歌创作代表了同光体诗派的最高成就,奠定了他在清末民初诗坛的泰斗地位。学术界称三立为“最后的古典诗人”。[①] 陈三立还是古文大师,在旧文学界中被奉为一代宗师。有的人甚至评其为元好问之后八百年来第一人。所撰写的古文兼有《后汉书》《三国志》的长处,绵密精炼;又含蕴着桐城派注重义理、考据的特点,行文雅洁,卓然自成一家。

1924 年 4 月,印度诗人泰戈尔访华,在徐志摩的陪同下,前往杭州西湖之畔的净慈寺拜访了陈三立,中外三位不同风格的大诗人欢聚一堂,会谈甚欢,成为中外文坛的一段佳话。

1926 年底,陈三立由杭州到上海寄寓三载。1929 年 11 月,由次子隆恪夫妇陪同,乘轮溯江而上,卜居于庐山牯岭新宅“松门别墅”。这时,他已年近八十,遍览了山南山北风景名胜,写下许多诗篇,名为《匡庐山居诗》,石印成册,以赠亲友。

到了晚年,陈三立爱国热情不减当年。1931 年“九一八”事变后,日本策划在东北成立伪满政权,此时罗振玉、郑孝胥等清室遗老遗少麇集沈阳,不惜堕落为汉奸,罗、郑企图策动陈三立到东北去效忠溥仪,为其所竣拒。1932 年初,“一二八”淞沪抗战期间,居江西庐山的三立老人关心战事,特地订阅一份上海出的航空版报纸,每到必读。一天深夜,全家人均在熟睡中,忽然被一阵猛烈的呼叫声惊醒。原来是三立老人在梦中大呼“杀日本人”,由此可见老人赤诚的爱国之心。1933 年,其旧友郑孝胥公然投靠敌国日本,辅佐溥仪建立伪满洲国政权,陈三立痛骂郑“背叛中华,自图功利”。在再版《散原精舍诗》时,忿然删去郑序,与之断交。1934 年,陈三立离开庐山寓居北平,目睹西山八大处遭八国联军破坏,连叹“国耻”!

1937 年 7 月 7 日卢沟桥事变后,日本侵略军占领了北平,陈三立表示:“我决不逃难!”忧愤成病,绝食而死,享年 85 岁。弥留时还关心地问:外面传

---

① 刘纳:《陈三立:最后的古典诗人》,载《文学遗产》1999 年第 6 期,第 84—92 页。

说中国军队在市郊马厂一带打了胜仗的消息是真的吗？陈三立保持了崇高的民族气节，为生命着上光彩的最后一笔，是一个了不起的中国人，“绝代贤公子”。陈三立著作颇丰，生前曾刊行《散原精舍诗》及其《续集》《别集》，去世后由儿子编辑定为《散原精舍诗集》二卷、《续集》三卷、《别集》一卷、《文集》十七卷，由上海中华书局出版。1945 年，江西省政府 1713 次省务会议决定：将设在修水境内的赣西北临时中学改为省立散原中学；1948 年，迁葬杭州牌坊山。1994 年 9 月，江西省召开了“首届陈宝箴、陈三立学术研讨会”，可见后人对这对父子的纪念。到了 21 世纪，修水县修建了“五杰广场”，亦可见后人对这对父子的纪念。

寅恪生母**俞明诗**（1865—1923 年，字麟洲），是陈三立的续弦夫人，来自浙江绍兴的书香世家。其父俞文葆系咸丰元年举人，曾任湖南候补知县；其兄俞明震、明观，弟明颐，均系诗人。俞明诗“解文字，习礼晓大谊”，有才学，帮助陈三立抄录诗文数十万字，善诗且善弹琴，有见识，自署“神雪馆主”，“淡素黜华”，朴实无华。

俞明诗著有诗集《神雪馆诗》，时常给年幼的寅恪兄弟、诸妹讲解诗文，让孩子们自幼就受到文学熏陶。1947 年，58 岁的陈寅恪怀着温馨的心情，写诗追忆 11 岁时母亲教读宋人姜夔词句的情景。1923 年 8 月 11 日，俞明诗在南京“散原别墅”去世时，年五十九。陈三立亲自撰写了《继妻俞淑人墓志铭》，表达自己“含哀自写，气尽肠绝”的悲痛。时寅恪在德国留学，未能够回国服丧。

三、同辈兄弟陈衡恪（师曾）、覃恪、方恪、隆恪等

寅恪**长兄衡恪**（1876—1923 年）、**长嫂黄国巽**均是早期留日学生中的佼佼者。衡恪是陈三立五子三女的最长者，更是民国早期天才横溢的画家，我国漫画的创始人，画家齐白石的恩人。

衡恪，字师曾，号槐堂、朽道人，比寅恪大 14 岁。光绪二十七年（1901 年）春被父亲送往上海一家法国教会办的学校学习，翌春东渡日本求学，后来毕业于日本一所高等师范学校博物系。留日期间，衡恪与鲁迅是同学，并与李叔同

图 1－10　陈寅恪长兄陈衡恪

(弘一法师)等有交往。由此,后来寅恪与鲁迅有不错的交情。衡恪学成回国后曾任北洋政府教育部编审,长期从事美术教育。

衡恪多才多艺,诗、画、金石篆刻无一不精,堪称“三绝”,名满京师。曾得吴昌硕指授,擅山水花鸟人物,笔简意饶。山水参合沈周、石涛笔法,喜作园林小景;写意花果取法陈道复、徐渭,结合写生;偶亦作风俗人物画。1917 年,当时还没有什么名气的画家齐白石初到北京,得到衡恪的指点和帮助,画技迅速进步。衡恪与齐白石的交往,至今被美术界传为美谈。丰子恺说:“国人皆以为在我国,漫画是我创始的,其实不然,陈衡恪在《太平洋画报》上所发表的以毛笔做的简捷画,题意潇洒,笔力洁劲,事实上才是我国最早创始的漫画。”梁启超指出,陈衡恪“在现代美术界,可称第一人”,“他的高尚优美人格,可以为吾人的模仿”。[①]

衡恪还著有《槐堂诗钞》《铅笔习画帖》《染苍室印存》《陈师曾印存》《中国绘画史》(系译作和本人专论合成)《中国文人画之价值》(系译作和本人专论合成)等。1923 年夏,因继母俞明诗去世,衡恪悲哀过度而发病逝世,年仅四十八岁。衡恪德艺双馨,平易近人,中外艺术界为之哀悼,梁启超把衡恪的不幸逝世称为“中国文化界的大地震”;齐白石更是悲痛万分,后来为报衡恪之恩,白石还为陈三立老人画了一张肖像,且执意不收润笔。

去世后,衡恪葬于杭州西湖边。共和国成立后,寅恪为父兄在杭州西湖边的墓不要因扩路而被迫搬迁,曾去函周总理,希望得到帮助。周总理理解传统

① 梁启超:《在师曾先生追悼会上演说》,转自朱万章《陈师曾》(《中国名画家全集》),河北教育出版社 2003 年版,第 159—162 页。

的道德准则，设身处地为寅恪考虑，让办公室通知杭州方面，不要移动陈氏父子的墓。后来杭州将路线做了少许改动，使寅恪的要求得到满足。

衡恪的第二位夫人黄国巽，与妹妹黄国厚是湖南最早出国留学的20名女学生之一。

衡恪次子封怀（1900—1993年），毕业于东南大学，后留学英国爱丁堡皇家植物园，是著名的植物园专家、植物分类学家，中国近代植物园的创始人之一。发表了《述植物名实图考所记载报春之种类及植物名称》《云南西北部及其邻近之报春研究》《报春种子的研究》《中国报春研究补遗》《中国珍珠菜属植物的分类与分布》等文章。

图1-11　陈寅恪与诸兄弟（居中者为陈衡恪，右二为陈寅恪）

四兄覃恪（1881—约1953年），字陟夫，生于长沙，其父陈三畏，陈宝箴次子。自幼便与寅恪兄弟一起生活成长，早年曾赴日本早稻田大学留学，归国后捐纳为“清湖北候补知县”。民国初，任江西赣县盐局主任，抗战时期回老家修水，在税务局任职。1949年后定居武汉，约1953年贫病以终。覃恪亦能诗，其岳父黄小鲁的《鲁叟诗存》有《和陈甥陟夫除夕韵》《陟夫以近作见寄援笔赋答并赠伯严吏部亲家》《和陟夫甥近作韵》诗。覃恪凡三娶，生四子五女（原配黄氏，乃清末文人黄嗣东之女。黄嗣东，湖北汉阳人，清末诗人，陈三立好友）。幼子陈云君，是津沽书法名家，诗词、骈文俱有声。

五兄隆恪（1888—1956年），字彦龢，长寅恪两岁，亦在长沙出生，按陈氏家族的大排行为第五。隆恪在17岁前，主要在家塾读书，后于1904年与寅恪同时考取官费留日，于是与衡恪一起，兄弟三人共同留日。起初，隆恪就读于日本庆应大学，后来转入东京帝国大学财商系学习。1912年，在八年苦读后毕业，学成归国后与陈三立同年进士、同乡喻兆藩的三女成婚，并一直在九江、汉口等地从事财经、邮政等工作，生有数女，1951年，任上海文物管理委员会顾问。1956年病逝于上海，享年68岁。隆恪虽学财经，但诗也写得很好，曾获兄长衡恪的好评。著有《同照阁诗抄》传世。女公子小从（1923—2017年，谱名“封玖”），出版有诗集《吟雨轩诗文集》，以及《图说义宁陈氏》《松门别墅与大师名流》等书。

七弟方恪（1891—1966年），字彦通，少寅恪一岁，是陈家同辈兄弟中唯一未出国留学者。受家风熏陶，以及梁鼎芬、沈增植等名家指教、点拨，方恪国学功底探厚，精通目录学，对书法和诗词下过一定的功夫。方恪从震旦毕业后，由梁启超介绍，曾在中华书局任杂志部主任，还曾在苏州开过书店。1942年与南京的抗日组织有了联系，被日军宪兵队抓获，日本投降后获释。与方恪朝夕相处的同学宗白华后来成为诗人、美学家。方恪善诗词，著有《适屡集》传世。1949年以后，长期在南京图书馆工作，又担任过南京市政协委员和江苏省政协委员。1966年1月病故，《新华日报》刊登了《讣告》。[①]

八弟登恪（1897—1974年），字彦上，小寅恪7岁，亦在长沙出生，在家读家塾后再入读上海震旦学院，不久，到北京就读于北京大学文科。1919年从北京大学毕业后，前往法国留学，钻研法国文学。学成回国后，创作了一本反映留学生趣事的小说《留西外史》，笔名“陈春随”，于1928年出版，曾流行一时。他的一位留法老同学回忆说，陈登恪“谈论时略有口吃之病，然颇多风趣，形容细致，令人解颐”。1949年以后一直在武汉大学任教授，与寅恪友人刘永济（1887—1966年）等并称“中文系五老”，曾任文学院院长、湖北省人大代表。在“文化大革命”中的1974年11月因病去世。

① 潘益民、潘蕤：《陈方恪年谱》，江西人民出版社2007年版，第224页。

图 1-12　儿童时代的陈寅恪与兄弟、胞妹

寅恪胞妹三人。分别是康晦（1893—1962 年），与合肥张宗义结婚，寅恪三个女儿称为“康姑”，晚年寓居南京。胞妹新午（1894—1981 年），祖父陈宝箴取名“兴午”，寄望振兴国运，后改为“新午”，小名“九毛毛”。1929 年，与归国的寅恪表弟俞大维成亲，姑表联姻，1981 年去世于台湾。胞妹**安醴**（1895—1927 年），与薛琛锡成亲。

可以看到，寅恪一家，由于世代书香，散原老人陈三立以诗名，诸子大多为近现代学界名流，寅恪同辈兄弟五人，衡恪长于诗书画，以画艺而闻世；覃恪、隆恪均长于诗文，方恪擅文学，登恪是外国文学家，撰有《留西外史》传世，均是人文社科、艺术界的杰出人才，在中国现代文学史、艺术史、学术史上都写下了灿烂的一笔，寅恪不仅仅是学贯中西、学界泰斗，更成为一代学人的精神支柱。

因此，吴宓指出：“义宁陈氏一门，实握世运之枢轴，含时代之消息，而为中国文化与学术德教所托命者也。”实为“近世之模范人家”，就是说，陈家满门俊彦，是传承中国传统文化、学术、伦理道德观念的重要家庭，对近代乃至后世的中国社会的政治、学术、经济、文学、艺术等方面和中国传统文化，都做出了贡献，他们掌握了时代发展的关键所在，能够折射出时代起伏变化的发展，的确既是簪缨世家，又是中国近现代史上最重要文化家族之一，他们的遗风流响，值得后人缅怀、总结。

第二章　陈寅恪之求学与读书法

寅恪学术涉猎中外，学识渊博，博学多能，卓尔不群，出其类而拔其萃，其原因何在？寅恪弟子、知名学者周一良（1913—2001 年）总结了四条原因：非凡的天资、深厚的学养、良好的训练、充分的投入。可见，寅恪这种博大精深、泛滥无涯的中西文化素养，除了超凡的天赋、私塾开始培养的学养之外，其深厚根基正是源于他游学世界的良好训练、全身心的充分投入。

可以说，寅恪在长期游学过程中，根据自己比较科学的读书法，奋发潜研，开拓创新，不断超越自我而形成了自己的博学多能、远见卓识。

第一节　求学世界各地

在幼年得到名门世家的家塾教育后，寅恪在新思想的引领下，开启了他富有特色的求学之旅。他走出国门，游历世界名校，如饥似渴地学习人类的优秀文明，奠定了自己治学的深厚根基。

一、异域游学二十三年

在陈家开风气之先的家庭教育下，寅恪兄弟不断进步。随着年龄的增长，陈三立有计划地安排诸子走出国门，奔向世界，到世界各地著名大学留学，学习属于全人类的文明与智慧的成果。

在父亲的安排下，寅恪的漫长留学岁月从光绪二十八年（1902 年）未满 12 岁初出国门求学开始，光绪三十一年（1905 年）归国，后入上海吴淞“复旦公学”学习。宣统二年(1910年)赴欧洲留学,先后在德国柏林大学和瑞士苏黎世大学学习语言学,次年归国。1913年赴法国巴黎高等政治学校经济部留学。1914年归国,一度任蔡锷秘书,参加讨袁之役。1918年渡洋到美国,入哈佛大学,学习梵文和巴利文。1921年再赴欧洲,往德国柏林大学研究院梵文研究所,学习东方古文字。继而到民国十四年(1925年)学成归国,执教于清华,留学时间竟达23年,他为了求学而甘心情愿经受各种苦难,刻苦学习,成为莘莘学子的楷模。

寅恪从12岁留学日本,之后又曾赴美国、法国、德国留学,长达23年,其中在德国留学时间最长,生活也最为辛苦。

当时,陈家家境日衰,无力资助,而政府的资助款因政局动荡常常停寄,陈寅恪因此时常陷入穷困潦倒的窘境。长女陈流求后来追记其父的留学生活:

> 父亲在德留学期间,官费停寄,经济来源断绝,父亲仍坚持学习。每天一早买少量最便宜面包,即去图书馆度过一天,常常整日没正式进餐。

一次,好友赵元任、杨步伟夫妇去德国游历,寅恪、俞大维表兄弟请他们听歌剧,两人把赵氏夫妇送到剧院门口,就转身告辞。赵元任夫妇感到奇怪,邀请他俩一道去欣赏,寅恪只得如实相告:“我们两个只有这点钱,不够给自己买票;如果买,就要吃好几天干面包了。”

此外,德国人不食猪内脏,所以,寅恪与其他几个留学生在吃饭时,常吃的一道菜就是炒腰花。不明就里的人以为寅恪嗜吃猪腰子,其实他是为了省钱。

就其一生而言,寅恪足履亚、欧、美三洲,去过德国、日本、法国、英国、瑞士、挪威、美国等多个国家,或留学,或游历,或讲学,或治疗眼病。详见下表。

表 2-1　寅恪一生留学、游历简况表

时间	所到的国家	目的
1903 年春—1904 年夏	日本弘文书院初中部	留学一年余
1904 年冬—1906 年初	日本弘文书院高中部	留学
1909 年秋—1911 年夏	德国柏林大学	留学
1911 年春	挪威	游历,吊易卜生墓,赋诗
1911 年秋—1912 年初	瑞士苏黎世大学	留学
1913 年春—1914 年夏	法国巴黎高等政治学校	留学,曾访茶花女墓,赋诗
1913 年冬	英国伦敦	游历
1918 年底—1921 年 9 月	美国哈佛大学	留学
1921 年秋冬之际—1925 年底	德国柏林大学研究院	留学
1938 年春	越南(时称"安南")	授课;顺滇越铁路,经越南到云南蒙自
1945 秋—1946 年春	英国	讲学、疗眼,经美国而未下轮船

总计寅恪一生,在三洲的五个国家留学,到日、德两个国家各有两次,留学德国两次共五年为最长,留学日本前后共三年。并且,留学日本每次均不足一年,"为期既短,年龄且幼,故旅日对其人格形成和学术吸收之影响亦最少"[①]。

寅恪在欧美游学各国大学,潜心读书,潜研覃思,特立独行,志在求得真才实学,而不在乎是否获得某种学位。寅恪之侄子曾问道:"您在国外留学十几年,为什么没有得个博士学位?"寅恪回答:"考博士并不难,但两三年内被一具体专题束缚住,就没有时间学其他知识了。只要能学到知识,有无学位并不重要。"

侄子后来向姑夫俞大维提起此事,俞大维回答:"寅恪的想法是对的,所以是大学问家。我在哈佛得了博士学位,但我的学问不如他。"

---

① 中山大学组委会主编:《纪念陈寅恪教授国际学术讨论会文集》,中山大学出版社 1989 年版,第 115 页。

可见，寅恪求学东西洋，不为一文凭所限，只以读书、求学为唯一目的，其境界实乃大师气象。

二、两次留日与两次留欧

（一）两次留学日本

1902 年春，寅恪还未满 13 岁，就离开南京家塾到达上海。抵沪后，他与长兄衡恪一道谒见上海同文书会总干事、英国浸礼会传教士李提摩太（1845—1919 年，Timothy Richard）。这位在华已半个世纪、精通汉语的英国人，钻研过“四书”等国学典籍，熟悉中国传统文化，同清政府上层的一些官员，尤其是与洋务派和维新派的一些著名人物关系甚好，其中就有寅恪所佩服的张之洞、康有为、梁启超等人。由于祖父和父亲都是维新派的重要支持者，陈家兄弟都知道李提摩太在 1898 年上书光绪皇帝力主变法维新和戊戌政变失败后，掩护、帮助康有为逃亡国外的故事，尊敬这位对传播西方文化和促进中西文化交融做出过贡献的老人。李提摩太赞赏陈氏兄弟到东瀛求学的行动，勉励道：“你们世家子弟，能够去日本读书，真是很难得，很可贵。”

此后，随同大哥陈衡恪，寅恪从上海吴淞口搭船，自费前往日本留学，揭开 23 年的漫长留学岁月的序幕。

初出国门的寅恪，之所以首先选择了日本，主要原因是中日在文化等方面具有相当的共同性或近似性：日本从隋朝起，主要向中国学习；19 世纪“明治维新”后，日本结束了闭关锁国的封闭、孤立状态，走上了近代化的道路，国家生机重现，综合国力迅速强盛，但却误入军国主义歧途，将目标瞄准了邻国。甲午海战，腐败的清王朝遭到重创，震动全国。中日的这种巨大差异引起了中国知识界的反思，试想通过日本这个中介来向西方国家学习。于是，不少有抱负的中国青年纷纷在痛定思痛后，都到日本学习科学技术、人文科学知识，探求富国强兵之道，一时蔚然成风。陈氏兄弟到日本之时，留日的中国学生已达 7 000 多人。

寅恪兄弟到日本后，进入东京弘文书院学习，这是一所日本政府专门为清朝留学生教授日语及进行普通教育而开办的补习学校。

1904年夏天，寅恪在留日一年余后，乘暑假返回南京看望父亲，在国内，他与五兄隆恪一道通过了官费留日考试。这年秋天，陈氏兄弟再次联袂赴日求学。抵达日本后，寅恪仍在弘文书院学习。

寅恪留学日本前后三年，主要精力是在学习日文上。尽管在国内的家中，他曾跟从友人学习过日文，但是，这样的学习尚需实践。在日本留学期间，由于长兄陈衡恪周到的照顾，他与隆恪在学习方面取得了较大进展，掌握并精通了日文，这是他掌握的第一门外国语。同时，他还结识了同学鲁迅、林伯渠等人。

在学习日文的同时，寅恪对日本学术界东洋史研究的崛起给予了高度重视。留学期间，他在苦读东洋史研究著作、佛学典籍上很下了一番功夫。

寅恪初出国门，增长了不少见闻，因而他留心观察和体验日本的生活习俗，阅读日本的学术著作，研究日本历史、文化的特点和中日文化交流的情况，对日本文化、民族、社会的特性，了解逐渐加深。

寅恪在后来的研究中指出，国人在历史研究中可以现在的日本为例，因为日本过去曾经全方位向中国学习，受中国唐代文化影响最深；日本制度多仿唐代，保存也较齐全。今日社会风气是经受宋以后的影响而成，因而现在的中国、日本的社会风俗，自然有所差别。这些识见，体现了他的敏锐观察力。

寅恪后来在学术研究中，经常引用日文文献，列举日本文化、生活习俗的例子来作为佐证，以增强其说服力。如他后来在考释白居易《长恨歌》“春寒赐浴华清池，温泉水滑洗凝脂”句中“温泉”的由来时，旁征博引，以说明温汤疗疾风气流传广远：“又今之日本所谓‘风吕’者，原由中国古代输入，或与今欧洲所谓土耳其浴者，同为中亚故俗之遗。”所谓“风吕”，就是日本人所说的沐浴，寅恪利用自己在日本的观察和体验，如日本洗浴风俗的由来，与学术研究相结合，能从中日常见民俗中提出这些新的识见，显然得益于他对日本历史、文化的了解，以及他对日本文化、语言的熟稔。

第二次世界大战后期，盟军酝酿要定日本天皇为战犯，寅恪从报纸上听读了这一消息，曾指出："这事绝对做不得。日本军人效忠天皇，视之如神。如果我们处置天皇，日本军人将拼死抵抗，盟军则要付出大得多的代价才能最后胜利。如果保留天皇，由他下令议和，日本军人虽然反对，也不敢违抗，就会跑到皇宫门前切腹自杀。这样，盟军付出的牺牲就小得多，而且日本投降也会较易。"后来的事态发展结果，不出其所预料。

1905 年冬，因环境潮湿，寅恪患脚气病，需要回国疗养。1906 年初，他告别日本，渡船回到南京家中。虽然自此以后他再没有重返日本，却长期关注日本学术界研究中国的史学、文学、文化、宗教等方面的论著和文章。后来，在各所名校教书时，在讲授课程、指导学生之时，寅恪经常采用或引证日本学术界的研究成果，从中吸收营养，充实学术研究的内容。抗战爆发前，他指导清华大学等校学生撰写毕业论文时，要求学生注意采纳包括日本在内的国际学术界的成果。

1936 年春，寅恪指导清华历史系毕业生张以诚完成毕业论文《唐代宰相制度》，6 月 6 日，他在论文中批示道："近年日本人既有论唐三省关系之著作，则凡本论文与日人著述之异同，似宜标出或叙明。"同年，他指导的国文系学生的毕业论文中，也多次采纳了日本学者铃木虎雄的研究成果。

寅恪虽有两次留学日本，前后共三年，但是每次均不足一年，"为期既短，年龄且幼，故旅日对其人格形成和学术吸收之影响亦最少"。日本学习对他的影响力，远不如日后欧美学术的影响。

（二）两次留学欧洲

从日本回国后，寅恪在家调养了一年多。1907 年，他在上海插班考入复旦公学（今复旦大学的前身）。这所福建人李登辉创办的著名学校，人称"半唐番"，是他一生进过的唯一的中国学校。与在自己家塾学习的竺可桢，再次成为同班同学。竺可桢后来成了著名气象学家，中国科学院副院长、研究员；同学还有徐子明，后来获得德国海德堡大学历史学博士学位。他在此校就学了三年，那时的复旦公学还不是正式大学，也不授予学位。寅恪自己认为，该校相当于"高中程度"。

1909 年，寅恪从复旦公学毕业。秋天，寅恪在上海乘船，自费到离家更远的德国留学。到德国后，寅恪于 1910 年考入柏林大学，刻苦学习语言文学。

图 2-1　早年留学德国的陈寅恪

1911 年春天，寅恪的旧病脚气复发，需要转地疗养，于是他到挪威旅游了二十天。凭吊文学家易卜生墓，并赋诗。在诗中，他以“北欧今始有文章”的诗句，高度评价了这位文豪。他在陶醉于挪威春季明媚动人景色的同时，心中却萦绕着万里之外的祖国。他在北海海船中，远眺地平线上北极的极夜景观，不禁吟出“斜阳大月中宵见”的诗句，并联想到在家乡乘黄篾舫遨游的诸多乐趣，思乡之情顿生。

秋天，寅恪转入瑞士苏黎世大学，学习语言文学。面对瑞士美丽的冬日雪景，他心系故土，“乡愁”徐来，可见他对祖国的热爱和依恋，这种依恋情结就是民族感情。可以说，在寅恪留学欧美的十几年生活中，民族感情始终贯穿，成为日后他爱国主义思想感情的重要基础。

在苏黎世大学读书之初，寅恪从当地报纸得知当年爆发“辛亥革命”的消息，立即到图书馆借阅德文原版的马克思《资本论》，他认为“因为要谈革命，最要注意的还是《资本论》和共产主义，这在欧洲是很明显的”。可以说，寅恪是最早认真钻研过这部马克思主义最重要的经典著作原版本的中国读者之一，由此产生了对政治经济学的浓厚兴趣。

寅恪在苏黎世大学本应继续学习下去，但因家中自宝箴老人去世后，经济上远不如昔年光景，眼看这次留学所带的费用即将罄尽，家中又一时接济不上来，不得已，1912 年春，他从瑞士回国。

寅恪归国后，在上海拜访了名家夏曾佑（1863—1924 年），得到了如何读书的启迪。在此期间，陈三立与老友沈曾植（1851—1922年）来往密切，沈也深深影响了他。沈曾植是“同光体之魁杰”，博学多才，能诗善文，精通音韵、训诂、梵文和佛学，因痛感边疆地区受到西方国家的威胁，十分注重探究西北边疆史地之学，以开发边地和巩固边防，著作有《蒙古源流笺证》《元秘史笺注》等。寅恪十分崇敬这位长辈，他在早期之所以选定西北边疆史地之学作为研究重点，除了爱国、报国之心外，沈曾植的影响不容忽视。

不久，筹足了留学需要的费用后，寅恪第二次前往欧洲游学。

1913年春，在法国，寅恪考上了巴黎大学，进入社会经济部学习。他之所以选中这所学校，选择社会经济专业，与他读《资本论》后产生了对政治经济学的兴趣有关。

在巴黎，寅恪比较系统地学习西方政治经济学的知识，并在思考后接受其中一些观点，同时初步学会了从阶级、政治、经济等方位考察和分析社会文化现象的方法。他后来运用这些知识和方法研究古代社会，如研究佛教，认为“宗教与政治终不能无所关涉”，“虽曰宗教史，未尝不可作政治史读也”，他注重佛教与社会政治的关系，而不是把它看成一种单纯的宗教现象。他重视经济因素在社会历史进程中的作用，认为唐末黄巢的起义，打击了唐王朝赖以维持的经济基础——东南八道财税的供给，又断绝汴路、运河的交通，促使唐朝灭亡；经济因素可以促亡，也可促兴。他在分析明末郑成功父子兴起时指出，郑氏的崛起，“不是仅由武力，而经济方面，即当时中国与外洋通商贸易的关系，以及通商贸易带来的巨大力量，也是重要原因之一”。这些卓越的论述，取得了超越前人的学术成就，得到国内外学术界的赞同。

就在这一年，寅恪从国内出版的报纸上读到关于袁世凯自己任命为终身大总统的消息，极为讨厌这个妄想“家天下”的窃国大盗，挥笔写诗嘲讽。他的德国同学回忆说：“寅恪早对日本人之印象不佳，而对于袁世凯之媚外篡国，尤其深恶痛绝。”[①]

---

① 李璜：《忆陈寅恪、登恪兄弟》，转自《陈寅恪先生年谱长编（初稿）》，第79页。

1914年秋天，寅恪收到江西省教育司（相当于教育厅）副司长符九铭的电报，请他回到江西南昌，阅留德学生考卷，并答应用江西省政府的留学经费作为补偿，支持他阅卷完毕后继续享受官费留学。考虑到家庭的实况，寅恪接受并于冬天归国。

三、留美之后第三次留欧

(一) 赴美留学

从1915年秋天开始，寅恪在江西阅卷连续达三年。其间，他于1915年春天到北京担任新成立的全国经界局督办（局长）蔡锷的秘书，主要的工作是翻译有关的东西方图书资料，详细探讨中国经界的源流。蔡锷（1882—1916年），湖南邵阳人，14岁中秀才；1898年受到陈三立的赏识，破格进入湖南时务学堂学习，师事梁启超、谭嗣同。辛亥革命后，蔡锷曾任云南军政府都督。"二次革命"失败后，1913年底被袁世凯调到北京，任以虚职，如陆军部编译处副总裁、经界局督办等。就任经界局长不久，蔡锷反对袁世凯称帝，于1915年11月从北京潜回云南，12月25日宣布讨袁，成为讨袁的护国军统帅。所以，寅恪在北京工作只有几个月的时间，后来他回忆这段日子时说："当时为袁氏（世凯）称帝颂扬功德的，达到了丑态百出、怪异不堪的地步。我深感风气的没有廉耻，至为痛心。"

在国内一片强烈的反对声中，袁世凯一命呜呼。1916年8月，继任总统黎元洪任命谭延闿为湖南省省长兼督军。谭延闿任命林伯渠（1886—1960年，寅恪的留日同学）为省署秘书兼总务科长，寅恪为省长公署的交涉科长。寅恪的主要工作是终日披阅档案，作为对外交涉的根据。虽然没有涉足官场的龌龊与钩心斗角，寅恪还是不习惯官场，很快就离开交涉署，自此以后再也没有涉足官场了。

在国内停留的三年多时间中，寅恪的主要任务是在家中侍奉父母，继续深化对于哲学、文学、史学、经学等著作的研习。

在国内期间，寅恪留学之心不改，遂决定第五次出国留学。

1918 年 11 月底，寅恪登上了从上海开往美国的轮船。1919 年初，他进入美国哈佛大学，师从卓有名气的兰曼（C. R. Lanman，1850—1940 年）教授，学习梵文和巴利文。兰曼是耶鲁大学的梵学博士，精通梵文和巴利文，对印度哲学和佛学也有很深的造诣，著有《梵文读本》及《印度泛神教之开端》等专著。当时，跟从兰曼学习的中国留美学生还有俞大维、汤用彤等人。俞大维在哈佛大学研究生院，后获得哲学博士学位，因成绩优秀由哈佛大学给予奖学金送往德国留学。

寅恪为什么在哈佛大学学习梵文、巴利文呢？因为佛教产生于古代印度，梵文是古代印度的文字，佛教经文多用梵文或者巴利文写成。从一世纪开始，佛教经过中亚、西域传入中国，在传播中，许多西域民族信仰了佛教，一般来说，每个民族都有自己的语言文字，每个民族的语言文字又各有特点，因此，由于流传地区语言文字的不同、民族文化的不同，佛教在亚洲不同地区形成了不同的派系，如在中国中原地区形成了汉传佛教，在中国西藏地区形成了藏传佛教，在泰国、缅甸等地区形成了南传佛教等多个流派；由于语言文字的不同，在世界范围内出现了汉文、藏文、梵文、巴利文以及后来的满文等东方语言文字书写的佛教经典，即《大藏经》。由于佛教产生于古代印度，后来在印度全面衰落，而梵文、巴利文的语法结构特殊，保留了佛教史以及印度古代文化、社会等多方面的信息，学习、掌握梵文以及与佛教、西域各民族历史有关的语言文字，将梵文、巴利文的佛经与汉文、藏文的佛经进行比较研究，就能深入研究中国佛教史和印度古代哲学史，从而推动学术研究更上一层楼。当时，寅恪的同学俞大维、汤用彤等人，都是如此考虑，如后来汤用彤一生主要精力都放在了中国佛教史和印度古代哲学史的研究上，卓然成家，颇有建树。

而且，寅恪自幼就深受“乾嘉学派”的影响，对于钱大昕（1728—1804 年）等清代学者极为服膺，对于语言文字有一种特殊的爱好，一贯认同“读书须先识字”的主张，假如自己能够以“西洋语言科学之法，为中藏文比较之学，则成效当较乾嘉诸老更上一层”，寅恪相信，自己采用这一科学方法，将取得超越乾隆、嘉庆时期钱大昕等前辈大学者的辉煌成就。由此，他这次出国留学的主攻专业仍然选定历史和语言文字，重点在梵文、巴利文，寅恪计划掌握这些文字工具后，深入研究外来文化中具有代表意义的佛教文化及其变迁，以此为突破点，从博大精深的佛教文化在中国传播的过程，进一步地探讨中外文化交流、融合的途径和规律，以及中国本土文化如何吸收、同化外来文化——佛教，外来文化又怎样影响和改造本土文化等重大问题。

后来，寅恪在研究实践中，广泛运用了梵文、巴利文等异域语言文字。例如，寅恪在论文《魏志司马芝传跋》中，考证出“无涧神”原作“无间神”，即地狱神；“无间”乃梵文 Avici 之意译，音译则为“阿鼻”，当时意译亦作“泰山”；他根据曹魏宫掖妇女供奉“无涧神”一事，推论出佛教已流行于曹魏宫廷之间，再由此又推论出佛教在民间流行的程度。

有趣的是，寅恪虽然下了很大力气学习异域语言文字，研究佛教，但是，他并不信奉佛教教义，“他的兴趣是研究佛教对我国一般社会的影响。至于印度的因明学和辩证学，他的兴趣就比较淡薄了”。至于道教等宗教，他也一概不信奉，甚至反对亲人们请和尚、道士做法事。

在哈佛除了学习梵文和巴利文外，寅恪还如饥似渴地深钻中国史学、文学、经学等著作，并涉猎了天文、历算、地理、气象等书籍，对中国的儒学、佛学以及《红楼梦》《牡丹亭》等古代文学作品，都有独到的精辟见解。他在与著名的美国新人文主义大师、哈佛大学比较文学系教授白璧德（Irving Babbitt，1865—1933 年，又译“巴比妥”）讨论佛理时，引起了白璧德的重视，白璧德对他寄予了殷切的希望。

除了俞大维、汤用彤外，寅恪还与吴宓（1894—1979 年）、张鑫海（后改名为张歆海）、梅光迪、汪懋祖等留美学生相识，时常交流读书的心得体会。寅恪与吴宓、汤用彤被称为“哈佛三杰”，他的博学多才和惊人的记忆力、分析力，使才子吴宓赞叹不已，吴宓本来自视甚高，但认为寅恪的学问、识见都高出自己和周围的留学生，坦然承认：“合中西新旧各种学问而统论之，吾必以寅恪为全中国最博学之人。”后来，“哈佛三杰”均成为北京大学、西南联大等名校教授，均于 1942 年成为“（教育）部聘教授”，以及当时中央研究院首届“院士”，成为名实相符的中国第一流学者，极大地推动了中国学术的发展。

寅恪在哈佛时，比较了美国的发达科技、物质条件与人民的精神面貌后认为，输入西方科技文化是中国的必然趋势，但是如果“只是计划输入功利机械这类东西，而不图以精神的救药，则势必到人欲横流，道义沦丧。再要希望爱国，是不可能之事”。寅恪认识到“拯救国家，治理国家，尤其要以精神的学问（就是形而上学）作为根基”，于是，他毅然把研究中国民族、历史文化，振兴、弘扬中华学术与中国文化，定为自己终生奋斗的事业。后来，他选择学成回国，一直在大学从事教学和学术研究工作这一道路，就是自然的事了。

在哈佛学习两年多后，为了更进一步学习梵文、巴利文等语言文字，兼之老师兰曼曾经在获得博士学位后赴德国深造，于是，1921 年 9 月，寅恪告别老师，前往德国继续求学。

（二）第三次赴欧留学

1921 年秋冬之际，寅恪为了更进一步学习梵文、巴利文等东方语言文字，横渡大西洋，从美国到德国，第二次赴欧。寅恪于 1921 年 9 月又进入柏林大学的名机构——东方语言研究所，向柏林大学教授、欧洲梵学泰斗路德施（Heinrich Lueders，1858—1943 年）学习。

寅恪第二次留学留学德国。德国虽然是第一次大战的战败国，但是，当时的柏林大学却有两门最著名的学科：一是近代物理学，爱因斯坦创立的“相对论”学说、勃朗克讲授的“量子力学”，都是自然科学中新兴的显学；二是久负盛名的柏林大学东方语言研究所，进行的以东方语言文字学为基础的东方学（含汉学尤其是印度学）研究，在世界东方学研究中名列前茅。两门学科都汇集了德国最优秀的自然科学家和历史语言学家。

寅恪第二次留学德国，而且仍然是柏林大学，继续攻读梵文和多种东方语言文字。可见，寅恪在欧美读书的重点是研究语言文字，目的在于打好做学问的基础。亦即清代学者所谓“读书必先识字”的门径。德国的历史语言考证学派，在当时影响很大，语言考证方法可以说是建立信史的最近途径，寅恪亦受其影响。

路德施在对梵文和巴利文等东方语言佛教文献的研究、吐鲁番出土佛教文书整理与研究方面，成就斐然，学界公认。在路德施的指导下，寅恪的东方语言文字水平精益求精，迈向了新的高峰。寅恪留学柏林期间，正是路德施学术创造力最丰沛、最辉煌的时期。在路德施的指导下，寅恪继续攻读梵文和多种东方语言文字将近四年时间。

在柏林，寅恪还时常旁听柏林民俗博物馆馆长缪勒(Mueller)、海尼斯(又译黑尼斯，Erich Haenisch，1880—1966 年)、佛兰科(又译 Herman Franke，佛兰阁)等名家的讲授。缪勒是柏林民俗博物馆馆长，精通多种东方语言，对佛学研究的造诣很深，他讲授的是佛经文献阅读课程；海尼斯、佛兰科是梵文和比较语言学的大师，海尼斯对蒙古文、历史颇有研究，佛兰科是柏林大学东方语言研究所教授、所长，藏文的额外教授，还是摩拉维亚传道会(the Moravian Mission)的传教士，属于当时知名的藏学家，他不仅对拉达克(Ladakh)地区的历史和文化有精深研究，并与西门华德(Walter Simon)一起增订过德国藏学先驱叶斯开(Heinrich August Joschke，1817—1883 年)的经典作品《藏文文法》(Tibetan Grammar，1929 年)。这些欧洲学者对中国古代文化史的研究都做出了杰出的贡献。寅恪在此学习东方语言文字和西域边疆史地，在他们的指点下，又更上一层楼。

可见，寅恪在哈佛大学最主要的就是学习梵文和巴利文。之后 1921 年秋冬之际开始的两次留欧，寅恪两次进入柏林大学研究院，学习梵文及其他东方古文字，并以此为基础研究中国的边疆史地，这是他的重点。可以说，寅恪的海外求学受到的西学的重要影响之一，就是他极为重视对历史语言的学习及其在学术研究中的作用。

表 2-2　寅恪在欧美学习语言、文化一览表

<table>
<tr><th>时间</th><th>师从学者姓名</th><th>大学或学术机构名</th><th>学者的擅长领域</th></tr>
<tr><td rowspan="2">1918年底—1921年9月</td><td>兰曼(又译“蓝曼”, C. R. Lanman, 1850—1941年)</td><td rowspan="2">哈佛大学教授</td><td>梵文、巴利文、希腊文,对印度哲学、佛教有精深的研究,著有《印度泛神教之开端》等</td></tr>
<tr><td>白璧德(又译“巴比妥”, Irving Babbitt, 1865—1933年)</td><td>美国新人文主义大师、比较文学名家</td></tr>
<tr><td rowspan="3">1921年9月—1925年</td><td>路德施(又译“吕得斯”, Heinrich Lueders, 1858—1943年)</td><td>柏林大学
东方语言研究所教授</td><td>梵文和多种东方语言文字,在梵文和巴利文佛教文献研究、吐鲁番出土佛教文书整理研究方面,成就斐然</td></tr>
<tr><td>海尼斯(又译“黑尼斯”, Erich Haenisch, 1880—1966年)</td><td>柏林大学
东方语言研究所教授、所长</td><td>蒙古文、梵文和比较语言学的大师,又擅长蒙古史研究,著有《元朝秘史研究》</td></tr>
<tr><td>佛兰科(又译“佛兰阁”, August Hermann Francke, 1870—1930年)</td><td>柏林大学
东方语言研究所教授、所长</td><td>对中国古代文化史的研究,做出了杰出的贡献</td></tr>
</table>

归纳陈寅恪的海外求学经历,最重要的,就是受到了德国兰克学派的强烈影响,极为注重史料。

寅恪在德国留学,深受当时德国史学界的主流学派——兰克(Ranke)学派的影响。学者兰克(Leopold Rank, 1795—1886年)早年研究语言,后来志趣转到了历史学,继承和发展了德国历史语言比较考证学派前辈学者的理论和治学方法,提出了自己的学术观点:“对可靠资料的批判考证,不偏不倚的理解,超然物外,客观的叙述,所有这些加起来,就可以再现全部的历史真相。”这一主张得到了德国学术界的广泛认同,从而创立了兰克学派,成为西欧“科学的史学”的开拓者,也成为19世纪到第一次大战结束后欧洲的主流史学。

兰克学派治学主张的核心,是重视和积累原始资料,及对史料进行严格的考证、辨析、求真,这与清代“乾嘉学派”的主张相通之处甚多。兰克学派的基本治学态度是客观主义，主张史学研究的唯一任务，是用史料说明“真正发生过的事情”，从经过考据的史料中提炼出符合真理的见解，对历史现象进行客观的诠释。寅恪后来确实采纳了兰克学派的理论，使之与中国传统学术相结合，并运用兰克学派的方法，在极其重视史料的价值、大量占有真实史料的基础上，以客观的态度考据和审订史料的真伪，研究中国历史文化，取得了举世瞩目的成就。

寅恪后来治学，深受兰克史学的影响，非常强调和重视史料，而且，寅恪进行历史研究时，蕴含着强烈的民族感情，与中国的政治、文化、道德、历史观等联系紧密。

寅恪虽然极其重视史料的价值，以客观的态度考据和审订史料的真伪，恰如杨步伟、赵元任所回忆的那样：“寅恪总说，你不把基本的材料弄清楚了，就急着要论微言大义，所得的结论还是不可靠的。”但是，占有大量真实的史料只是研究史学的基础，陈寅恪治史学“目的是在历史中寻求历史的教训。他常说：‘在史中求史识。’”

作为一代宗师，寅恪的成就是毋庸置疑的。寅恪弟子、清华毕业生何兆武（1921—　）曾深有洞见地指出：

> 陈寅恪先生继之以兰克学派的家法治史，蔚为一代宗师。陈先生曾留学德国多年，惜乎其受兰克学派的熏陶和影响，至今仍未能受到当代治史学者的重视。与人们通常的观念相反，兰克学派决不仅以考籍为尽史学研究之能事。在他们考订史学的背后，是有深厚的世界观和哲学信念作为其指导思想的。所谓‘客观如实’的那个‘如实’，乃是指符合他们的世界观和哲学信念的体系。①

何兆武所言，指出寅恪之所以杰出，不在于如何熟悉史料、精通多少门外

① 何兆武：《何兆武学术文化随笔》，中国青年出版社1998年版，第330页。

国语、考证本领如何精深，而在于寅恪掌握西学的“兰克学派的家法治史”后，形成的对于历史的深远认识与观察眼光。因为，仅有所谓“客观的”史料，未必能够推演出历史的大识见。1958 年“大跃进”的时候，郭沫若曾号召北大历史系学生也来个大跃进，在史料掌握上超过寅恪。似乎寅恪的史学观已经陈旧不堪，只要在史料占有量上超过他，就可以超越。这个认识，就只看到了寅恪掌握史料之丰富，没有看见寅恪解读史料的深刻认识。

在欧洲留学期间，寅恪还持王国维所写的介绍信，前往巴黎拜访过法国汉学正统派领袖，世所公认的汉学泰斗伯希和(Paul Pelliot，1878—1945 年)。伯希和于 1908 年 2 月详细考察了敦煌石窟，第一个对敦煌石窟洞壁上的汉文、回鹘文、藏文、婆罗米文、西夏文、蒙古文等题识以及历代游人题记，做了较为全面、详细的记录，并且掠夺了不少敦煌卷子等珍贵文物。但作为一个功底深厚的汉学家，伯希和对敦煌和中亚史的研究著作颇丰，其中某些学术见解，特别是关于敦煌文物史料的考证，至今仍有很高的价值。法国现代汉学家戴密微(P. Demiéville)说，寅恪“在巴黎停留期间，很可能听过伯希和的讲课”。所以，后来寅恪研究敦煌文化和西域民族史，在学术见解等方面明显受到了伯希和的影响。

(三) 结语

寅恪在国外读书虽然很专心，但毕竟不是生活于真空。身在遥远的异域，无论是在一衣带水的日本、大洋彼岸的美国，还是在万水千山之外的欧洲，他一直关心着祖国的一举一动，关注着中国文化的命运。

在美国哈佛大学留学时，“哈佛三杰”以及梅光迪等人横论中西，切磋学问；此时在国内，“新文化运动”正如火如荼，方兴未艾。寅恪与吴宓等人，虽然不能回国投身其中，却非常关心 20 世纪中国文化的出路和建设问题，对这个问题的看法，他们与胡适等人强调中西文化的差异性、中国传统文化的落后性等过激主张，有明显的差异。寅恪与吴宓等人，认为应重视传统与现代之间的继承性，昌明国粹，融化新知，在现有的基础上完善改进。两年后的 1921 年 7 月，吴宓获得文学硕士学位后，担忧中国文化的命运，公费留学时间未满，就匆匆结束学业，回归祖国，向国人表达自己的主张。吴宓创办了著名的《学衡》杂志，向新文化运动发起公开辩论。寅恪远在大洋彼岸，虽然在《学衡》上发表过《与刘叔雅论国文试题书》等五篇文章，而且大致赞同《学衡》的观点，却并未介入双方的学术论战，更未卷入双方的论争，寅恪还在苦读，完善自己的思想体系，寻找着中国文化在现代社会的正确出路。等到学成回国后，寅恪毫不犹豫地指出了自己与胡适等人在文化观上的差异、在文学等领域的某些分歧，对于胡适等人的某些主张表示了反对，对此，他在晚年曾坦言："我对胡适也骂过。"

至于国内政治的兴亡、民族的盛衰，也一直萦绕在寅恪的脑海，儒家的入世思想时刻驱促着他思索救国的途径与策略。

在哈佛大学、柏林大学等埋头读书之余，寅恪经常参加留学生的聚会。这些聚会，留学生的主题不外乎在一起纵谈古今、切磋学问，参观美术馆与博物馆等文化设施，有时还议论国内形势，抒发自己的报国志向等，如在哈佛时，寅恪参加过"中国国防会"的活动。中国国防会是1915年在波士顿的中国留学生因痛愤袁世凯卖国政府接受日本提出的"二十一条"而成立的爱国组织，以唤醒同胞、团结国人、共御外辱、救国图存为奋斗目标，"以促进国家自卫力之发展为宗旨"。1919年，国防会会员聚会时，向来省吃俭用的寅恪，还和吴宓共同宴请了到会的诸位朋友。

到柏林后，寅恪也参加过一些留学生切磋学问等的聚会，他也高谈国家大事，评点曾国藩、左宗棠、胡林翼等晚清中兴名臣的功绩和学术成就，揭露日本企图侵略中国的野心，抨击袁世凯媚外篡国和北洋军阀乱政，赞同"内除国贼，外抗强权"的主张。据参加过这种聚会的人回忆，每逢此时，寅恪总是情绪激昂，完全不似一位温文尔雅的书生，他以学人的缜密思维和渊博学识，融入了深远的前瞻性见解，浸透了深深的民族情感，表现了他为国家寻求富强之路的探索精神，得到了留学生们的尊敬。

寅恪在柏林交往的留学生中，大多是未来中国各方面的杰出人物。如国画大师徐悲鸿等，还有不少是政坛的风云人物，清华校长罗家伦、中国工农红军总司令朱德、中华人民共和国的总理周恩来，当时就与寅恪结识。周恩来于

1920年冬前往欧洲留学，1922年春到了德国，在中国留学生中宣传共产主义，发展中国共产党党员。1949年之前，寅恪曾对人谈起过昔年与周恩来交往的某些情况："有一天晚上在一家华侨开的饭馆里，我无意中和周恩来还有曹谷冰等三人相遇，同在一桌吃饭，由于政见不同，彼此争论起来。周恩来很雄辩，曹等三人都说不过他，恼羞成怒，动手就打，竟同时连我一起打。我们一同退入老板娘的住房，从里面锁上门，直到曹等走后才出来。"寅恪笑着说，"没想到他们竟把我也当作了共产党。其实我那天什么也没有讲，只是听他们辩论。"新中国建立后，出任总理的周恩来与知识分子关系良好，更没有忘记寅恪，称赞他为"爱国学者。"后来周恩来还关照和保护过寅恪，照顾昔日朋友。

综观寅恪在国外留学前后二十多年，无论是在日本求学，还是在哈佛大学或者柏林大学，他都虚怀若谷，认真学习，尽情吸收和融汇异国的知识、智慧、德行和方法，陶冶了自己的情操品性，极大地开阔了眼界，活跃思维；寅恪的欧美求学之行，得到了欧美一流大学、一流大师的指点，不仅学到包括梵文、巴利文在内的多种古今语言文字知识，及其历史文化（"殊族之文，塞外之史"），而且还深受兰克学派、欧洲汉学学者和东方文化学家谨严求实学风的熏陶；寅恪本人甘于清贫，潜心读书，仔细揣摩西方人文科学的研究方法，并加以掌握，立志推动中国的学术文化发展，不仅奠定了百科全书式的中西文化知识的深厚基础，而且形成自己独特的治学方法，取得了重要的学术成果。季羡林说，寅恪的学术，"从西北史地，蒙藏绝学，佛学义理，天竺影响，进而专心治六朝隋唐历史，晚年又从事明清之际思想界之研究"。这种对中西文化博大精深的研究，其深厚根基正是他在长期游学过程中，兼采中西之学，奋发潜研，开拓创新，不断超越自我而形成的。

蔡鸿生教授（1933—　）在《陈寅恪史学的魅力》中指出：

从《文集》中，可以见到寅恪先生多次提及深思、精思，乃至神游冥想之类的治学要诀，说明他非常重视史与思的关系。在历史研究的实践中，无论是述论、笺证还是考释，寅恪先生都有非同凡响的独特思路，因而取得“较乾嘉诸老更上一层”(语出《与妹书》)的成效。①

所以,广泛地游学世界名校,使得寅恪日后的研究博采众家之长,比兰克学派、乾嘉学派更上一层楼,把中国历史文化的研究推进到新的高度,取得了震烁中外的巨大学术成就。

第二节　读书法

书籍是文化的重要载体,被誉为“我国最有希望的读书种子”的陈寅恪,一生与书、读书结下了不解之缘。而他之所以博学多识、博闻强记,具有远见卓识,在于他读书有章法,读书有效率。

一、读书志存高远,成就自然不凡

首先,寅恪目睹中国学术文化之落后,发愤终身从事学术研究,推动学术强国。寅恪认为,“读书不肯为人忙”。他 1929 年 5 月在《北大学院己巳级史学系毕业生赠言》的赠诗中,如是宣言:

群趋东邻受国史,神州士夫羞欲死。
田巴鲁仲两无成,要待诸君洗斯耻。
天赋迂儒“自圣狂”,读书不肯为人忙。
平生所学宁堪赠,独此区区是秘方。②

这首诗,回答了为何治学的问题——“读书不肯为人忙”,这句诗典出《论

① 蔡鸿生:《陈寅恪史学的魅力》,《学术研究》2000 年第 12 期,第 104—106 页。
② 《陈寅恪集·诗集》,生活·读书·新知三联书店 2001 年版,第 19 页。

语·宪问》,孔子曰:“古之学者为己,今之学者为人。”为己者,修养自己的学问、道德也;为人者,装饰自己给别人看也。换言之,读书是为了求知、求真,归根结底是为了自己的理想而读书,而不是功利性地以此为手段,为获得功名利禄等,至于曲学附会,故作标新立异或炒作,皆同此类。这个“不肯为人忙”,不为别人读书,指的是读书求学需要有独立思考的精神,不受已成观念的约束,要有创见,如此才能使学术精进。寅恪读书的宗旨,与他治学志向不为名利的思想一脉相通,这成为寅恪一生奉行的治学宗旨。

至于读书的终极目的之一,在于务使民族、国家立于强国之林,如研究中国史,中国史的权威、研究中心反而不在中国,而在“东邻”日本,以至于出现中国学子群趋日本学习中国史的怪现象。寅恪期待中国学者能用实际行动洗脱这种耻辱。

寅恪的友人,留德时期有过从的李璜,晚年在回忆性文章《忆陈寅恪登恪昆仲》中回忆1922年留学德国时的一些情景:

> 我近年历阅学界之纪念陈氏者,大抵集中于其用力学问之勤,学识之富,著作之精,而甚少提及其对国家民族爱护之深与其本于理性,而明辨是非善恶之切,酒酣耳热,顿露激昂,我亲见之,不似象牙塔中人,此其所以后来写出吊王观堂先生之挽词而能哀感如此动人也。

说寅恪“不似象牙塔中人”,实际上是揭示了寅恪一以贯之的对社会的普遍关怀,这一对于寅恪“对国家民族爱护之深与其本于理性,而明辨是非善恶之切”的观察,与寅恪读书立志从事学术研究,推动学术强国的本心是一致的。

寅恪一直视中国文化为立命之本,他在给王国维的挽词中说“吾侪所学关天意”,指出自己读书、研究中国文化,以高水平的学术文化成就,推动提高我国地位,使国家能立于强国之林,因此关系重大。他在著作中多次谈到,读书、治学要“不甘逐队随人,而为牛后”,“士之读书治学,盖将以脱心志于俗谛之桎梏,真理因得以发扬”。此外,寅恪最不能容忍的不端之行是“曲学阿世”,他多次谈到。最为著名的是他在《赠蒋秉南序》中说："默念平生，未曾侮食自矜、曲学阿世，似可告慰友朋。"

在挥赋《北大学院己巳级史学系毕业生赠言》的同年（1929 年），寅恪在清华大学成立二十周年发表《吾国学术之现状及清华之职责》一文中，指出当时学术文化的多种弊端。所谓"弊端"，统而言之，即无论自然科学或社会科学，都未能学术独立，明确指出"中国学术独立"为"吾民族精神上生死一大事者"，倡议清华同仁、全国学人共同克服这一"弊端"。①

可见，寅恪确立了读书的目的，寅恪的治学能力、最终成效自然可观，至少类似于古语所云"取法乎上，得乎其中"。而事实上，寅恪身体力行，苦心孤诣，专研中国历史，在世界范围内树立新高峰，已是国际学术界的共识，他洗雪了研究中国史权威只在日本、学子"群趋东邻受国史"之耻，赢得了世界学术界对中国学术的尊重。

二、平生最大的嗜好——读书成为他生命的第一需要

寅恪矢志读书，爱书成癖，为了读书，到处寻找、借阅，想尽一切办法；他每到一地，必竭力购书。可以说，读书、寻书和购书，实是寅恪平生最大的嗜好。

在美国哈佛大学读书期间，购书成为他生活中的最大乐趣。本来，供他在美国读书的官费本来就不多，但他紧缩开支，时常与吴宓等同学一道去波士顿城里购书。新书价太贵买不起，寅恪就购买旧书，于是，他成了光顾波士顿城区旧书店的常客，他每次逛旧书店，都是满载而归。

寅恪先后向朋友陈垣（1880—1971 年，广东新会人）等人借过《殊域周咨录》《宋史新编》《七克》《名理探》《元书》《史讳举例》等书来读。陈垣，字援庵，长寅恪十岁，任过民国时期的议员、教育部次长，1926 年出任辅仁大学校长，在学术研究中建树颇多，是著名的宗教史、民族史学家，"近代之世界学者"。

---

① 陈寅恪：《吾国学术之现状及清华之职责》，载《金明馆丛稿二编》，生活·读书·新知三联书店 2001 年版，第 317—318 页。

二人认真于学术，经常互相切磋。同时，他读到有参考价值的著作，如《土耳其斯坦史〈蒙古侵略时代〉》《贵霜时代》等书，也向友人介绍过。

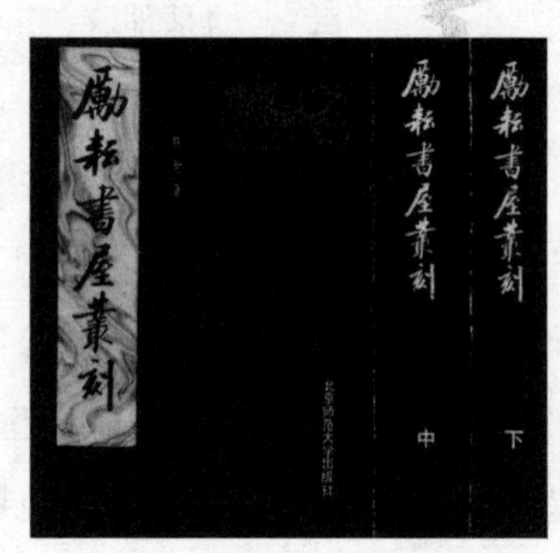

图 2－2　陈垣著《励耘书屋丛刻》

寅恪的中西学问基础扎实，知识面广，非常善于挑选自己所需要的书籍；再加上逛旧书店的次数多了，懂得旧书交易的行情，因而，他常常用不多的钱，就能买到比较有价值的好书。所以，在美国留学不到半年，他的藏书已够可观了。吴宓说："哈佛中国学生，读书最多者，当推陈寅恪及其表弟俞君大维，两君读书多，而购书亦多；到此不及半载，而新购之书籍，已充橱盈笥，得数百卷。"寅恪还劝告吴宓，今后回国不容易买到西文书籍，因此，现在若不随时零星购置，大概以后也没有力量再来这里购买了。在他的影响下，吴宓开始从每月的膳宿杂费中挤出一些钱来买书。这在当时两千多留美中国学生中树立了好榜样。

到了德国，寅恪竭力购书如故。1923 年初，寅恪从一家中国报纸上读到商务印书馆重印日本刻《大藏经》的消息，马上写信给国内的妹妹，在信中，他说出了购书的良苦用心以及久在国外不归的原因(《学衡》1923 年 8 月)：

> 我前见中国报纸告白，商务印书馆重印日本刻《大藏经》出售，其预约卷约四五百元。他日恐不易得，即有，恐价亦更贵。不知何处能代我筹措一笔款，为购此书。因我现必需之书甚多，总价约万金。最要者即西藏文正续藏经两部，及日本印中文正续藏，其他零星字典及西洋类书百科而已。若得不之，则不能求学。我之久在外国，一半因外国图书馆藏有此项书籍。一归中国，非但不能再研究，并将初着手之学亦弃之矣。我现欲筹得一宗巨款购书，购就即归国。此款此时何能得，只可空想，岂不可怜。……西藏文藏经，多龙树、马鸣著作而中国未译者。即已译者，亦可

对勘异同。我今学藏文甚有兴趣，因藏文与中文，系同一系文字，如梵文之与希腊、拉丁、英、俄、德、法之同属一系。以此之故，音韵训诂上，大有发明。因藏文数千年已用梵音字母拼写，其变迁源流，较中文为明显。如以西洋语言科学之法，为中藏文比较之学，则成效当较乾嘉诸老，更上一层。然此非我所注意也。

我所注意者有二：一历史，唐史、西夏、西藏即吐蕃藏文之关系，不待言；一佛教，大乘经典，印度极少，新疆出书者亦零碎。及小乘律之类，与佛教史有关者甚多；中国所译，又颇难解。我偶取《金刚经》对勘一过，其注解自晋唐起至俞曲园止，其间数十百家，误解不知真数。我以为除印度、西域、外国人外，中国人则晋朝唐朝和尚能通梵文，当能得正确之解，其余多是望文生义，不足道也。隋智者大师，天台宗之祖师，其解"悉檀"二字，错得可笑。好在台宗乃儒家五经正义二疏之体，说佛经与禅宗之自成一派，与印度无关者相同，亦不要紧也。禅宗自谓由迦叶传心，系据《护法因缘传》。现此书已证明为伪造。达摩之说，我甚疑之。旧藏文既一时不能得，中国《大藏》，吾颇不欲失此机会，惟无可如何耳。又蒙古、满洲文书，我皆欲得。可寄此函至北京，如北京有满、蒙、回、藏文书价廉者，请大哥、五哥代我收购，久后恐益难得矣。

这封发表于当年8月的《与妹书》，后来被视为寅恪一生中的第一篇学术论文，也是他一生治学的纲要，指引了他一生的治学方向。

从这封信可见，寅恪购买书籍、藏书，是为了读书，是为了订正中国文化典籍的讹错，是为了在学术研究中取得超过前人的成就。由于他这封信发出不久，生母、长兄衡恪相继去世，家庭经济境遇每况愈下，自然无钱给他购买大部头的《大藏经》和其他需要的书籍，同时他在德国的生活也更加艰苦。但是，他仍然节衣缩食，省钱买书。杨步伟回忆她1924年到柏林所见："书呆子们大买各种书籍。"她所说的"书呆子们"，正是指寅恪他们几个爱书如命的人，不过，生活条件再艰苦，也改变不了他酷爱买书、读书和藏书的性格。这在留德中国学生中如凤毛麟角。

后来回国，寅恪更是“购书成癖”。他的侄子陈封雄回忆说：“寅恪叔购书成癖，毫不吝惜。他在清华的书房里满地都堆放着书，几乎无插足之处。也不让别人收拾整理，因为一整理就会搞乱了。”节衣缩食后，他将辛苦积蓄的两千元巨款购买一套大部头《大藏经》，实现了多年的愿望，自然阅读《大藏经》也是非常认真的，以至有人认为他“对佛经研究兴趣至深”。遗憾的是，不久，日军入侵，《大藏经》不知下落。

三、先天条件优越，后天读书刻苦

寅恪在读书方面，与同时代的同龄人相比，他自幼的家庭私塾教育，到游学世界各大学，再到学成回国破格成为高校的导师，有着他人难以企及的条件。

就读书而言，寅恪可谓先天条件优越：天资聪颖；家庭有得天独厚的条件——坐落在南京头条巷的陈家，与他的舅父俞明震（晚清翰林俞文保之公子）家相邻，两家的藏书都异常丰富而精美，如俞明震在京城做翰林时，曾花费重金购买了有正书局石印的戚蓼生钞八十回《红楼梦》原本，这是《红楼梦》不可多得的海内珍本。这两大书房，是幼年陈寅恪流连忘返的精神乐园。据他自述，少年时在舅父家里检读钱遵王曾所注的《牧斋诗集》，曾对明清之际的文学家钱谦益“埋没英雄芳草地，耗磨岁序夕阳天”的诗句拍案叫绝，赞赏不已。寅恪直到晚年，仍然特别回忆起这段读书往事：

> 寅恪少时家居江宁头条巷。是时海内尚称艾安，而识者知其将变。寅格虽年在童幼，然亦有所感触，因欲纵观所未见之书，以释幽忧之思。伯舅山阴俞解斋先生明震同寓头条巷。两家衡宇相望，往来便近。俞先生藏书不富，而颇有精本。如四十年前有正书局石印戚寥生抄八十回《石头记》，其原本即先生官翰林日，以三十金得之于京师海王村书肆者也。[①]

① 《柳如是别传》上册第一章“缘起”，上海古籍出版社 1980 年版，第 2—3 页。

在光绪廿五年(1899年)的某日晚上,父亲带着他逛书肆,购得钱谦益作序的《吴梅村集》后十分欣喜,这让他好奇。此后他喜好收藏天下已读和未读之书,与长辈的熏陶有极大的关系。

除了先天优越之外,寅恪后天也读书刻苦。他自幼好学,孜孜不倦,寅恪曾对学生回忆说,自己幼时,嗜书到了“无书不观,日以继夜”的程度。那时,无电灯,又无煤油灯,只能用土油灯,藏在被褥中看,而且,为了防止家人发现制止,他还在四周放下蚊帐以免灯光外泄,读书读到高兴时,爱不释手,通宵达旦。可以说,他自幼就是一块读书的料。他的侄儿陈封雄回忆说:“六叔在他十几岁以及后来自日本回国期间,他终日埋头于浩如烟海的古籍以及佛书等等,无不浏览。”这对他成人后坚持中国文化本位有很大的影响。

寅恪老友杨步伟回忆:

> 那时在德国的学生们大多数玩的乱的不得了,他们说只有孟真和寅恪两个人是宁国府大门前的一对石狮子。

可见,先天条件优越,家庭文化氛围好,更重要的是寅恪后天学习刻苦,读书通宵达旦,这成为他日后成功的重要前提。

四、寅恪博闻强记、过目不忘的原因在于良好的训练和充分的投入

寅恪博闻强记,世人惊叹于他过目不忘的本领。殊不知,其中原因,在于周一良所总结的:良好的训练、充分的投入。

寅恪学生、武汉大学教授石泉回忆说:

> 听陈师母说过,陈师幼年在湖南时,只有八九岁。祖父宝箴会客,随侍在旁静听。客走后,谈过的话,别人都记不得了,陈师照述无遗。陈师母还说过,陈师从小看书,只看一遍,就能背诵,对新旧《唐书》尤其熟练。

如前述，1911 年，他在瑞士期间，就读过马克思的德文版《资本论》原文，他是这部马克思列宁主义巨著最早的中国读者之一。到美国不久，由表弟俞大维介绍，他与同在哈佛大学学习的留学生吴宓相识。当时，虽然他们二人一学语言，一学文字，学习的专业有所不同，但在爱好、文化观念等方面，有着惊人的一致或相近。经过几次交往后，吴宓对他的博闻强记、远见卓识钦佩不已，他在《日记》中惊喜地写道：

> 陈君学问渊博，识力精到，远不是我辈所能够达到的。而且，他的性格平和爽快，志行高洁，新得此友，殊自得也。

自视甚高的吴宓完全被他的博学卓识、人品所震撼，深为倾倒，认为能同这样的同学交上朋友，实是人生一大幸事。

吴宓给国内诸位友人写信，又在《空轩诗话》中公开地说：

> 始宓于民国八年，在美国哈佛大学，得识陈寅恪，当时即惊其博学，而服其卓识，驰书国内诸友，谓合中西新旧各种学问而统论之。吾必以寅恪为全中国最博学之人。今时阅十五六载，行历三洲，广交当世之士，吾仍坚持此言。

从此，两位大师惺惺相惜，与汤用彤并称“哈佛三杰”，三人缔结的纯真友谊跨越了半个世纪，直至生命结束。

五、带着存疑精神读书，“学问识解，惟取其上”

寅恪读书，善于怀疑，所以往往能够从寻常史料发现其他人不能够发现的问题，具备了不同寻常的独到眼光。

寅恪自幼目睹祖父、父亲在乡里、各地行医疗病，自述“寅恪少时多病，大抵服用先祖父先君所处方药”；晚年更自称自己一家行医三世，“中医之学乃吾家学”，即使如此，他对于祖父的医学之言，也是严谨对待的。

寅恪 10 岁那年，陈家居于南昌，曾祖母患了咳嗽，一天，祖父陈宝箴闲话往事，大概说：过去，我从京师返回义宁故乡。居住不久，家人说，不久前患咳嗽，正好门外卖人参的，购服之，咳嗽即愈。我听说后很吃惊，“人参价贵，售者肯以贱价出卖，此必非人参，乃荠苨也。盖荠苨似人参，而能治咳嗽之病”，宝箴还指出，明代医学家李时珍的《本草纲目》记载得明明白白，只是一般人没有注意到罢了。

听完这个故事后，少年寅恪特意查阅《本草纲目》，并亲捡一药来验证，“果与先祖之言符应”，即他亲自动身发现的事实，与祖父所言完全符合。①

对待祖父之言，尚且查证方才最终确信，遑论其他人。寅恪早年的存疑、严谨精神可见一斑。

所以，受笃实严谨的学风影响，寅恪从小便培养出一种不囿于经书和已有定论的存疑精神，这一精神正是他日后寻根问底学术风格形成的渊源。如同吴宓所指出，寅恪一家“父子秉清纯之门风，学问识解，惟取其上”。

六、“最有希望的读书种子”

寅恪读书有天赋，勤奋刻苦，得到了在外中国留学生的一致公认，被誉为“我国最有希望的读书种子”。

1923 年 2 月，留德的中国学生，后来的知名学者毛子水才抵达柏林，同学傅斯年就告诉他：“在柏林，有两位中国留学生是我国最有希望的读书种子：一是陈寅恪，一是俞大维。”

的确，作为“我国最有希望的读书种子”的寅恪，读书有三到：眼到、心到、手到。也就是他在读书时，不仅大脑在紧张思考，并且用手将读书时的体会、看法，及时随手批注在书页上方的空白处。寅恪的藏书，凡是读过之处，均有

① 陈寅恪：《寒柳堂记梦未定稿》之《吾家先世中医之学》，载《寒柳堂集》，生活·读书·新知三联书店 2001 年版，第 190 页。

密密麻麻的随手批语。所谓的批语也就是他读书的心得、体会、感想等。

寅恪的侄儿封怀，回忆寅恪留美之前的读书生活，曾说：

他（寅恪）送了我一册原文本的《莎士比亚集》，据说是他以前在英国读过的。里面每个剧本后面都写有他的评语（是用文言文写的），在那时，我们叔侄二人经常谈论欧洲各国的历史及文学等。他在欧洲，特别是对英、德、法语言文字学术，有了深入的理解。

寅恪弟子蒋天枢，专门谈到了陈寅恪的批语：

先生于此书，时用密点、圈以识其要。书眉、行间，批注几满，细字密行，字细小处，几难辨识。就字迹墨色观之，先后校读非只一两次，具见用力之勤劬。而行间、书眉所注者，间杂以巴利文、梵文、藏文等，以参证古代译语。

季羡林的弟子王邦维先生（1950—　），研究了陈寅恪1926—1937年间在清华国学研究院、清华大学任教所读《高僧传》三种的批语，曾在文中介绍过寅恪的这一习惯：①

批语俱写于原书上下空白处及行间，字极细密，且无标点。批语多时竟至原书几无空白之处，在一页无空白处时，复又写于前后页。从字迹大小及墨色看，同一相关内容的批语，往往不是一时写成，前后时有补充或更正。设想先生当时读书，有所得时，即随手批写于书上，以为以后撰写论文时的材料，只是备自己参考，并没有直接发表的打算，因此书写颇不规整。但因此辨识整理起来，亦颇为困难。……先生人品文章，举世景

① 王邦维：《陈寅恪读〈高僧传〉批语辑录》，载《中国文化》1990年春季号，第149页。

仰。今征得流求、美延二位同意，将已抄录的部分批语整理发表。海内学人，于此或不仅见先生治学门径之一途也。

随手批注的陈氏读书法，不仅显示了寅恪训练之有序、读书之严谨、投入之充分，也为他日后写论文、做学问打下基础。事实上，他的随手批注，日后加以整理成文，就是一篇篇精彩的文章。寅恪的许多重要论文，都是通过对批注进行整理、加工、连缀而完成的。寅恪曾多次翻阅《世说新语》，写下大量的批注，可惜的是写有大量批语的《世说新语》等书因战乱丢失了。近年来新版的《陈寅恪集》（十三种套装十四册，繁体竖排版）收入了现在所能找到的陈氏全部著述，其中就包括了《陈寅恪集：讲义及杂稿》《陈寅恪集：读书札记一集》《陈寅恪集：读书札记二集》和《陈寅恪集：读书札记三集》四本，其中就有大量的读书批注与札记。

寅恪的这一读书法，让人叹服。

毛子水与陈寅恪结识后，他有一天看见寅恪在家中伏案读一本英语古代文法著作。毛子水有些纳闷：当时德国已有较好英语文法书，为什么还要费功夫读这样一部老书？他回答道："正因为它老的缘故，所以才读它。"后来，毛子水省悟到，这并不是一句戏言，"无论哪一种学问，都有几部好的老书。在许多地方，后来的人自然有说得更好的，但有许多地方，老书因为出自大家手笔，虽然过了好多年，想法和说法，都有可以发人深思处"。在今天，各个学科的奠基性著作，历久弥珍，成为各个专业科学研究的必经之路，实与他所说的完全一致。由此，毛子水钦佩地说，寅恪"是我生平在学问上最心服的朋友"。[①]

从中也可以看出，寅恪独具慧眼并且甘坐冷板凳，读世人爱读和不读之书；尤其有从世人不读之书中，发现其价值，悟出新道理的扎实学风。

在与寅恪的交往中，毛子水在学习方法、读书先后上受到了很大的启发，收获颇大。他说："我许多关于西方语言学的见解，则有从寅恪得来的。"同在

---

① 毛子水：《记陈寅恪先生》，转引自《陈寅恪先生年谱长编（初稿）》，第83页。

德国留学的罗家伦说，寅恪“是由博到精最成功的一个人”。1924 年下半年，赵元任、杨步伟伉俪到了柏林，从许多新旧朋友处得知，在德国的留学生们大多数玩的乱得不得了，只有寅恪与傅斯年两人是“宁国府大门前的一对石狮子”，即是说，只有这两人是真正潜心读书的。可见，在德国几年，寅恪潜心读书、刻苦好学，一直被留学生传为美谈。

寅恪被留德的中国学生称为中国“最有希望的读书种子”，这并非戏言。北大毕业被派遣留德的姚从吾（1894—1970 年，原名士鳌，号从吾，河南襄城县人）于 1924 年 3 月 12 日写给母校汇报留学情况的信中，介绍在柏林的中国留学生，如罗家伦、陈枢、俞大维、傅斯年等，称后二人“博通中西，识迈群流”，重点评论了寅恪：

> （寅恪）能畅读英法德文，并通希伯来、拉丁、土耳其、西夏、蒙古、西藏、满洲等十余国文字，近专攻毗邻中国各民族之语言，尤致力于西藏文……陈君欲依据西人最近编著之西藏文书目录，从事翻译，此实学术界之伟业。陈先生志趣纯洁，强识多闻，他日之成就当不可限量也。又陈先生博学多识，于援庵先生所著之《元也里可温考》《摩尼教入中国考》《火祆教考》，张亮承先生新译之《马可孛罗游记》均有极中肯之批评。①

可见，姚从吾对寅恪之推崇备至。这一封信 1924 年 5 月在北大见刊后，促使了国内学术界对于寅恪的初步了解，也是当时国内公开见到的寅恪的重要信息。

寅恪去世后，他的家属和中山大学历史系清理他的遗物时，发现他在德国留学期间所写的读书笔记，多达 64 本。据陈寅恪的弟子季羡林等人的辨识，这些读书笔记内容异常复杂，恰可以证实姚从吾所言寅恪“博学多识”“志趣纯洁，强识多闻，他日之成就当不可限量也”，成就“学术界之伟业”。详情如下。

---

① 《姚士鳌来函》，载《北京大学日刊》1924 年 5 月 9 日，第 1465 号。

表 2-3　寅恪留德学习笔记 64 册的分类与基本内容

大致归类及本数	笔记本的内容
藏文 13 本	系寅恪用藏文抄录的《大藏经》的佛典、碑文，如《阿弥陀经》《妙法莲华经》《长庆唐蕃会盟碑文》《御制平定准噶尔勒铭伊犁之碑文》等，以及藏文字母表、单字、语法。字里行间夹杂着德文、汉文、英文、梵文注解。
蒙古文 6 本	西蒙古卡尔穆克字母表、元音表、复合元音表、辅音、蒙德词汇，以及语法、词典、文选、文学等书目，夹杂着拉丁文、法文。
突厥、回鹘文 14 本	两种文字的字母、词汇、语法、碑文、文章，以及听路德施教授讲课的课程表等，夹杂着俄文、满文。
吐火罗文 1 本	抄有摩尼教七十九种书目、五种造纸历史书目，以及内容涉及古代天文、古代西亚亚述古国的天文表、丝绸之路的书目多种。
西夏文 2 本	抄西夏文四字句，附有汉文翻译。
满文 1 本	抄有满文和一些书目。
朝鲜文 1 本	抄有当时的同学、后来的朝鲜著名语言学家、社会活动家李克鲁在柏林的地址；朝鲜文语法名词、语法分析表和会话等。
中亚、新疆各民族文字 2 本	抄有《优婆离经》、医药、占星学、语法等书目多种，中亚书目一百七十种，西藏书目二百种多。夹杂着东方摩揭陀语。
佉卢文 2 本	抄有佉卢文和婆罗米文分布情况，音变规律、和阗佉卢文断简等，夹杂着德文、英文译本。
梵文、巴利文、耆那教 10 本	抄有梵文拉丁字母转写的《一切有部律》经文、巴利文词汇、耆那教碑文等。
摩尼教 1 本	抄有摩尼教经文词汇等，夹杂着粟特文。
俄文、伊朗文 1 本	抄有古代波斯文、中世波斯文、巴列维文，以及俄文字母、单词、语法等。
印地文 2 本	抄录印地文词汇、语法、短句、书目等。
希伯来文 1 本	抄有希伯来字母和词汇，有德文注解。
东土耳其文 1 本	
《法华经》1 本	抄有十六国时期大翻译家鸠摩罗什译《妙法莲华经》的第一卷
《天台梵本》1 本	用拉丁字母抄录的《天台梵本》，以及藏文字母、西夏文词汇、德文注解。

（续表）

大致归类及本数	笔记本的内容
《金瓶梅》摘要1本	后面有突厥文词汇。
《佛所行赞》1本	有寅恪归国后所做的笔记。
算学1本	
数学1本	

这些半个多世纪前的笔记本，目前尚存64本之多，但肯定还不是全部，因为空间上从德国到中国，地跨万里；时间上从20世纪20年代到80年代，其间又经历了无数战争、多种政治运动，仍然残存，因此，季羡林感慨，“我真想用一句迷信的老话来形容这个情景：神灵呵护”。

季羡林在解读完全部笔记后，得出了三个结论：

（一）陈先生治学范围广

从这些学习笔记中也可以看出，先生治学之广是非常惊人的。专就外族和外国语言而论，数目就大得可观。英文、德文、法文、俄文等等，算是工具语言，梵文、巴利文、印度古代俗语、藏文、蒙文、西夏文、满文，新疆现代语言，新疆古代语言，伊朗古代语言，古希伯来语等等，算是研究对象语言。陈先生对于这些语言都下过深浅不同的工夫。还有一些语言，他也涉猎过，或至少注意到了，比如印地语、尼泊尔语等等。专从笔记本的数量和内容来看，先生致力最勤的是中亚、新疆一带历史、语言和文化的研究，以及藏文研究和蒙文研究。这在他以后写的论文中完全可以表现出来。

（二）陈先生治学深度深

在中世纪印度诸俗语方言中，西北方言占重要的地位。因此，国外有不少杰出的梵文学者从事这方面的研究，写出了不少的专著和论文。但是在二十年代的中国，却从来没有听说什么学者注意到了这个问题。有之当以陈先生为第一人。他在笔记本九、佉卢文第一本里面详细地抄录

> 了佉卢字母《法句经》的经文，札记了不少的中世西北方言的特点。他也注意到 ahu＝aham 这样的音变现象。他虽然以后没有这方面的文章，工夫是下过了，而且下得很深。
>
> （三）陈先生重视书目
>
> 研究一门学问，或者研究一个专题，第一步工作就是了解过去研究的情况和已经达到的水平。要做到这一步，必须精通这一学问或这一专题书目。他（陈寅恪）非常重视书目，在他的笔记本中，我发现了大量的书目，比如笔记本八第二本中有中亚书目一百七十种，西藏书目二百种，此外，在好多笔记本中都抄有书目。从二十年代的水平来看，这些书目可以说非常完全了，就是到了今天，它们仍有参考价值。①

仅从现存的 64 本留德笔记本看来，寅恪治学态度之严、治学功夫之苦、治学范围之广、治学程度之深，都是人罕匹及的。

专就汉文以外的语言文字而言，寅恪就掌握得数量惊人：英文、法文、德文、日文、俄文等，算是工具语言；梵文（印度古代文字）、东方摩揭陀语（印度古

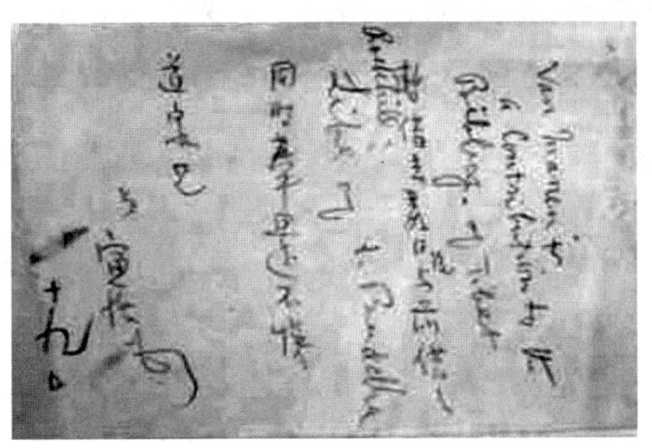

图 2－3 陈寅恪的蒙古文手迹（1930 年前后）

---

① 季羡林：《从学习笔记本看陈寅恪先生的治学范围和途径》，载《纪念陈寅恪教授国际学术讨论会文集》，中山大学出版社 1989 年版。

代的一种俗语)、婆罗米文(印度古代的一种文字)、印地文(印度现代文字)、巴利文、藏文、蒙古卡尔穆克文(西蒙古文)、拉丁文、突厥文(中国北方兄弟民族突厥族的文字)、回鹘文(新疆维吾尔族古代文字)、吐火罗文(新疆古代兄弟民族文字,已不用,是“死文字”)、佉卢文(新疆古代兄弟民族文字,现不用,是“死文字”)、粟特文(新疆古代兄弟民族粟特人的文字,现不用,是“死文字”)、东土耳其文、希伯来文(以色列文字)、西夏文(中国古代西北兄弟民族党项族的文字,已不用,是“死文字”)、满文、朝鲜文、古代波斯文、中世波斯文、巴列维文(近代波斯文)。此外,寅恪还掌握了马扎尔文(匈牙利古代文字,现不用,是“死文字”)等语言文字。

专就笔记本所涉及的学科而言,就有文学、历史学、宗教学、民族学、语言学、天文学、医药学、占星学、数学等。仅就宗教范围来看,他研究的宗教之多、涉及的国家与地区之广,也是令人惊奇,可谓古今中外,一应俱全:不仅有中国的汉传佛教、藏传佛教,还有南传佛教;不仅有至今仍存的,还有世界上最早的神学宗教——耆那教,距今有三千年的历史,以及“死宗教”摩尼教等。

季羡林研究所得的结论,恰可以证实姚从吾所言寅恪“博学多识”“志趣纯洁,强识多闻,他日之成就当不可限量也”,成就“学术界之伟业”。因此,季羡林评论说:“陈先生是以史名家,但是,众所周知,他绝不仅仅是一个史学家。他博学多能,泛滥无涯。”从上面的分析看,寅恪是名实相符的。

第三章　陈寅恪之教研生涯

第一节　传灯清华与徙转西南

一、“清华国学四大导师”(1926—1929年)

宣统元年(1909年),清政府用美国退还的庚子赔款开办了一所留美预备学校,因建于清华园而得名为清华学校。学校地处城郊,林木扶疏,环境幽静,是学子认真读书、潜心治学的好地方。学生到这里来,主要是学习英文,了解一些欧美的文化,也学习一些中国的传统文化。1911年清朝灭亡后,清华学校隶属于外交部管理。1925年前后,校长曹云祥认为,仅仅一般性的留美预备学习是不够的,应该提高水准,准备建立研究院。清华学校认为,首先从国学来开始建设,国学“乃指中国学术文化之全体而言”,在新旧时代更替之际,创办国学研究院,用现代科学方法整理国学,“以研究高深学术,造就专门人才”,具体地说,国学研究院以培养和造就国学研究的专家为己任。国学研究院继承中国古代书院的传统,采纳了英国牛津等世界著名大学实行“导师制”的经验,在国内外广大学人中物色学富五车的第一流学者来校任教。

1925年春,清华学校创办了“国学研究院”,在全国范围招考第一届新生,这是当时中国教育界的大事。

校长曹云祥请胡适到清华来做研究院的导师,胡适谦言自己没有资格,推荐了梁启超、王国维、章太炎。当时聘请的研究院主任,就是哈佛大学毕业的吴宓。经过曹云祥、清华学校教务长张彭春、研究院主任吴宓等人的一番筹商和严格选拔，1925 年 4 月，梁启超、王国维和刚从美国哈佛大学归来的语言学家赵元任，以及还在德国学习的寅恪，被聘为清华国学研究院"专任教授"。按照国学研究院规定，上述四位教授是学员的导师，常年住清华园，人们通称为"清华国学研究院四大导师"。此外，人类学家李济被聘请为讲师，研究院主任吴宓管理院务。

图 3 - 1　杨天宏著《梁启超传》

四大导师中，资历和名望最有分量者当属梁启超。

图 3 - 2　王国维

王国维(1877—1927 年)则"是新史学的开山"，他的治学方法更是开一时之风气，享有盛名，此番可谓实至名归。主任吴宓当时去请王国维到学校来担任导师的时候，到了王国维家里，行三叩首礼，使得王国维很感动，他没有想到留洋归来的洋派青年不仅尊重传统文化，觉得吃洋面包的这个年轻人还很尊重自己，所以很痛快地就来了。1925 年，王国维住进清华南院靠西的一排中式房屋里。每天上午，王国维从这里出发，走向学堂，下午和晚上，王国维回到书房，读书和写作，过着他内向而不善交际的生活，写出 20 世纪中国美学的重要成果《人间词话》。《人间词话》描述求学的最高境界是，"众里寻他千百度，蓦然回首，那人却在灯火阑珊处"。王国维精通英文、德文、日文，这使他在研究宋元戏曲史时独树一帜，成为用西方文学原理批评中国旧文学的第一人。

赵元任以哈佛大学毕业的资格，回国就聘亦无可非议。

比较而言，寅恪最为特殊，他虽游学国外二十余年，学贯中西、有真才实学，但在当时却是一位既无博士甚至学士学位、又无一本著作甚至没有发表过一篇论文，而且没有大学执教经验的“三无”“海归”，一时此事被传为美谈。

“清华国学四大导师”的学术造诣博大精深。这一年，梁启超 52 岁，王国维 48 岁，陈寅恪、赵元任二人均出生于 1890 年，均 35 岁，吴宓 31 岁，可谓风华正茂，人当壮年，正值从事学术研究的黄金阶段。此时正是清华国学院极盛之时。在导师中，寅恪与梁启超是世交，又佩服“能开拓学术之宇、补前修未逮”的“大师巨匠”。1927 年，王国维自沉于颐和园昆明湖，他撰文挽悼并为之写碑铭，情义并茂，世人争诵。王国维去世后，帮助王国维研究甲骨文的史学家罗振玉说：“能继承王国维者，唯陈寅恪。”可见，对寅恪的高度评价与期望，是当时学术界的一致意见。

1926 年 1 月，寅恪从法国马赛登船，2 月抵达上海。想着病中的父亲陈三立，寅恪迫不及待地赶往杭州。侍奉父亲养病之余，他也为到国学研究院授课作了充分的准备。至 6 月，陈三立已基本康复，他辞别父兄，到清华学校报到。

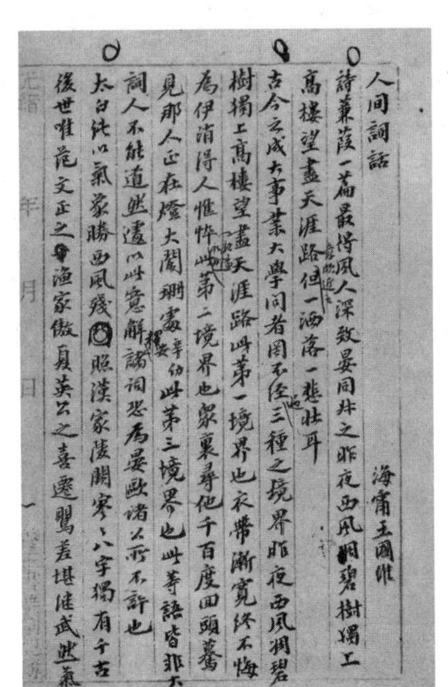
人间詞話　海甯王國維
詩蒹葭一篇最得風人深致晏同叔之昨夜西風凋碧樹獨上
高樓望盡天涯路意頗近之但一洒落一悲壯耳
古今之成大事業大學問者罔不經過三種之境界昨夜西風凋碧
樹獨上高樓望盡天涯路此第一境界也衣帶漸寬終不悔
為伊消得人憔悴此第二境界也眾裏尋他千百度回頭驀
見那人正在燈火闌珊處此第三境界也此等語皆非大
詞人不能道然遽以此意解釋諸詞恐為晏歐諸公所不許也
太白純以氣象勝西風殘照漢家陵闕寥寥八字獨有千古
後世唯范文正之漁家傲夏英公之喜遷鶯差堪繼武然氣

图 3-3　王国维《人间词话》手稿

7 月 7 日，寅恪抵达北京。吴宓进城拜望。旧友在京城重逢，格外高兴，吴宓当即赋诗，以“独步羡君成绝学”之句称赞老友的学问。第二天，在吴宓的陪同下，寅恪到了清华园，并拜访了赵元任、曹云祥、王国维等人。吴宓安排寅恪与陈垣相识。两位学界泰斗的相识与欢聚，开始了二人以后数十年的学术交往和友谊。

至此，清华国学研究院四大导师齐聚，都是蜚声中外的学界泰斗，吸引了全国许多有志和有为的学子投考，因而国学研究院的录取极为严格。

当年，研究院第一年从各地录取了新生30名，备取2名，其中刘盼遂、吴其昌、徐中舒、杜钢百、高亨、闻惕（惕生）、王竞（啸苏）等人后来均成为著名学者。

研究院的《招生简章》说明了研究院的《章程》、选考科目、教授、讲师名单及其治学与指导范围。《章程》规定，研究之法采取"注重个人自修，教授专任指导"和课堂讲授与专题研究相结合的教学方式。"笃志学问、尊礼教授"是明确写入《章程》的学员守则。课堂讲授为学员必修或选修的课程，由各位教授根据自己的治学之长和专门研究的心得开课。专题研究则是教授自定指导的学科范围并在开学之日公布，学生根据自己的志向兴趣和学力，自由选定研究课题，在导师指导下进行研究。学制一年，如需延长，则应由学员本人提出申请，经院教务会议议决，方可留校继续研究。

表3-1　清华国学研究院4届录取学员情况一览表(1925—1929)

届别(时间)	录取情况(人数、补录、退学等)
第一届 (1925年7月27日公榜，9月初开始报到入学)	正取30名，备取2名：刘盼遂、吴其昌(子馨)、程憬(仰之)、徐中舒、余永梁、杨洪烈(宪武)、王庸(以中)、关文瑛、刘纪泽、周传儒、杨筠如、孔德(肖云)、方壮猷(欣庵)、蒋传官(杜筠)、王镜第(芙生)、高亨(晋生)、裴学海(会川)、李绳熙(念祖)、杜钢百、闻惕(惕生)、史椿龄(静池)、赵邦彦(良翰)、陈拔(晓岭)、王竞(啸苏)、冯德清(永轩)、李鸿樾(玉林)、姚名达(达人)、黄淬伯(涧松)、谢星郎(明霄)、余戴海(环宇)、何士骥(乐夫)、汪吟龙(衣云) 另有旧制留美预备班学生三人罗伦(辑之)、杨世恩(子惠)、王国忠(慕韩)作为特别生，可随班听课和研究。 首届新生于9月初开始报到，唯李绳熙、关文瑛、裴学海三人因病不能入学，但保留其考取资格。两周后李绳熙病愈准予入学。杨鸿烈因经济困难，暂时未入学。

（续表）

届别（时间）	录取情况（人数、补录、退学等）
第二届 （1926 年 8 月 11 日）	正取 24 名，备取 2 名，后实到 24 名：谢国桢（刚主）、刘节（子植）、陆侃如、毕相辉、郑宗棨、陈守寔（漱石）、高镜芹（远公）、侯芸圻、朱芳圃（耘僧）、谢念灰（读书期间病逝）、王耘庄、陈邦炜（彤伯）、宋玉嘉、戴家祥、吴金鼎（禹铭）、司秋沄（庸帆）、王力（了一）、全哲（雪帆）、朱广福（右白）、颜虚心、詹滄明、马国端（仲翔）、卫聚贤、管效先。 开学后，补考录取了徐继荣、黄绶（元贲）、姜寅清（亮夫）、陶国贤（元麟）4 名。另有上届考取因经济困难未入学的杨鸿烈（宪武）于本届入学，本学年新生共计 29 人。（徐继荣中途退学，未予毕业）
第三届 （1927 年 8 月 8 日）	录取新生 11 名：王省、吴宝凌（云阁）、叶去非、罗根泽（漱冰）、蒋天枢（秉南）、葛天民、储皖峰、张昌圻（弘伯）、门启明、蓝文徵（孟博）、马庆霱，另有 1925 年录取的裴学海、1926 年录取的马鸿勋亦准予入学。
第四届 （1928 年 7 月）	录取新生 3 名：裴占荣（雪峰）、徐景贤（哲天）、王静如。

1926 年夏天，研究院放榜，第二届录取了刘节（子植）、谢国桢（刚主）、陆侃如、王力、姜亮夫等 28 名新生，可谓济济多士。秋季，国学院正式开学，寅恪来校任课，新老同学精神振奋，研究院内学术氛围空前浓郁。

1927 年 9 月考入清华清华国学研究院第三届的学员蓝文徵（1901—1976，字孟博，吉林舒兰人）回忆说：

> 研究院的特点，是治学与做人并重，各位先生传业态度的庄严诚挚，诸同学问道心的诚敬殷切，穆然有鹅湖、鹿洞遗风。每当春秋佳日，随侍诸师，徜徉湖山，俯仰吟啸，无限春风舞雩之乐。院中都以学问道义相期，故师弟之间，恩若骨肉，同门之谊，亲如手足，常引起许多人的羡慕。因同学分研中国文、史、哲诸学，故皆酷爱中国历史文化，视同性命。①

① 蓝文徵：《清华大学国学研究院始末》，转引自夏晓虹、吴令华主编《清华同学与学术传薪》，生活·读书·新知三联书店 2009 年版，第 387—391 页。

可见，清华国学院师生均酷爱中国历史文化，视若性命，因而讨论国学，视为己任，呈现出一派蓬勃气象。所谓“清华学院多英杰”，四大导师、众多弟子均已到位，大家读书、治学，同气相求，清华园亦极一时之盛。

图 3－4　清华园荷塘月色匾额

从寅恪所讲授的课程、指导的专题研究范围、负责审定国学研究院购置中外文书刊和佛经道藏等书籍等方面看来，国学研究院时期，他讲授的课程和指导的专题研究范围，主要是倾其所学，力图把佛经、西北民族语言文字和古籍、对出土文物与出土文书等的整理、爬梳和研究，提高到新的层次，开辟学术研究的新课题、新领域。

1926 年考入清华国学研究院，受业于四大导师的王力(后来留法，成为著名语言学家)说：“我们那个时候，老师上课都是自己研究的成果。”由于寅恪授课必以研究心得传授给学生，所以他在课堂上的讲授，震撼了听课的学生。国学院学生回忆听课时的感受说：

陈先生演讲，问学显得程度很不够。他所会业已死的文字，拉丁文不必讲，如梵文、巴利文、满文、蒙文、藏文、突厥文、西夏文及古波斯文非常之多，至于英法德俄日希腊诸国文更不用说，甚至于连匈牙利的马札儿文也懂。上课时，我们常常听不懂，他一写，哦！才知道那是德文，那是俄文，那是梵文，但要问其音，叩其义方始完全了解，经过讲解听懂后，同学们便如沐春风，觉得“字字是精金美玉，听讲之际，自恨自己语文修养太差，不配当他的学生”。[①]

学生总结寅恪讲课的特点是：“寅师一堂所授，真是令人耳不及听目不暇接。”

寅恪虽然不苟言笑，和一生拘谨的王国维十分相似，但是，他并不缺少诙谐风趣的细胞。一次，寅恪对学生幽默地说：“我有副对联送给你们：南海圣人再传弟子，大清皇帝同学少年。”然后解释道：现任研究院导师梁启超是“南海圣人”康有为的学生，所以各位同学可谓是“南海圣人再传弟子”；王国维在清宫教过已退位的宣统皇帝溥仪，有过“南书房行走”的虚衔，所以大家又和大清皇帝是同学。在座的学生们一听都哄堂大笑，气氛变得活跃起来。

还有一次，1928 年，清华园新任校长罗家伦去看望寅恪，当时几位学生正在他家请教问题，罗家伦把自己编的《科学与玄学》一书赠送给他。由于他和罗家伦在柏林留学时就是同学，他经巴黎转马赛回国时，还于 1926 年 1 月在巴黎过访了罗家伦，二人很熟，所以他立即戏拟一副对联回赠：“不通家法科学玄学，语无伦次中文西文。”横批“儒将风流”。将新校长的大名、所赠的书名，和在北伐军中官拜少将的罗家伦不久前娶了个漂亮太太的事实，天衣无缝地嵌入联中。罗家伦和在座的学生大笑不已，无不为他横溢的才华而赞叹。

总之，在授课、研究等接触中，寅恪深厚的学识底蕴、敏捷的才思和诙谐风趣的谈吐，不仅令学生惊叹，而且给同辈留下难忘的印象。

二、两系合聘教授(1929—1937 年)

(一) 清华授课，获誉“教授的教授”

清华国学研究院的鼎盛时代好景不长，仅仅持续了不到三年。

1927 年 6 月 2 日，王国维自沉颐和园昆明湖，留下的遗嘱，托付寅恪、吴宓处理书籍等后事。寅恪在悲痛之余，与吴宓直接参与处理王国维的身后

① 汪荣祖：《陈寅恪评传》，百花洲文艺出版社 1992 年版，第 56—57 页。

事宜。

王国维自尽于颐和园昆明湖后，社会各界在痛惜之余，对于王国维的死因，社会上众说纷纭，莫衷一是。寅恪是王国维相知极深，又是王托付处理其后事的亦师亦友的人物。王国维投水前一天（6月1日）下午，清华国学研究院举行了第二届学生的毕业典礼和师生叙别会。散会后，王国维随寅恪至南院陈家，两人还畅谈至傍晚。在此之前的5月2日晚、12日晚、26日上午，寅恪都与王国维晤谈过，后两次均有寅恪参加。书籍是王国维生前最珍爱之物，遗嘱将书籍托给寅恪来处理，足见王国维对寅恪的信任与倚重。因而，对王国维自沉前的心理活动，在世人中，寅恪最为了解，他以对师友的理解和深情，写下这样的挽联：

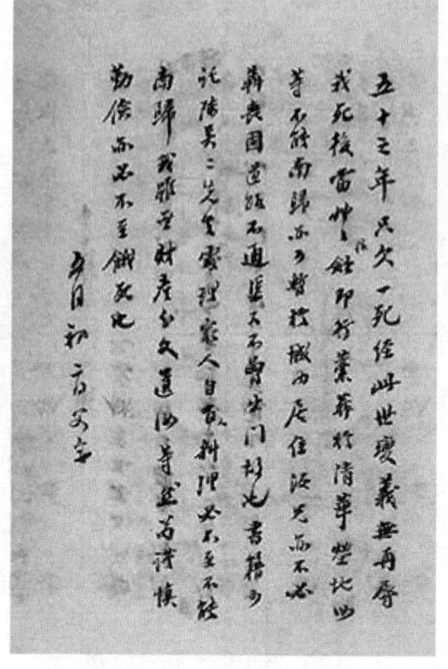
五十之年只欠一死经此世变义无再辱
我死后当草草棺敛即行藁葬于清华茔地汝
等不能南归亦可暂于城内居住汝兄亦不必
奔丧因道路不通渠又不曾出门故也书籍可
托陈吴二先生处理家人自有人料理必不至不能
南归我虽无财产分文遗汝等然苟谨慎
勤俭亦必不至饿死
五月初二日父字

图3-5　王国维遗书

十七年家国久魂消，犹余剩水残山，留于累臣供一死。

五千卷牙签新手触，待检玄文奇字，谬承遗命倍伤神。

此联一出，各界大为赞誉，罗振玉更是誉之为挽联中最佳之作。寅恪后并以长诗挽王国维，充分表现了他的悲伤之情，他对王国维之死原因的评价，也成为诸说中最有说服力的，至今依然为学术界重视。

寅恪认为，王国维对时局、对传统文化命运的担忧，是导致悲剧之源，因此，王国维自尽最主要的原因在以身亲殉中国传统文化，以抗议混乱的时局和世风日下之现实，他因而独倡“殉文化和纲常”之说：

凡一种文化值衰落之时，为此文化所化之人必感苦痛，其表现此文化之程量愈宏，则其所受之苦痛亦愈甚；迨既达极深之度，殆非出于自杀无以求一己之心安而义尽也。

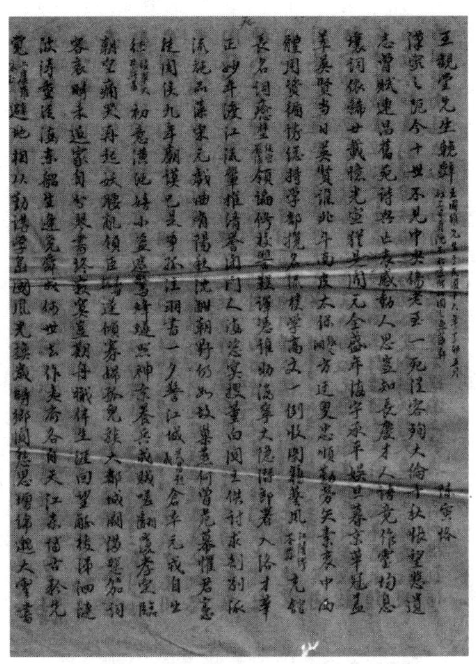

图 3-6　陈寅恪书王国维挽词

寅恪在著名的《王观堂先生挽词并序》说：

> 盖今日之赤县神州值数千年未有之巨劫奇变，劫尽变穷，则此文化精神所凝聚之人安得不与之共命而同尽，此观堂先生所以不得不死，遂为天下后世所极哀而深惜者也。[①]

面对当时中国的“数千年未有之巨劫奇变”，面对中国文化的衰亡，王国维这种为“文化精神所凝聚之人”“不得不死”，宁愿以身殉之，是殉身于中国文化

① 《陈寅恪集·诗集》，第 13 页。

而非为“一人之恩怨，一姓之兴亡”，寅恪以王国维“一死从容殉大伦”，震动了全社会。寅恪对于王国维自尽原因之分析，深远经典。

1929年1月9日，梁启超病逝于北京协和医院。赵元任进行语言研究，在全国各地考察方言；讲师李济研究考古，常去外地进行田野调查。“四大导师”只有寅恪一个人常年驻校，研究院教学力量更显不够，逐渐呈现出运转困难的景象。

起初，为了维持研究院，寅恪想尽了办法，采取了力所能及的所有措施，事无巨细，全部均由他一个人处理；他向校方建议，聘任新的教师，未果。

独木难支。1929年秋天，研究院不得已宣布暂停开办。研究院于1925年9月14日开办，延聘国内名师任教，虽然只办了4年，但是，坚持自由办学，教育经费充足，图书馆藏书丰富，学术气氛浓厚，虽只招了4届学生，录取74人，68人完成学业，但培养出许多优秀人才，其中50多人后来成为我国人文学界著名学者。四年之间，成材率之高，实属罕见，可称大师者为数不少，研究院在中国学术史和教育史上留下了浓墨重彩的一笔。

表3-2　清华国学研究院毕业情况

	具体人数	详情
录取总数	74人	
完成学业者	68人	孔德、高亨、徐中舒、吴其昌、刘盼遂、王力、姜亮夫、陆侃如、戴家祥、卫聚贤、谢国桢、杨鸿烈、陈守实、刘节、蒋天枢、蓝文徵等。
未完成学业者	6人	其中，中途退学2人，病故4

据蓝文徵:《清华大学国学研究院始末》等史料①

1995年、2005年，清华大学举办学术会议，纪念国学研究院成立七十、八十周年，总结了许多研究院成功的经验，比如生源的质量、导师的聘请、资金的

① 蓝文徵:《清华大学国学研究院始末》，载台湾《清华校友通讯》，第32期。此处据马强才选编《蓝文徵存》，江苏人民出版社2010年版，第266—270页。

充足等等。尽管如此，还有不少值得进一步深思。

在研究院停办的同年秋天，清华学校正式改名为“清华大学”，隶属关系也从外交部改隶于教育部。于是，寅恪改任清华大学中文系、历史系两个系合聘的教授，同时还为中文系、历史系、中文研究所、历史研究所开设了多门专题课。此外，回国不久，寅恪还兼任了北大的讲师、中央研究院研究员等职。

图 3－7　北大史学系讲师陈寅恪先生

虽然在海外各校留学多年，寅恪仍然每日不离牛乳面包，但是他从不西装革履，而是四季一身唐装：夏秋季常穿蓝布长衫，冬春常穿长袍马褂。1935 年出版的《清华暑期周刊》登载了一篇清华学生描绘本校《教授印象记》的有趣文章，将清华的各大教授一一画像，寅恪被描绘为一位典型的中国士绅：

> 一位里面穿着皮袍，外面罩以蓝布大褂青布马褂，头上带一顶两旁有遮耳的皮帽，足下蹬着棉鞋，右手抱着一个蓝布大包袱，走起一高一下，相貌希奇古怪的纯粹国货式的老先生。①

图 3－8　陈寅恪在北平

寅恪的这一装束，使他成了清华人物中“最有趣的”一位。这种风格深得国学大师

① 《教授印象记》，载《清华暑期周刊》，第 10 卷第 7—8 期，1935 年 8 月 24 日。

钱穆的好评:“陈寅恪常穿长袍,冬季加一件棉袍或一件皮袍,或一件马褂,或一件长背心,不穿西式外套,我也仿效他。”

寅恪每次到校上课,一定要携带需要引用的多种书籍。学生记得他上课时的状态:

> 清华园中的人凡有疑难不能解的问题,都向他请教,他一定会给质疑的人一个满意的答复,所以大家都奉他为“活字典”“活辞书”。……用黑布包那些参考书,他很吃力的把那些书抱进教室,绝对不假手助教替他抱了进来。下课时,同学们想替他抱回教员休息室,他也不肯。每逢讲课讲到要引证的时候,他就打开带来的参考书把资料抄在黑板上,写满一黑板,擦掉后再写。……讲课时讲得兴奋而感到有些燥热,先脱去皮马褂,有时候更脱去皮袍子,等到下课又一件一件穿了上去。①

清华大学校方极其尊重寅恪,排课时考虑到他与夫人住在城内须乘校车来校,因此他的课总是安排在上午第二、三两节(9 时至 11 时),授课的教室一直固定在三院的一间小房间。

寅恪热爱教学工作,把为国家培养专门人才作为报效国家的应尽义务和生活中的一大乐趣。不仅每一节课前都要花很多时间和精力认真准备,而且坚持授课必须以研究心得教授给学生,体现了作为教师的崇高职业道德。

寅恪上课讲授的内容是他个人的研究心得:无论是学术研究中的新发现、新论点,还是自己的思考。寅恪早年的助手回忆说:“他的教学又是高水平的,例如他讲授魏晋南北朝史、隋唐史几十次,每次内容不同,每次内容都是新的。”以致有“陈寅恪讲课内容,都是他的心得和灼见,所以同一门功课可以听上好几次,仍有新鲜感”“他讲课都是讲他的心得和卓见……他最令同学们敬

---

① 许世瑛:《敬悼陈寅恪老师》,载台湾出版的纪念集《谈陈寅恪》,又见钱文忠编《陈寅恪印象》,学林出版社 1997 年版,第 49—50 页。

佩的，就是利用一般人都能看到的材料，讲出新奇而不怪异的见解。大家听完以后都会有‘我们怎么竟想不出’的感觉”的说法。一位听过课的学生说：“先生讲课为高层次的，不同于一般讲义教本体裁，讲课与论著往往统一，讲完一个问题，就成了一篇文章。”季羡林说：“听他的课，简直是一种享受，无法比拟的享受。”寅恪学生罗香林说：

> 陈师自民国十五年即一九二六年五月起，在清华大学讲学。每种课程均以新的资料印证旧闻，或于习见史籍发现新的理解。凡西洋学者对中国历史研究有新发现的，亦必逐类引证。因为引用外文的专籍特多，所以学生每不易笔记；但又因其每讲都有新的阐发，所以学生也津津有味。
>
> 陈师每次上课，必携带要引用的书籍多种，以黄布包裹，拿到课室，放在讲台。遇须引证的重要文句，亦必写在黑板。陈师夏秋季常穿蓝布长衫，冬春季常穿长袍马褂。来校，常挟黄布书包，进入课室，就提出要讲的专题，逐层阐释，讲至入神的地方，往往闭目而谈，整个身心完全沉浸到所讲的内容中，忘掉了外面的世界，也忘掉自己的存在，以至下课铃响，还在讲解不停，似乎没有从物我两忘的境界中走出来。真是诲语谆谆，从无倦容。而其风度和声音笑貌，也最为学生所神往。①

由于寅恪教学态度严肃，讲课平铺直叙，诲语谆谆，从无倦容，以丰富的内涵及精彩的逻辑，推证知识，吸引学生，形成了特有的讲课风度，“其风度和声音笑貌，也最为学生所神往”。可见，寅恪授课极为精彩与生动，内容广博，很受同学欢迎。所以有“陈寅恪认为讲课必须有新意，使同学每听一堂课就有听一堂课的益处，才不算白讲”之说。

图 3－9　陈寅恪画像

---

①　罗香林：《回忆陈寅恪师》，转自《陈寅恪先生年谱长编（初稿）》，第 128 页。

寅恪良好的教学效果、渊博的知识，也使清华经济系、西洋文学系等外系的莘莘学子，不愿失去聆听名师教诲的机会，纷纷选修听他开设的课程。

此外，寅恪的讲课，也吸引了不少教授前来旁听。早在清华国学研究院时期，主任吴宓是风雨无阻，每堂必到。清华大学秘书长、文学院长冯友兰，是著名哲学家，可每当寅恪上《中国哲学史》课时，冯友兰总是恭敬地陪着寅恪从教员休息室走出来，静静地坐在教室里听他讲课。朱自清，在北大任教授的著名东方学家、奥籍俄国学者钢和泰（Baron A. Von Stael-Holstein，1877—1937年）男爵等人，都是水准很高的教授，也常到教室听寅恪讲课。因此，寅恪被称为“教授的教授”。

“七七”事变之前，北京高校林立。北大、燕京大学、辅仁大学等校的学生，经常不辞辛劳，纷纷前往清华园旁听寅恪讲课。因未办旁听手续，而被称为“偷听”。1935 年秋季，赶到清华“偷听”的燕京大学研究生周一良说：“抱着听听看的心理，到清华三院教室去偷听了陈先生讲魏晋南北朝史。第一堂课讲石勒，提出他可能出自昭武九姓的石国，以及有关各种问题，旁征博引，环环相扣。我闻所未闻，犹如眼前放一异彩，常常为之所吸引。”“听完第一次，就倾服得五体投地。”一同“从城里赶来”偷听的同学劳榦（字贞一）、余逊都非常激动，几位年轻的京剧爱好者，听完课后不约而同地赞叹说：“就如看了一场著名武生杨小楼的拿手好戏！感到异常‘过瘾’。”从此，周一良风雨无阻到清华去听课。杨小楼与马连良、尚小云、筱翠花都是当时京城走红的戏剧演员，周一良将之与寅恪授课效果相提并论，评价极高。周一良还比较他与北平地区各高校某些著名教授讲课的差异，觉得“陈先生的讲课和北大、燕京两校老师确实不同，各有千秋。……别位先生的学问固然很大，但自己将来长期努力积累，似乎并不是办不到；而陈先生的学问，似乎深不可测，高不可攀，无从着手，不可企及。”周一良的听课感受很有代表性，谈出了那一时代青年学生对寅恪课堂教学的评价。

寅恪之所以如此重视教学，还有一个重要的原因，就是他严肃对待请假制度，即使生病也经常有带病上课，绝不轻易请假。从 1931 年“九一八”事变到

1940年2月在昆明西南联大，共计十年。在这十年之间，除去1932年去庐山为父亲陈三立八十大寿“祝寿一次”外，寅恪竟未请一次假，假如联系到当时的家国之难（“七七”事变、1937年9月陈三立病卒）、陈家全家人体弱多病、大学内迁（由北京递次迁往长沙、衡山、蒙自、昆明等地）等情况，能做到上述程度，是极为不易的。

由于寅恪见贤思齐，严于律己，绝不轻易请假，使得“有人听了他四年课，没记得他请过一次假”，在学生及校园中产生了很好的反响；又由于寅恪“预备功课几全费去时间、精力”，上课特别“卖力”，所以下课后疲倦不堪。“每讲完一次课，先生极为劳累，他用他的生命去做他认为应做之事，他认为平常事”。尤其值得称道的是，寅恪视授课为应尽的天职，虽然自己体质孱弱，但是从未迟到或请过病假；虽然著述忙碌，也从未因私事而缺课。

寅恪视教书育人为终生的事业，因此对于学生的请教，他无论课前课后，不分时间，都热情接待，详细而耐心地予以解答。清华国学研究院学生回忆说：

> 他（寅恪）的书房中各国各类书都有，处处是书，我们进去要先搬搬挪挪才能坐下。……平日讲书，字字是精金美玉，听讲之余，自恨自己语文修养太差，不配当他学生。每到他家，身上总带几本小册子，佣人送上茶果，有时先生也教我们喝葡萄酒，我们便问其来历，他于是把葡萄酒原产何处，原名什么，最早出现何处，何时又传到何处，一变成为何名，如此这般，从各国文字演变之迹，看它传播之路径。这些话我们都记在小册子里。

对于学生，寅恪不仅教书而且育人，且充满殷殷爱护之心。学生对老师也尊重爱戴，发乎真心，感情成为寅恪师生之间联系的纽带。罗香林回忆和恩师寅恪的事例，可以反映出师生之间的情谊。

1930年夏季的一个中午，即将从清华大学毕业的罗香林来寅恪家拜望，并请教《客家源流》一文，罗香林回忆道：

> 陈师母说："陈先生正好午睡，好吧，请你稍为坐坐，等陈先生休息好了，我代你去讲。"哪里知道就这个时候，陈师忽然从客厅旁的卧房出来，要同我讲话。陈师母看了很不高兴，就对陈师说："你是要午睡的，怎么忽然又起来呢？"陈师说："我在床上还没有睡着，听了说话知道罗先生来了。他又不知道我要午睡，又是难得来的，所以我起来了。"陈师母说："午睡，就是午睡，睡不着也要休息。"我看见陈师母责备了，觉得我这次冒昧，实在无可饶恕，便对陈师和师母说："对不起，容我告辞吧"。陈师反而温和的说："坐一坐吧，论文我看过了，很好。现在我到房里去拿了给你"。我拿回了论文，就告辞回校。看看论文里面，陈师批的字，在第二章他批了一句"家谱内多有材料，须再查考"。在《结论》里，我提到……陈师的家系，略说陈师的父系是出自义宁的客家系统，母系则出自浙江有名的俞家……①

得寅恪的鼓励、支持和指点，罗香林后在客家学、家谱族碟等方面的研究上卓有建树，成就斐然，成为现代广东知名的学者。

另一名广东籍学生梁嘉彬说老师"恒接之以温，每有请益，必循循善诱，多方指示不倦"，深深体会到老师的关爱。梁嘉彬从日本留学归国后，境况一直不好。对于这位已经毕业多年的学生，寅恪仍然多加呵护，曾两次给中央大学校长罗家伦等人写信推荐，后来经过他力荐，梁嘉彬进入浙江大学任教。

寅恪视教书育人为终生的事业，因此不仅在课堂上传道、授业、解惑，而且利用各种场合循循善诱，诲人不倦，解答他们所提出的各种问题。难怪学生每次到他家，身上往往带着小本子，以便随时把他的话记下来。即使是闲聊，从他嘴里说出来，也就成了学问。可见，他对待学生亲切，具有很浓的人情味，至

① 罗香林：《回忆陈寅恪师》，引自《陈寅恪先生年谱长编（初稿）》，第127页。

于他扶掖后学，在学术界更有口皆碑。

（二）扶掖后学，有口皆碑

寅恪并不是不食人间烟火、没有七情六欲的出世圣人，也有着寻常人的人情世故。他的旧雨新知广在四海，门墙桃李遍及天下；而为了朋友、学生的就业、查阅旧籍、升学、出国深造、发表论文、出版专著、翻译外文著作等，寅恪出谋划策、竭尽全力，并也曾有多次撰写“荐书”、推荐人才与人情请托之事。

第一，寅恪“荐书”之荐人。

就现存寅恪的资料（尤其是信札）看来，寅恪推荐过的人有吴其昌、谢国桢等十数人，这些人在陈氏推荐前已有相当的学问基础，甚至已经取得了一些成就，后来均成为有相当造诣的人才。如徐中舒、吴其昌、谢国桢等人。

寅恪荐人分为以下两种情况。

1. 直接向教育及学术研究机构主事者推荐

如吴其昌（1904 年 4 月 26 日—1944 年 2 月 23 日），字子馨，浙江海宁硖石镇人，系清华国学研究院 1925 级毕业生，毕业后于 1928 年秋执教于南开大学，任讲师，住在天津梁启超的家中，同时为美国斯坦福大学经济学会搜集中国经济史料，因“近况甚窘，欲教课以资补救”，寅恪即于 1929 年 9 月 13 日致函辅仁大学校长、北平师范大学史学系主任陈垣教授（1880—1971 年），在称赞吴其昌为“清华研究院高才生”“吴君高才博学，寅恪最所钦佩”之时，询问“师范大学史学系、辅仁大学国文系、史学系”是否有教职，“尚求代为留意”[①]。收到寅恪函不久，陈垣就聘吴其昌为辅仁大学讲师，一年余又被聘为清华大学历史系讲师。[②]

之后，闻辅仁大学新设艺术系，寅恪致函陈垣“汤定之先生涤，画学世家，谅公所知，洵中国画之良好教师也。敬举贤能，以备采择延聘，不胜感幸之至”，推荐汤涤为艺术系教师（《陈垣来往书信集》第 375 页）；闻辅仁大学所附

---

① 陈垣：《陈垣来往书信集》，上海古籍出版社 1990 年版，第 373 页。

② 戴家祥：《怀念英年早谢的吴其昌同学》，载王元化主编《学术集林》第 15 卷，第 397—403 页。

高中国文课尚需教员，寅恪致函陈垣，推荐清华大学哲学系毕业生孙道升，说孙氏是清华“高材生，学术精深，思想邃密，于国文尤修养有素。年来著述斐然，洵为难得之人材”，推荐孙道升为国文课教师(《陈垣来往书信集》第378页)；向容庚为清华国学研究院学生戴家祥、颜虚心谋大学教职，并希望容庚“一言以增两君之身价”，同时又致函傅斯年，要求代向中山大学校长朱家骅推荐戴家祥，相信戴氏“必能胜任，不致贻荐者之羞”(《书信集》，第9页、15页)。

再如谢国桢。1929年2月9日，寅恪在致中央研究院史语所所长傅斯年的函中，对南开大学教员谢国桢(清华国学研究院毕业生)有很高的评价，说谢国桢“来谈，以其所作晚明及清初史籍考及党社始末等稿本，交弟阅看。始知其于此颇费力，搜集所关逸书遗事，颇有为弟所不知者”，因此史语所整理明清档案“或可以此人为助”(《书信集》，第25页)。

又如徐中舒。约1930年，寅恪在致傅斯年的函中，对同组谢国桢(清华国学研究院毕业生)有很高的评价，说整理李盛铎明清档案“至此地步，微徐公之力不能如是”(《书信集》，第39页)。

又有推荐学生习作发表事，如寅恪向北平《燕京学报》主编容庚推荐清华国学研究院学生姜亮夫所撰论文(姜亮夫:《思师录》，《书信集》第7页)；向容庚推荐研究院另一学生朱芳圃(号耘僧)所撰论文(《书信集》，第8页)；向王云五(1888—1979年)推荐研究院又一学生颜虚心所撰论文《法国东方学之西亚古代地理学》，希望发表于《东方杂志》(《书信集》，第234页)。

推荐学人出国深造事，如寅恪荐刘节(1901—1977年，清华国学研究院毕业生)申请中英庚款委员会资助的赴英留学(《书信集》，第69页)。

推荐学生撰写专著事，如1943年，中央图书杂志审查委员会主任委员兼胜利出版社社长潘公展，向寅恪约撰《唐太宗》一书，寅恪即转而介绍昔日学生罗香林:“就前从受学诸友中，现在尚知其仍从事著述，可以信任者似唯有罗香林君一人。罗君任职重庆，先生就近与之接洽，必有效果。罗君十年来，著述颇多，斐然可观，自不用旧日教师从旁饶舌，以妨其独立自由之意志也。”(《书信集》，第252页)。寅恪之所以婉拒《唐太宗》一书，还有一种说法是:“记得解放前，蒋介石三番几次辗转托人请陈寅恪先生写唐太宗传，意思是让陈先生把蒋比做唐太宗来写。陈先生坚决不写，是对的。”[①]从 2001 年版陈寅恪《书信集》来看，当时陈氏似无此事。

推荐友人、学生翻译外文著作事，如陈寅恪向胡适推荐钱稻孙翻译日本古典文学作品《源氏物语》、浦江清（1904—1957 年）翻译“Ovid 之 Metamorphoses”、朱延丰（系陈寅恪在清华大学指导之研究生）翻译“西洋历史著作”（《书信集》，第 135—136 页），不久胡适回函“朱延丰先生愿译历史书，极所欢迎”云云（耿云志、欧阳哲生编：《胡适书信集》上册，北京大学出版社 1996 年版，第 549 页）。

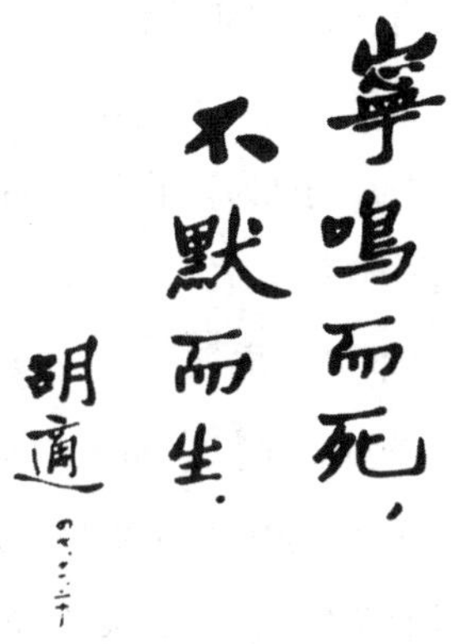

图 3－10　胡适：宁鸣而死，不默而生

推荐学生入中央研究院历史语言研究所工作。如推荐徐高阮等人即属于这种情况（王永兴编：《纪念陈寅恪先生百年诞辰学术论文集》，第 52 页、57 页）。

推荐其他学人入中央研究院历史语言研究所工作，如推荐于道泉（参见本书《陈寅恪与藏学研究》）。

在寅恪的直接荐人中，他评价最高的是毕业于清华并获美国斯坦福大学哲学博士学位的张荫麟，他在 1933 年 11 月 2 日致傅斯年函中如是说：

> 昨阅张君荫麟函，言归国后不欲教哲学，而欲研究史学，弟以为如此则北大史学系能聘之最佳。张君为清华近年学生品学俱佳者中之第一人，弟尝谓庚子赔款之成绩，或即在此人之身也。……其人记诵博洽而思想有条理，若以之担任中国通史课，恐现今无更较渠适宜之人。若史语所能罗致之，则必为将来最有希望之人材，弟敢具书保证者，盖不同寻常介

① 《王钟翰自传》，收入《中国当代社会科学家》，书目文献出版社 1983 年版，第五辑，第 25 页。

绍友人之类也。[①]

2. 请朋友转而推荐

如清华国学研究院毕业生戴君祥，曾受到王国维先生的亲与指导，“人年甚少而志颇高，文采不艳发，而朴学有根柢”，寅恪以“王静公之弟子”目之，“闻其流转失所，颇为惋惜”，因此于1933年致函中央研究院史语所所长傅斯年：“请兄酌量情形，转荐适宜之大学或专门学校担任数点钟功课。”“若他处有机会，亦无不可。希转托志希兄或其他友人，至感！至感！”（《书信集》，第45—46页），文中所谓“志希兄”即当时中央大学校长罗家伦，曾任清华大学校长。又如清华大学史学系肄业生刘世辅，“成绩颇佳，而因家计辍学，欲求一小小工作”，因而陈寅恪于1948年致函昔日清华同事、湖南大学教授杨树达（1885—1956年），询问“我公能在湖大或其他机关为之设法否?”（《书信集》，第176页）

又如1944年致函史语所考古组组长李济，介绍蒋大沂入所，“其人之著述属于考古方面”，“其意欲入史语所，虽贫亦甘”，“弟不熟考古学，然与蒋君甚熟，朝夕相见，其人之品行固醇笃君子，所学深浅既有著述可据，无待饶舌也”；次年再次致函李济、傅斯年，“恳其推荐蒋君大沂入所”；并于9月致函代理组长董作宾（1895—1963年），请代向李济询问，并说“蒋君谨身力学，他日如得入所，一切人事方面、治学方面均请照拂指点，俾得有所成就”（《书信集》，第100页、257页）。

3. 介绍友人、学生往谒名流

1929年12月27日，寅恪致函陈垣，介绍俄籍学人钢和泰与陈垣相见。

1933年秋，友人浦江清利用清华大学休假，半官费将作欧游，寅恪撰就“介绍书”，介绍浦氏往谒巴黎的汉学名家伯希和（P. Pelliot，1878—1945年），后来不知何故，陈氏“介绍书”一直保存于浦氏家中直至去世（《书信集》，

① 《陈寅恪集·书信集》，第45—46页。

第 170 页）。

专函介绍朱延丰往谒胡适，等。

须指出的是，寅恪之荐人，直接向教育及学术研究机构主事者推荐也好，请朋友转而推荐也罢，都不是简单地言人之好、荐出了事，而是有一说一、有二说二，实事求是的。如 1931 年 2 月荐朱廷丰函介绍说，朱延丰“去年曾为历史系助教”，“则历史乃其专门研究，译文正确想能做到；但能流畅与否，似须请其翻译一样式，方可评定也”；如荐孙道升函则坚信“若聘孙君担任，必能胜任愉快也”；荐浦江清函则相信“浦君”“如不译此书，改译他书，当同一能胜任愉快也”。

再者，寅恪之荐人建立于他对被推荐人的充分了解，并愿意承担相应的责任，如情愿“具书保证”。荐吴其昌函声明“吴君学问必能胜任教职，如其不能胜任，则寅恪甘坐滥保之罪”（《陈垣来往书信集》，第 378 页、373 页），吴其昌的学问也得到了其他著名学者如杨树达的肯定，杨树达在 1932 年 7 月致函陈垣，称“海宁吴其昌专攻史学，尤长于宋史。孜孜矻矻，不肯释卷，信后来之俊秀也”，向陈垣进行推荐，距寅恪所荐不足三年（《陈垣来往书信集》，第 364 页），后来吴其昌不负陈寅恪、杨树达等人的期待，历任北平图书馆特约编纂委员、武汉大学教授，惜天不予年，1944 年过早卒于乐山；荐戴君祥函声明“如中央大学有机会，则弟当致一保任负责之荐书与志希兄及汪君旭初（如其尚为中大国文系主任）”（《书信集》，第 45 页）。

除上述情况外，寅恪荐人还有其他的情况，即不是自己亲自指导的学生，但若是优秀人才也大力推荐。如清华国学研究院第一届学生徐中舒（1898—1991 年），系王国维先生指导的研究生，一年后即毕业，毕业时，寅恪尚未至清华国学研究院执教；寅恪执教清华后读到徐中舒的《古诗十九首》后，便向史语所推荐，1930 年徐氏即往北平任史语所专任编辑员，两年后升为研究员。寅恪之荐，是否有“荐书”今不可考了。吴天墀先生《杰出的史学家、古文字学家、教育家徐中舒教授》一文说，徐中舒先生表示，“他之所以能在学术、教育事业上有些建树，是应该归功于母教和几位老师的。例如胡远浚先生、王国维先生、陈寅恪先生，对他走上治学的道路都很有帮助，产生过重要的影响”，“他常常引述陈寅恪先生的话说：‘你还未把基本的资料弄清楚，就急于去发表微言大义，所得的结论还是不可靠的’”[①]。推荐陈述（北平师大毕业，陈垣的学生）等人也属于这种情况。

第二，寅恪的人情请托。

寅恪的人情请托包括：

1. 替人索书。如对于自己的助手浦江清“欲得一部《敦煌掇琐》”，陈寅恪致函傅斯年明言此事（《书信集》，第 44 页）。

2. 代人借阅罕见文献。如在清华国学研究院期间，代李济（1896—1979 年）的助教王以中向陈垣借阅明人严从简所著《殊域周咨录》，（《陈垣来往书信集》，第 374 页）。

3. 担保他人去查阅旧籍。如汪孟舒欲到“北平图书馆阅览旧书”，他即介绍并表明“负责介绍之责任”（《书信集》，第 29—30 页）。

第三，寅恪为助手出面主张权益。

如为助手王永兴解决在清华大学的住房问题，1947 年 1 月，寅恪不仅专函致校长梅贻琦（1889—1962 年），说“若王先生无适当之房屋，则其牺牲太大，弟于心深觉不安”，“思维再三，非将房屋问题解决不可”，而且“详情”由夫人唐女士“面陈”（《书信集》，第 156—157 页）等。全信言辞恳切，语意感人，为了成全弟子，寅恪居然派夫人出面说项。当王永兴主编 1990 年清华大学纪念陈寅恪先生百年诞辰学术讨论会《纪念文集》而查阅清华校史档案发现此函时，“大梦初醒，悲感万分”。因为寅恪夫妇从来未向王永兴说过。王永兴感动之余，特作《种花留与后来人》颂扬寅恪仁者之怀的厚德。

（三）指导学生，循循善诱

寅恪在清华大学任教多年，曾在中文、历史两系指导本科生、研究生论文。他指导过、留有评语、批注的三四十年代的毕业论文，目前尚存世若干种，从中

① 《成都文史资料第 28 辑·蜀都俊秀》，成都出版社 1995 年版，第 75—76 页。

可以观察到寅恪学问的广博，与指导学生态度之严谨。

1936年6月16日，寅恪在清华大学历史系张以诚的论文《唐代宰相制度》卷首，给予了评语：

> 大体妥当，但材料尚可补充，文字亦须修饰。凡经参考之近人论著（如内藤乾吉等），尤须标举其与本论文异同之点，盖不如此则匪特不足以避除因袭之嫌，且亦无以表示本论文创获之所在也。

而在同一天，寅恪对于清华大学国文系刘钟明的论文《有关云南之唐诗文》的评语则是：

> 本论文范围甚狭，故所搜集之材料可称完备，且考证亦甚审慎。近年清华国文系毕业论文中如此精密者，尚不多见。所可惜者，云南于唐代不在文化区域之内，是以遗存之材料殊有制限，因之本论文亦不能得一最完备及有系统之结论。又本论文题“有关”二字略嫌不妥，若能改易尤佳。

对比两篇评语可以看出，寅恪指导学生论文，注重以下四点。

第一，强调“论文创获之所在”，注重学位论文的创见，这是学术研究的根本。

第二，尊重前人的研究成果，强调学术规范。他认为，无论国内、国外学者的学术成果，均应予重视，学生的论文中必须标举前人论著，因为“凡前贤之说，其是者固不敢掠美，其非者亦不为曲讳，惟知求真而已”[①]，关系到学术研究的“求真”原则，此外，也关系到学术研究的道德原则，关系到一个研究史的评论问题。只有在逐一引述前人研究的基础上，才可以看出这一课题研究的

---

① 陈寅恪：《灵州宁夏榆林三城译名考》，原刊《史语所集刊》第1本第2分册，引自《金明馆丛稿二编》，第109页。

价值所在。这是他注重学术研究规范的表现。

第三,注重研究方法,要求论文“完备”“系统”,注重学风严谨。他要求学生不仅注重材料的补充,而且注重遣词造句,赞赏论文“考证审慎”、结构“精密”。

第四,重视对边疆史地、区域历史文化的研究。云南在唐代不在主流文化区域内,但是,唐代诗文中对云南的印象记述不少,“完备”和“系统”地对这一历史现象进行充分解释,体现了寅恪重视边疆史地、区域历史文化的研究。

作为教师,寅恪在指导学生的时候,他的研究旨趣、审查标准、价值评价等,实际上已表达了他对于学术的看法,从中可以窥见寅恪学术研究的思路、方法,以及他对学生毕业论文的要求。

三、随学校流离于西南(1937—1939 年)

1931 年“九一八”事变后,由于“不抵抗”政策,东三省迅速沦陷,日本侵略者凶焰大炽,不断加快侵华步伐。1932 年 3 月,伪满洲国在日本侵略者的操纵下成立。时代风云在 1937 年终于再次突变,“七七”事变爆发了,中国进入全面抗战阶段。

7 月的清华园,可以听得到中日军队交火的炮声,已经不平静了,但寅恪却非常镇静。他在清华园临乱不惊、临危不惧,沉着的态度感染了吴宓等人。29 日,他回到城内西四牌楼姚家胡同的父亲寓所。到了父亲寓所后,寅恪惦记着留在清华校园的《大藏经》,那是他用积蓄的两千元巨款购买,约有二三百巨册;此外,还有为数不少的其他书籍、论文手稿,“其他东西都可不要,但求能保住留在清华园的手稿和常用的书籍”。于是,他让侄子雇了一辆出租小汽车去清华园抢救。侄子进入清华园他的书房后,在慌乱之中,“只能把他书桌内外一些手稿及书桌周围的书胡乱地装满一车。汽车刚要驶出清华大学西校门时,正好碰见一辆日军坦克迎面驶入,经过检查,一看都是线装书,就放行了。当时日本飞机还在西苑投过弹。以后清华大学成了日军兵营”,寅恪苦心筹集而用巨款购置的《大藏经》,以及其他众多书籍、稿子,就不知下落了。书稿的失散,使他在治学大受影响的同时,也增加了对日本侵略者的仇恨。

图 3－11　晚年的陈三立与家人(左一为陈寅恪)

8 月 8 日中午,北平沦陷。陈三立老人终日忧愤,旧病复发。9 月的一天,重病中的老人发现门外有暗探在监视,不禁勃然大怒,吩咐女仆操扫帚将暗探赶走。自此,老人更加忧愤,痛感国家危难之时自己却无能为力,他拒不服药,表现中国文人的倔强骨气。绝食五天后,三立老人逝世于 9 月 14 日,享年 85 岁。他在弥留时还问身边的亲人:“外面传说中国军队在马厂打败日军的捷报,是真的吗?”这个自称“神州袖手人”的老诗人,凛然保持了崇高的民族气节,捍卫了义宁陈家作为“文化贵族”的气节。

在料理三立老人的后事时,陈氏兄弟一致同意将老人的诗文整理出版。受到父亲绝食而去世的刺激,本来对日本人印象不好的寅恪,对日本侵略者更加仇恨。寅恪对前来祭吊的朋友说,这年春天,日本人曾给陈家发过去日本使馆赴宴的请柬,可见日方已经在注意陈家了;今后日本人倘若再来逼迫,为了保全民族大节和不使灾祸殃及家人,自己就只得改装逃离北平,另投他处了。可见,寅恪坚决不与日本侵略者合作,为了保守民族气节,已经下定逃亡的决心。

自北京沦陷后,清华大学迁往湖南长沙。10 月,校长梅贻琦要求尚未离开北京的教师前往长沙报到。因此,寅恪一家人在办理完父亲的丧事后,草草准备,开始了大逃难的艰难岁月。

1937 年 11 月 3 日早晨，寅恪夫妇带着三个女儿、两个仆人，连同送别的亲戚，急急忙忙赶到火车站。幸好火车站的汉奸检查不严，一家人得以逃出。到了天津，看不见日本兵、太阳旗后，他心中才稍微舒畅一点。到天津不久，由于形势紧迫，寅恪又马不停蹄地乘海船至青岛，旋历经济南、徐州、郑州、汉口、武昌，几经辗转、数历艰困，好不容易在 11 月 20 日夜间到达目的地长沙。

才抵长沙，又因战火南延，长沙将成为前线，清华大学奉令迁往云南昆明，寅恪一家于是经衡阳、梧州、东莞、虎门到达香港，住在罗便臣道 104 号地下。寅恪夫妇本来身体就不好，均患有心脏病，寅恪还有脚气、胃病。由于逃难过度劳斡，到港后，唐筼心脏病发作，不能再随他远行；幼女美延又患病发高烧，只得留在了香港。

1938 年暮春，寅恪告别妻女，取道安南（今越南）海防，乘火车从滇越铁路到了云南蒙自县。此时，清华大学奉令已与迁往云南的北大、南开大学组成了“国立西南联合大学”，文学院设在蒙自。5 月初开学后，寅恪在那里讲授“佛经翻译”课，每月将工资汇至香港，给滞留在那里的妻女维持生活。蒙自湿热，生活非常艰苦，寅恪初到蒙自就患上疟疾，唐筼闻知后非常担心、焦急，加重了心脏病的病情，不得不住进医院治疗。

1938 年秋天，寅恪随同西南联大文学院从蒙自迁往昆明，住在中央研究院租赁的房子里。这时，他又患上了眼病。

图 3－12　西南联大时任负责人

图 3－13　西南联大校门

由于资料的限制，寅恪无法给学生讲授东方民族语言文字、历史文化研究的课程，于是延续以前开设的选修课“两晋南北朝史”，继续给联大学生每周授课两小时。当年与他同住的还有傅斯年、汤用彤、郑天挺、姚从吾、劳幹、邓广铭等人。他们每天同桌就餐，在餐桌上，寅恪“谈兴所至，往往涉及上述诸公擅长的研究领域，如语言学、佛教、明清史、宋元史等，这些各自领域的一流学者……听陈先生一人侃侃而谈……足见陈先生的博大精深，难以企及”。

当时，日军飞机轰炸昆明是常事。每当空袭警报一拉响，楼上的人都争先恐后地往楼下奔，寅恪身体差，眼疾严重，行动不便，住在一楼的傅斯年常常不顾个人安危，拖着肥胖的身体上楼，搀扶着寅恪下来，二人一起进入防空洞。一次，日军轰炸昆明，文学院教授刘文典想起寅恪，就带着几个学生，急匆匆地跑来搀扶着他往城外跑去。学生要扶刘文典，可刘文典不让，大声叫嚷着：“保存国粹要紧！”让学生们搀着“国粹”先走。

劳幹和邓广铭则是刚从北大历史系毕业不久的青年学人。在20世纪30年代，劳幹还同周一良等人专门到清华大学“偷听”过寅恪讲课，非常敬佩，现在与他同住一幢楼，他们当然不会错过请教的好机会，常去西南联大旁听寅恪讲课，半个多世纪后，邓广铭不无感激地说：“我在治学的方法方面所受到的教益，较之在北大读书四年之所得，或许可以说是有过之而无不及。”“我在此后的治史方向，基本上就是依照陈先生的指引的。”经过多年的努力，劳幹和邓广铭虽然分处海峡两岸，但都成为历史研究领域中建树颇多的学者。

虽然条件非常艰苦，自己身体健康又每况愈下，研究环境恶劣，但是在为国选才、育才、爱才、奖掖后进等方面，寅恪可谓竭尽了全力。

每逢上课时，寅恪用花布或黑布包袱包着一大包讲课需要用的书，步行一里多路，中间还要翻过一个很高的坡，赶往课室。学生回忆说：“书重路远，但他绝不少拿一本，从不迟到。每进教室，我们都看到他满头是汗，很疲累，我们几个学生几次提议去接他，帮他拿书，他都拒绝了。他讲课时，总是写了满满的两黑板材料，然后坐下来，闭着眼睛讲。”

虽然与在清华时期相比，在昆明各方面条件差远了，但是，寅恪一丝不苟的课前准备和讲课时的认真严肃，却同昔日在清华园毫无区别。学生在回忆中对他讲课时进入“无我之境”的专心致志状态，作了生动的描绘：

> （一天，寅恪授课）第一只脚甫踏入门，距离黑板尚远，陈师即开始讲述，谓上次讲的……随即走近桌旁，放置包书之包袱，就坐……而作微笑状。有时瞑目闭眼而谈，滔滔不绝。……当时历史系姚从吾先生有言曰“陈寅恪先生为教授，则我们只能当一名小助教”而已。

在混乱困窘的战争年代，寅恪是一名坚定的爱国者。他在1940年为陈垣所著《明季滇黔佛教考》写的序言中说：“先生讲学著书于东北风尘之际，寅恪入城乞食于西南天地之间，南北相望，幸俱未树新义，以负如来。”两位爱国泰斗惺惺相惜，一滞留于日伪统治下的北平，一流离于西南山河，都坚守了旧义，不负中华文化。

此外，寅恪还是一个风趣、智慧、乐观的长者，在艰苦的环境中，他以自己的乐观精神，感染、团结和影响周围的人，坚定大家抗日必胜的信念。那时，为了躲避日机的轰炸，大家不得不随时准备钻防空洞。寅恪见大家紧张而辛苦，于是拟了一副对联“见机而作，入土为安”，使大家不禁一笑。

又一次，云南地方名流方氏请寅恪、顾颉刚、向达、方豪等人吃饭。方豪在席间就问同姓的方氏“云南的方姓是从哪里迁来的”。方氏回答：“我是桐城方氏的后裔。”桐城方氏是安徽望族，有好几位方氏是著名的“桐城派”文人。饭后，顾颉刚告诉方豪，宴请的方氏是纳西族，不是桐城方氏后裔。寅恪一贯主张种族文化论，即无论血缘、出身何族，只要认同某一族的文化，就可以认定为该族，他对李唐氏族、慈禧太后等的评价，均与此有关。如他认为，晚清数十年间的多次事变与劫难，慈禧太后应承担主要责任，而关键在于她未处理好种族与文化的关系。因而，寅恪在一侧悄悄点拨方豪：“我们万不可揭穿他，唐代许多胡人后裔，也用汉姓，也自道汉姓始祖何处。”这句似乎是酒席间漫不经心的话，却蕴含着丰富的民族文化史知识，使方豪受到了很大的启发，以至过了几十年，已经成为著名学者的方豪还记得："那晚令我获益最多的，还是陈寅恪先生那几句话。"

第二节　讲学英伦与重返京华

一、就聘于英国牛津大学(1939年)

1938年，"欧洲汉学皇帝"、法国汉学领袖伯希和向英国牛津大学推荐寅恪就聘该校汉学教授(即中国学教授)之职。虽然寅恪没有国内、国外的高等学位，却仍以其超人的学识、震烁中外的学术成就，获得中外学界的高度认可和敬仰。

牛津大学是英国乃至欧洲最古老的大学之一，在文、理、法学、神学、汉学等领域的研究，取得了巨大成就，享有世界性的声誉，是西方第一流的高等学府。作为欧洲汉学重镇、执英国大学之牛耳的牛津大学，研究汉学由来已久，如理雅各(James Legge，1815—1897年)翻译"五经"，译本至今仍为西方学者采用。牛津大学设有汉学教授，指导的学生大多数成为欧洲共同体汉学研究的中坚。民国时期曾经多次来华的汉学学者苏维廉(William E. Soothill，一作苏熙洵，1861—1935年)、慕阿德(A. Monle)等人，曾经就任这一教席。慕阿德的才华、名气比不上伯希和，但是也有很高的学术水平，曾与伯希和合著《马可·波罗：对世界的描述》(*Marco Polo*：*The Description of the World*)一书，影响很大。1938年，慕阿德退休，教席空缺，物色人选成为当务之急。

闻听这一消息，伯希和认为寅恪是最合适的人选，他马上写信推荐。7月30日，胡适从伦敦致函傅斯年，其中说，寅恪"愿为候选，他们将暂缓决定，以待商榷，Pelliot(即伯希和)允为助力。我已写一推荐书，昨交去，大概不成问题”。

9月17日，中英庚款董事会总干事杭立武亦致函傅斯年，询问寅恪赴英任教之事。作为寅恪的留学同学、戚友、上司，傅斯年积极鼓励、支持寅恪到牛津应聘，想方设法为寅恪筹集旅费。与寅恪同时留学德国，被并称为“宁国府大门前的一对石狮子”的傅斯年，回国后创建了“史语所”，潜心研究，其目的之一便是与西方学者“争胜”，将汉学研究的中心从西方移到中国，因而，傅斯年支持寅恪去牛津任职，并希望通过寅恪向西方学术界展示中国学术的长足进步和高超水准。

由于有胡适的“推荐书”，伯希和的帮助，杭立武等人的奔波，傅斯年等人的积极鼓励、支持，牛津大学正式决定聘请寅恪。

在牛津大学现存的档案中，收藏有当年的历史档案。一份英文文件写道：

> 陈先生的研究领域极为广泛，并在中国比较语言学研究各个方面都深有造诣。……他的著述表面上以微不足道的枝节为基础，但成果却相当深远，堪称真正的贡献。他在西方比较语言学方面受过的训练是一流的。他曾经学过梵文、藏文及蒙古文，并尤其精于藏文。他不但能够同时使用中国和西方历史学家的方法和文献，并且善于利用……欧洲正统比较语言学的(在中国学术界)影响，只是在最近的历史著述中才开始感觉得到。陈先生是朝着这个方向发展的先行者。
>
> 以下是一些能够突显其贡献的重点：a. 陈先生能够掌握其他人忽略的某些事实的真正意义，利用一些看来是微不足道的事实，论证意义极为重大的事件。以前的中国历史学家，要么就是对细微的事实感兴趣，故他们的成绩不免支离破碎，要么就是对通史有兴趣，因此过于理论化和太具想像力。陈先生以令人钦佩的方式，展示出各种细微事实的联系，以解决大的历史问题。他的著作……是目前历史研究的最高成就，他的方法和他的观点，都可以作为其他研究者的楷模。b. 陈先生是目前中国惟一可以利用藏、蒙、满文的原始文献研究中国边疆史地的学者，他的成就，正如

在他的《蒙古源流研究》等著作中展现出来的那样，是西方汉学家难以超越的。c. 陈先生比较梵文、藏文和汉文的佛教文本，例如他对不同的佛教文本所做的笔记，于准确性方面在中国无人能超越（虽然这在严格意义上不是历史研究，但这在历史研究中是非常根本的基础）。

毫无疑问，中国的历史研究必须以文本批判开始，如此，所引用的材料才属可信，并能得到合理的诠释。陈先生是中国可以这样做的最前沿的学者。他的见识，他对于细节的关注及其严谨的态度为将来的历史研究打下了坚实的基础；而他的成就也结合了西方和中国学者的优点。……

中国学者和外国的汉学家对于陈先生的著述评价甚高。伟大的汉学家伯希和认为，陈先生能以批判性的方法并利用各种不同文字的史料从事他的研究，是一位最优秀的中国学者。①

牛津大学所藏的另一份英文档案《高级中国研究计划》，这一研究计划由该校东方研究学院讲师修中诚（Ernest Riechard Hughes，1983—1956 年）制定，这名英国学者如此评价寅恪："陈教授是仍在世的最伟大的唐代文献权威和在敦煌文书领域的大师。""他在日本、德国、巴黎和哈佛都从事过专门的研究工作，精通梵文、巴利文、藏文和蒙文"。可以看到，牛津大学对于寅恪的学术水平是高度评价、极为重视的。

1939 年春，英国牛津大学向寅恪发出聘书，聘他为该校汉学教授，所讲授的内容以中国的哲学、宗教、文化为主；在信中，牛津大学特意写明，寅恪是该校成立三百余年首次被聘请的第一位中国人专职教授，并派该校副教授休斯担任助手。寅恪接到聘书，接受了牛津大学汉学教授之聘。对此，当时今圣叹（程靖宇，名绥楚）《国宝兴亡》记载：

① 转引自程美宝：《陈寅恪与牛津大学》，载《历史研究》2000 年第 3 期，第 152—164 页。

> 先生(指陈寅恪)在战时应牛津之特聘,主讲东方汉学,全欧汉学家云集于奥格司佛(指牛津)城,女史学家陈衡哲评之曰:“欧美任何汉学家,除伯希和、斯文赫定、沙畹等极少数人外,鲜有能听得懂寅恪先生之讲者。不过寅公接受牛津特别讲座之荣誉聘请,至少可以使今日欧美认识汉学有多么个深度,亦大有益于世界学术界也。”此评不为时人知,余战后在上海中研院办事处后住宅中,亲闻于衡哲女士者。[①]

陈衡哲(莎菲,1893—1976 年)是胡适留美时的“文学知音”,民国以来中国第一位女教授、学者,她十分清楚当时西方汉学家的学术水平,自豪地说,除了“伯希和、斯文赫定、沙畹等极少数人”为寅恪的知音,他们学术水平大致相当或接近外,寅恪在牛津讲学,能听懂的恐怕寥寥无几。可见,牛津聘请享有国内“教授的教授”美誉的寅恪,证明中国的学术已经受到西方学界的重视。

6 月 1 日,寅恪写信给西南联大校长梅贻琦,向清华请假一年。作为一名蜚声中外的大学者,寅恪严格遵守学校的规章制度,按章请假,始终把自己摆在普通一员的位置上,先公后私,不摆架子,令人钦佩。

校长梅贻琦立即复信,当即准允,梅贻琦在复信中说:寅恪在牛津大学讲学,不仅满足了英国人士的渴慕,而且可以发扬我国学术的精粹,为清华大学与西南联大争光。的确,作为第一个应聘牛津大学汉学教授的中国人,寅恪不仅为清华、西南联大争了光,更为中国学术界争了光。在老友饯行后,22 日,寅恪取道河内前往香港,准备前往英国牛津大学。

1939 年 6 月底,寅恪抵达香港,与一年多未见面的家人相见,能在战乱年间的异地团聚,算是一件值得欣慰的事。由于见到了他,夫人唐筼心情很好,病势也减轻了许多,三个女儿见到了久别的父亲,也喜出望外。

在香港,寅恪见夫人身体逐渐恢复健康,正要买票,全家搭船去英国。谁知天有不测风云,9 月,德国入侵波兰,第二次世界大战在欧洲爆发!战争的

---

① 转引自蒋天枢:《陈寅恪先年编年事辑》(增订本),第 118—119 页。

爆发,使寅恪全家赴英伦的计划无限期地搁置下来。而牛津大学一直虚席以待,直到 1946 年 1 月 21 日,牛津大学才正式公布寅恪因健康不佳辞职。这段中、英两国学术史上令中国学人惋惜不已的“姻缘”,才就此终结。

二、困居港岛(1940—1942 年)

1939 年 9 月,寅恪在香港滞留了两个多月后,由于无法前往英国,夫人又患心脏病,身体不能适应云贵高原的气候和生活,便带着女儿们仍留居香港,他只好一个人重返昆明上课。回到昆明后,作为西南联大中文、历史两系合聘的教授,寅恪仍为学生讲授“隋唐史(研究)”“文学专家研究(白居易研究)”等课程。他写有《己卯秋发香港重返昆明有作》诗云,“暂归匆别意如何,三月昏昏似梦过。残剩河山行旅倦,乱离骨肉病愁多”以及“人事已穷天更远,只余未死一悲歌”等句,写出了他在家国多难之际,辞家远行、骨肉分离的无限愁绪。

图 3－14　1939 年,陈寅恪全家困居香港

1940 年春,寅恪一度累病了,眼病并发。一次上课时,他走进教室,将书包放好后,背对学生讲起来,过了一段时间发现不对,才转过身来对学生微笑。此时,他的视力已经大为衰退了。

不久,中央研究院召开会议,作为该院第一组组长、兼职研究员,寅恪拖着病身,于 3 月 24 日离开昆明到重庆出席会议,借住在妹夫俞大维家中。会议期间,蒋介石宴请中央研究院到会的诸位学者。虽说是寅恪第一次见到蒋介石,但是察觉后者“不足有为,有负厥职”,评价不高。

此次会议的主题,是原院长蔡元培逝世,选举继任的新院长。寅恪本来很少过问政事,从不卷入人事纷争,为人恬静低调,这一次却是例外。他认为中央研究院是全国最高学术机关,理应由学术成就卓著,并在中外享有很高声望的学者如驻美大使胡适等人担任。所以,他对友人说,这次重庆之行的目的,只是为了投给胡适一票。当蒋介石写条子指定他的秘书顾孟余为继任院长时，学者们大为不满，群情激昂。为了表示学界之正气、理想，他们坚决不投顾孟余的票，结果选出胡适、翁文灏、朱家骅为候选人。

图 3-15　蔡元培

会议期间，翁文灏、任鸿隽联名宴请到会的一些著名学人，席间，有人谈到蒋介石写条子，寅恪大为感触，发言说，学术必须自由，中央研究院院长必须在外国学界有声望，如学院的外国会员等，才是最恰当的人选；至于人选，寅恪私下说，“我们总不能单举几个蒋先生的秘书”，“秘书”指翁文灏和朱家骅等人。虽然蒋介石后来圈派朱家骅为代理院长，但寅恪为坚持学术独立、自由，已尽了最大的努力。会议期间，他写有“食蛤哪知天下事，看花愁近最高楼”的诗句，表达了自己的失望之情。会后，寅恪赶回昆明，继续为联大学生授课。

同年(1940 年)夏季课程结束后，寅恪赶到香港，等待机会赴英。因夫人不能劳累，他决定一人前往英国任教。由于此次赴牛津任教，不仅是个人的事，因此寅恪在香港专门请人“缝制他素不喜欢穿的西装”，联系船票、整理讲稿，做好了赴英讲学的各项准备。

等候赴英期间，由于欧洲战局的变化，地中海不能通航，寅恪赴英之事再次搁置。

此时，受国际形势影响，云南至安南(今越南)的交通中断，寅恪不能再沿原来从香港至昆明的水陆交通路线回去；而香港至昆明的机票又十分昂贵，他不能承受，所以进退两难。“中英文化协会”的负责人杭立武了解到寅恪的困境，便以该会的名义，推荐他为香港大学客座教授。于是他便暂时留在香港讲学，同时继续等待时机。

在香港讲学期间，寅恪的生活很艰苦。家住在九龙太子道369号三楼，离香港大学较远，他每次上课都要“乘公共汽车到轮渡，渡海后再转电车到港大，单程需近两小时”。他在香港大学讲过韦庄的《秦妇吟》：“这篇短短的诗，一讲竟讲了两个月，可见他的博大精深处。”他讲述唐代史学及文学，精彩绝伦，这自然是香港学生的奇遇及耳福了。

寅恪在香港大学，于1940年10月曾用英文做过公共性的学术演讲《武曌与佛教》，当时还有一段有趣的小插曲：香港“许多中外人士听说那位‘风流盖代，艳绝古今’的古帝为题材，都以为必有许多风光旖旎的宫闱秘史和佛寺因缘，在好奇心的驱使下，几乎轰动港九，纷纷去听，希望一饱耳福。谁知陈氏所讲的纯是学术性的考据，并非香艳的秘史。……结果，为好奇而来听课的士女们，只好大失所望而去”。此事充分显示了寅恪不曲学阿世、不媚俗猎奇的学术风骨。

1941年8月4日，“五四”新文学运动的重要作家、香港大学中文系主任许地山去世。许地山还是一位宗教史和比较宗教学、民俗学的专家，曾任北大、清华大学教授，与寅恪不仅是在北平的旧相识，而且两家还是世交。所以，寅恪和家人在香港曾得到许地山夫妇多方面的关照，许地山的逝世使寅恪失去了一个好朋友。此后，他在香港大学中文系代许地山上了几个月的课。

寅恪讲学香港，只是权宜之计，他期待前往英国，传播汉学于海外。可是后来局势突变，日本侵略军于12月8日偷袭美国珍珠港，太平洋战争爆发。几天后，日本军队侵占香港，港大亦停课了，寅恪就离开了香港大学。由于香港与内地的交通断绝，不仅讲学英国成了泡影，寅恪一时连大陆也无法返回，进退无据，于是他只得困居于家。

在困居香港期间，寅恪反复研读了宋代史学家李心传撰写的《建炎以来系年要录》。对于这本始终贯穿着爱国与投降矛盾的书，虽然他在过去的太平世道读过，而且以前家中及学校所藏的版本比在香港所读的强得多，但此时重读，他更别有一番深切的感受，“我在敌国兵戈、饥寒疾病之中，以读书来度日，遂匆匆读了一遍”，深感过去读此书“不如今日读此书亲切有味也”。他从史书

图 3－16　1941 年 10 月在香港大学（前排左六为陈寅恪，左二为陈君葆）

中的爱国事迹中吸取到了鼓舞自己的力量。

日军侵港后，寅恪不再授课，断绝了经济来源，一家五口人的生活更加艰苦，只有靠用衣物、首饰来换取食物，夫妇双双带病，但他决不趋炎附势，向侵略者屈服，时刻坚守着一个真正中国人的民族气节，坚守着一个正直学者的学术良心。

一天，几个日本军破门搜查，凶恶横蛮，激怒了寅恪。他突然操起了多年不用的日语，大声而愤然地对日军说，要向他们的军官控告抢劫民财。那几个日军见一个瘦弱的中国人竟然能够滔滔不绝用日语抗议，不明其深浅，居然放下东西就退走了。在侵略者面前，寅恪严正抗争，维护了中国人的尊严。

当时的香港市面萧条，人心浮动，民众生活十分艰苦，每人每天配约 200 克粮食。寅恪一家人都过着饥寒交迫、疾病相伴的生活，香港大学中文系教员陈君葆（1898—1982 年）见状，于 1942 年 4 月，派人“携米十六斤、罐头肉类七罐予陈寅恪，今日回来报告陈近况，据谓他已捱饥两三天了，闻此为之黯然”。5 月，陈君葆得知“寅恪前几个礼拜有好几天捱饿了，回想起来也可怜！”据蓝文徵说，“大概有日本学者写信给军部，要他们不可麻烦陈教授”，驻港的日军知道寅恪是在世界上享有盛誉的学者，为了拉拢他，送去了几袋当时香港极其缺乏、陈家又急需的大米和面粉。日本宪兵往屋里搬，他夫妇二人用尽气力把大米和面粉往外拖，他们宁肯饿死，也坚决不接受侵略者的接济，不做太阳旗下低头的奴隶。

1942年春节后不久，寅恪一个过去的学生忽然登门拜访，这个已经变节的汉奸，奉日本主子之命，妄图说服寅恪去沦陷区任教，为汉奸政权服务，被他断然拒绝。当时在昆明的吴宓听说，香港的日军"以日金四十万元强付寅恪办东方文化学院，寅恪力拒之，获免"。在祖国危急的关头，寅恪如同历史上的苏武等人一样，守志不移，威武不能屈，与国家和民族共患难，焕发出浩然的正气，表现出中国文化精神"所凝聚之人"坚持民族操守的高风亮节。

当然也有好心的同胞对寅恪雪中送炭。素有"岭南才女"之称的冼玉清(1895—1965年)，听说寅恪的窘况，请人送来40元港币。玉清知道，大额钞票在市场上已不通用，特地把40元港币兑换为零钞。寅恪虽然没有接受，但一直感谢玉清共度患难的高谊，由此成为莫逆之交。后来他们在岭南大学、中山大学共事，1965年玉清病逝于广州，寅恪还在挽诗中追述了这件难忘的往事，凄怨感人，诗曰：

香江烽火梦犹新，患难朋交廿五春。
此后年年思往事，碧琅玕馆吊诗人。①

面对日趋恶化的困苦环境，面对市面上横行霸道的日军，面对随时可能被逮捕的危险，困居香港孤岛的寅恪，贫困无助，埋名潜居，排除各种干扰，继续进行着国学尤其是中古史的研究工作，丝毫没有放松或者放弃对学术事业的追求。如他在《新唐书》的研究上，花的精力特别多。1940年，他在一个"读书题记"中写道：在孤岛香港，"可惜时间、精力、工具都不足，所以不能够详细说明《旧唐书》作者的意思，以光扬《新唐书》作者欧阳修、宋祁的学术"；他每天除

① 《陈寅恪集·诗集》，第172页。

坚持校读《新唐书》等典籍之外，仍旧笔耕不辍，在1941年太平洋战争发生前，他在“九龙英皇太子道三百六十九号寓庐”，完成学术专著《唐代政治史述论稿》，作为奉献给学术界的又一部具有重大学术价值的研究成果。

寅恪以疾病、穷困陷于孤岛，在侵略者的威逼利诱面前毫不屈服的爱国故事，以及他困居香港，不废国学的感人事迹，传入国内后引起了很大反响，人们称赞寅恪“正气吞狂贼”，关注着这位文化巨人的安危，不少亲朋好友时刻为他的处境担忧，想方设法搭救他。

不久，中央研究院、中英文化协会、西南联大等单位筹集了三四万元经费，汇到香港，作为接济寅恪一家人回国的旅费，朱家骅又派人到港来接。于是，1942年5月5日，他一家五口人乔装一番后，在周折后乘乱登上开往广州湾（即湛江）的海轮。当海轮离开香港口岸航行在海面上时，逃出虎口的寅恪兴奋地吟出“万国兵戈一叶舟，故邱归死不夷犹”的诗句，表达出对祖国的拳拳忠诚之情。到湛江后，陈家人又马不停蹄地踏上去广西桂林的旅途。

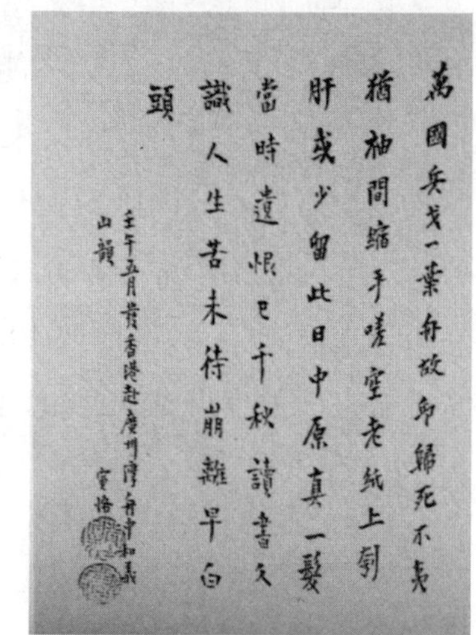
萬國兵戈一葉舟故邱歸死不夷
猶袖間縮手嗟空老紙上刳
肝或少留此日中原真一髮
當時遺恨已千秋讀書久
識人生苦未待崩離早白
頭
壬午五月發香港赴廣州灣舟中和義山韻
寅恪

图3-17　陈寅恪“万国兵戈一叶舟”诗句原稿，写于1942年

三、从广西再到西南（1942—1945年）

1942年6月底，寅恪一家到达桂林。文化巨人安全归来的喜讯不胫而走，国内学术界欣喜异常。老友陈君葆、吴宓等人闻讯，都情不自禁地赋诗，吴宓以诗句“喜闻辛苦贼中回，天为神州惜此才”，为他九死一生从香港脱险归来欢呼。

这时，由中英庚款董事会负责人杭立武与广西大学商定，寅恪仍以清华大学教授的名义任教于广西大学一年。广西大学校长李四光是他过去在日本弘文书院留学时的老同学，此时已是著名的地质学家，他们来往甚密。1942年

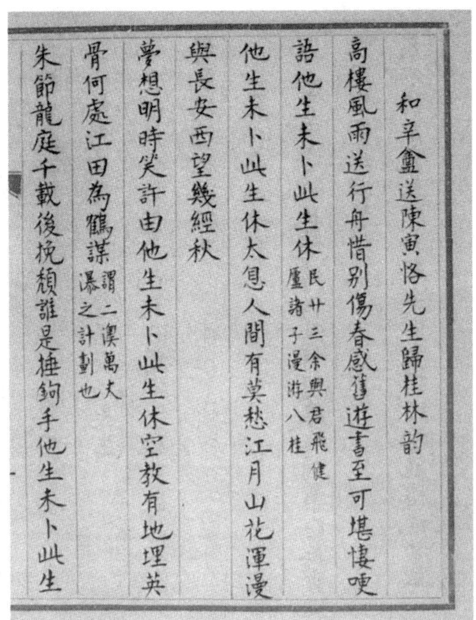
和辛盦送陳寅恪先生歸桂林韵
高樓風雨送行舟惜別傷春感舊遊書至可堪悽哽
語他生未卜此生休民廿三余與君飛健廬諸子漫游八桂
他生未卜此生休太息人間有莫愁江月山花渾漫
與長安西望幾經秋
夢想明時笑許由他生未卜此生休空教有地埋英
骨何處江田為鶴謀謂二溪萬丈瀑之計劃也
朱節龍庭千載後挽頽誰是捶鉤手他生未卜此生

图 3－18　陈君葆所赋《送陈寅恪先生归桂林韵》(作于 1942 年 5 月 14 日)

12 月,寅恪在清华大学的同事,被誉为“汉圣”的著名学者杨树达写了一首诗,以“朋友独畏陈夫子,万卷罗胸未肯忘”的诗句,表达了对寅恪学识的极端钦佩。

同年,牛津大学中文高级讲师修中诚访问中国,其间专程到桂林和寅恪相处了一个月,两人就牛津大学的汉学发展,多次进行了详细而具体的讨论。修中诚于 1943 年 11 月致信牛津大学校长,说:“我们研究的中古前期是一个特别困难的时代,西方汉学家对这个时代知之甚少,而陈教授是研究这一时代的大师。我发现,他不但是一个令人钦佩的教师,他很快可以看出一个人研究的途径和真正问题所在。我亦发现,他用英文陈述他的观点和进行讨论如同他用中文一样好。再者,他

图 3－19　20 世纪 40 年代的陈寅恪

尖锐的批判能力和令人喜悦的幽默感，使得所有的讨论生色不少。因此，对于我来说，他不但是一个专家学者，也是一个天生的导师。其次，让我感到高兴的是，我不但认识到西方研究在中国文化史的价值——很多学者也多多少少认识到这一点——我更肯定地确信，只有等到训练有素的西方人，以他们自己的观点，委身研究历史和哲学的材料，中国学者才有希望得到他们需求甚殷的启发，以重新发现新问题。”字里行间反映出学者执着于学术追求的独立人格的光辉。

刚返国内时，寅恪由于“脱离沦陷区域，获返故国，精神兴奋”，但是待了一段时间后，他发现在战时条件下，国内官商勾结、大发国难财，百物腾贵，物价飞涨，知识分子和下层人民生活极为艰苦，于是，他在诗中愤言：

大贾便便腹满腴，可怜腰细是吾徒。
九儒列等真邻丐，五斗支粮更殒躯。①

寅恪不仅为知识分子恶劣的经济状况和低贱的社会地位大鸣不平，而且猛烈地抨击了这一不合理的社会现象。看来，文人不仅不自由，而且自古不富裕。

早在1942年5月，寅恪就受聘为中山大学文科研究所特约教授、历史学部的名誉导师。因此，1943年6月，寅恪冒着日本飞机轰炸的危险，前往临时迁至广东北部山区坪石的中山大学讲学一星期，他讲了“五胡问题”“南朝民族与文化”“宇文泰及唐朝种族问题”等专题，旁征博引，融入新知旧说，阐述自己在这方面研究的心得体会，深受师生的欢迎。1943年7月1日的《国立中山大学日报》还报道了讲学的简况。此前，1927年11月，傅斯年等人在中大创办了《国立中山大学语言历史学研究所周刊》，寅恪便于该刊发表了撰写的《童受喻论梵文楚本跋》《灵州宁夏榆林三城译名考》等论文。从此，寅恪就与中山

① 陈寅恪:《挽张荫麟二首》，见《陈寅恪集·诗集》，第124页。

大学结下不解之缘，他当时大概没有料到，这辈子后半生将在中山大学度过。

当年夏，寅恪一家从桂林出发，踏上赴蓉的流离之路，一路充满了困苦与心酸。一家经受着疾病的摧残，搭乘上一辆货车，经过一路上的暑热、颠簸、半饥半饱，经贵州到了重庆，借住在俞大维家。在郊区夏坝的复旦大学任教的蒋天枢、蓝孟博，是清华国学研究院第三期学生，听说老师来了，二人于是相约进城看望。进得门来一看，老师夫妇虽然稍好一点，但也只能拥着被子，倚靠在床上，女儿们病倒在床。正如寅恪的诗句“残剩山河行旅倦，乱离骨肉病愁多”所说，全家流离之路充满凄凉。

图 3－20　20 世纪 40 年代前期的陈寅恪一家

陈家在重庆休整调养了几天，乘车前往成都，于 12 月底抵达成都，寅恪是受成都燕京大学之聘来蓉的，同时受聘成为华西大学中国文化研究所任特约研究员，在迁至成都华西坝的燕京大学讲学。当时，内迁到四川的大学很多，华西坝同时有内迁的燕京大学、齐鲁大学、金陵大学、金陵女子文理学院（简称“金女大”），以及中央大学医学院、东吴大学生物系、协和医学院的部分师生，可谓高校云集。在燕京大学，陈寅恪是六位特约教授之一，月薪 450 元，超过了代理校长及一般燕大教授 360 元的月薪。

1944 年春季，寅恪在燕京大学讲授“魏晋南北朝史”和“元白诗歌研究”两门课；秋季又开出“唐史研究”“晋至唐史专题研究”等课程。由于他讲课内容丰富，剖析入微、征引简要、论证严密、见解精辟，讲课都融入了他的研究心得，富于启发性，所以，前来听讲的不仅有学生，而且还有其他大学的教师，著名学者程千帆、沈祖棻夫妇就也曾坐在讲堂之下，“讲堂座无虚席，侍立门窗两旁，几无容足之地”。

清史专家王钟翰说，坚持听课到底的人，“其中大多数今已成为在文史研究方面学有专长的专家了”。一位当年燕京大学的学生回忆说：

> 不过去那的坐得满满的教室，听讲的不但有他校学生，还有我校和他校的教师。至今记得的，时为金陵大学中文系主任的高文先生，每课必来听，并详记笔记。后迁往华西大学教室授课时，著名诗人、文学家林山腴思进教授亦来听课。林山腴先生为陈三立先生诗友，寅恪先生向以父执视之，忽见山腴先生在学生座中，为之瞿然，语人曰："山公厚我，励我，真我之良师也。"①

林山腴指四川大儒林思进(1873—1953)，寅恪在华西大学广益院讲课时，他带着众弟子前往列坐听讲，引起了不小的轰动。

寅恪讲授“元白诗歌研究”时，“第一课是讲《长恨歌》，首先讲的是杨玉环是否以处女入宫。这个话听起来很怪”。当时某著名导演寓居成都，他耳闻先生大名，想来听课。后来，别人告诉他，第一课讲的是杨玉环是否以处女入宫问题。他以为无聊，便不来了。其实，李唐王朝受少数民族习俗的影响，寅恪别开生面地从这个问题切入，带出唐代婚礼制度这一重大问题。

四川从秦汉之际就是“天府之国”，成都更是天府之国的中心，但当时物价飞涨，寅恪的诗句“日食万钱难下箸，月支双俸尚忧贫”就是对当时生活的真实写照。在生活那样困难的时候，间或要躲警报，寅恪每天晚上在昏暗的电灯光下，遇上停电便在如豆的菜油灯光下，仍然用唯一可以看书的左眼看书或写文章，紧张地从事学术研究和备课。到成都方一年，寅恪就写出《以杜诗证唐史所谓杂种胡之义》等11篇文章，完成了又一部学术著作《元白诗笺证稿》的部分撰写工作。

① 唐振常：《川上集》，生活·读书·新知三联书店1996年版，第303—304页。

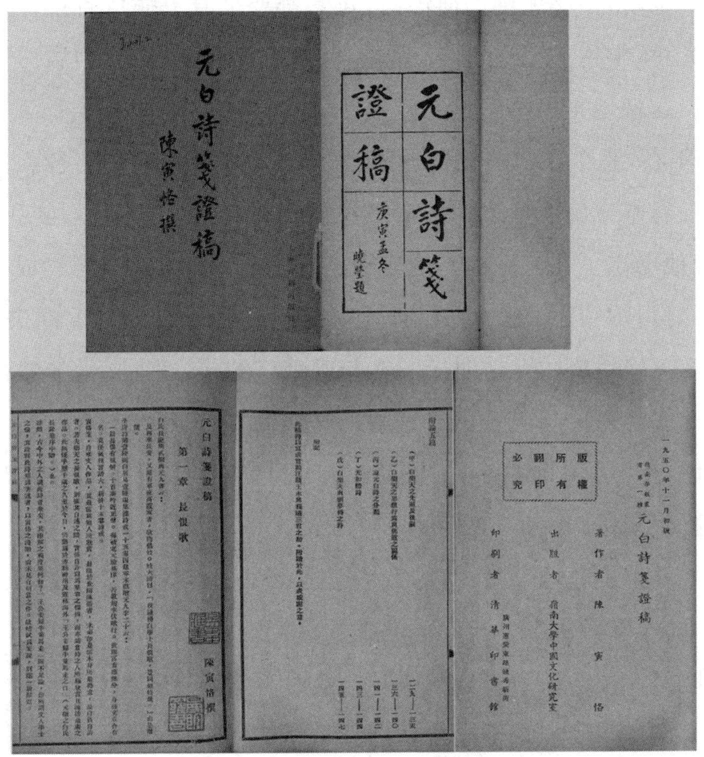

图 3-21　《元白诗笺记稿》书影

由于生活清苦贫寒、营养不良和用功过度，寅恪的左眼膜剥离日益严重，1944 年 12 月 12 日早上，他“突然发现眼前一片漆黑，失去光明”，看不见任何东西。面对突然发作的病情，他首先想到的是等他上课的学生，因为他从教近二十年，从未缺过课。于是立刻叫长女流求去学校请假。过了两天不见好转，寅恪经人介绍，便住进陕西街存仁医院医治。后来，“经过医学院眼科专家细心诊治，承受两次手术的痛苦，终因当时医疗条件，身体素质及生活状况均差，手术后仍不能恢复视力”。所以，基本物质条件极差、缺乏营养、灯光昏暗，是造成寅恪目疾加重，终致失明的重要原因。

双目却失去视力，不能恢复，对寅恪来说是个巨大的打击。他一度情绪低落，心情沉痛、苍凉。还好朋友、同事和学生对寅恪都非常关心，到医院探望者络绎不绝。那时,吴宓无论如何忙碌,每天都要抽身去病房省视一两次;燕京大学的研究生、学生如刘适、刘开荣等,自发组织起来,轮流到病房值班,照顾极为周到。这使他稍稍感到宽慰。

1945 年春,盟军在欧洲战场节节胜利,攻克了柏林,日本侵略者在垂死挣扎。这些消息本应使寅恪感到振奋,但是当时报界盛传苏联觊觎我国东北领土,这又使他增添了几分忧虑。他病中不忘忧国,写出《玄菟》《漫成》《漫夸》等诗,表达了对祖国领土完整的关切。他鉴古知今,不忘国史上痛失国土的教训。吴宓在寅恪诗末附注:“时宋子文与苏俄订约,从罗斯福总统雅尔达秘议,以中国东北实际割让与苏俄。日去俄来,往来循环,东北终非我有。此诗及前后相关数诗,皆咏其事而深伤之也。”由此可见,寅恪在庆祝“二战”胜利之余,对苏联的扩张主义,是有所警惕的。

欧洲战胜德国法西斯后不久,寅恪在成都华西坝居住时,牛津大学曾有一位高级讲师来拜访,重申牛津大学过去的邀请,约去伦敦医治眼疾,希望他治好了眼睛能留在牛津讲学。他谢绝了。他对学生说:“狐死首丘,我老了,愿意死在中国。”这句话后来在不同场合,他多次对人说过。8 月,邵循正拜望寅恪与吴宓时,商定由邵循正伴护他赴英国治目疾。

几天后,日本宣告投降,寅恪大喜,情不自禁赋诗一首:

降书夕到醒方知,何幸今日见此时。
闻讯杜陵欢至泣,还家贺监病弥衰。
国仇已雪南迁耻,家祭难忘北定时。
念往忧来无限感,喜心题句又成悲。①

十四年以来,尤其是“七七”卢沟桥事变以来,陈寅恪一家为了不当亡国奴,父亲绝食而逝,家人颠沛流离,聚少离多,现在终于熬到了全民族胜利的一

① 《陈寅恪集·诗集》,第 49 页。

天，见到昔日不可一世的日本侵略者终于投降，真是生平极大的快事，他想到国仇已报，家恨得雪，可以在家祭时告慰父亲的在天之灵，不禁流下欢喜的泪水。欢乐之余，想到要医治日本侵略者给国家、民族留下的巨大战争创伤却非易事，兼之自己多年的眼病困扰，又乐中生悲。此诗被学术界公认为“直可作四十年代的史诗读”！

抱着治好眼病、恢复视力的希望，寅恪积极筹备。9 月 14 日，他由成都飞往昆明，住在西南联大教师宿舍。当时成都的主要媒体都对他的离去做了报道。一代宗师在成都留下了一年九个月的不平凡行迹。

图 3－22　北大校园里的西南联大纪念碑

在昆明，寅恪的许多故交和学生，如汤用彤、汪篯、吴晗等都纷纷前来探望、问候。一周之后，由邵循正等陪同他飞往伦敦。

在伦敦，英国医生给寅恪的眼睛动过两次手术。本来修复贴合视网膜在现代眼科治疗中并不是一项很难的手术，但是，由于时间拖延过久，“网膜皱在一起，无法复原”。寅恪在伦敦医治了几个月，见英国实在不能使他双目复明，便想绕道北美回国，以便途经美国时再行求医治疗。

1946 年 4 月，寅恪在英国乘上回国的海轮。离开英国前，他不无酸楚地写道：“眼昏到此眼昏旋，辜负西来万里缘。”事已至此，他以顽强的意志力接受了这一残酷的现实，情绪也较稳定，打算回国后继续学术研究，给后人留下一份学术遗产。船到纽约，赵元任夫妇和他在美国留学的学生杨联陞、周一良都走进船舱看望寅恪，他原拟在美国请医生治疗，但胡适咨询美国名医后，亦束手无策，闻此，他于是决定不登岸。

四、“盲人教授”(1946—1948 年)

图 3－23 “盲人”教授陈寅恪

图 3－24 陈寅恪与长女流求在北平

寅恪回国后，双目完全失明。长女流求回忆说：

> 1946 年春，父亲由英伦乘船返回祖国。八年抗战已胜利，内战继起。父亲双眼完全失去复明的希望，父母心情很沉重。结束了万里跋涉，回到北京清华大学，作为盲人教授，继续做教学与科研工作。[①]

回到清华大学任教，寅恪痛心国事的恶化，担忧国、共之争影响到中华民族的前途，“对于国家民族的兴衰，对于中国如何在战后新时代自立于世界列强之林，陈师是一直挂心的，往往忧国忧民而动感情以至夜不成寐”[②]，只是自己什么都看不见了，于是，“盲人教授”称自己的书斋为“不见为之净室”。国事日非，他全心全意做好本职工作“教学与科研”就是。

① 转引自蒋天枢：《陈寅恪先生编年事辑》(增订本)，第 140 页。

② 石泉、李涵：《追忆先师寅恪先生》，载《纪念陈寅恪教授国际学术讨论会文集》，中山大学出版社 1989 年版，第 61 页。

在教学上，寅恪始终把上课和上好课当作自己神圣的职责。据他当年的研究生和助手王永兴回忆，他刚从海外回到清华园时，历史系主任雷海宗“因为他体弱多病，又双目失明，便劝他暂不要开课了，先休息一段时间，搞搞个人研究。寅恪先生马上说：‘我是教书匠，不教书怎么能叫教书匠呢？我要开课，至于个人研究，那是次要的事情。我每个月薪水不少，怎么能光拿钱不干活呢？’当时我站在老师身旁，看到老师说这些话时，虽是笑着，但神情严肃且坚决”。这样，寅恪分别给历史系和中文系各开一门课。他虽然不能看书，但备课、讲课之认真，仍如往昔。

王永兴说，备课时“他指定我读《通鉴》哪一卷或者从哪一年到哪一年，而且嘱咐我要读得慢一些，读得清楚一些。读到一个段落，他就叫我停下来，他思索着，然后就提出这一段里的问题和要注意的地方，让我写在本子上。常常是读完《通鉴》某一段，就要我去查出在两《唐书》里，在《会要》《通典》里所记载的和这一段有关的材料，读给他听，然后，他指出这几种书所记载的有哪些不同，哪个记载是对的，哪个是不对的，这些，他都让我记在本子上。这样读了几天，他就叫我把本子上所写的重复给他说一遍，他总结综合，口授出来由我写下，就形成讲课稿或者讲课的详细提纲。不只是讲课的主要内容，而且讲课所涉及的史料、与讲课有关的每一条材料，他都作了严谨的校勘与考证”。

不仅备课一丝不苟，而且尤其难得的是，寅恪讲课后还十分重视从学生那里反馈回来的意见，“讲课之后，他常常问我这样讲学生能接受吗？他常要我征求学生们的意见，然后再修改讲课稿”。寅恪呕心沥血的精神，让清华师生们钦佩不已。

同时，寅恪兼任燕京大学研究院导师，继续指导研究生完成毕业论文。

寅恪对学生有着非常的爱心，而且为学生的成长和崭露头角甘当人梯。1946年夏，留德十年的季羡林学成归国。经寅恪推荐，被北京大学破格聘为教授兼东方语言文学系主任。季羡林归国后所发表的第一篇文章，也是经过他审订和推荐，刊载在《中央研究院历史语言研究所集刊》上，才一鸣惊人，引起国内外学术界重视的。

虽然中央研究院、北大和清华各聘一名助教，协助寅恪查书抄字，但是他和许多公教人员一样，过着十分清苦和贫困的生活。

1947 年冬，寅恪夫妇的心脏病时常发作。清华大学苦于经费短绌，无力给各家供应暖气；家中又无值钱的东西，他被迫将珍藏多年的最好的东方语言学书籍，如蒙文《蒙古图志》《突厥文字典》等，“全数卖与北京大学东方语言学系，以买煤取暖”。北大校长胡适派季羡林“到清华陈先生家装了一车西文关于佛教和中亚古代语言的极为珍贵的书。陈先生只收两千美元。这个数目在当时虽不算少，然而同书比起来，还是微不足道的。在这一批书中，仅一部《圣彼得堡梵德大词典》市价就远远超过这个数目了。这一批书实际上带有捐赠的性质。而寅恪师对于金钱的一介不取的狷介性格，由此也可见一斑了”。当时，有人为此发表了一首《生查子》，词有“铮铮国士名，硓硓寒窗苦”“何异又焚书，风教委尘土”之句。

近年，在北大东方语文系图书室发现了 1946 年寅恪售给北大的外文图书，这批书所涉语种繁多，其中绝大部分在欧美亦早已绝版。其中有藏文本《圣经》等，上有他读书时做过的标识，因而有人感叹“陈先生读书之广博了”。

除教学外，寅恪的本职工作还有科研，这是他多年以来的人生事业。

随着战局的变化，在重返清华任教两年半后，寅恪举家再次离开了北京，奔向了南方。

第三节　流寓岭南与凄然谢世

一、栖居广州(1949 年)

寅恪饱尝乱离漂泊之苦，与所有爱好和平的中国人一样，强烈反对内战，渴望一个安定的环境。当时国内共产党与国民党的纷争，主要在华北等地进行，他虽然超脱于国共纷争之外，但在京城不可能不受影响。1947 年，他在诗句“避居何地陆将沉”中，就流露出躲避于异地的想法，希望“一门慈孝祥和气，即是仙源莫更寻”。

在当时的中国，地处岭南的广州倒是一个远离战火的地方。这一点，一位20世纪40年代末在岭南大学（校园简称“康乐园”）就读的学生的话或可作说明：

在烽火遍地，同时又是在激动中的中国，康乐就是一个避难所，在这里可以逃避现实，可以看不到中国苦难的同胞所尝到的艰辛。在这里使你感到宁静……可以在这里跟着许多同学去寻一种宁静中的安慰，同时又可以在一个静静的环境中去读点书。①

于是，寅恪决定告别“水木清华”，举家南迁。他后来在诗作中曾这样慨叹：“无端来作岭南人。”②难道真的“无端”吗？

我和唐筼都有心脏病，医生说宜住南方暖和之地。我因此想到岭南大学。抗战时期南开、清华、北大迁往云南，并为西南联大，所以认识陈序经。遂写信与他，可否南来休养一个时期。一九四八年夏，他回信聘我来岭大教书。③

寅恪在非常年代回顾往事，声称“南来休养”，所披露的并非实情。北京及其学术环境，他早已适应，认为“居北京，则于学业进步较多”④。若非战乱临头等因，他是不愿南下的⑤。

① 敏之：《环绕康乐一周》，《岭南周报》1948年10月4日，第3版。
② 陈美延、陈流求编：《陈寅恪诗集（附唐筼诗存）》，清华大学出版社，1993年版，第60页。
③ 蒋天枢：《陈寅恪先生编年事辑》，上海古籍出版社1997年，增订本，第144页。
④ 吴宓著，吴学昭整理：《吴宓日记》，三联书店1998年版，第4册，第77页。
⑤ 胡守为：《陈寅恪先生的文化观》，载《岭南学报》新1期（1999年10月），第555页。

1948年夏末，由于寅恪夫妇都有心脏病等多种病痛，需要安定的环境调养，医生建议宜居住于南方暖和之地，于是他怀着寻找“避秦”“仙源”（即避乱安定的环境）的心情，希望在南方找到这种环境，进行学术研究。此时已进入国共决战时期，容不得他有太多的考虑时间。寻思后，寅恪想到了广州的教会大学——岭南大学。岭大的校长陈序经（1903—1967年）与他是多年朋友，抗战时期又同是西南联大教授；战事是在东北、华北、中原进行，广东则相对比较安定，于是寅恪动了南下广州的念头，遂写信给陈序经。陈序经本人就是一位大学者，1948年8月始任岭南大学校长，办学信奉“我是为教授服务的”“建一流大学就是抓教授”，见寅恪愿来广州教书，大喜过望。当即回信聘请。当年11月，吴宓也致函中山大学中文系主任孔德，荐举他为中山大学教授。孔德是清华国学研究院第一届毕业生，当然欢迎老师的到来，只是寅恪愿意到岭大。

作为一所私立的教会大学，岭南大学是由美国基督教长老会牧师香便文倡议建立，前身是“格致书院”，创办于1888年的广州沙基，是南方一所较早接受西方教育和文化的学校。此后几经迁移，于1907年迁至广州河南的康乐村，1927年岭大收归华人自办后，经历届校长和教职员工的努力，以及广大华侨华人的支持，学科逐渐完善，设有文、理、农、工、医等学院，教学水平不断提高。经过几十年的办学，至寅恪打算南下任教时，已有“北有燕京（大学）、南有岭南”之说，岭大已经成为颇具规模的南方著名学府。

寅恪还未动身，解放军已经包围了北平，战事紧张起来。南京国民政府方面，朱家骅、傅斯年等在蒋介石授意下，磋商谋划“抢救”平津学术界知名人士的细节办法，之后派遣青年部长陈雪屏接北平著名人士飞往南京，但由于寅恪向来不喜欢同官场人物来往，瞧不起在官场、学界两栖的陈雪屏，所以他拒绝与陈雪屏一道离开。

12月13日，南京政府教育部致电北大校长胡适，请胡适邀寅恪一家搭乘教育部派出的接人飞机一起到南京；胡适派人转达后，寅恪同意与胡适同机飞离北平。他临行前说：“其实，胡先生因政治上的关系，是非走不可的；我则原可不走。但是，听说在共产党统治区大家一律吃小米，要我也吃小米可受不了。而且，我身体多病，离开美国药也不行。所以我也得走。”可见，寅恪离开北平，亦有生活和身体方面的考虑因素。15 日，陈家与胡适夫妇、毛子水等二十多人一道，告别清华大学，飞向南京，蒋经国、朱家骅、傅斯年、杭立武等在机场迎接。16 日，寅恪一家到了上海，在那里等船去广州。他在上海的一个月时间中，对家事做了安排：长女流求进入上海医学院读书；他们夫妇带着二女小彭、三女美延一同南迁广州。

1949 年 1 月 16 日，寅恪全家登上开往广州的轮船，19 日到达广州，乘上岭大专门派来迎接的校船，住进岭大西南区 52 号。“过岭先生”开始执教岭南、传灯南国的名山事业。从此，陈寅恪在岭南大学（1952 年秋并入中山大学）校园（康乐园）一住就是二十年，直至去世（1969 年 10 月 7 日），岭南竟成为他一生执教时间最长的地方。

寻找“避秦”“仙源”的寅恪，到了广州，希望在这种环境中研究著述。寅恪初到广州时有诗云“避秦心苦谁同喻，走越装轻任更贫”，可见他南下的心情。在这期间，寅恪更加关心窗外的战事政局，牵挂时局的变迁。这年春天，他赋有《己丑送春》诗，在“一角园林独怆神”诗句中表达了对国事的关切，用“辽西梦恨中宵断，江左妆夸半面新”，暗讽年初上台任“代理总统”的副总统李宗仁。

在人民解放军渡过长江占领南京前，寅恪咏诵道，“楼台七宝倏成灰，天堑长江安在哉”，认为长江天堑阻挡不了人民解放军进军。4 月 23 日，李宗仁飞往广州，广州成为国民政府的临时首都。然而，广州市面却是一派混乱景象。那时的流通货币——金圆券大幅度贬值，差不多成为一堆废纸。物价飞涨，百姓苦不堪言，怨声载道。

夏，寅恪写了长诗《哀金圆》：“赵庄金圆如山堆，路人指目为湿柴（粤语呼物之无用者曰湿柴）。湿柴待干尚可爨，金圆弃掉头不回。”说明了金圆券之贱；然后寅恪把强行推用金圆券的过程、“黄金倏与土同价”的恶果和带给人民巨大的灾难淋漓尽致地揭露出来，并抨击“党家专政二十载，大厦一旦梁栋摧。乱源虽多主因一，民怨所致非兵灾”。在他写的诗中，这首诗一反寅恪过去那种含蓄伤感、好用典故、隐晦不明的习惯，而用明白浅显的语言直述其事，直接发泄心中的愤慨，可见，社会使他产生的不满达到了他难以忍受的程度，他对于1928年成立的国民党南京国民政府“党家专政二十载”的失望也到了绝望的极点。

当解放军渡过长江挥师南下之时，寅恪的朋友、同事和学生都竭力劝说他离开大陆到台湾或者香港。崩溃中的国民政府中央研究院已先行搬去台湾，为抢夺人才，该院历史语言研究所所长傅斯年，多次电催他飞去台湾；胡适也“力劝先生去台，先生和师母都不去”。

当年夏，表弟、国民政府“交通部长”俞大维，他从前的学生程靖宇专门从香港等地到广州去看望寅恪，劝说他到台湾或海外去。钱穆离开大陆赴港前，也到岭大拜访。

1949年6月，国民政府在广州组织了“战时内阁”，杭立武任教育部长，叶公超代胡适任“外交部长”，二人是寅恪的熟人，因而也多次劝过他。无论别人怎样劝说，寅恪在深思熟虑后决定留居岭南，这反映了他对旧中国的失望和对新中国的期望。从1952年开始，在寅恪身边担任过了14年助手的黄萱说：“我从来没有听到他对决定不离开大陆说过后悔的话。”寅恪本人后来说：当广州尚未解放时，傅斯年多次来电催往台湾，“我坚决不去。至于香港，是英帝国主义殖民地。殖民地的生活是我平生鄙视的。所以我也不去香港，愿留在国内”，于是这两位昔日的朋友便分隔在海峡两岸。他在诗中说“岭表独能寄此身”，清楚地说明了寅恪不肯离开大陆的原因。

从此，寅恪进入了自己生命中的最后一个阶段——广州时代，他执教岭南、传灯南国，再也没有离开过广州。寅恪在岭南一住就是二十年，直至1969年去世，岭南竟成为他一生执教时间最长的地方。1952年10月，院系调整时，中山大学文、理学院师生和校本部于21日从石牌迁到岭南大学康乐园校址，宣告以原中山大学和岭南大学的文、理学院为基础，组合而成的新的综合性大学——中山大学诞生。此前，中山大学的前身为1924年孙中山先生创办的广东大学，在1926年9月，为了纪念已逝的孙中山先生，而改名中山大学。

图 3－25　中山大学牌坊

在 1952 年 10 月，院系调整后，寅恪也就成了中山大学历史系的教授，直至 1969 年去世。其实，如前所述，早在 20 世纪 20 年代后期，他就与中大结下了不解之缘。中大的校园旧址相传是晋、宋时代著名诗人谢灵运流徙广州的住地。谢灵运是晋代著名政治家谢玄的孙子，18 岁时袭爵受封为“康乐公”，所以师生们都称自己的校园为“康乐园”。康乐园绿树成荫、鸟语花香，环境幽静优美，建筑精美优良，确实是一个治学的好地方。

寅恪一生的著述不多，只有三百余万字，但是大部分都有创见。从抵广州后到 1966 年，他新撰论著一百多万字，仅两部专著便计九十多万字，15 年间的著述是他一生著作的一半，一代学界的宗师迎来了学术研究的第二次黄金时代。

图 3－26　陈寅恪、陈序经、王力摄于广州

可以说，广州时代虽是寅恪生命的最后 20 年，却也是他生命中最艰难、最璀璨的 20 年，他的学术精神和晚年心境，亦由此得到了最为充分的展现。

这 20 年可分为 3 个时期：前 8 年，已经饱受“乱离愁病”的寅恪，生活安静，教学与研究工作顺利，他对于新政权的照顾是感激的；中间 8 年，由于学术上的不能苟合，他遭到文字上的批判，离开了讲台，但是继续“然脂暝写费搜寻”，写出了《柳如是别传》等传世巨著，生活也继续受到照顾；最后4年，受到“文革”狂风暴雨式的摧残，直至含恨逝世。可以说，在时局好的时期，寅恪确曾受敬仰，并在教学、研究方面均有新的收获，同时有着高尚、洁雅的生活情趣。

二、“万世师表”

广州时代，寅恪大多数时间居于东南区1号（现52号），这是一幢二层西式洋楼，原名“第一麻金墨屋”（The McCormick Lodge No. 1），今为陈寅恪故居纪念室。1957年特地前往中山大学拜访寅恪的《光明日报》记者，将他所居的东南区1号描绘得很有诗意：

图3-27　陈寅恪在中山大学的故居

> 望去那景致十分幽雅，几株南方特有的棕树，矗立在楼角，枝干高过屋顶，梢头棕叶有如一柄巨扇，兀自在摇曳，似乎怕那南国的热风闷坏了小楼的主人，门前的两株木兰花，在北方难得见到有长得那么高大的。一条小路就横在树下。

东南区1号寓所，四周林木蓊郁，绿草如茵，鸟语花香，环境的确是十分幽静。上述的报道，是1957年“反右”前寅恪生活的写照。因为在这8年的时间中，寅恪生活优越，相对平静，教学、研究正常进行。

在1952年10月院系调整前，寅恪是岭大中文系、历史系合聘的教授，校长陈序经是寅恪老友，向来钦佩寅恪的学识和成就，对他的生活和工作自有一番特别的重视和礼遇：在岭大，他的寓所是最好的，薪金是最高的，校方还定期拨款津贴他的医药费，解决因物价上涨而造成的生活困难。同时，给他配备了一位燕京大学中文系毕业生当助手，不久另易他人。1950年初，唐筼因家族变故出走香港，陈序经听闻后，亲赴香港劝解说服唐筼回穗，使寅恪能安心教学与著述。

此后，新中大成立，寅恪在康乐园，仍然受到重视和礼遇：当时的经济分配仍旧沿袭着战争年代的工薪分数制和供给制，他的工薪分数是一千分，位居全校之冠；学校负责人冯乃超、黄焕秋另外批示，每月对他另行补助一笔不小的款项；作为教授，寅恪是最高的一级；50年代中期实行工资制，评定工资等级时，学校的核心小组初评意见是最高的“特级”，每月工资381元，被人羡称为“381高地”，当时比在北京还高；那时，全校只有三四部小汽车，校方在1956年初就决定：寅恪、姜立夫、岑仲勉三位教授可随时乘坐小汽车，在交通方面的待遇等同校长；《中大学报》则规定，一般来稿发表后，每千字的稿酬为12元，他的论文发表后，则按每千字20元的特级稿费付酬。50年代中期实行公职人员公费医疗制度，针对他有些药物需要自己购买，开销大，冯乃超多次对学校后勤管理部门说：“陈寅恪先生的医药问题，学校要尽量补助，尽量给以照顾。”解决了他购买药物的困难。1953年4月，寅恪滞港时期的朋友，香港大学冯平山图书馆馆长陈君葆,向友人打听中山大学各友人的消息,得知大家都对他非常看重,说他是“国宝”,这使陈君葆非常快慰。可见,由于受到校方的优待,寅恪的生活平静且安静。1951年7月,他在“如今饱吃南州饭,稳和陶诗昼闭门”“余年若可长如此,何物人间更欲求”等绝句中,流露出对安定生活环境和良好工作条件的满意。

图3-28 陈寅恪与王力在中山大学

除了岭大(中大)校方外,鉴于寅恪的学术成就以及在中外学术界的名望与地位,新中国对寅恪很重视和礼遇,政府的一些高级干部很尊重他,如中共高级领导人陶铸明白寅恪是“岭南学界最具代表性的精英”,在参观中国出口商品交易会时,见展览中有一台收音、电唱两用机,想起寅恪喜爱听戏剧,就指示有关人员买下,送给寅恪;为便于寅恪散步,陶铸指示在陈宅门前专门铺设一条白色水泥道路;在全国人民都饿肚皮的1961年,由于陶铸的直接关照,中大重点照顾了寅恪的生活,“鸡鱼等肴馔甚丰”等。对于生活的照顾,寅恪是感激的。1954年,寅恪接受聘请担任新中国首批中国科学院哲学社会科学“学部委员”(相当于1949年前的中央研究院院士),直至逝世。在此前后,他还担任卓有影响的学术刊物《历史研究》编委,中央文史研究馆副馆长,中国科学院广州分院筹备委员会委员,全国政协第二届委员,以后又担任过全国政协第三、第四届委员。

寅恪在岭大,为中文、历史两系学生讲授“两晋南北朝史”“唐史”和“唐代乐府”等课程。当时,学历史的学生很少,当年的受业弟子胡守为回忆:“当时历史系和中文系的学生选修陈先生的课总共不过五六人,而且有一段时间选他的课程的只有我一人。当时先生居住的东南区1号是一幢两层楼房,我们也就在那里上课。陈先生绝不因选课学生的多少影响他的讲课质量。令我尤

图 3－29　陈寅恪在中大寓所授课

为感动的是，当时夏天他身着唐装，在助手协助下在楼下工作。每当学生到家里听课，他都要自己拄杖扶梯缓步上楼改换夏布长衫，然后才下来上课。”寅恪担任中文系学生李炎全的毕业论文导师，指导后者完成论文《李义山无题诗试释》，他对该论文所写的评语原件，现存中山大学陈寅恪纪念室。

1950 年 6 月，受业弟子们自发而虔诚地向寅恪赠送了一面锦旗，上面绣着“万世师表”，感谢他在教书育人上所付出的心血。这件事早已成为历史佳话。因此，学界公认：“他当之无愧，对于一个大师，一看道德，二看文章，这两方面他都非常高。”

图 3－30　1950 年，受业弟子向陈寅恪敬赠“万世师表”锦旗

图 3－31　陈寅恪夫妇在中山大学康乐园

1952 年 10 月院系调整后，在新的中山大学里，寅恪任历史系专任教授。11 月，校方调黄萱做他的助手。寅恪为中大历史系高年级学生讲授“两晋南

北朝史”“隋唐史”“元白诗证史”等课程。对于这三门课程，“他都有大量成果问世，讲课的内容应当是早已滚瓜烂熟，即使在课堂上随便讲述，会毫不费力并且绝对不会错”。但是他仍一如既往，认真重新备课；不因自己双目失明、精力不济和讲过多遍而有所松懈。寅恪按照老习惯，在上课前便请当年的助手黄萱等人，准备好应给学生的参考资料，“就吩咐黄萱把某书某页某条及他写过的有关文章找出来或者抄录出来，交给学校油印或打印，以便上课时发给学生”。校方照顾寅恪行动不方便，便让学生上门候教。于是东南区1号的寓所楼上的走廊就成了简易的课室：一块小黑板悬挂在墙壁上，寅恪就坐在黑板前讲授，学生就坐在他对面的椅子上听讲。有时来听课的学生多了，走廊上的椅子不够坐，就从家中拿椅子坐。在上课前，“他已逐条查对过要使用的材料，并叫助手把关键的词语，如比较难懂的人名、地名先写在黑板上，然后才正式开讲”。

图3－32　陈寅恪在中大寓所走廊

广州时期，寅恪进入学术研究、教学的黄金时代，虽然目盲，但是，在助手的帮助下，寅恪的授课效果斐然。

寅恪讲《时世妆》即“摩登之妆束”时，讲自己1913年在法国巴黎观剧时，看见观众中一位女郎备受关注，原来她将秀发染成绿色，成为人丛中的“花魁”；讲《立部伎》和古代的“百戏”时，他说起1944年在成都观出土的唐砖上的“跳丸”刻像，友人数为六丸，他举白居易诗句为例，认为应为七丸，友人再数果然是七丸。所以，“无论讲课还是著书，他都给人留下思细如发、达于无间的深刻印象”，“他渊博的学识从他口中说出来，化着万斛晶莹的水珠，滋润着学生的心田。他独辟蹊径的治学方法，打开了学生的眼界，拓宽了他们的视野，活跃了他们的思维，使他们在治学上受到良好的训练”。听过讲课的学生，均受益甚大。

在清华园初期，寅恪是一位崭露头角的青年学者、成果并不丰硕时，慕名而来的听课学者已是老少咸集、中外兼具；到了执教于康乐园时，寅恪已是著作等身、名满天下的硕儒，在众多学术领域建树良多，因而，如同在清华时代一样，他上课时，慕名而来的名学者不少，如中文系教授詹安泰、董每勘、王起、冼玉清等人，均是知名文史专家、戏剧爱好者，都认真听过他的课。中大甚至于1953年专门组织历史系、中文系等文科教员，集体前往陈宅听讲。所以中文系一位教授对人“谈起史学大师陈寅恪先生学识的博大精深”，说“他也曾听过陈先生的课，并说：‘陈先生的课引经据典，一般的年轻人是无法听懂的，连当他的助教也不容易’。”王起说“至中山大学东南区一号楼上听陈先生讲陶渊明《桃花源记》的课”，对于他研究古典文学“武陵典故”等有助益。后来王起搬到寅恪楼下，还曾登门切磋。之后由于“反右”等原因，“虽同住一座楼的上下层，向先生请教的机会却越来越少”，以致被王起比喻为“鸡犬之声可闻，而老死不相往来”。

图 3－33　20 世纪 50 年代的陈寅恪

在1953年秋季的迎新会上，系主任刘节向到会师生们介绍：“我们系里拥有中古史两位大师：陈寅恪先生和岑仲勉先生。”1954年5月2日晚，在历史系举行的“尊师爱生晚会”上，刘节向到会师生们介绍了寅恪、岑仲勉两位老教授的学术成就和教学上的动人事迹，之后，全体师生将绣有“诲人不倦”和“循循善诱”的两面锦旗，在热烈的掌声中分别献给两位老学人。这些都足以看出，学生对寅恪是何等地崇敬。因此，凭借不同凡响的学术成就和高尚的人格，寅恪受到了康乐园师生的爱戴和敬重，师生都把寅恪的成就看成是史学界不可企及的高峰，当作学习的榜样、努力的方向。

寅恪讲课很精彩,学生能从他的讲课中学到许多东西,因而以能选修他的课、能听他的课为荣。还有些校外的中学生久闻其名,专门跑进康乐园打听:谁是陈寅恪?他究竟懂哪十几个国家的文字?对寅恪十分崇敬。当时康乐园中的学生对他的崇敬到了“崇拜”的地步。20 世纪 50 年代中期,教务长王越在一份报告中反映:“四年级学生如陈仿、邹文光、曹国祉等(可能还有一些),对陈甚为崇拜,曹曾表示,替陈扫地服役,亦甚愿意。”在寅恪身边受教多年的胡守为也说:“我当时还不是研究生,是本科生,而陈先生呢,本来他可以不教课的,但他一点也不马虎。”回忆往事,胡守为认为终身受益:“无论什么时候,他上课一定穿着整齐,夏天去上课,家人说胡先生来了,他马上放下工作,到二楼去,把长袍穿上,才下来上课,这点对我的教育很深。”“陈先生这种致力于教育事业、认真教学的态度,我至今仍以为榜样。”

黄萱说:“以陈先生当时的健康情况,倘无一种巨大的坚毅精神,是不可能坚持教学和研究工作的。他曾说:人家必会以为我清闲得很,怎能知道我是日日夜夜在想问题,准备教学和做研究工作的。”她赞叹道:陈先生做学问“是聚精会神,争分夺秒地把他的渊博、丰富的学问,贡献给国家,给现在和未来的史学工作者”,“受到这种精神的鞭策”的黄萱,以后长时间坚定不移地当好他的助教。

在教学之余,寅恪还在学校周边游览过。如抵达广州的当年底,广州解放;12 月,寅恪与岭大教授冼玉清相偕前往纯阳道观游览、“看花”。玉清自署“碧琅玕馆主”“西樵女士”“西樵山人”,世有“冼子”“冼姑”“不栉进士”“海外东坡”“近百年来岭南之才女”之称誉,所著《碧琅玕馆诗集》,诗词深为文学家黄节、柳亚子等人赞赏,词人龙榆生称为“冼玉清大家”,陈三立更是题字赞赏玉清《诗集》的才华出众,寅恪赞誉玉清的《流离百咏》为“不独文字优美,且为最佳之史料”。寅恪父子两代均与玉清有深厚友情,陈三立题字,寅恪书馆名,成为岭南文坛佳话。

纯阳观在岭大南 4 里(位于今广州市海珠区新滘镇五凤街道办)的“漱珠岗”,是一座始建于道光四年(1824)的道教宫观,因供奉“八仙”之一的吕洞宾而得名，与三元宫同为广州市迄今尚存的数座道观之一。漱珠岗有古松、怪石、幽梅，清静怡人，一直为广州的游览胜地和文人墨客的附雅之所，因而题咏、纪游之作甚多。今尚存有著名的两广总督阮元的“颐云坛”等题字。抗战期间，广州沦陷于日本侵略军之魔手，宫观残败。1945 年筹划重修，1949 年中秋节竣工，一时间成为羊城新景。纯阳观的景色吸引了寅恪。12 月，寅恪与夫人邀请冼玉清相偕前往纯阳道观游览、“看花”，归来后三人均有诗文记录此事。

所谓“纯阳观看花”，实际指观赏梅花。民国初年，岭南画家高剑父、高奇峰、陈树人等在纯阳观内亲手栽植梅树数百株，占地约一亩，每当隆冬之时，寒梅怒放，幽香袭人，人们约会泼墨挥毫，作画吟诗，真是风月无际之事。到了民国十年，在此还成立了“梅社”这一诗人组织，“梅社”二字被镌刻于观内的狮子石上。

寅恪素喜梅花，来岭南后写了多首梅花诗句，此次游观、看花归来，他以《乙巳仲冬纯阳观探梅，柬冼玉清教授》为题，赋诗一首：

我来只及见残梅，太息今年特早开。
花事已随尘世改，苔根犹是旧时栽。
名山讲席无儒士，胜地仙家有劫灰。
游览总嫌天宇窄，更揩病眼上高台。

“上高台”（唐筼诗谓“上高坛”）的“台”指“朝斗台”。“朝斗”意参拜北斗星，此台是华南地区唯一存世的古代天文观象台。朝斗台系清代道士李明彻修建，全用花岗岩砌成，上层建有亭阁、围栏（今亭阁不存，围栏系新建）。李明彻通天文历算，后来入京在钦天监学习，到过澳门向外国学者求教，并购回一批天文观测仪器，故纯阳观建了“朝斗台”，李明彻更是经常登临以观天象。寅恪诗在纪游之余，借名胜之盛衰起伏而慨叹传统文化之今昔互变。接诵寅恪诗作后，才思敏捷的冼玉清即次韵和诗一首。此外，唐筼亦有诗存世。

从诗文看来，寅恪游兴盎然，兴尽而归。事后，1950 年 1 月 15 日，冼玉清致著名史学家陈垣的信也说明这一点：寅恪“身体日健，常有晤言。前旬因登漱珠冈探梅，往返步行约十里。陈夫人谓渠数年无此豪兴，附唱和诗可知也”。

纯阳观之游是寅恪广州时代仅有的两次外游活动之一，是他晚年不多见的亮点之一，陈、冼的纯阳观之游及唱和诗作，是现代广东文坛的一段佳话，也是 1950 年优越的学者生活的缩影之一。

早在 1952 年或更早，新组建的中国科学院为了加强历史学研究力量，准备将分散在全国各地的一些大师级历史语言学家请回北京，组建历史研究所，已议定并邀请寅恪北上主持历史研究，中国科学院副院长陶孟和表达了此意。而寅恪曾推荐清华国学院弟子徐中舒“以自代”。1953 年秋，中国科学院计划邀请寅恪进京担任中国科学院哲学社会科学部第二历史研究所（中古史研究所）所长。寅恪在京的一些朋友如章士钊等人来广州时，都力劝他入京任职。

11 月，寅恪接到中国科学院院长郭沫若、副院长李四光联名签署的信，正式请他出任。经过一夜考虑，第二天早上寅恪口述，唐筼记录，回信作复。寅恪在回信中提出担任所长的两项条件：“一、允许中古史研究所不宗奉马列主义，并不学习政治；二、请毛公或刘公给一允许证明书，以作挡箭牌。”关于这两项条件，寅恪胸怀坦荡地对友人冼玉清说：“我对共产党不必说假话。”

12 月 1 日，寅恪在原来的学生和助手汪篯的记录下，讲了一番话，作为对科学院聘请他出任中国科学院第二历史研究所所长的答复。寅恪明白地说明了提出两项条件的理由，说，“我的思想，我的主张完全见于我所写的《王观堂先生纪念碑铭》中”，“我认为研究学术，最主要的是要具有自由的意志和独立的精神”，“没有自由思想，没有独立精神，即不能发扬真理，即不能研究学术。学说有无错误，这是可以商量的，我对于王国维即是如此。王国维的学说中，也有错的，如关于蒙古史上的一些问题，我认为就可以商量”，“我决不反对现在政权，在宣统三年时就在瑞士读过《资本论》原文。但是我认为不能先存马列主义的见解，再研究学术。我要请的人，要带的徒弟都要有自由思想，独立精神。不是这样，即不是我的学生。……从我之说即是我的学生，否则即不是。将来我要带徒弟，也是如此”。寅恪明确表示：“我从来不谈政治，与政治绝无连涉，和任何党派没有关系。怎样调查，也只是这样。”在当时的大气候下，他的这些言行显然“不合时宜”。

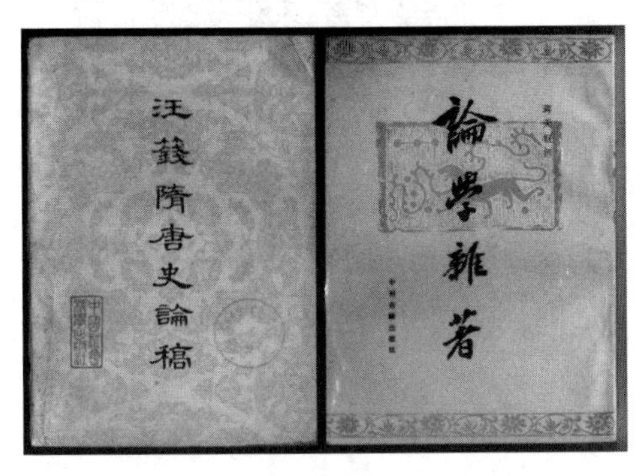

图 3－34　汪籛《隋唐史论稿》、蒋天枢《论学杂著》书影

汪籛曾南下广州征询寅恪的意见，显然是奉周恩来和郭沫若等人的指示，汪籛把寅恪的《对科学院的答复》带回北京。不久，中共中大党组书记兼副校长冯乃超对秘书饶鸿竞谈起过这件事：周恩来总理得知后说：“可以答应陈寅恪的要求，只要他到北京来。一切都会变的。当年动员老舍从美国回来，老舍也提出个条件：不反美，不发表反美言论。可是他回国不过一两年，就变了嘛。”在当时，寅恪向中共最高层所提出的两项条件，“为学术争自由”之事，当时只有相关的几个人知道，事后寅恪绝口不提，回避了此事，没有因为直言不讳地提出这两项条件和“为学术争自由”之事而惹麻烦。

想到北京毕竟是中国的政治、经济、文化中心，学术气氛浓厚，因此，汪籛走后，寅恪确实也动过重返京师的念头。据老友吴宓在日记中记述，他说，政府曾经派国务院参事李一平来迎。寅恪很满意助手黄萱的工作，1954 年春天，寅恪对她说过：“我们（指全家人）到北京去，你也得跟我们一起去。”1954 年 7 月，寅恪在致友人杨树达的信中，解释他不去北京工作的原因是“以畏人畏寒，故不北行”，进京之事也就被搁置。“此后政府虽再三敦请，寅恪兄决计不离中山大学而入京。即使他担任了全国政协常委，也没有进京参加过一次会议”。当年底，寅恪推荐陈垣代其位。

作为一位坚定的爱国主义者，寅恪在共和国成立后，对中国共产党的领导、正确的知识分子政策是衷心拥护的。在 1959 年中华人民共和国成立十周年之际，寅恪拟了一副对联贴在门上："六亿人民大跃进，十年国庆共欢腾"，表达自己的心情。

黄萱说："陈先生是一位高度爱国的知识分子。他正直，黑白分明，实事求是。他很关心国家大事，是非得失，十分清楚。他希望祖国能早日繁荣富强起来的愿望是很强烈的。"

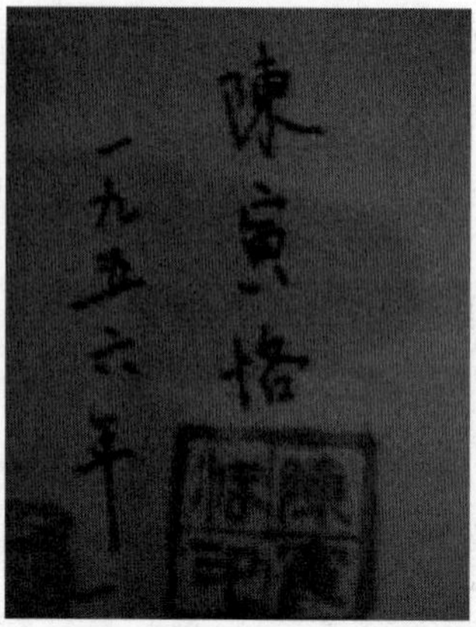

图 3－35　陈寅恪签名（1956 年）

三、告别讲坛（1958 年）

自 1926 年走进清华园时，寅恪就一直在大学从事教学和研究工作，他在讲坛上，教书育人，臧否人物，驰骋知识海洋，纵论古今中外，受到了听课师生的高度评价，不愧为"万事师表"。

寅恪是教、研结合的卓越典范，他边讲课边著书，比翼双飞，数十年如一日。可以说，讲坛与书房是寅恪教书与治学的用武之地，既是他人生最主要的两大战场，也是他日夜魂思梦想之地，他曾对黄萱说过："人家必会以为我清闲得很，怎能知道我是日日夜夜在想问题，准备教学和做研究工作的。"可以说，教书与治学早已成为他的生存方式，坚持精神独立、思想自由的主张，已经在他的头脑中根深蒂固，甚至成为他生命的重要组成部分。

作为一位历经清朝、民国而进入新中国的读书人，寅恪注重的是读书人在新、旧社会嬗替之际，怎样立身处世的问题，认为中国的读书人应该恪守儒家的伦理纲常，永远做"贤者拙者"，而不当"不肖者巧者"，寅恪鄙薄在生活中背信弃义、在仕途上见风使舵，变节巧宦、毫无操守的人。寅恪也用这种价值取向衡量自己，评论现实生活中某些学人在新旧嬗替时期的思想、行为。于是，拜访、接近过他的不少人，听到过他对部分昔日朋友、学生的不同意见。他向昔日的学生、历史系主任刘节说，千万不要学那些趋时附势的人，劝刘节"加入共产党还可以！"这更坚定了他一贯遵循的独立、自由的立场，坚决做维护中国历史文化的“贤者拙者”。

作为一位爱国学者，寅恪时刻关心国家大事，满意新中国结束了大陆的内乱而开创的承平世局。他为国力增强、人民生活有所改善而高兴，他坚决拥护中央政府为维护国家统一、领土完整而采取的抗美援朝、平息西藏叛乱措施和处理中印边境冲突时的立场、方针和方法。如 1959 年西藏上层叛国集团策动武装叛乱、中印边境发生军事冲突时，他坚定地站在爱国的立场，谴责印度想走英国人的路，侵占我国领土。他斩钉截铁地说：“西藏是中国领土，不容分割！”同时举出史料证明：“现在地图上的习惯边境线我国已经吃亏了，原来的版图界线应更向前，绝对不是麦克马洪防线。”1964 年，我国成功地进行了原子弹试验，他感慨地对人说：“我国有了足够的自卫能力，便可不必依赖他人的保护伞了。”同时，他又不赞同对苏联“一边倒”的外交政策。可见，无论外界如何，无论是在顺境还是逆境，寅恪在爱国这种原则问题上，立场永远分明。

寅恪坚持精神独立、思想自由的主张，认为如果做学问是为了去迎合政治的需要，那不是真正在做学问。而且，寅恪还把参加政治活动看作是危险的事，将来“不得了”，因此，他竭力远离政治活动。在当时的大背景下，他“不合时宜”的言行，早已预示着，他被当时“潮流”推下讲坛将不可避免。

共和国成立之初，寅恪对共产党并不了解，从不参与政治活动，所以，他对共产党、共产主义在思想感情上存在着很大的距离。尽管他在诗作中表达了对黑暗、腐败的社会现象的强烈不满和对国家前途的关心，对时局的变化和发展趋势有明确的预感，但从未在诗中欢呼过共产党在国内战争中所取得的胜利，他在书斋里从史书角度出发看待大陆政权的更迭，认为同历史上改朝换代的事件没有两样，不时在诗中抒发出对世道沧桑“兴亡自古寻常事，如此兴亡得几回”的慨叹。此外，寅恪在 20 世纪 50 年代前几年所写的一些诗中，充斥着“岭表流民”“作客犹嗟滞五羊”的客居感情，这本是他诗作的一贯风格，但在当时不易为人理解。

1952 年，全国进行了对知识分子所进行的思想改造运动，寅恪因病没有参加，却很注意运动的发展，以及一些知名学人的表现。他知道北京一位学者自觉地作了深刻的自我检查，在清理了自己以前的“唯心主义”学术观点后得到有关方面好评时，认为这位学者趋世附俗、曲学阿世，对来访问他的客人说：“我和他们不同，告诉北京的人，需分清楚。”此时，他还写过几首讽刺诗，表示看不起没有坚守气节的读书人。

1953 年，寅恪对中国科学院的答复和所提出的担任所长的两项条件，与当时的政治大气候明显不合。

1954 年，国内思想界展开对俞平伯《红楼梦》相关研究专著和胡适思想的清算和批判。胡适、俞平伯昔日的朋友和学生，出于各种原因，或投入批判，或在惶恐中沉默。作为胡、俞的多年朋友，寅恪相当了解胡、俞的学术思想，对批判不满，看不起那些批判的人。在全国一片声讨声中，他不但没有参加过一次批判会，不写一篇文章，反而赋诗对胡、俞二人表示了关怀。这在当时需要巨大的勇气。同年，学校准备提名寅恪为全国人民代表大会代表，在征求他的意见时，被他拒绝。对于第一届全国政协会议，寅恪持保留态度；后来邀请他为第二届全国政协委员时，经过冯乃超等学校负责人多次劝说，打消了思想上的一些顾虑后才勉强接受，但却从未到京参加会议，对政治仍采取疏离的态度。加上他目盲多病，行动不便，性格孤直，不喜交际，对于现实社会生活缺乏真切感受，自然要对新现实相适应很难。

一次，听人念完过去受他赏识的一位学人的文章，他不无感慨，说：“北京的人寄给我的文章引用马列主义的话，我才不相信这些人都通了马列主义。”他认为这些人放弃了独立精神和自由思想，写诗讽刺道：“八股文章试帖诗，宗朱颂圣有成规。白头学究心私喜，眉样当年又入时。”在他看来，有的学人没有弄懂马列主义，就在文章中装些马列主义的词句，这简直像作八股文、试帖诗，用“成规”统制思想，当年写八股文章的方法又能派上用场，所以从前作八股文章和试帖诗的白头学究便喜出望外。对于一些过左倾向，寅恪也很不满，在诗中讽喻道：“文章唯是颂陶唐。”黄萱说得好：“陈先生最不喜欢歌功颂德。”寅恪自己宁可“作哑羊”，也不愿加入“颂陶唐”的“和声”中去，“决不以时俗为转移”，体现了一个志行高洁的学者的生活历程和精神境界。

对于“大跃进”，寅恪也有保留意见，说：“我的工作可不能大跃进，只能慢慢来。”他根据市场物资供应紧张，买到的工业品质量下降的情况判定，“大跃进”政策并不能多快好省地建设祖国，因而说：“产品质量不高，是由于大跃进粗制滥造。”对“大跃进”提出批评。这一批评，在现在看来，是符合实事求是的马克思列宁主义的，但在当时，确实是如此“不合时宜”。虽然如此，寅恪在不少场合还是兴奋、畅快的。

1956 年 2 月，时任中共中南局第一书记的陶铸邀请广州地区高校教师到从化县温泉镇（今从化市，隶属于广州市）参加“知识分子问题”座谈会，寅恪应邀前往。沐浴于“知识分子问题”时代春风中的他，欣然赋诗二首，在讲述洗浴乐趣的同时，表达了心情的舒展。3 月初，寅恪参加了中大党委召开的知识分子座谈会，听取冯乃超所作的《中大党委组织执行知识分子政策的情况和经验》的报告后，感到很兴奋。他虽不同意这个政策对知识分子进行教育和改造的一面，却拥护团结知识分子的一面。5 月，毛泽东在最高国务会议上提出繁荣文艺创作和学术研究的“百花齐放，百家争鸣”的方针。5 月 26 日，中共中央宣传部部长陆定一向各界学人阐述了这个方针：“我们所主张的：百花齐放，百家争鸣，是提倡在文学艺术工作和科学研究工作中有独立思考的自由，有辩论的自由，有创作和批评的自由，有发表自己意见的自由。百花齐放，百家争鸣，是人民内部的自由在文艺工作和科学领域中的表现。”[①]这个方针与他的一贯主张几乎完全一致，寅恪当时真心欢迎“双百方针”，希望这个方针能真正得以贯彻执行。这一年的下半年，他作了两副对联，一副是“中秋共赏团圞月，大学新栽桃李花”，一副是“万竹竞鸣除旧岁，百花齐放听新莺”。“新莺”是指广州市京剧团演员新谷莺，曾到中山大学演出，寅恪很喜欢听她的唱腔。1957 年 1 月，他写了一副春联赠给冼玉清，“春风桃李红争放，仙馆玕琅碧换新”，可以看出他心情的兴奋、畅快。

兴奋、畅快总是短暂的，而“不合时宜”——在当时此起彼伏的政治思想运

① 陆定一：《百花齐放，百家争鸣》（1956 年 5 月 26 日），载《人民日报》1956 年 6 月 13 日。

动中,“合时宜”都不能保证永远正确,更何况“不合时宜”呢?

事实上,校方隐约知道寅恪的某些牢骚话和批评政策的诗作,但并未为难他,在1957年反右派的政治风暴袭来之时,以他双目失明和身体不好为理由,没有让他参加所谓的“大鸣大放”,保护他避过了这场劫难。全国“反右”,寅恪虽被定为“中右”,但由于有校方的保护,他仍有成果《书〈魏书·萧衍传〉后》面世。10月,校方还特聘他为校务委员会(学术委员会)委员,可见校方对他的照顾、保护。自然,像1954年9月至1956年4月任校党委书记兼副校长的校方个别领导,也有不尊重寅恪的时候,如在大会上读他的诗进行讥讽,并轻率地散布了某些带有“左”倾意味的言论。后来,不尊重者登门道歉,进行了自我批评,寅恪的气愤稍稍平息。

当时的中大校长许崇清(著名教育家、非共产党人士)、中大党委书记冯乃超(兼副校长)、副校长陈序经等开明的校方领导,虽然对寅恪以诚相待,但是却无力阻止“左”的思潮在校园泛滥,况且许、冯、陈等人在政治风波中自身都难保。

1958年是经济上掀起“大跃进”、大炼钢铁热潮的时代,政治上,紧接反右派斗争的余波,高等学校的校园中进行了各种思想教育运动。其中,文化界反对“厚今薄古”的运动展开,指责寅恪为封建主义立场之种族文化论者。5月16日,郭沫若发表《关于厚今薄古问题》,这是郭沫若写给北大历史系师生的一封信,点了寅恪的名,且将其划为资产阶级史学家:

> 资产阶级的史学只偏重资料,我们对这样的人不求全责备,只要他有一技之长,我们可以采用他的长处,但不希望他自满,更不能把他作为不可企及的高峰。在实际上我们需要超过他,就如我们今天在钢铁生产等方面十五年内要超过英国一样。在史学研究方面,我们在不太长的时期内,就在资料占有上也要超过陈寅恪。这话我就当到陈寅恪的面也可以说。“当仁不让于师”。陈寅恪办得到的,我们掌握了马克思列宁主义的人为什么办不到?我才不相信。

5 月 27 日,《中大校报》发表了文章《教育者必先受教育,教师求名求利思想影响学生非轻,历史系同学向老师送礼殷殷致意》,将“历史系教工的自我革命运动”“推向一次高潮”,文章中提到了多位“我系教工所存在的种种式式资产阶级个人主义思想”,但没有提及寅恪,在于他名声太大。

7 月,历史系召开针对寅恪的教学、科学研究的批判资产阶级历史学的大会,进行了不点名的批判。他没有到场,不过会后,陈序经等人把会上的情况告诉了他。接着,有人在报刊上发表文章,批评寅恪的学术观点和研究方法,说他散布资产阶级思想毒素,误人子弟,寅恪固然是“学术权威”,却是“白专”的代表,是一面资产阶级的“大白旗”,是“批判继承”的对象,应当拔掉。寅恪没有想到自己在讲坛上耕耘了 32 年,热爱教学、热爱学生,一向把上课和上好课当作自己神圣的天职,却被连他过去所写的论著和论文都没有看懂的学生扣上“唯心主义”“反马克思主义”的大帽子,甚至进行人身攻击,更有学生竟然不顾事实,在大字报中说他在教学中“贻误青年”。

寅恪向来以清高自守,极重个人名节,从未受到过这种奇耻大辱,于是大为愤慨,同时为“尊师重教”的传统美德被粗暴践踏而痛心疾首,不能容忍这种违背中国传统美德的现象,寅恪让夫人抄下大字报的内容、作者名,以作为后人研究这一段历史的“第一手材料”。在痛苦中,寅恪毅然向校方提出两点要求:一、坚决不再开课,以免“贻误青年”;二、退休,搬出学校到外面居住。对于以教书与治学为生存的寅恪,做出这一决定,心中痛苦可想而知。

寅恪的强烈抗议引起了校方的高度重视。后来经过许崇清、冯乃超、陈序经等学校负责人多次登门拜访,表示对他的尊重,并再三挽留;相关人员也在党内受到批评,作过检查,并登门向他道歉,他才勉强收回退休的要求,同意不搬出学校,但仍坚持“不再上课”。1959 年,历史系招收隋唐史专业研究生,请寅恪作导师,他感到学术不自由而加以拒绝,助手黄萱劝他复课,他沉痛地说:“是他们不要我的东西,不是我不教的。”

1959 年,中共中央宣传部副部长周扬到康乐园看望寅恪,谈及教育问题时,寅恪直率地质问周扬,给后者留下“被袭击了一下”的深刻印象。1962 年 8

月，周扬在一次会上谈起此事：

> 我与陈寅恪谈过话，历史家，有点怪，国民党把他当国宝，曾用飞机接他走。记忆力惊人，书熟悉得不得了，随便讲哪，知道哪地方。英、法、梵文都好……1959 年我去拜望他，他问，周先生，新华社你管不管，我说有点关系。他说 1958 年 12 月 12 日，新华社广播了新闻，大学生教学比老师还好，只隔了半年，为什么又说学生向老师学习，何前后矛盾如此。我被袭击了一下，我说新事物要实验，总要实验几次，革命，社会主义也是个实验。买双鞋，要实验那么几次。他不大满意，说实验是可以，但是尺寸不要差得太远，但差一点是可能的。

据当时周扬的陪同者说，“陈寅恪的态度是挑战性的，他说我们‘言而无信’”。“挑战性”就是周扬说的“我被袭击了一下”，也是吴宓说的“寅恪不从，且痛斥周扬(周在小组谈话中自责，谓不应激怒寅恪先生云云)”。看来，寅恪本着“对共产党不必说假话”的态度，对于宣传工作中自相矛盾的地方提出批评，他不反对“实验”，但不满意这种“实验”违背了中国传统的师道尊严，背离教育规律，破坏正常的师生关系和正常的教学秩序，因为他清醒地意识到，这种“实验”导致了教学水平下降。这番话，充分体现了一个以学术为生命的学者的道德和勇气，也体现了他尽管告别讲坛，仍然关心教学，甚至有着重返的某种期待。

遗憾的是，从 1958 年告别讲坛后，寅恪再未重返，这固然是他本人不愿看到的伤心现实。这既是时代的悲剧，又是民族的悲剧。既然寅恪“平生所学供埋骨，晚岁为诗欠砍头”，永别了讲坛，那么，他剩下可做的就是著述了，直到“著书惟剩颂红妆”。在定居岭南的五十年代，寅恪不仅在发表了《隋末唐初所谓“山东豪杰”》《记唐代之李武韦杨婚姻集团》《论韩愈》《述东晋王导之功业》《论唐代之蕃将与府兵》等多篇著名论文，而且还出版了《元白诗笺证稿》《论〈再生缘〉》两本专著，这些研究成果展示了寅恪的真知灼见，震烁中外，影响广泛,可以说,这是寅恪学术生命的“又一春”。

四、“然脂瞑写”的最后十年(1959—1969 年)

康乐园后期是陈寅恪生命的最后十年。已经饱受“乱离愁病”的寅恪,即使在“留命任教加白眼”“然脂瞑写费搜寻”之时[①],仍然继续著述。

1962 年 6 月 10 日,陈寅恪在洗澡时,不慎跌了一跤,折断了右大腿与股间的接骨,住进了医院。医院考虑到他年老体衰,未动手术。蒋天枢闻讯后,十分关切地建议请上海骨科专家治疗,他嫌惊动人太多、太麻烦而没有接受。据助手胡守为说:“医院拟定了治疗方案送国务院,由周总理亲自裁定。”可见中央对陈寅恪的关切。陶铸也很关心,在他住院后的第三天曾到病房探望,因见他昏迷不醒,不敢惊动,坐了一会便小心翼翼地离去。

医院留医半年多后,寅恪终因骨折处不能长合,右腿不能复原,1963 年 1 月 22 日,他被从医院抬回家中,从此,他只能站起来勉强坐到椅子上,再也不能下楼散步了。由于折足,他不能如以前一样进行活动,身体也更虚弱了。这是失明后他再一次受到的沉重打击,虽然他一度悲观,但是也很快就振作起来。

寅恪折腿的事传开后,国内的朋友和学生闻讯都非常焦急和担心。1963 年 10 月,吴宓从前来重庆出差的陈序经那里获悉此事,十分着急,马上给在广州工作的长女吴学淑写信,命她速去探望并速告病情,并筹备寒假后再赴广州探视、慰问。

寅恪的身体本来就差,身患多种疾病,吃得很少,但还须采取到外面散步的方式来帮助消化。出医院后又不能活动,寅恪回家后自己估计来日不多,因此他争分夺秒,希望能多整理出和多完成一些著作,他勤奋著述,“草间偷活欲何为,圣籍神皋寄所思”。为了将自己的家世、经历、思想记述下来交代给后人,他又不知疲倦地赶写“将来作为我的自撰年谱”的《寒柳堂记梦》,到 1966

---

① 陈寅恪:《陈寅恪诗集》,第 54 页、119 页、112 页。

年“文革”风暴掀起时，他已完成《弁言》和七章正文。

在他折足后，从中央到地方各级政府、中大校方对他更加关心，尽可能给予了特殊照顾，为他排忧解难，改善了他的生活条件和工作条件，这对于他情绪的稳定、心情比较舒畅，有一定的作用。中大校方的负责人时刻关心着他，经常去医院省视，对他的生活作了妥善的安排。他出院不久，校方在 1963 年 3 月 28 日专门报告广东省有关部门，要求特殊照顾他。报告中所列的各项开支，每月需拨专款购买若干种进口药物。学校另派三个护士日夜护理他，并为他做了一部手推车，以便他能坐在车上到室外吸取新鲜空气。他想要的东西，学校也尽量帮他弄到。在工作方面，征得他本人同意，1959 年，校方增派胡守为作助手，一面跟他学习，一面与黄萱一道协助他整理著作，传承他的学问。

在知识分子被当作改造对象，待遇下降，全社会粮食、肉、食用植物油、食糖等农副食品都要凭票定量供应的情况下，政府如此优待寅恪，难免有人心理不平衡，甚至广东的某些高级干部也有微词，认为对寅恪的照顾过分了，配三个护士日夜护理太特殊。这些话传到陶铸耳朵里，1963 年 7 月 24 日，陶铸对中大党委副书记马肖云说：

> 你们学校有人讲，在省三级干部会上就有人讲了，远在新会会议亦有人不满了；陈寅恪先生，74 岁了，腿断了，眼瞎了，还在一天天的著书，他自己失去了独立生活的能力，像个不能独立活动的婴儿一样，难道不需要人照顾吗？他虽然是资产阶级学者，但是他爱国，蒋介石用飞机接他，他不去。你若像陈寅老这个样子，眼睛看不见，腿又断了，又在著书立说，又有这样的水平，亦一定给你三个护士。
>
> 党外人士是帮助无产阶级做事情，刘备三顾茅庐才请到诸葛亮。当时刘备除了关张以外没有什么人才。带着简雍、糜竺南下，希望不大，只有诸葛亮是有本事的。所以他与刘备吃小灶。我们要与一切党外人士合作，只有那毫无本事的坏人，我们才不要他。

图 3 - 36 陈寅恪晚年生活照

陶铸的这番话在中山大学传达后，人们就不再议论寅恪所受到的照顾了。

虽然在眼睛、腿部都有残疾，身患心脏病、高血压等多种疾病的情况下，从事著述有着常人难以想象的极大困难，但是，作为一个以学术为生命的学者，任何困难都压制不了寅恪为振兴中华学术而献身的拼搏精神，阻挡不了他对学术问题的独立思考和不倦的探索。苏轼说："古之立大事者，不惟有超世之才，亦必有坚忍不拔之志。"寅恪正是这种人，他在目盲世界中勤勤恳恳，挥动粉笔在小黑板上写出字样，然后由夫人或黄萱抄下来。晚上他躺在床上又反复推敲，第二天早上就请她们按他的口述，对某段或某句进行修改。他说："晚上想到的问题，若不快点交代出来，记在脑子里是很辛苦的。"

1962 年以来，在经过了两年半的平静时局后，到 1966 年"文化大革命"兴起，全国可谓暴风骤雨。

1965 年 11 月 10 日，姚文元发表了批判北京市副市长吴晗新编的历史剧《海瑞罢官》的文章。这篇文章的发表是一个信号，预示着一场浩大劫难的"序幕"已经缓慢拉开。吴晗是清华历史系毕业生，在清华读书的头几年，"选课也只选中国史方面的，受陈寅恪影响很大"，留校任教后，吴晗也经常向寅恪、胡适请教学术问题，在学术思想和研究方法上受寅恪的影响最深，那时期吴晗的著作中留下了深刻的寅恪烙印。寅恪关注着这场批判，因为他担忧这种对吴晗个人的批判，将蔓延到整个学术界。

果然不出所料，1966 年 2 月，康生、陆定一、周扬等中央最高层组成的"文化革命五人小组"发表了《关于当前学术讨论的汇报提纲》，阐述了关于开展学术讨论的一些根本问题。4 月，北京市委书记邓拓因与吴晗、廖沫沙合著《三家村札记》而被批判，牵出一个所谓的小集团——"三家村"，眼看这场批判不断加码升级，斗争的锋芒由"三家村"蔓延到整个学术界，再深入到历史学科的各个领域，已经由学术范畴扩大到对史学研究和广大知识分子的批判。

面对批判浓烈的火药味和鲜明的政治色彩，寅恪在日益加深的忧虑中，继续推进自己的学术研究。

五、一代宗师谢世

山雨欲来风满楼。此时，全国各地学术界纷纷揭发出许多大大小小的“三家村”，批判不少吴晗式的人物。在中大，批判已经指向了寅恪的学生、历史系刘节等人身上。中大党委书记李嘉人在1966年4月19日的党委会上，表示要用“请中央决定”这块牌子，尽可能保护寅恪。但是，局势的发展谁都难以预料，更别说控制。

5月25日，北大攻击该校党委的大字报出笼。6月1日，《横扫一切牛鬼蛇神》发表在《人民日报》，一场全局性的、历时十年的严重“左”倾错误的“文化大革命”在北京发动起来了。史无前例的浩劫，迅速席卷到神州大地。几天后，“文革”怒涛拍击中大。造反派“踢开党委闹革命”，学校各级机构受到猛烈的冲击面临瘫痪，全校处于无政府状态。

暴风骤雨即将来临。在“横扫一切牛鬼蛇神”和“批判资产阶级反动学术权威”等错误口号的煽动下，红卫兵狂热地将矛头指向了寅恪。起初，红卫兵只敢赶走助手黄萱，说是“不准反动文人养尊处优”，强迫政府派来照顾他的三名护士离开陈宅回原单位，只许留一个寅恪出钱所雇的护士。

在生活上，寅恪也受到虐待。他家住2楼，“文革”一开始，房外安了高音喇叭，从早到晚播个不停，噪音震耳欲聋，吵得寅恪全家人心烦意乱，难求安静。不久，楼上迁进另一户人家同住，起居行动就更不方便了。

随着运动的疯狂发展，红卫兵的行动变本加厉。

首先是揭发、批判寅恪的大字报，在校园铺天盖地，从贴到报栏、墙上，到贴到树上、电线杆上。这些批斗的大字报，有的对他的著作断章取义、肆意歪曲，硬套上一顶顶诸如“民族虚无主义”“为反动阶级涂脂抹粉，歌功颂德”“顽固坚持反动立场”“贯彻资产阶级反动立场”“封建余孽”“资产阶级反动学术权威”“牛鬼蛇神”等政治帽子；有的对他所受到的照顾情况过甚其词，随意夸大；还有不少大字报是对他进行人身攻击，指责他“大肆挥霍国家财富和人民的血汗钱，每月吃进口药物，每天要享受三个半护士的护理”，甚至诬指他有意“污辱护士”、索要中大农场的食物等，五花八门。寅恪看不见大字报，有关他的大字报的内容，是唐筼和别人看后转述给他知道的。一次，他听说大字报中有在他名字前面冠以“不学无术的反动学术权威”之语，说：“我搞了一辈子学问，想不到会落到个不学无术的考语。不过，不学无术的人怎么能成为学术权威？学术权威怎么会不学无术？简直不通！不通！”有一天，他悄悄问黄萱，红卫兵给他头上加的“反动学术权威”帽子上的“反动”两个字，应该如何解释？

寅恪一生最看重知识分子在社会上安身处世的名节操守，于是，针对大字报上的诬蔑之词，他用自己的行动进行了抗争。

7月30日，寅恪在致医院负责人的一封信中倔强表示：“因为我所患的病是慢性病，一时不能痊愈，而一时又不能就死。积年累月，政府负担太多，心中极为不安。”所以他请求从8月1日起，他经常所需用的一切药品全部自费。事实上，按政府规定，公职人员可以享受公费医疗。8月6日，寅恪让唐筼写信给省委派来中山大学领导文化革命运动的负责人，针对大字报无中生有的指责，作了几点答复：(1) 他因骨折长期卧床，年来多次患下部湿疹症，经皮肤科医生屡次来诊，嘱护士依照指示的方法处理，并非他有意污辱护士，并且多数冲洗时，有唐筼从旁助理。(2) 大字报说他非外国药不吃等等，与事实不合。大多数药物皆本国产品，只有少数进口药物是医生所处方的。至于维生素类及水解蛋白等都是自备，或是朋友赠送。最珍贵的一种药品也是由医生处方、陶铸副总理所赠。(3) 中大农场产品、由学校指示送来食物等，并非主动索要，份量也是由别人分配的。最后，寅恪表示，“欢迎有同志来实地调查，以明真相”，维护自己做人的清白和人格的尊严。

由于当时工作队执行的是一条错误路线，所以这封信同以前写的信一样，送上去后如石沉大海，根本无人理睬。

随着“文革”的不断升级，此时的康乐园更加“热闹”起来。

“文革”确实是史无前例，得知校方的党政负责人冯乃超、李嘉人等一个个被加上各种政治罪名被打倒，被拉出去戴高帽、挂黑牌、挨批斗、关牛棚，深谙中国历史的寅恪，这次有一些难以理解和想不通，他与夫人整日忧心忡忡、心神不安。

周恩来总理在自己处境艰难的情况下，仍然力图保护寅恪。有一次，周恩来在接见广州“学生造反组织”头目的会上谈到古为今用的问题时，说：“你们可请教中山大学陈寅恪先生。”显然是把寅恪划在应当免受冲击的圈子里。一向保护寅恪的中共高级干部陶铸，在“文革”之初晋升为中央政治局常务委员兼书记处书记、国务院副总理、中央宣传部部长，成为党内的第四号人物。陶铸进京后曾打电话回广州，指示保护寅恪。但是，陶铸到中央工作了几个月后，便因执行了一条“资产阶级反动路线”而被打倒，接受隔离审查。

陶铸被打倒后，红卫兵变本加厉地折磨寅恪，红卫兵冲入屋内，责骂、批斗，并且从 1966 年的冬天开始，反复强迫寅恪交代个人历史、社会关系、“反动思想”等等。到 1967 年底，唐筼代寅恪写的书面检查交代就达七次之多；至于口头交待，多得无法统计。不过，即使身处逆境，寅恪始终保持着学者的凛然气节。如他在第六次交代稿中交代与陶铸的关系时说：“他以中南局首长身份来看我。并无私人交情。”

此时，揭发、批判寅恪的大字报贴进了陈家，从贴到陈家的门上、墙上，到甚至挂满病床周围，犹如祭奠逝者的纸幡。唐筼叹息说：“人还没死，已先开吊了！”

批斗随着上门上升成为抄家，第一批到寅恪家中抄查的“革命群众”是中大历史系的学生，他们尚知陈家的手稿、书报是学术瑰宝，故抄出来之后贴上封条查封，使这些东西大部分渡过难关。此后经常来抄家的红卫兵，借口“破四旧”，将陈家稍微值钱的东西，悉数洗劫一空，不仅撕毁或焚烧寅恪的书籍与手稿，而且抢去唐筼珍藏的个人首饰，“没收”了祖辈遗留下来的文物字画，寅恪的一些诗文、手稿，其中有的至今下落不明。更有甚者，几个暴徒般的昔日学生，竟然在抄家时殴打唐筼。多次抄家后，陈宅几乎家徒四壁。

图 3-37　陈寅恪文稿

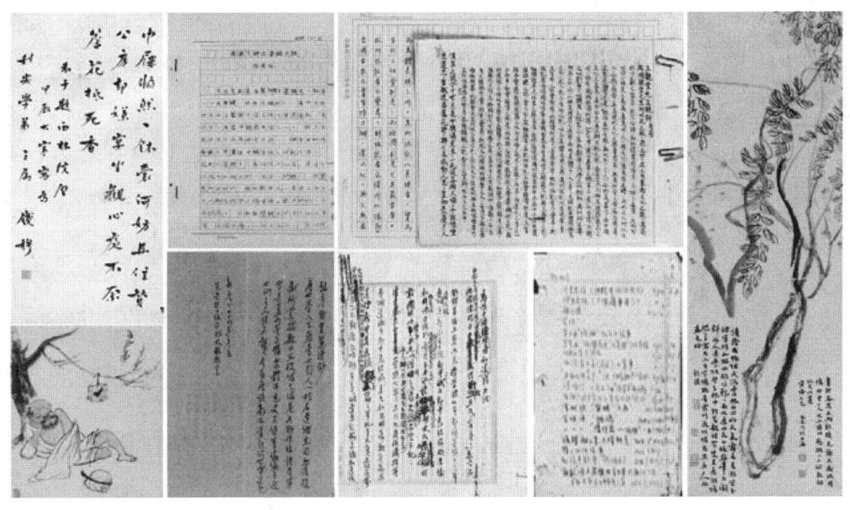

图 3-38　陈寅恪笔墨

1967 年春，红卫兵逼寅恪交代“反动罪行”，他在 4 月 2 日由唐筼代写《我的声明》中说：“一、我生平没有办过不利于人民的事情，我教书四十年，只是专心教书和著作，从未实际办过事。二、陈序经和我的关系，只是一个校长对一个老病教授的关系，并无密切的往来。我双目失明二十余年，腿骨折断已六年，我从来不去探望人。三、我自己的一切社会关系早已向中大的组织交代。”虽然他严正地说从不反对共产党，也不反对马列主义，但是，红卫兵并未由此放过他。

“文革”中，不仅寅恪夫妇受到冲击、迫害，他的女儿、女婿等亲属也受到株连遭殃，其中有人受不了批斗与迫害，“坦白招供”自己为“特务”，两个女儿在当时情况下，不敢回去看望受苦受难的父母。

1967 年年底的一天，红卫兵不顾寅恪心脏病恶化、身体极度虚弱，硬要用箩筐把他抬到大礼堂接受批斗，唐筼前去阻止，竟被年轻力壮的红卫兵推倒在地。刘节见状，挺身而出，自愿代表老师进会场挨批斗。批斗会上，有人问刘节的感想，刘节大义凛然地回答：“我能代表老师挨批斗，感到很光荣！”刘节在老师危难时刻的挺身而出，显示出令人景仰的高风亮节，至今在中山大学仍然传为美谈。

即使在处境极其艰难的情况下，寅恪在考虑身后之事时，仍深信中国文化在历经浩劫之后，必将有复兴的时候，他念念不忘中国文化，渴望将自己的学问和治学方法献给国家、留给后人。正是出于这种信念，有一次，他对偷偷前来探望自己的黄萱说：“我的研究方法，是你最熟识的。我死之后，你可为我写篇谈谈我是如何做科学研究的文章。”黄萱一是谦虚，二是惟恐自己没有能力完成他的重托，于是老实说：“陈先生，真对不起，您的东西我实在没学到手。”听到黄萱的话，寅恪很难过地沉默了一会，伤心地说：“没有学到，那就好了，免得中我的毒。”

1968 年 8 月，“工人、解放军毛泽东思想宣传队”进驻康乐园，占领上层建筑，领导学校的斗、批、改。他们进校后，康乐园“清理阶级队伍”对在“文革”运动中被批、斗的对象，进行定性、定案和处理。11 月，在中大工作的寅恪二女小彭、三女美延，随着学校大队人马走毛泽东主席指引的“五七”道路，到广东省北部英德县茶场的干部学校进行劳动改造，一个也未能留下来照顾年高多病、难以自理的父母。黄萱也一样，以至于 1970 年，她的丈夫周寿恺被折磨至死，她在“五七”干校竟然不能去看丈夫最后一眼，遗憾终身。

在政治运动、红卫兵的折磨下，寅恪一家在暴风骤雨的摧残中苦苦煎熬，处境凄凉，战战兢兢。

1969 年 2 月，“工宣队”成立专案组，将寅恪定性为“反动学术权威、戴帽，一批二养”。所谓“一批二养”，就是要把他批得比狗屎还要臭，同时给予一定的生活费，养起来作反面教员。有一天，“工宣队”蜂拥而来，原来他们看中了寅恪的住处，这里地处中大中心，非常适合作为“指挥部”，于是，红卫兵强迫寅恪夫妇迁出东南区 1 号。1969 年春节后，两个衰老的病人被迫搬家，搬进了西南区 50 号平房宿舍，住房条件比原来差了许多。此时，离寅恪去世只有半年多时间了。在以后的日子里，亲朋好友偷偷去看枯瘦得不成样子的寅恪，他一句话也不说，只是眼泪从干涸的眼中不断流出……知情者说，如果仍然住在东南区 1 号，这对夫妇应该不会在当年双双去世。

去世前数月，寅恪曾经预先给唐筼写了一副挽联：

涕泣对牛衣，卌载都成断肠史，
废残难豹隐，九泉稍待眼枯人。

这就是一代学术宗师人生最后岁月痛苦心境的写照。5 月 5 日，寅恪又被迫向专案组人员作口头交代，一直被折磨到再也说不出话来才停下来。他曾用沙哑的声音低低地说，“我现在譬如在死囚牢”，肉体的难受、精神的愤懑，可想而知。

在残酷的肉体、精神折磨下，寅恪黯然地度过了人生最后一个诞辰。此后约百日，即 1969 年 10 月 7 日晨 5 时半，瘦弱不堪的他由于心力衰竭，兼之突发肠梗阻、肠麻痹，无法救治而凄然逝世。而唐筼则在从容安排好一切后，于寅恪去世后 45 天，即 11 月 21 日晚上 8 时，因脑出血、高血压、心脏病等数病并发，追随丈夫于九泉之下。

寅恪逝世后十一天，即 10 月 18 日，在周恩来总理的过问下，广州的《南方日报》《广州日报》刊登了他逝世的消息：“10 月 17 日，中国人民政治协商会议广东省委员会举行了向陈寅恪先生告别仪式。广东省革命委员会统战工作负责人参加了告别仪式。参加告别仪式的还有中山大学革命委员会负责人和广东省文史研究馆有关方面人士。”12 月 1 日，香港《春秋杂志》发表了一篇《史学权威陈寅恪一死了之》的文章，报道了寅恪去世的消息。到了 1974 年 3 月 31 日，台湾“国防部长”俞大维写了《纪念陈寅恪先生》，“缅怀一代大儒”。此后，寅恪在海外的朋友、学生纷纷撰写文章回忆。

在政治斗争频繁的国内，反而知晓者甚少，以至国内外关心寅恪的人们，很久都不知道他是否尚在人世的确切情况。如吴宓在“文革”中被关进牛棚和挨批斗之时，始终挂念着老友。在音讯全无的情况下，吴宓冒着风险，设法到处询问他的遭遇。1971 年 1 月，吴宓在室中诵读寅恪《王观堂先生挽词》等，思念故友，悲己悯人，不禁涕泪横流，久之才平静下来。1971 年 9 月，吴宓冒着受迫害的危险，写信给中山大学革命委员会，询问寅恪的情况。1973 年 6 月 3 日，生命已如风中之烛的吴宓，还梦见寅恪新写了一首诗，并向他诵释。一直到死，吴宓都惦记着寅恪。这种友谊，感天动地。

1976 年，中大革命委员会政工组下了“结论”：“陈寅恪同志问题属人民内部矛盾，按国务院规定一次补发其遗属抚恤金伍佰二十元。”粉碎“四人帮”后，党组织为寅恪彻底平反昭雪。1978 年 5 月，广州《学术研究》杂志节录刊出《柳如是别传》，在《前言》中指出：

> 解放后，党和人民对陈寅恪先生的工作和生活给予妥善照顾，使这位早年双目失明的学者的著述工作从未中断，对此他曾多次表示对毛主席和共产党的感激。陈寅恪先生于一九六九年逝世，在他去世前用了十几年的工夫研究了大量明末清初的史学、文学材料，终于完成了《柳如是别传》，这种学术钻研的精神是难能可贵的。

随着中国改革开放事业的进行，“实事求是”的思想路线得以落实，寅恪的故居得到中大的修缮。

寅恪的未刊稿、修订稿等专著，经重新整理，收入《陈寅恪文集》由，上海古籍出版社于 20 世纪 80 年代初公开印行，寅恪老友俞平伯欣喜之余，题词一首，曰："覃思妙想，希踪古贤。博识宏文，嘉惠来学。名山事业，流水人琴。"俞、陈二人相差十岁，但缔交甚早，相知甚深。题词开宗明义，一语中的，代表了学界企盼已久的欢迎。

2001 年，三联书店重新出版了《寒柳堂集》《金明馆丛稿初编》《金明馆丛稿二编》《元白诗笺证稿》《隋唐制度渊源略论稿》《唐代政治史述论稿》《柳如是别传》(三册)、《陈寅恪诗集·附唐筼诗存》《陈寅恪集·书信集》《读书札记一集》《读书札记二集》《读书札记三集》《讲义及杂稿》，嘉惠仕林，便于寅恪学术的传播。

2003 年 6 月 16 日(夏历五月十七日)，时值寅恪 113 岁冥诞，经知名艺术家黄永玉搭线，寅恪的墓碑揭幕仪式在江西庐山植物园"三老"基地附近举行，此处距离牯岭"松门别墅"(昔日三立在庐山的寓所)不远。整座墓雕由 12 块庐山特有的第四世纪冰川漂砾组成，在其中一块巨型漂砾上有黄永玉书丹的"独立之精神，自由之思想"碑铭，石碑顶部离地面 1 890 厘米，石头本身高 113 厘米，象征 2003 年寅恪冥寿 113 岁。此前，寅恪夫妇的骨灰存放于广州银河公墓。从此，历经 34 年风雨与波折，一代学界泰斗终于归葬庐山，魂归故里。

为了纪念寅恪的伟大学术成就和孜孜不倦地从事学术著述的献身精神，中大于 1988 年 5 月召开了"纪念陈寅恪教授国际学术讨论会"；1990 年，清华大学举行了纪念陈寅恪百年诞辰的活动；清华大学出版社于 1993 年出版了陈流求、陈美延等整理的《陈寅恪诗集》；1994 年 9 月，中大历史系再次举行了"纪念陈寅恪教授学术讨论会"，季羡林、周一良、王永兴、李铮等学者出席了研讨会，会后出版了《〈柳如是别传〉与国学研究》论文集；1999 年 10 月，中大第三次召开了"陈寅恪与二十世纪中国学术国际研讨"。其中，季羡林参加了在中大的三次学术盛会，两次担任大会的执行主席，并宣读自己撰写的学术论文。著名学者饶宗颐(香港)、刘大年、池田温(日本)、汪荣祖(美国)、赵令扬(香港)，众多昔日弟子如周一良、王永兴、金应熙、胡守为、蔡鸿生、姜伯勤等，以及中山大学等校教授，都撰写了学术论文，并在不同会议上宣读。出席学术研讨会学者的学术地位之高、范围之大、人数之多、学科之广、影响之深远，堪称多年少见。三次研讨会，广东省、中山大学有关领导均出席并致词、讲话。

2004 年 11 月 7 日，寅恪铜像在中山大学揭幕，铜像中的寅恪眼神深邃，炯炯而坚毅，手拄着拐杖，坚守着他所提倡的“独立之精神，自由之思想”。

除中大、清华之外，北大也召开了纪念、研讨陈寅恪的大型学术讨论会。广州、北京等大学连续举行的多次国际学术会议，吸引来自美国、日本、香港等多个国家与地区的文学、历史学、宗教学、民族学等众多学科领域的专家，纷纷撰文，回忆寅恪的生平，追述寅恪一生教学、科学研究成就，探讨寅恪的学术思想、治学方法、学术成果，学习寅恪为了追求“独立之精神，自由之思想”的学术准则和不惜以死相抗、坚毅不屈的学人精神。

图 3-39　笔者与陈流求、陈美延二位先生(2009 年)

第四章　陈寅恪学术成就论衡

作为一代学界泰斗，陈寅恪一生的治学领域，虽以史学为主，但是，他涉猎广博，对于凡宗教学、语言学、人类学、校勘学、文学、哲学等诸多学术领域，均有造诣，尤以佛教经典研究、中亚古代碑志及古语言研究、魏晋南北朝史和隋唐史研究著称于世。

第一节　陈寅恪学术成就概论

一、学术成就概观及学界评价

（一）学术成就概观

总结寅恪一生的治学成果，计有专著 4 部，生前共发表单篇文稿 108 篇。此外，还有后人整理的单篇遗稿 18 种，在他去世后整理发表。[①] 2001 年三联书店出版的《陈寅恪集》，收入了目前所能找到的陈寅恪全部著述，包括《寒柳堂集》《金明馆丛稿初编》《金明馆丛稿二编》（以上三本论文集，收录学术论文、序跋 95 篇）、《隋唐制度渊源略论稿》《唐代政治史述论稿》《元白诗笺证稿》《柳如是别传》（分上、中、下三册）、《诗集》《书信集》《读书札记一集》《读书札记二集》《读书札记三集》《讲义及杂稿》，共 13 种，14 册，三百余万字。

---

① 马幼恒：《陈寅恪已刊学术论文全目初稿》，载胡守为主编《陈寅恪与二十世纪中国学术》，浙江人民出版社 2000 年版，第 590—622 页。

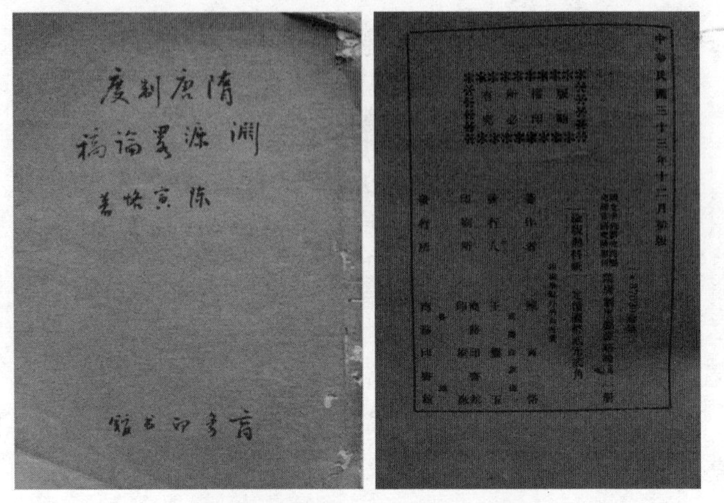

图 4－1 《隋唐制度渊源略论稿》1944 年版封面、版权页

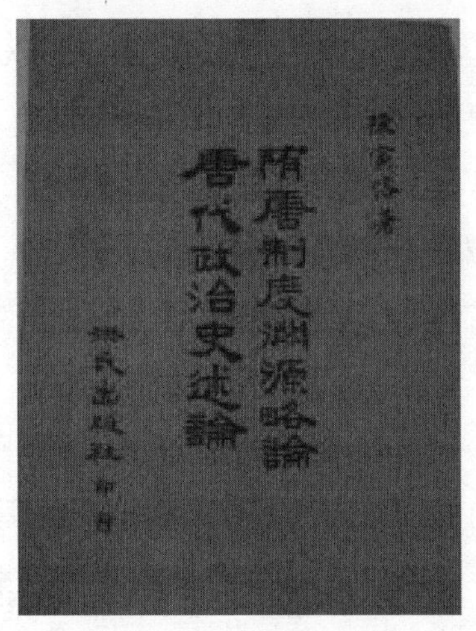

图 4－2 台湾版《唐代政治史述论稿》

而陈寅恪一生的学术研究，大致可划分为三个时段：在清华执教，可称为“清华园时期”（1926—1937 年）；随大学内迁“徙转西南天地之间时期”（1937—1949 年）；在岭南中山大学执教的“康乐园时期”（1949—1969 年）。其中，在清华执教的“清华园时期”、在中山大学执教的“康乐园时期”，可以称为寅恪学术研究的两个黄金时期。这三个阶段，以 1949 年寅恪南迁广州为界，

可以简化分为前期(1926—1949 年)、后期(1949—1969 年)两个阶段。

第一个黄金时代"清华园时期"是从 1926 年 7 月到清华国学研究院报到，至 1937 年 7 月"卢沟桥事变"爆发的 11 年，这一时期，寅恪执教于清华园，除了教书育人之外，寅恪的最突出的特点就是"独立之精神，自由之思想"这一坚定的治学、处世的根本思想，以及取得的敦煌学、突厥学、藏学、蒙古学等领域的学术研究硕果。

第二个黄金时代"康乐园时期"，是寅恪 1949 年 1 月抵达广州到 1969 年 10 月去世的 20 年，除了部分时间受到政治运动的冲击、迫害之外，寅恪继续醉心于学术研究，在俗文学、《柳如是别传》等"心史"研究领域，取得了巨大成就。

总结寅恪一生史学研究之特征，具有明显的阶段性，余英时先生归纳为"史学三变"，即:第一变"殊族之文，塞外之史"；第二变"中古以降民族文化之史"；第三变"心史"[①]。甚为精准，可从。

(二) 学界的评价

被称作闻名中外的学界之泰斗、"教授中的教授"、史学大师、文化巨匠、旷世奇才的寅恪，早在 20 世纪中叶，便以二十多年的音韵、训诂、语言研修，以及文史研究，在乾嘉考据学派的影响下，将深厚的文史哲及语言文字功夫融会贯通，纵横驰骋，不断开拓学术新领域。寅恪留欧尤其是留德多年，深受兰克学派的影响，却不受兰克学派一味强调史料真实的局限，与当时欧洲新兴的学派从经济、文化、社会等层面探讨历史殊途同归，因此，他超越了乾嘉学派、兰克学派的影响，代表了中国史学的新潮流，已经"站在一个旁人难以企及的学术境界"，而为世界学术界所尊重。

世界学术界敬重寅恪的学术成就，英、法、日、美等国学界，均以"百科全书式"学者、"伟大的中国史学家"等赞誉之语，予以了极高的推崇。

法国学者戴密微(Paul Demiéville，1894—1979 年)推崇寅恪，认为他"表

① 余英时:《陈寅恪史学三变》，载《中国文化》1997 年第 1 期，第 6—24 页。

现出对史料有百科全书式的掌握”。他在1952年完成的名著《吐蕃僧诤记》一书中考证《唐蕃会盟碑》与吐蕃赞普名号时，广泛征引了寅恪的研究成果，认同寅恪将“乞里提足赞”比定为彝泰赞普的观点。

著名学者，美国弗吉尼亚大学教授汪荣祖(1940—　)指出：“陈寅恪在现代中国史学上占有极其重要的地位。在国外影响也很深远。”日本学者、东京大学资深教授池田温(1931—　)在《陈寅恪先生和日本》中说：“日本近年刊行之隋唐史或中国古代史之著作不遑枚举，而于唐代政治史方面之叙述，不受(陈先生)诸说影响者盖鲜矣。”

图4-3　汪荣祖著《史家陈寅恪传》

如前述，“二战”爆发前，牛津大学对寅恪已有很高评价，可参照本书前文，此不赘述。

英国学者，剑桥大学教授崔瑞德(Denis Twitchett，1925—2006年)，在主编巨著《剑桥中国隋唐史》的《导言》中，曾说“解释这一时期政治制度的第二大贡献，是伟大的中国史学家陈寅恪作出的”，尊称寅恪为“伟大的中国史学家”，高度评价寅恪“提出的关于唐代政治和制度的一个观点，远比以往发表的任何观点扎实、严谨和令人信服”，“他的分析对以后的研究证明是非常有成效的出发点”；又说：“此书的每一章节都很得益于陈的研究成果。”这种评价，寅恪受之无愧。事实上，《剑桥中国隋唐史》和其他一些海外的中国历史研究者，也吸收了他提出来的不少观点。这说明，寅恪的研究成果早已跨出了国界，得到了国际学术界的认同；寅恪的学术名篇巨著，既是中国的文化瑰宝，也是世界的学术遗产。

寅恪游学国外二十余年，精通多国语言，博涉中西文化，学术精深，见识广博，读书富有创见，因此，其学术之“通识”无可置疑，得到了中国学术界的公认。一位学者这样称赞道：寅恪是一位有别于专家学者的“通儒”，一个伟大的人文主义者，而其人品表现出高贵的书生风骨，令人有“心向往之而不能至”的感慨。

好友吴宓一认识寅恪，就惊叹：“合中西新旧各种学问而统论之，务必以寅恪为全中国最博学之人。”1949 年后到了台湾的著名学者严耕望（1916—1996 年），在《治史答问·谈史学二陈》中，专门讲述上一辈中国史学界四位大家，“两位陈先生、吕思勉先生与业师钱穆宾四先生”。这两位陈先生，即“史学二陈”，指陈寅恪、陈垣。严耕望非常推崇四人，并比较了他们的治学与处世特点，他专门谈到了寅恪，认为寅恪是上一辈中国史学界四位大家之首，敬服不已。[①]

当时长期担任“中央研究院”历史语言研究所所长的傅斯年，在北大讲课时，更公开评价：

> 我的朋友陈寅恪先生，在汉学上的素养不下钱晓徵，更能通习西方古今语言若干种，尤精梵藏经典。近著《吐蕃彝泰赞普名号年代考》一文，以长庆《唐蕃会盟碑》为根据，“千年旧史之误书，异国译音之讹读，皆赖以订”。此种异国古文之史料本不多，而能用此项史料者更属至少，苟其有之，诚学术中之快事也。[②]

寅恪弟子周一良回忆说，20 世纪 30 年代，他在北大、清华、燕京三所大学听过好些的课，当时的想法是，别的先生学问固然很大，但自己将来或许也能达到他们那种境界，而陈寅恪的学问则“深不可测，高不可攀，简直让人不可企及”。因此，周一良认为，寅恪在这方面所取得的成就，“在司马光之后把魏晋南北朝史的研究推进到一个新的阶段”。

寅恪的弟子季羡林评论说：

---

① 严耕望：《治史三书》之《治史答问·谈史学二陈》，辽宁教育出版社 1998 年版，第 178 页。

② 傅斯年：《史学方法导论·史料论略》，载《傅斯年全集》，湖南教育出版社 2003 年版，第 2 册，第 23 页。

> 陈先生是以史名家，但是，众所周知，他决不仅仅是一个史学家。他博学多能，泛滥无涯……从西北史地，蒙藏绝学，佛学义理，天竺影响，进而专心治六朝隋唐历史，晚年又从事明清之际思想界之研究。

因此，季羡林叹服："陈先生是学术巨人，在他领域之内，无法超越，原因就是我们后人不可能有他那样的条件，总的倾向是可以超越的，但又不可以超越。"

一位学者在《论作为思想家的陈寅恪》中说：

> 陈寅恪先生是举世公认的二十世纪中国伟大的史学家，但是很少有人注意到他还是中国近代史上一位杰出的思想家。即使某些极其钦佩陈先生的学者在称扬他在学术上的成就的同时，还要特别指出陈先生"并不是一个思想家"。然而在临近世纪末的时候，我们却要看到陈先生乃是中国本世纪最杰出的思想家之一，他的思想的光芒将照耀中国人进入二十一世纪，也许直到永远。①

归纳中国学界的评价，寅恪就是"通儒"，其学术成果早为海内外所重。

寅恪之治学，之所以取得巨大成就，周一良先生总结有四条原因——非凡的天资、深厚的学养、良好的训练、充分的投入，十分精辟。此外，也与他年轻时期的立志，尤其是树立了"独立之精神，自由之思想"这一治学、处世根本思想密不可分。

二、坚持"中国文化本位"的立场

寅恪的治学思想，坚持"中国文化本位"，恪守"独立之精神，自由之思想"，这二者，可谓寅恪治学思想之精髓。

---

① 李慎之：《独立之精神，自由之思想——论作为思想家的陈寅恪》，《学术界》2000年第5期，第54—60页。

寅恪幼承庭训，浸润于中国传统文化的深厚营养；又游学日本、美国、法国、德国、瑞士等国前后达23年，受西方文化耳濡目染，感同身受。因此，寅恪如饥似渴地吸收着人类文明的优秀成果，无论中西。

1926年回国执教于清华后，与王国维常相过从，寅恪受到王国维的影响，更加坚定了“中体西用”的认识[①]。寅恪在《王观堂先生挽词并序》中曾有“中西体用资循诱，总持学部揽名流”之句，并自注：“文襄著《劝学篇》，主中学为体，西学为用。”

寅恪在《冯友兰中国哲学史下册审查报告》中，明白宣言：

平生为不古不今之学，思想囿于咸丰、同治之世，议论近乎曾湘乡、张南皮之间。[②]

可见，曾国藩、张之洞的思想对其影响之深。特别是张之洞，其在晚清对中学为体、西学为用的说法，“最乐道之，而举国以为至言”[③]。

张之洞在《两湖经心两书院改造学堂办法片》中说：“中学为体，西学为用，既免迂陋无用之讥，亦杜离经叛道之弊。”其《劝学篇》亦云：“旧学为体，新学为用，不使偏废。”“中学为内学，西学为外学；中学治身心，西学应世事。”

张之洞“中体西用”之说，实际上也就是“中国文化本位”观，也成为陈寅恪、王国维、吴宓等人基本的文化立场。

与此相应，寅恪提出了一个具有普遍性、规律性的论断——文化本位论。他在著名的审查冯友兰《中国哲学史》的报告中写道：

窃疑中国自今日以后，即使能忠实输入北美或东欧之思想，其结局当亦等于玄奘唯识之学，在我国思想史上，既不能居最高之地位，且亦终归

① 彭玉平：《王国维、陈寅恪的中西文化观》，《安徽大学学报》2011年第5期，第117—123页。
② 陈寅恪：《金有馆丛稿二编》，上海古籍出版社1980年版，第252页。
③ 梁启超：《清代学术概论》，上海古籍出版社1998年版，第152页。

于歇绝者。其真能于思想上自成系统，有所创获者，必须一方面吸收输入外来之学说，一方面而不忘本民族之地位。此二种相反而相成之态度，乃道教之真精神，新儒家之旧途径，而二千年来吾民族与他民族思想接触史之所昭示者也。

寅恪强调道，本土文化，既不能排斥外来文化，又不是全盘接收，而是要根据本位文化发展的需要，融合、改造、吸收外来文化。同时，外来文化必须要适应本土文化的需要，对自身加以扬弃和改造。这无疑是寅恪针对本土文化而作出的带有一般规律性的论断。

这一远见，既是寅恪坚持“中国文化本位”的又一次体现，也是寅恪在研究中外文化交流史上所取得的卓越成就与重要贡献，还是他对于中外文化交流普遍规律的归纳。这一辩证的深刻见解，充分表明了寅恪的本心——坚持中国文化本位，又对外来文化持全面开放的心态。

三、“独立之精神，自由之思想”

“独立之精神，自由之思想”这一治学、处世的根本思想，早在寅恪留学哈佛时就已经萌发。

执教清华后，这一思想在寅恪身心得到了巩固及确立，并贯穿了他终生。这一治学、处世根本思想的坚定，与国学研究院导师王国维关系极大。

自从 1915 年与王国维相识相交后，寅恪就对这位被鲁迅先生调侃为“老实的像火腿一样”的学者充满了敬意。

在共事清华园后，二人的友谊不断加深，在学术上互相影响。陈、王二人相知极深，共同的基础在于对中国传统文化的热爱及对学术独立和思想自由的人文精神的坚持。二人气质相似、个性相近，都对中国传统文化怀着一种特殊的深爱，把自己视为传统文化的“托命者”，格外恪守伦理纲常，在诗文中也流露出对清朝的怀念和无可奈何的惆怅情愫。因而，寅恪是王国维晚年所交的最后一位朋友，二人友谊达到肝胆相照的地步，成为世人传诵的佳话。

20世纪是近代意义上中国学术知识体系建立与发展的时代，因此，二人在深爱国学、坚持乾嘉学派治学真髓的同时，深深得益于西方近代学术思潮，运用现代社会科学研究的理论、方法和视野去整理国故，因而治学途径一致。在具体的治学方法上，寅恪受王国维影响很深。寅恪将王国维的治学方法概括为“二重证据法”——“取地下之实物与纸上之遗文互相释证”；“取异族之故书与吾国之旧籍互相补证”；“取外来之观念与固有之材料互相参证”。寅恪高度赞扬王国维的学术成就，认为是我国“近代学术界最重要之产物”。在梵文及西域文字的研究上，寅恪对王国维也产生了一定的影响。

在治学态度上，他们二人都坚持学术独立和思想自由的人文精神。王国维认为，学术研究应当超脱于政治，不受政治的影响和干预，并且以探求真理为唯一目的而独立发展。这一治学态度，深刻影响了寅恪。

1929 年 6 月 2 日，为了纪念王国维去世两周年，清华国学研究院全体师生决定，捐资树碑纪念王国维，由梁思成设计，竖立“海宁王静安先生纪念碑”。寅恪慨然应允撰写了照耀千古的碑文：

> 海宁王静安先生自沉后二年，清华研究院同仁咸怀思不能自已。其弟子受先生之陶冶煦育者有年，尤思有以永其念。佥曰，宜铭之贞珉，以昭示于无竟。因以刻石之词命寅恪，数辞不获已，谨举先生之志事，以普告天下后世。其词曰：
>
> 士之读书治学，盖将以脱心志于俗谛之桎梏，真理因得以发扬。思想而不自由，毋宁死耳。斯古今仁圣同殉之精义，夫岂庸鄙之敢望。先生以一死见其独立自由之意志，非所论于一人之恩怨，一姓之兴亡。呜呼！树兹石于讲舍，系哀思而不忘；表哲人之奇节，诉真宰之茫茫。来世不可知者也。先生之著述，或有时而不彰。先生之学说，或有时而可商。惟此独立之精神，自由之思想，历千万祀，与天壤而同久，共三光而永光。①

① 陈寅恪：《金明馆丛稿二编》，第 246 页。

在碑文中，寅恪回顾了王国维一生治学后，认为王国维出于治学的感受和经验而倡导的学术独立、研究自由的精神，揭示了治学研究的真谛："士子读书治学，盖将以脱心志于俗谛之桎梏，真理因得以发扬。思想而不自由，毋宁死耳。先生以一死见其独立自由之意志，非所论于一人之恩怨，一姓之兴亡。"寅恪把王国维的死，视为一个学者追求和保持自己的"独立自由之意志"。通过寅恪言简意赅却又系统全面的发挥，"独立之精神，自由之思想"这一观念广为世人所接受。

同时，寅恪决心在今后的治学和研究中，坚持和发扬这种自由的精神，摆脱"俗谛"，坚持独立的文化人格，进行独立的学术研究，自由地阐发自己的见解。碑文气贯长虹，读后令人倍受鼓舞。

经过认真地思索，1927 年 6 月 29 日晚，寅恪与"虽系吾友，而实吾师"的老友吴宓共同作出了重要的决定，"为保全个人思想精神之自由"，"相约不入(国民)党"。

以后，寅恪不但知行合一，在生活和治学中身体力行，而且还多个场合反复倡导了"独立之精神，自由之思想"，如 1931 年纪念清华建立二十周年时，寅恪对学生发表看法说："吾国大学之职责，在求本国学术之独立，此今日之公论也。"反复倡议"求本国学术之独立"，这一态度贯穿了他的一生。

寅恪诗作，反复表露"自由"的重要——"自由共道文人笔，最是文人不自由"(《阅报戏作二绝・其一》，1930 年)、"人间从古伤离别，真信人间不自由"(《戊寅蒙自七夕》，1938 年 8 月)，"柳家既负元和脚，不采苹花即自由"(《答北客》，1953 年)等。

1953 年，寅恪自述的《对科学院的答复》中说：

> 我的思想，我的主张完全见于我所写的王国维纪念碑中。……特别是研究史学的人。我认为研究学术，最主要的是要具有自由的意志和独立的精神。所以我说"士之读书治学，盖将以脱心志于俗谛之桎梏"。"俗谛"在当时即指三民主义而言。必须脱掉"俗谛之桎梏"，真理才能发挥，

受“俗谛之桎梏”，没有自由思想，没有独立精神，即不能发扬真理，即不能研究学术。……正如词文所示，“思想而不自由，毋宁死耳。斯古今仁圣所同殉之精义，夫岂庸鄙之敢望。”一切都是小事，惟此是大事。碑文中所持之宗旨，至今并未改易。……应和我有同样的看法，应从我说。否则，就谈不到学术研究。

这一答复，惊世骇俗，所坚持的，仍旧是“独立之精神，自由之思想”。

在写这一答复的当年，寅恪开始撰写《论再生缘》与《柳如是别传》，尤其是寅恪十年心血凝聚完成的 80 多万字鸿篇巨制《柳如是别传》，非常重要。为什么用这么大的气力，完成自己人生最后阶段的两大主要著作？寅恪的用意和目的何在呢？仅仅在于才女研究吗？他在 1961 年答复老友吴宓询近况的《七律》中作了回答：“留命任教加白眼，著书唯剩颂红妆。”其下注云：“近八年来草《论再生缘》及《钱柳因缘释证》等文凡数十万言。”[①]所谓《钱柳因缘释证》，乃《柳如是别传》的初名。

寅恪在《论再生缘》中指出：[②]

端生心中于吾国当日奉为金科玉律之君父夫三纲，皆欲藉此等描写以摧破之也。端生此等自由及自尊即独立之思想，在当日及其后百余年间，俱足惊世骇俗，自为一般人所非议。

再指出：

《再生缘》一书，在弹词体中，所以独胜者，实由于端生之自由活泼思想，能运用其对偶韵律之词语，有以致之也。故无自由之思想，则无优美之

① 见《陈寅恪集·诗集》，第 102 页。

② 《寒柳堂集》，第 59、66 页。

文学，举此一例，可概其余。此易见之真理，世人竟不知之，可谓愚不可及矣。①

可见，寅恪在晚年用了最大心血完成这两部作品，除了忘却现实的痛苦、抒发兴亡之感叹、自验学术的深浅之外，最主要的目的在于颂扬中华民族"三户亡秦之志，九章哀郢之辞"，"以表彰我民族独立之精神，自由之思想"，着眼点仍在于"独立之精神，自由之思想"。这正是寅恪几十年来一以贯之的学术精神的核心。

余英时指出，寅恪在20世纪50年代的政治环境下，不再重申自己《王观堂先生纪念碑铭》中的"独立之精神，自由之思想"，而是转借研究历史人物，说出自己的话：

一九五八年我初读《论再生缘》油印本，即深为其文外之旨之所震撼。唯当时仅惊恃此孤证，或可为知者言，但对于他所谓"愚不可及"的"世人"则毫无说服力。这是因为"世人"都假定在一九五三到五四年的大陆，陈寅恪必与所有知识分子一样，或已"心悦诚服"(《柳如是别传》，下册，页一〇二四)，或则"迫于事势，噤不得发"(《寒柳堂集》，页一五〇)，决不会再重申他在《王观堂先生纪念碑铭》中的"独立之精神、自由之思想"。

至此，可以说，寅恪始终强调、坚持"独立之精神、自由之思想"，这一思想贯穿了他学术生命的始终。

① 《寒柳堂集》，第59、66页。

第二节　陈寅恪治学前期之学术成就（1926—1949年）

一、“清华园时期”(1926—1937年)

(一)“在史中求史识”

1919年留学哈佛大学时，青年寅恪已经明确认识到了人文社会科学对于国家发展、国民精神的巨大作用。同学吴宓1919年12月14日的日记记录了寅恪当天的谈话：“救国经世，尤必以精神之学问（谓形而上之学）为根基。”[①]

1929年，寅恪应邀赋诗《北大学院己巳级史学系毕业生赠言》赠送北大史学系毕业生，写出“群趋东邻受国史，神州士夫羞欲死”的诗句。[②] 寅恪熟知“藤田狩野内藤虎”，了解日本的中国学，既敬畏20世纪前20多年间日本东京、京都两派在白鸟库吉、内藤湖南主导下的中国古史研究的领先地位，又为中国学子趋之若鹜前往邻国学习中国史而受刺激，赶超日本的中国史研究，既是他切身感受的反应，也是他坚持认为学术“实系吾民族精神上生死一大事者”思想的自然流露。

1931年在北京，寅恪更有振聋发聩的呐喊：“国可亡，而史不可灭……（学术）实系吾民族精神上生死一大事者。”[③]此后，寅恪反复指出，“文章存佚关兴废”[④]这与清人龚自珍尝说“欲灭其国，必先灭其史”一脉相承。

寅恪一生治史，力求“在史中求史识”，“目的是在历史中寻求历史的教

① 吴宓著，吴学昭整理、注释：《吴宓日记》第二册（1917—1924），生活·读书·新知三联书店1998年版，第100—102页。

② 陈寅恪：《北大学院己巳级史学系毕业生赠言》，载浦江清《清华园日记西行日记》，转引自汪荣祖：《陈寅恪评传》，百花洲文艺出版社1992年版，第65页。

③ 《吾国学术之现状及清华之职责》，载《金明馆丛稿二编》，第317—318页。

④ 陈寅恪：《广州赠别蒋秉南》，《寒柳堂集·寅恪先生诗存》，上海古籍出版社1980年，第37页。

训”,寻求“中国历代兴亡的原因”。

只要精神不死,国不可灭,一时败亡,也有复兴的机会。他不遗余力地阐述、弘扬优秀民族文化、民族精神和事关国家兴亡的道理,呼唤大师巨子勇于担当关系民族盛衰、学术兴废的文化托命之人。

1931 年“九一八”事变后,寅恪两次留日,历时三年多,对于日本社会与文化的了解,以史学家的识见,鉴往知今,从不断加剧的民族危机中,清醒地预感到一场事关中华民族生死存亡的战争越来越近。他抓紧时间著述,从 1935 年到 1937 年三年间,居然发表了 16 篇重要论文,堪称寅恪一生学术成果最为高产的三年,在海内产生了广泛的影响。之所以如此,在于寅恪出于对民族、对家庭的前途的焦虑和深深担忧,也出于以学术救国、报国所采取的行动。

(二)“塞外之文,殊族之史”

在 1937 年“卢沟桥事变”前的 11 年中,寅恪开设了“西人之东方学”“唐诗校释”“《高僧传》研究”“佛经文学”“禅宗文学”“《世说新语》研究”“元白刘诗研究”“魏晋南北朝史专题研究”“隋唐五代史专题研究”等课程,结合寅恪的研究成果来看,他的主要研究内容是“塞外之文,殊族之史”,即西北边疆史地之学、民族文化。但改任清华大学教授后,他除了继续讲授佛经和西北边疆史地之学、民族文化外,中国古代文化、历史也纳入了授课的范围,这就为以后他的学术研究重心转为“中古以降民族文化之史”埋下了伏笔。

寅恪学术研究的精深以及知识结构博大,当时在清华校园里,不论是学生还是教授,凡是文史方面有疑难问题,都经常向寅恪请教;而遇到这种情况,寅恪总会耐心地解答,直到他们满意为止。当时很多知名学人,如金岳霖、胡适、傅斯年、俞平伯、冯友兰、朱自清、杨树达等,在治学上都曾得到过寅恪的指点和帮助。清华大学校长梅贻琦说:“所谓大学者,非有大楼之谓也,有大师之谓也。”寅恪就是这样的大师。

那时在清华的同事,学者金岳霖佩服寅恪,认为他的学问“确实渊博得很”:“有一天我到他那里去,有一个学生来找他,问一个材料。他说:‘你到图书馆去借某一本书,翻到某一页,那一页的页底有一个注,注里把所有你需要的材料都列举出来了,你把它抄下,按照线索去找其余的材料。'寅恪先生记忆力之强,确实少见。"金岳霖怀着感激的心情回忆当年寅恪在学问上对自己的指点:"我有好几次利用了'东西、春秋'四个字在中文里的特别用法。这不是我自己想出来。这是寅恪先生教给我的。"

胡适年少寅恪一岁,考证功夫亦稍逊于寅恪。早在1928年、1930年,寅恪就两次指教胡适。1933年,胡适撰写了论文《陶弘景的真诰考》,自以为发现了《真诰》有抄袭《四十二章经》的地方。胡适的学生傅斯年看后说,寅恪指出,《朱子语类》已经点出这一问题。博学多识的胡适有点不信,找来《朱子语类》查证,果然不错,由此非常佩服寅恪的渊博学识和超人的记忆力。1937年2月,胡适读过寅恪的若干篇论文后,在日记中写下了感想:"寅恪治史学,当然是今日最渊博、最有识见、最能用材料的人。"

傅斯年与北大史学系主任朱希祖,就明成祖的生母问题展开争论,在当时北京学界颇引人注意。寅恪为了加强傅斯年立论的力度,提供了多种古籍的有关资料,所以,傅斯年非常感谢,并对寅恪的学问和治学方法非常佩服,在论文中高度评价说:"我的朋友陈寅恪,在汉学上的素养不下钱晓徵(大昕),更能通习西方古今语言若干种,尤精梵藏经典。近著《吐蕃彝泰赞普名号年代考》一文,以长庆《唐蕃会盟碑》为依据,'千年旧史之误书,异国译音之伪读,皆赖以订'。"到了40年代,傅斯年更对人说:"陈先生的学问近三百年来一人而已。"

吴宓在30年代初赴欧洲时,遇伦敦大学东方艺术和考古学教授叶慈(Perceval Yetts)考释一块中国碑文,不能辨识碑上的古字,虽请教法国汉学家马伯乐(Henri Maspero),但仍不能解决。吴宓说"寅恪必能解之",于是将古碑的照片及叶慈的释文一并寄往北平,请寅恪考证。1925年9月,清华国学研究院公布的"研究院各教授指导之学科范围"说明,寅恪"指导之学科范围"之一便是"古代碑志与外族关系者之研究"(如研究《唐蕃会盟碑》之藏文、阙特勤碑之突厥文部分,与中文比较之类)。

金岳霖、胡适、傅斯年、吴宓等当时中国的第一流学者所见略同,代表了学术界对寅恪的评价；而清华园的师生们推崇寅恪渊博的学识，钦佩他有求必应、从不摆什么名教授架子的作风，亲切地称他为“太老师”“教授之教授”“活字典”“活辞书”。

在这 11 年，寅恪经济宽裕、生活安定、未受外界不必要的干扰，他潜心研究，因而在学术研究上取得了丰硕成果，迎来了他学术研究的一个黄金时代。

寅恪在这一时期的研究，涉及敦煌学、中国古代史、中国古代文学、宗教史、突厥学、藏学、蒙古学等研究领域。其研究成果，体现在发表的 50 多篇极有价值的论文，这些研究成果得到学术界的认同，受到学人的重视和好评。这一时期，寅恪在一些研究领域开拓创新的学术成就震烁中外，产生了巨大的影响，奠定了他在学术界一代宗师的地位，而且为以后学术的发展奠定了基础。

（三）首创“敦煌学”一词，大力推进敦煌学研究

敦煌学研究源于 1900 年敦煌藏经洞的发现。自从伯希和、英国人斯坦因（A. Stein）等人偷运敦煌文书后，敦煌逐渐引起了国人的关注，但是，当时对敦煌文书的研究，高水平的主要在欧洲的法国、亚洲的日本，中国的相关学术研究比较之下明显落后；同时，敦煌文书此后又多次被贩卖到国外，有鉴于此，寅恪痛心地叹息敦煌藏经洞的发现及其研究是“吾国学术之伤心史也”。尽管不是研究敦煌文献的第一人，寅恪却是最早提出“敦煌学”名称的人。

1930 年，寅恪高瞻远瞩地指出，“敦煌学者，今日世界学术之新潮流也”。从理论上阐发了敦煌文献的珍贵价值，并把它纳入世界学术的新领域中，而且指明了包括摩尼教在内的研究方向，预言敦煌学将成为世界显学。

寅恪不仅首创“敦煌学”一词，而且对敦煌文书进行了认真研究，包括伯希和盗运的敦煌文书，以及“钢和泰藏卷”等零散敦煌文书。1933 年，清华大学中国文学系专任讲师浦江清（1904—1957 年，之前为寅恪助手）利用休假赴欧游学，研究敦煌卷子，行前，寅恪于 8 月 9 日写介绍函，希望能给浦江清的欧游提供便利。对于斯坦因从敦煌盗运出的文书中的古藏文文献，寅恪亦多次表现了关注。1962 年 2 月，老友，中国科学院副院长竺可桢前往中山大学探望他，二人晤谈甚欢，他说国人不知斯坦因“发现莫高窟时，取了许多西藏文的稿件，对于唐和吐蕃史料尤可宝贵。其初存于印度政府机关，现不知在何处，曾函科学院图书馆，但迄无回信”。

寅恪概括王国维的治学方法是：第一，取地下之实物与纸上之遗文互相释证；第二，取异族之故书与吾国之旧籍互相补正；第三，取外来之观念与固有之材料互相参证。这其实也可看作是他的夫子自道。他在敦煌学领域的研究，就是遵循这一路途，取得了一时研究的巨大成就。

寅恪不但为敦煌本佛经作序、跋（如为胡适收藏的敦煌佛经卷子《降魔变文》写跋），也在论文《〈三国志〉曹冲华佗传与佛教故事》《〈西游记〉玄奘弟子故事之演变》等中援引敦煌文献，对敦煌佛经卷子的重要价值作了全面的评述。寅恪利用自己掌握的丰富语言文字知识，全方位地研究了敦煌出土文书。如他著《〈忏悔灭罪金光明经冥报传〉跋》一文，即利用了新发现的敦煌于阗语文献——伯希和、洛伊曼（Leumann）所刊布的于阗文《金光明经》，列举该经的多种文字译本，来研究该经在中亚的流行情况，说明佛教文学与我国小说的关系。

由于寅恪较早在中国利用敦煌所发现的于阗语文献，这样一来，他就开了敦煌学研究的先河，进行了以敦煌文献证史的尝试。牛津大学的官方文件写道：“陈教授是仍在世的最伟大的唐代文献权威和在敦煌文书领域的大师。”这是世人对他在敦煌学研究成果的恰如其分的评价。

寅恪之所以在敦煌学研究上下了大力气，并前后奔走呼号，最重要原因在于他对中国的历史文化研究振兴的期待。早在1929年5月，寅恪目睹中国学生争先恐后前往日本学习，研究中国历史，大受刺激，写下了“群趋东邻受国史，神州士夫羞欲死”的诗句，说明了他对当时中国历史学研究落后于东邻日本状况的不满，并深以为羞耻，希望大家共同奋斗，尽速改变这一状况，以洗此耻。1931年纪念在清华建校二十周年时，寅恪对学生发表看法说：“东洋邻国以三十年来学术锐进之故，其关于吾国历史之著作，非复国人所能追步。”但是，“国可亡，而史不可灭。今日国虽幸存，而国史已失其正统，若起先民于地下，其感慨如何？……此重公案，实系吾民族精神上生死一大事者，与清华及全国学术有关”。他在表达出对当时史学研究状况忧虑的同时,坦言了自己的历史价值观,并号召同学们为了振奋中华民族的精神、达到中国学术的独立,而努力奋斗。

(四)其他研究成果

除以上所述外,在蒙古学研究上,寅恪也做出重要贡献。如蒙古族学者萨囊彻辰所著《蒙古源流》一书,号称“17世纪末蒙古史学史上一部最伟大史籍”,但书中夹杂不少神话传说,与元代蒙汉文史书多有不同,使学者们困惑不解。对此问题,寅恪直接利用多种语言文字史料和新方法发表了4篇论文,探明了《蒙古源流》一书的本来面貌,解答了人们困惑不解的难题,标志着中国蒙古学研究开始进入以利用多种语言文字、新方法为特征的新的研究时期,对后来的蒙元史研究产生重大影响。

此外,在藏学研究领域,寅恪也做出了重要贡献。①

在清华园中,寅恪并非“两耳不闻窗外事,一心只读圣贤书”的书呆子,而是孔明“大梦谁先醒,平生我自知”式的智者。老友吴宓说他“不但学问渊博,且熟悉中西政治、社会内幕”。所以,哲学家金岳霖说寅恪是正义事业非常强的学者。

寅恪与父亲陈三立都是中国传统文化最坚决的维护者,受中国传统文化的影响极深,特别看重个人的道德操守、名节和坚持爱国主义。戊戌变法失败后,宦途失意的陈三立决心“来作神州袖手人”,不再参与政事。王国维自尽后,寅恪更加超脱于政治,潜心学术。但是天下兴亡,匹夫有责,当30年代日本侵略者吞并中国的野心毕露时,作为具有强烈民族自尊心的中国学人,陈氏父子表现出深沉的爱国感情。全面抗战爆发前,有人在北京拜谒陈三立,和三立老人讨论时局和政府措施,未料到老人“都能见到大处,并不像一般遗老的看法。他对于国家民族的复兴,是寄有绝大希望的;他对于外族的侵凌,是绝端痛恨的”,老人不仅随时关心着国事世局,而且相信中华民族的必胜。

---

① 参见王川《陈寅恪与藏学研究》,《西藏民族学院学报》2005年第1期,第18—23页。

1931年“九一八”事变发生后，寅恪深受刺激。不久，老朋友刘永济自沈阳到北平，他在诗中写道：“空文自古无长策，大患吾今有此身。”表达出对事变后的国事世局的关切与忧虑。而在1932年初，日本侵华的“一二八”事变再次刺激了他，他慷慨激昂，言辞“很激烈”，表示要前往洛阳参加“国难会议”，以示对日本侵略者的愤慨。曾两次赴日留学的寅恪，平时常读日文期刊和书籍，了解日本国内备战的情况和妄图征服中国以及东亚的虎狼之心逐渐加深，因此对于祖国的未来、民族的前途，不由得担忧起来。后来的事实证明，他的担忧并非杞人忧天。

二、“徙转西南天地之间”的巨大学术贡献(1937—1949年)

(一) 完成中英文重要论文三十余篇

清华园12年，可以说是寅恪在中古民族文化史等学术领域取得辉煌研究成就的丰收岁月。他以惊人的毅力出版了“三稿”，即《唐代政治史述论稿》《隋唐制度渊源略论稿》《元白诗笺证稿》等3部学术专著，发表了《读〈洛阳伽蓝记〉书后》《〈敦煌石室写经题记汇编〉序》《〈明季滇黔佛教考〉序》《〈秦妇吟〉校笺》等30多篇重要论文，包括以英文在美国《哈佛亚洲研究学刊》(*The Harvard Journal of Asiatic Studies*)上发表的《论韩愈与唐代小说》等论文，以及许多感人肺腑、脍炙人口的诗作，这是寅恪对学术、民族文化的巨大贡献。

1937年，日本全面侵华后，中华民族遭受了前所未有的巨大灾难，也给寅恪的家庭和学术事业带来了一场浩劫。寅恪家逃亡8年多，再历经内战，到1949年初南迁岭南，正好12年。对寅恪来说，在这个国家多难的12年中，他饱尝了亲人永别、骨肉离散、多病缠身、所藏图书与文稿损失惨重等痛苦，承受了聚散无常、流徙无所的离乱生活的多重打击，但是，他怀着学术报国的志向，历尽艰辛，克服种种难以想象困难，在祖国的危难中，以顽强的毅力，取得了丰硕的学术成果。

由于颠沛流离之际，寅恪的资料及文稿毁佚于战火的无数，如“廿年来所拟著述而未成之稿，悉在安南(即越南)遗失。中有《蒙古源流注》，系依据其蒙、满文诸本，并参稽其所出之西藏原书、《四库提要》所谓‘咖喇卜经’等者，考订其得失。与沈乙庵书大异”。

此外，寅恪花费了大量心血比勘佛经的梵、藏、汉译本之“异同得失”而撰写多种读书笔记、绘制的图片等也大量丧失，一度给他的精神带来创伤。他在病中写出第一本学术专著《隋唐制度渊源略论稿》后，他将书稿邮寄给了上海商务印书馆。不料在商务印书馆香港印刷所付印前，书稿竟被日寇的炮火烧毁。他曾对弟子蒋天枢说过，书稿被烧毁后，好在有中央研究院历史语言研究所的友人帮助他“将旧稿凄成，交重庆商务重印”，此书才在第二年出版。这种情况下，寅恪在心痛无比之余，调整了研究思路与方向，集中精力于中国古代民族文化史和其他学术领域，治学研究由“殊族之文，塞外之史”转变为“中古以降民族文化之史”。

寅恪对古史研究的成果，体现在他不仅开拓创建了许多研究领域，即开了一时代的研究风气，而且创新了许多研究方法，其结论至今仍发人深思，给人启迪。他从文化、种族、家族、门第（即社会阶级）四大突出特点出发，对古史进行了分析研究，令人耳目一新。

（二）“三稿”名著及“以诗证史”

在寅恪的学术构思中，《隋唐制度渊源略论稿》是法制史，《唐代政治史述论稿》是政治史，《元白诗笺证稿》是社会史，三部学术专著“组成唐史研究的完整系列”。寅恪认为，隋唐两朝文物制度流传广播，北逾大漠，南暨交趾（今越南），东至日本，西极中亚，但是却罕有通论其渊源流变的专著，这真是“吾国史学之缺憾也”。因而他撰写了《隋唐制度渊源略论稿》，对隋唐的礼仪、职官、刑律、音乐、兵制、财政等典章制度追根溯源，把政治史和文化史的研究融为一体并推向深入，这一详尽的研究，填补了史学研究领域的一项空白。

寅恪指出，隋唐制度虽然非常广博纷复，但是，其来源有三：源于北魏、北齐——北齐承袭了东晋南朝前半期的文物制度，北魏承袭了魏晋以来转移和保存于河西凉州一带的礼、乐、政、刑等典章制度；源于梁、陈——梁汇合了南朝后半期的文物制度，陈继承梁的制度，基本上没有什么改变；源于西魏、北周——是关陇地区所保存的上古汉族文化和六镇鲜卑野俗的混合体。寅恪指出，“隋代政治中央集权之特征，亦即其职官选任之制不因北周而承北齐”。此外，他对隋代的武官任用，隋唐的刑律、音乐、府兵制、财政制度、科举制度的主要渊源均作了论述。

寅恪一向认为，在隋唐纷纭复杂的历史现象中，种族及文化问题是“李唐一代史事的关键之所在，治唐史者不可忽视者也”。他强调研究河北藩镇问题“必于民族及文化二端注意，方能得其真相所在也”，而不能就事论事。因而他的《唐代政治史述论稿》也正是由此切入，在隋唐史研究中取得了重大突破和难以企及的成就。

在《唐代政治史述论稿》中，寅恪在30年代自己对李唐氏族族源问题研究的基础上，进行了更深入、系统的研究，他断言，李唐先世出身低微，不是少数民族，但由于唐初君主，如李渊之母独孤氏、李渊之妻窦氏、李世民之妻长孙氏，都出身于少数民族，所以李唐皇室也有少数民族血统，“李唐血统其初本是华夏，其与胡夷混杂，乃一较晚之事实也”。这样一来，他不仅澄清了史实的真相，而且还发现李唐世系在史籍中被改动的现象，“实不限于李唐一族，凡多数北朝、隋唐统治阶级之家，亦莫不如是，斯实中国中古史上一大问题，亦史学中千载待发而未发之覆也”。可见，他之所以不厌其烦地从卷帙浩繁的史料中厘清李唐世系，原因在于其中蕴涵的重大学术意义。

寅恪在《隋唐制度渊源略论稿》和《唐代政治史述论稿》中提出了著名的“关中本位政策”“关陇集团”等重要观点，给学者提示了一个宏观地把握西魏、北周、隋代至初唐史发展基本线索的关键，是引导后学入门隋唐史研究的蹊径。“关中本位政策”指“关陇集团”不但在物质上处于同一利害环境，而且在精神上也必须具同出一渊源的信仰，受同一文化的熏陶。寅恪发现，在北朝，“汉人、胡人之区别，不论其血统，只视其所受之教化为汉抑为胡而定之确证”，强调“此点为治吾国中古史最要关键”。寅恪根据这一线索，研究唐高祖、唐太宗创业至唐高宗统治的前期，将相文武大抵承继西魏、北周及隋以来的事业，即他们大都是宇文泰“关中本位政策”下所集结的集团的后裔，所以唐代许多历史问题，如李唐皇室世系先后被改易，胡、汉文化的相互影响，南北的统一与巩固，府兵制度、压抑山东士族、开拓和经营西北边疆、重开丝绸之路、民族关系的和睦与融合、南北大运河的开凿等等，都与“关中本位政策”相关。寅恪总结这一历史事实，慨叹地说：“唐一代三百年间其统治阶级之变迁升降，即是宇文泰‘关中本位政策’所鸠合集团之兴衰及其分化。”这些结论，立足于史实而形成，因而得到了国内外学术界的高度认同，在日本学术界早已常识化。

作为博学多识的一代学术宗师，寅恪的《唐代政治史述论稿》《隋唐制度渊源略论稿》《元白诗笺证稿》三部学术专著及论文，具有共同的学术研究特点：从不同的方位切入，运用多种方法，系统地探讨中古史某一时期的历史问题，总结其发展进程中的经验教训，提出自己的史学识见，并在研究方法上大胆创新，开辟或弘扬了“以诗证史、以史释诗、诗史互证”的治学新径，简称“以诗证史”。

寅恪看到，中国私家纂述的史料容易诬妄，而官修的则讳饰成分多，因而应该从诗词、小说等途经发现新史料。他认为，历代的诗词、小说记述作者的亲身经历和见闻，抒发对某事的感慨，可以作为史料或者对史事的旁证。事实上，这种“以诗证史”的观点在清人杨钟羲《雪桥诗话》中早已提出，从 20 世纪 30 年代起，寅恪就已在研究中运用。但是，寅恪“以诗文证史，诗史互证，着眼点不在诗文而在历史”，这是他以诗文证史、以史释诗文和诗史互证方法的最核心部分，可以说，是他真正将“以诗证史”作为一种方法，运用到文史研究领域，并取得开创性成就，为学术界所承认。

如寅恪举唐代诗人白居易《卖炭翁》诗中“回车叱牛牵向北”句，证实唐代长安城市之建置，市场在南、宫廷在北，这个“北”字，并不仅仅是为了押韵；举唐代诗人元稹《连昌宫词》末章“努力庙谟休用兵”等句，考证唐宪宗、唐穆宗两朝在对待藩镇问题上“用兵”与“销兵”等不同国策：唐宪宗主张用兵，唐穆宗主张销兵，大臣们因拥护或者反对他们的主张，而被决定提升或贬谪。《连昌宫词》的主要思想倾向是销兵，投合了穆宗和当朝执政的销兵派的心意，元稹因此在宦途扶摇直上。再如寅恪在用新旧《唐书》《唐诗纪事》等史料，解释白居易《长恨歌》中的“七月七日长生殿，夜半无人私语时”两句诗时，认为存在两个问题：一是时间，唐玄宗到温泉，必在冬季春初寒冷时节，而史籍记载表明，玄宗没有一次在炎夏、金秋驾临骊山；二是空间，唐代皇宫中，长生殿虽为寝殿，而华清宫之长生殿为祀神之斋宫，是非常庄严肃穆的地方，唐玄宗与杨贵妃于此处，夜半畅叙儿女私情，是不合情也不合理的。寅恪分析白居易出错的原因在于“乐天未入翰林，不谙悉国家典故，未进行仔细的考察，仅凭自己的理解，按照世俗的说法，所以产生了失言”，提出具有启发意义的创见。

“文史不分家”之说，在寅恪的研究中表现得最为淋漓尽致，他的许多传世之作都是横跨史学和文学两个研究领域的，如在论文《陶渊明之思想与清谈之关系》中，寅恪推崇陶渊明为中古时代的大思想家，从陶渊明的诗作中揭示其思想，指出，陶渊明的思想大大领先于同时代人，“推其造诣所极，殆与千年后之道教采取禅宗学说以改进其教义，颇有近似之处”。这一精辟见解，对学术界产生了重大的影响，成为一篇打通史学和文学两个领域的力作。至于《元白诗笺证稿》，更是这方面的集大成之作。

在《元白诗笺证稿》一书中，寅恪运用比较的方法，对元稹、白居易的诗歌进行比较研究，成为文学研究与史学研究相结合的典范之作。由于家学渊源，寅恪的诗词文学造诣是很深的。在清华大学，他讲授过“唐诗校释”。听过课的学生说：“1932 年秋，先生初开《唐诗校释》课，主旨在就唐代政治社会各种问题讨论，以说明文学之时代背景。”[①]寅恪认为，虽然元稹、白居易都是新乐府运动的倡导者，文学风格也较为接近，所以被并称为“元白体”。但是由于人品的差异，他们个人的风格品位和格调也有高下之分。寅恪鄙薄元稹在政治上的投机取巧，认为其人品显然不如白居易，所以，他认为白居易的作品高于元稹。

无论以诗证史、以史释诗，还是史诗互证，寅恪的《元白诗笺证稿》《唐代政治史述论稿》《隋唐制度渊源略论稿》三部专著可以互相参照、互相佐证，构成

① 卞僧慧：《试述陈寅恪先生治学特点》，《文史知识》1991 年第 6 期。

横跨文学和史学两个领域的“三部曲”，是寅恪对中国学术事业的杰出贡献。学术界公认，“《隋唐制度渊源略论稿》和《唐代政治史述论稿》，是隋唐历史研究具有划时代意义的名著”；日本《中国研究史入门》将《魏晋南北朝史略论稿》和《隋唐制度渊源论略稿》列入必读书；《亚细亚历史研究入门》也有类似说明。可见二书普及之广与受重视程度之深。至于《元白诗笺证稿》，著名学者杨树达认为该书“既博且精，诗家笺注从来未有也”，学术界公认该书在方法论上的卓越贡献，是继清代大儒章学诚“六经皆史”之后，以“诗文皆史”，开创了一种新的史学方法，为历史研究“开辟了一条新途径”，“《元白诗笺证稿》便是比较研究的典范”。可见，学术界对《元白诗笺证稿》的评价相当高。

（三）其他成就

此外，这一时期，寅恪在魏晋南北朝史研究方面，虽然发表的论文不多，但是他因小见大，以开阔的学术视野考察、分析复杂的历史现象，开拓了新的思维空间和新的领域，不仅建立了一家之言，而且他的见解和方法，为后来的研究者提供了某些借鉴和启示，至今仍发人深思。

综观寅恪这12年的研究，他在魏晋隋唐史领域取得了丰硕的研究成果，系统地、创造性地提出了众多深刻、独到而又令人折服的见解，对中外学人起到极富有启发性的指导。

第三节　陈寅恪治学后期之学术成就（1949—1969年）

寅恪晚年在“失明折足”的情况下，以“惊天地位鬼神的气概”，取得了巨大的学术成就，按照他的话说，就是“著书唯剩颂红妆”，具体而言，在专业领域，代表作就是他“十年辛苦不寻常”的心血结晶：两部才女研究的作品——《论〈再生缘〉》《柳如是别传》。此外，在诗歌与思想领域，则是他的《诗集》。本节略微介绍前二者。

图 4-4　陈寅恪在黄萱的协助下著书(1957 年)

一、研究奇书《再生缘》,完成《论〈再生缘〉》

1953 年 9 月,寅恪听读《再生缘》"怅望千秋泪湿巾",激起了强烈的共鸣,于是动笔研究弹词《再生缘》,五个月后,他完成学术专著《论〈再生缘〉》。在考证陈端生身世和才华的遭遇之余,寅恪抒发了"绝世才华偏命薄"和"文章我自甘沦落"的自伤身世之感。

女作家陈端生创作的弹词《再生缘》,是一部民间俗文学奇书,是书描述了元代一个悲欢离合的故事:少时,才女孟丽君与皇甫少华由家长做主订婚,后经奸人破坏,孟丽君乔装为男子,改名换姓参加科举考试,金榜题名后青云直上,位列宰相。皇甫少华也以假名应试,主考官却是孟丽君。得知孟丽君乃女儿之身,皇帝欲纳为妃。丽君不从,上本说明隐情,得到皇太后宽宥,于是来了个有情人终成眷属的圆满结局。

《再生缘》是才女写女子故事,由于是繁复冗长的民间文艺,一直不为文人雅士所重。寅恪早年亦作此观。随着反复听读,以及世事变迁,寅恪独具慧眼,深有感于作者的身世和才华,下大力气进行了一番综合研究。

统观全书,寅恪首先研究作者陈端生及《再生缘》的撰写年代。他详细考证了陈端生的家世、身世,认定陈端生生于乾隆十六年(1751 年),其寿命"至少为 40 岁,至多不能超过 45 岁。总以 40 岁或 41 岁为最可能"。再考证了

《再生缘》的成书年代，并兼考证相关涉及之人物，以阐明一切。

其次，寅恪考据陈端生之夫婿范某。他根据陈文述提供其夫婿“以科场事为人牵累谪戍”的线索，结合乾隆一朝乡试科场，翻检相关文献，查察牵涉人事，通过繁复的考证，初步推定陈端生之夫为范菼，其后又考述范、陈两家婚嫁，以及范菼出继等一连串问题，从中抽丝剥茧，层层推断，仍未敢确言，显得极为谨慎。

再次，寅恪归纳了《再生缘》的结构。他认为，该书优点是叙述有重点中心，无夹杂骈枝等缺点，不但在弹词中首屈一指，就是在中国文学史上亦不多见，认为《再生缘》文辞优美，不但在弹词作品中是最佳之作，而且在中国古代诗歌中“自是长篇七言排律之佳诗。在外国亦与诸长篇史诗，至少同一文体”。他把这部作品与世界文学中的外国史诗作品比较，深有感慨，“世人往往震矜于天竺希腊及西洋史诗之名，而不知吾国亦有此体”。

通读全书，可以说，寅恪表面上从思想、结构、文辞三个方面考证陈端生在《再生缘》中所显示出的才华，实际上，他欣赏是书在纲常森严、男尊女卑的社会打破了“吾国当日奉为金科玉律之君父夫三纲”，并由此高度评价，陈端生在当时社会，能具有独立之思想，实在难得：“陈端生亦当曰无数女性中思想最超越之人也。”“此等自由及自尊即独立之思想，在当日及其后百余年间，俱足惊世骇俗，自为一般人所非议。”所以，寅恪对于《再生缘》的情有独钟，不仅因为作品的成就印证了他的主张：“无自由之思想，则无优美之文学。”他自信考述陈端生身世的正确，尽管后来受到郭沫若的学术驳难，但他仍然没有改变自己的观点。

故其书一经有所论定，则因铺陈资料之繁富得体，与寅老研究态度之一丝不苟，考据之精核邃密，使读者读竟全书，每觉其间所述怡然理顺，无懈可击，深感信服。

1960 年 12 月，郭沫若读过《论〈再生缘〉》后，为寅恪居然高度评价这部通俗的弹词感到“高度的惊讶”，在阅读后，郭沫若的感觉几乎一样，“原书的吸引力真强，它竟使我这年过古稀的人感受到在十几岁时阅读《水浒传》和《红楼梦》那样的着迷”，认为“这的确是一部值得重视的文学遗产”。于是，二位文化巨人围绕着陈端生与《再生缘》的相关问题，进行了学术争鸣。

不久，郭沫若到广州，曾到中山大学拜访过寅恪。二位文化巨人在这难得的会面中，互相切磋学问，彼此都受到对方的启发，饶有兴致，至今传为文坛佳话。郭沫若回北京后，在与北大教授金岳霖的谈话中，金岳霖问：“谈了些什么学术问题？”郭沫若说：“谈了李白，也谈了巴尔喀什湖。”金岳霖认为，二人的会面“这在当时有相当重要的意义……无论如何，两个国故方面的权威学者终于会见了，这是最好不过的事了”。

可见，寅恪在休养时听读弹词《再生缘》、小说之余，从弹词、小说等史料中考证历史事件，仍然不辍地从事学术研究，“忖文章之得失，兴窈窕之哀思”，对他来说，学术与生命已浑然成为一体。

二、完成巨著《柳如是别传》

在少年时，寅恪就很喜欢明末清初著名诗人钱谦益（牧斋）的诗句“埋没英雄芳草地，耗磨岁序夕阳天”；后来读过钱谦益的文集，寅恪发现自己与钱氏在博通文史、佛道教等研究领域有相通之处。抗战期间在昆明，寅恪萌发了注释钱谦益与夫人——秦淮名妓柳如是诗作的念头。从 1954 年完成《论〈再生缘〉》后，寅恪便集中精力和时间着手进行对钱、柳的事迹考证。1958 年以后，寅恪被迫永别了讲台，他最主要的精力就放在了这一研究上。校方对他的研究工作很重视，给他配备两名助手。他也常说：“年纪越来越大了，赶快把这本著作完成，这一生就差不多了。”所以，虽寅恪在 1962 年不幸折足，研究的困难更大，但是，他仍然以坚韧不拔的毅力，完成了多种论著。最著名的就是 1964 年他 75 岁的时候，“颂红妆”的传世之作——《柳如是别传》最终得以完成。

对此，寅恪早在 1961 年赠吴宓的诗中就说“著书唯剩颂红妆”。寅恪之所以高度评价柳如是，原因在于柳如是虽出身为名妓，但少怀大志，深明义理，直到公元 1664 年自尽，始终坚持民族气节与立场，她不仅赞助光复明朝的活动，而且才高学博，足以压倒当时同辈，为当时一般读书人所望尘莫及，故称她为

图 4－5　柳如是笔墨真迹

“儒士而兼侠女”；相比之下，虽然嫁给了江左文坛盟主钱谦益，但钱谦益的才识、人品远不及柳如是。通过研究柳如是，寅恪认为可以由此考查出当时政治、风节的真实情况，弘扬爱国主义精神与坚定不屈的民族气节。在完成后，他将《钱柳因缘诗证释稿》改名为《柳如是别传》。

在书中，寅恪引证许多明末清初的诗文，揭示了在清初的严酷统治下，江南民间还着长期存在着有组织的地下反抗活动，并且这些反清复明活动是由柳如是推动进行，对这一重大发现，寅恪是第一人。他从柳如是“更无花态度，全是雪精神”的言行中看到，“保天下者”岂止是“匹夫之贱”有责，柳如是的言行，确实体现了“对思想超越的理想”——“我民族独立之精神，自由之思想”。所以，寅恪不厌其烦地用了相当多的篇幅对柳如是的身世、经历、人事关系等进行追踪考证，洗雪当时迂腐者、后世轻薄者对她的不解，寅恪推崇她所写的《次韵奉答诗》及金明池《咏寒柳》词是“明末最佳诗词”，所以寅恪破除世俗偏见，抒发自己的见解，赞赏她的才品气节，喜爱她的诗作，乃至于把晚年所居之所取名“金明馆”，所整理的著作命名为《寒柳堂集》《金明馆丛稿初编》和《金明馆丛稿二编》。

在书中，寅恪的精辟见解比比皆是。如南明弘光政权瓦解后，钱谦益投降清朝。寅恪认为他臣事贰主，身败名裂，“乃其一生污点”，但又看到，钱谦益背明降清，亦非死心塌地当汉奸，不同于那些汉奸文人之处。钱谦益的不同在于天良未泯，降清不久即有悔意，在柳如是的推动之下，直接参加反清复明的活动。寅恪对钱谦益降清和后来的反清作了具体分析，颇符一分为二的马列观点，很有创见。

《柳如是别传》的字数几乎与寅恪已经问世的四本学术著作字数的总和相等，在中国现代学术史上，留下极其光辉的一页，是研究明末清初政治史、文学史的力作，更是寅恪以诗证史的作品，是他诗文证史方法的总结。他在书中把这种方法发挥得淋漓尽致，解决了不少前人留下的悬案和难题。如寅恪考据吴三桂在清初的经历，把诗中所记的时间、地望与其他材料加以参证，断为吴伟业脍炙人口的《圆圆曲》作于顺治八年初冬，用这些诗文加以参证和据事理推论，钩稽出真实历史。这是寅恪了不起的学术贡献。

寅恪曾对助手黄萱说，人家研究理科的，是分秒不差的；而他的文史研究，是年、月、日不差。也就是说，经过他考据而写的某人某事，在历史上发生在何处、何年、何日，是不会相去太远的。为了达到这一目的，寅恪不顾晚年双目失明、体弱多病、旁征博引各种文史典籍 600 种以上，其中诗词戏曲文集 240 种左右，正史、野史、年谱不下 170 种，方志约 50 种，儒佛典籍、笔记、小说等不止

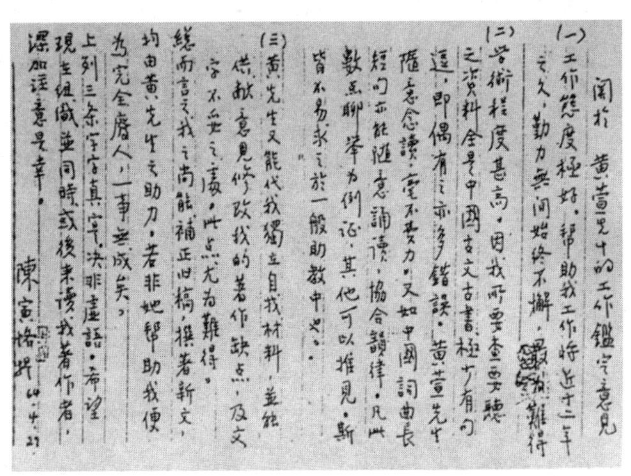
關於黃萱先生的工作鑑定意見

（一）工作態度極好，幫助我工作將近十二年之久，勤力無間，始終不懈，最為難得。

（二）學術程度甚高，因我所要查要聽之資料全是中國古文古書，極少有句逗，即偶有之亦多錯誤。黃萱先生隨意念讀，毫不費力。又如中國詞曲長短句亦能隨意誦讀，協合韻律。凡此數點，聊舉為例證，其他可以推見。斯皆不易求之於一般助教中者也。

（三）黃先生又能代我獨立自找材料，並能貢獻意見，修改我的著作缺點，及文字不妥之處，此點尤為難得。

總而言之，我之尚能補正舊稿，撰著新文，均由黃先生之助力。若非她幫助我，便為完全廢人，一事無成矣。

上列三條字字真實，決非虛語。希望現在組織並同時或後來讀我著作者，深加注意是幸。

陳寅恪　64.4.27

图 4-6　陈寅恪给助手黄萱女士的工作鉴定意见

140 种，查阅过而未加引用的史料更不计其数。《柳如是别传》不仅是学术研究的典范之作，而且对文学创作也产生了积极的影响。当代作家刘斯奋在创作历史小说《白门柳》时，无论是构思还是对人物形象的塑造、情节的安排，都受到过《柳如是别传》“这一重要的学术发现”的启迪。

《柳如是别传》是寅恪在“失明折足”的情况下“十年辛苦不寻常”的心血结晶，他以超人的意志战胜了命运，写出了这部洋洋八十余万言的著作，黄萱说：“寅师以失明的晚年，不惮劳苦，经之营之，钩稽沈隐，以成此稿。其坚毅之精神，真有惊天地位鬼神的气概。”有这样一部“亦文亦史”的巨著传世，“以表彰我民族独立之精神，自由之思想”，乃是华夏文化之幸，也是华夏文化之光，所以说，和寅恪的其他著作一样，《柳如是别传》也是我国珍贵的精神财富，它们必将对后来的学人与作家提供有益的启迪，起到典范的作用。

在《柳如是别传》的创作中，寅恪的助手、弟子、朋友的帮助起了不小的作用。在中大内外，有助手认真查找资料、提出意见，还有一些师生，从不同角度热心帮助，如图书馆的古籍版本专家周连宽，1949 年前毕业于华中大学，早在 1930 年就出任岭南大学图书馆中文部主任，1932 年任内政部图书馆主任，1945 年任上海图书馆馆长，到 1949 年初南下广州，对中国文化典籍是了如指掌，他为寅恪找来参考书籍，抄摘有用的文献，往往是周连宽查找资料，黄萱念读、记录，因而有知情人说：没有周连宽就没有《柳如是别传》。在校外，寅恪的弟子蒋天枢等，也常给他寄来有关的书籍和资料。

完成了《柳如是别传》的著书后，晚年的寅恪感到了欣慰。之后，视学术为生活中最大乐事的寅恪，重新投入了著述工作中，开始校补旧稿、撰写新文了。如在 1964 年 11 月 18 日，寅恪校补完《论〈再生缘〉》一书。

综上所述，《柳如是别传》《论再生缘》二书，实有其开创之地位与不朽之成就，足见一代大师风范。

晚年则除了《柳如是别传》之外，寅恪在中古史、俗文学等研究上也取得了丰硕的成果，兹不逐一赘述。

总结寅恪一生治学，始终可见他提倡、坚守“独立之精神，自由之思想”，以

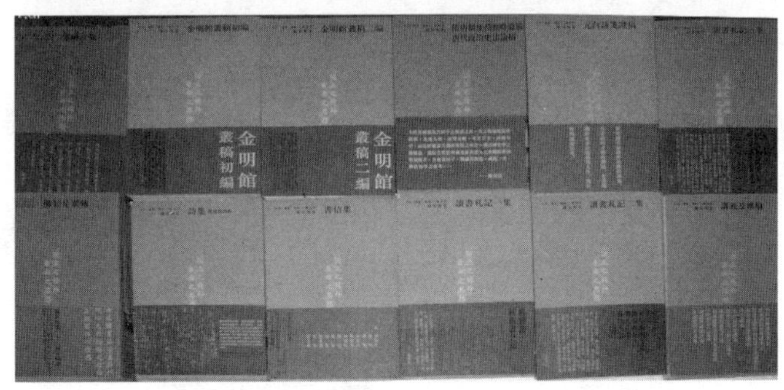

图 4-7　《陈寅恪集》,生活·读书·新知三联书店 2001 年版

及为国进取的志愿。寅恪的学术研究,实际上是他毕生为提高我国学术地位的奋斗历程。在所有研究领域,寅恪都尊重前贤成果,充分占有、分析资料,进行深入研究,高屋建瓴,作出新的阐释,发前人未发之覆。故其所论,打通文史,既能小中见大,从寻常史料发现新问题;又能贯通古今,融汇中西。因此,提出的议论与识见,独到卓越,震烁中外。寅恪的学术成就,涵盖了历史、宗教、语言、文化、文学诸领域,被视为一座丰富的文化矿藏。

寅恪所取得的中西学术研究的优秀成果和展现的精神风貌,对中国传统文化的弘扬,以及他终身身体力行地奉行中国传统优秀思想的伟大功绩,已经成为中华民族不可多得的一份宝贵财富。寅恪对人类文明的影响，将如同他赞扬大学者王国维一样，“历千万祀，与天壤而同久，共三光而永光”，将泽被千秋万世。现今重温寅恪意义深长的教导，后世学者或可以为榜样，从中获得教益。

第五章　陈寅恪与学人交往(上)

第一节　与吴宓①

图 5－1　吴宓

吴宓(1894—1978 年),曾名玉衡、陀曼(17 岁入清华学校时改名"宓"),字雨僧,又字雨生,陕西泾阳人,近代著名学者、诗人。

早年就读于陕西三原宏道学堂,1910 年冬由陕西省保送报考北京清华学堂,次年入学,1916 年以优异成绩毕业,次年,23 岁的吴宓赴美国留学,攻读新闻学,1918 年改读西洋文学。他先后留学于弗吉尼亚大学、哈佛大学,师从美国新人文主义批评运动的领袖白璧德教授(Irving Babbitt,1865—1933 年,又译"巴比妥")、穆尔教授(Paul Elmer More,1864—1937 年),获文学学士、硕士学位。1921 年学成归国,先后任教于南京高师、东南大学、东北大学,与梅光迪、柳诒徵等创办《学衡》杂志,1925 年初筹办清华研究院国学门(即清华国学研究院),此后,历任清华大学、西南联合大学、武汉大学、四川教育学院、西南师范学院等大学教授。1930—1931

① 本节内容根据王川《金石之交——吴宓与陈寅恪的交往及其文化观》(待刊稿)编辑修改而成。

年曾至欧洲多国游学。

自从1919年吴宓、寅恪相识，这一对“文化神州共命人”，在半个世纪的社会、时世、人情变迁起落中，表现了惺惺相惜的共命情谊、肝胆相照的生死交情，堪称“金石之交”“生死之交”，他们的学术活动及友谊是20世纪学术史上最重要的篇章之一。

一、哈佛求学，缔结友谊

(一) 二人相识

1917年，吴宓从清华学校前往美国。次年暑假，从弗吉尼亚州立大学转至哈佛大学，是年秋，吴宓与自费留学生俞大维(1898—1993年)相识。在吴宓眼中，俞大维“短小精干，治学极聪明”，“考试成绩均优”，俞还为吴宓讲《欧洲哲学大纲》，谈中国文学，这位使吴宓感到受益颇多的聪明人，在吴宓面前多次“称道其姑表兄义宁陈寅恪君之博学与通识，并述其经历，宓深为佩仰”。[①]故未曾晤识寅恪，吴宓已心仪其人。

1919年一二月间，吴宓、寅恪二氏初次晤识。《吴宓自编年谱：1894—1925》载：

> 一九一九年一月底二月初，陈寅恪君由欧洲来到美国。先寓康桥Cambridge区之Mt. Auburn街。由俞大维君介见。以后宓恒往访，聆其谈述。则寅恪不但学问渊博，且深恶中西

图5-2 《吴宓自编年谱》

① 吴宓：《吴宓自编年谱》，生活·读书·新知三联书店1995年版，第187—188页。

政治、社会之内幕。①

所谓“康桥区”，指波士顿的一城区，因区内有哈佛大学及麻省理工学院而得名。早已心仪的神交、分外投机的晤谈，使吴宓被寅恪深深感动，初次晤识即决定了吴、陈二氏半个世纪的终身友谊，岂止“倾盖如故”耶?!

吴宓在哈佛大学文学院比较文学系，师从白璧德、穆尔等教授。白璧德曾就学于哈佛大学及巴黎大学，从公元 1894 年起在哈佛大学教授比较文学，并领导着美国的新人文主义批评运动。吴宓受其影响，开始以西方现代文学理论、中西文学作品之较研究来分析中国文学作品。

(二) 评论文学，切磋学艺

1919 年 3 月 2 日，应哈佛大学“中国学生会”之邀，吴宓做了题为《〈红楼梦〉新谈》的演讲，讲析《红楼梦》其书。这一演讲，系吴宓采用哈佛大学麦戈莱迪尔博士(G. H. Manadier)所提出的“小说之杰(结)构，必具六长”的理论来分析《红楼梦》的成果。所谓“小说之结构具有以下六长：壹、宗旨正大(serious purpose)；贰、范围宽广(large scope)；叁、结构谨严(firm plot)；肆、事实繁多(plenty of action)；伍、情景逼真(reality of scenes)；陆、人物生动(liveliness of characters)”，吴宓认为，“用西洋小说法程(原理、技术)来衡量，《红楼梦》是一部伟大的小说，世界各国文学中未见其比”，此演说稿后刊于《民心周刊》。②

明清以来，士大夫无不视《红楼梦》为洪水猛兽，海宁陈其元(1811—1881 年)“淫书以《红楼梦》为最”③就是代表说法之一。而吴宓以开创性的研究方法与视角，得出了令人耳目一新的结论，故有论者指出，《〈红楼梦〉新谈》是中国学术界首次利用西方小说理论和比较文学研究方法的开创之作。自然，此

---

① 吴宓此处记述有误。寅恪此次系从上海启程来美。寅恪 1918 秋冬原拟重返德国入柏林大学继续深造，后考虑欧战方休，德国战败，元气大伤，一切尚待恢复，乃改赴美国哈佛大学从名师兰曼教授受教。参见陈流求、陈小彭、陈美延：《也同欢乐也同愁——忆父亲陈寅恪母亲唐筼》，生活·读书·新知三联书店 2010 年版，第 32 页。

② 吴学昭：《吴宓与陈寅恪》，清华大学出版社 1992 年版，第 4 页。

③ [清]陈其元著，杨璐点校：《庸闲斋笔记》“红楼梦之贻祸”条，中华书局 1989 年版，第 200 页。

事也引起了寅恪的极大兴趣，他 3 月 26 日还赠诗一首赠送吴宓：

《〈红楼梦〉新谈》题辞

本(或作“等”)是阎浮(吴注：Jambhudi)梦里身，梦中谈梦倍酸辛。
青天碧海能留命，赤县黄车更有人。(自注：虞初号黄车使者。)
世外文章归自媚，灯前啼笑已成尘。
春宵絮语知何意，付与劳生一怆神。[①]

诗句有注“虞初号黄车使者”。虞初是西汉武帝时期的知名方士，著有《虞初周说》九百四十篇，东汉张衡《西京赋》有“小说九百，本自虞初”之句，向有“小说初祖”之说法[②]。寅恪诗中“赤县黄车更有人”句，高度肯定了吴宓《〈红楼梦〉新谈》的学术价值。吴宓后来的确写过多篇研讨《红楼梦》的文字，自成一家之言，受到学界的重视。而寅恪在自己的《论再生缘》和《柳如是别传》等专著中，经常提到或援引《红楼梦》以取比，显示了他对此书的了解。如前述，寅恪少读《红楼梦》，所撰写的这首题红诗，比胡适发表《红楼梦考证》早两年，比俞平伯的《红楼梦辨》早六年，在红学史上具有不该被遗忘的地位。[③]

得到寅恪的赞同，吴宓十分高兴，他认为“陈君学问渊博，识力精到。远非侪辈所能及。而又性气和爽，志行高洁，深为倾倒，新得此友，殊自得也”。[④]

几次交往后，寅恪的博学多才和惊人的记忆力、分析力，使才子吴宓赞叹不已，吴宓本来自视甚高，但认为寅恪的学问、识见都高出于自己和周围的留学生，由此，吴、陈二氏开始了长达半个世纪的文字交往。后在《空轩诗话》中

① 蒋天枢撰：《陈寅恪先生编年事辑》(增订本)，上海古籍出版社 1997 年版，第 42 页；吴学昭著：《吴宓与陈寅恪》，第 4 页；吴宓：《吴宓自编年谱》，第 189 页。

② 《汉书·艺文志》载“‘虞初周说’九百四十三篇”；又称，虞初“河南人，武帝时以方士侍郎”，列为“小说家”之第十四家，颜注云“《史记》云虞初洛阳人，即张衡‘两京赋’‘小说九百，本自虞初使者也，”见《汉书》，中华书局 1962 年版，第六册，第 1745 页。

③ 刘梦溪：《陈寅恪与红楼梦》，《文艺研究》2001 年第 1 期，第 26—37 页。

④ 吴宓：《吴宓日记》第六册(1917—1924)，生活·读书·新知三联书店 1998 年版，第 20 页。

坦然地说：

> 始宓于民国八年，在美国哈佛大学，得识陈寅恪，当时即惊其博学，而服其卓识，驰书国内诸友，谓合中西新旧各种学问而统论之，吾必以寅恪为全中国最博学之人。今时阅十五六载，行历三洲，广交当世之士，吾仍坚持此言。且喜众人之同于吾言。[①]

值得注意的是，吴、陈二人对《红楼梦》的评价不尽相同。

吴宓一直认为，《红楼梦》的“小说技术，至为完美。故为中国说部登峰造极之作”[②]，而对此，“少喜读小说”的寅恪，1953年在《论再生缘》中指出：

> 至于吾国小说，则其结构远不如西洋小说之精密。在欧洲小说未经翻译为中文以前，凡吾国著名之小说，如《水浒传》《石头记》与《儒林外史》等书，其结构皆甚为可议。寅恪读此类书甚少，但知有《儿女英雄传》一种，殊为例外。其书乃反《红楼梦》之作，世人以其内容不堪丰富，往往轻视之。然其结构精密，颇有系统，转胜于曹书，在欧西小说未输入吾国以前，为罕见之著述也。[③]

哈佛同窗期间，吴宓与寅恪、俞大维、汤用彤、张鑫海(后改名为张歆海)、梅光迪、汪懋祖等留美学生相识，来往密切，经常相互切磋学艺，交流学习心得，相互均获益不少。

寅恪在哈佛除了学习梵文和巴利文外，还如饥似渴地深钻中国史学、文

---

① 语出《空轩诗话》(十二)，《陈寅恪〈王观堂先生挽词〉》，载吴宓著、吴学昭整理《吴宓诗话》，商务印书馆2005年版。

② 吴宓：《石头记评赞》，见徐葆耕编选《会通派如是说——吴宓集》，上海文艺出版社1998年版，第292页。

③ 陈寅恪：《陈寅恪集·寒柳堂集》，生活·读书·新知三联书店2009年版，第67页。

学、经学等著作，并涉猎了天文、历算、地理、气象等书籍，对中国的儒学、佛学以及《牡丹亭》等古代文学作品，都有独到的精辟见解。他在与著名的美国新人文主义大师，哈佛大学比较文学系教授白璧德讨论佛理时，引起了白璧德的重视，白璧德对他寄予了殷切的希望。吴宓与寅恪、汤用彤并称“哈佛三杰”，后来均成为北京大学、西南联大等名校教授，均于 1942 年成为(教育)“部聘教授”，并均于 1948 年成为“中央研究院”首届“院士”，成为名实相符的中国第一流学者，极大地推动了中国传统学术的转型及新发展。

哈佛同窗期间，寅恪与吴宓论学，比较了美国的发达科技、物质条件与人民的精神面貌后认为，输入西方科技文化是中国的必然趋势，但是如果“只是计划输入功利机械这类东西，而不图以精神的救药，则势必到人欲横流，道义沦丧。再要希望爱国，是不可能之事”。寅恪认识到“拯救国家，治理国家，尤其要以精神的学问(就是形而上学)作为根基”。

于是，寅恪与吴宓毅然把研究中国民族、历史文化，振兴、弘扬中华学术与中国文化，定为自己终生奋斗的事业。后来，寅恪与吴宓选择学成回国，一直在大学从事教学和学术研究工作这一道路，就是自然的事了。

1921 年 9 月，在随兰曼(C. R. Lanman)学习梵文、巴利文两年后，寅恪赴德国，研究梵文及其他东方古文字。而同年 7 月，吴宓获得文学硕士学位后，也带着对理想与事业的追求，踏上了归途。8 月 5 日抵达上海，准备赴南京高师就职。9 月 4 日，尚在蜜月之中的吴宓独自乘火车赴南京。之后教书、编辑出版《学衡》杂志，声誉鹊起。吴宓在南京东南大学任教三年，讲授《欧洲文学史》等课程，一时声名鹊起。1923 年的《清华周刊》曾有文章专述“东南大学学风之美，师饱学而尽职，生好读而勤业”①，又述及吴宓授课：预先写大纲于黑板，待到开讲，则不看书本、笔记，滔滔不绝，井井有条。文章最后大发感慨云：“吴先生亦是清华毕业游美同学，而母校未能罗致其来此，宁非憾事者。”②

---

① 吴学昭：《吴宓与陈寅恪》，第 28 页。

② 吴宓：《吴宓自编年谱》，第 242 页。

在哈佛时,吴宓曾与寅恪、梅光迪等论及:"中国学术必将受西方沾溉,非蜕故变新,不足以应无穷之世变。"他们认为陈独秀、胡适倡导的新文化运动"甚为偏激",因此"更痛感欲融会西方文化,以浚发国人的情思,必须高瞻远瞩,斟酌损益"。[①] 因此,吴宓归国后,就编辑出版《学衡》杂志,提出"论究学术,阐求真理,昌明国粹,融化新知。以中正之眼光,行批评之职事,无偏无党,不激不随"。以"昌明国粹,融化新知"为宗旨,维护传统、慎择西学,别树一帜。

二、清华故园的教学科研

(一)"费尽气力",共举国学

1924年9月,吴宓在东北大学致函清华学校校长曹云祥:"决即于明年二月,来清华任职。"[②]1925年,吴宓南下清华,受命筹建国学研究院。时清华学校拟改办为大学,暨新办国学研究院。2月,吴宓开始了各项筹备工作,如拟定《研究院章程》、聘任导师等。其中,为了哈佛同窗寅恪能来清华执教,吴宓做了大量工作。

对于在当时国内尚无学术名望的寅恪,吴宓是举其《与妹书》向曹云祥推荐的。《吴宓自编年谱》说:"元月,清华国学研究院开始筹备,宓为主任。宓请龙住四客厅。研究院教授四位,已定王国维、梁启超、赵元任,宓特荐陈寅恪。"[③]

寅恪1923年发表于《学衡》杂志的《与妹书》,篇幅不长,却有缩龙成寸之绝:文中谈到陈寅恪深感兴趣的汉、藏文大藏经,"满、蒙、回、藏文书"及"其他零星字典及西洋类书百种";谈到"藏文与中文","梵文之与希腊、拉丁及英俄德法等之同一系";涉及"音韵、训诂""西洋语言科学""中藏文比较文学""佛

① 吴学昭:《吴宓与陈寅恪》,第41页。
② 吴宓:《吴宓日记》第二册,生活·读书·新知三联书店1999年版,第295页。
③ 吴宓:《吴宓自编年谱》,第260页。

教""历史"等众多学科[①]。从文中,不仅可以看出寅恪对学问的心得和抱负,而且也可以视为寅恪一生治学的纲要,验诸陈氏著作,也大致不差[②]。因此,由于吴宓的一再推荐,曹云祥折服于陈寅恪博大精深之学识,才决定聘请的。当然,这其中,吴宓显然曾遇到过一些波折。

据《吴宓日记》,1925 年 2 月 13 日记录,吴宓与曹云祥、教务长张彭春"谈陈寅恪事,已允",表明曹、张均已同意聘请寅恪为清华国学研究院导师。16 日,吴宓往见曹云祥,谈寅恪事,即发电聘之[③]。

在德国柏林大学研究院研究的寅恪收到聘电后,并未马上答复。直至 4 月 27 日,吴宓才收到寅恪之复函,谈到"(一)、须多购书。(二)、家务,不即就聘",吴宓叹曰:"介绍陈来,费尽气力,而犹迟惑。难哉!"[④]可见,对于是否受聘于清华大学国学研究院,寅恪起初尚有所犹豫。

此后令吴宓"费尽气力"的具体事务还有许多:4 月 29 日,为寅恪事,曹云祥交给张彭春批示:6 月 15 日,曹云祥批准了吴宓拟定的"下年研究院教职员名单";25 日,吴宓收到陈寅恪函,明允就聘,"但明春到校";8 月 25 日,吴宓"谒校长(甫归自北戴河)。(1)陈寅恪,准预支薪金二千元,又给予购书公款二千元。即日汇往……(6)《大藏经》即催购";28 日,吴宓往会计处,"见瑞光,为寅恪支 4 000 元事";31 日,"见瑞光,定以 1 000 元先汇陈寅恪,余俟下月半";9 月 1 日,"下午,作函复陈寅恪";3 日,"陈寅恪预支薪千元,按 1.76,合美金五六八元一角八分。花旗银行支票一纸,由会计处取来,寄柏林,寅恪收。NO. 25/7587";10 日,"陈寅恪来函,无要事。……请校长以英文证明函与陈寅恪";16 日"下午,见瑞光,示以《研究院经费大纲》,催陈寅恪款,并约定加给陈寅恪为研究院购书之款(二千元),于十月十日以前支领汇出";18 日"瑞光

① 原载《学衡》第 20 期,1923 年 8 月;此据《金明馆丛稿二编》第 31—312 页,上海古籍出版社 1982 年版。

② 汪荣祖:《陈寅恪评传》,百花洲文艺出版社 1992 年版,第 47 页。

③ 吴宓:《吴宓日记》第三册,生活·读书·新知三联书店 1999 年版,第 5 页。

④ 吴宓:《吴宓日记》第三册,第 19 页。

来。(一)陈寅恪购书及预支薪金，续汇三千元(连前共四千元)支票三纸。(甲)25/7673 凡美金 563.38 元；(乙)25/7674 凡美金 1 126.76 元，合共美金一六九〇元一角四分。均花旗支票，由宓处汇去"；10 月 8 日，"下午，领到会计处交来汇陈寅恪购书款二千元。按 1.78 合，得美金一千一百二十三元五角九分，花旗银行支票一纸 NO. 25/7790。由本处附函中挂号寄去"；16 日，"校长命编制赵、陈二教授所购西书书目，以备呈交董事长，力持原案情"；23 日，"上午草拟上校长函，托为九月十五日，请校长核准，拨款四千元，汇给陈寅恪购书，并详本校不可不多购西人所著汉学及东方学书籍杂志之理由。又附赵、陈二教授已购及拟购之书目二种十纸。……此件为备校长转呈外交部当局阅看，以无勒本校购书之经费耳"；26 日，"上午以请购西方汉学书籍之说贴，面呈校长，备转呈外交部"；11 月 9 日，吴宓收到寅恪回函，"言十二月十八日，由马赛起程"；12 日，"询悉庶务处为陈寅恪所留之住室，为学务处二百零二号"；30 日，"陈寅恪来函，归期展缓"。[①]

仅由《吴宓日记》所载，可知为了准允寅恪之请假、预支工薪、请购图书等事，吴宓做了大量工作，"费尽气力"之言不虚。同年底，寅恪归国，即以父病请假一年，于 1926 年 7 月始就职。初来清华，人地两生，吴宓恪尽职守，忠于友谊，自然又要"费尽气力"了。

7 月 7 日，知寅恪抵达北京，吴宓"即乘人力车入城"，二访寅恪于下榻之新宾旅馆(初访不值)，"告以清华种种情形，又邀之至香满圆饭馆晚餐"，同时，满怀喜悦的吴宓又赠故友诗一首：

经年瀛海盼音尘，握手犹思异国春。
独步羡君成绝学，低头愧我逐庸人。
冲天逸鹤依云表，堕溷残英怨水滨。

① 吴宓：《吴宓日记》第三册，第 19、34、37、61—94、103 页。

燦燦池荷开正好，名园合与寄吟身。[1]

8日上午，“十时半，至新宾旅馆，与陈寅恪合乘汽车回校。抵校，进午餐”，寅恪尚是单身，入住“工”字厅西客厅，与吴宓为邻。此后，吴宓为使寅恪尽快熟悉清华校情及人物，又不厌其烦地“陪导陈君至研究院游观”，参观图书馆，游圆明园及中央花园；陪同寅恪访识王国维、赵元任、陈垣、曹云祥、梅贻琦、李济、杨绍曾等新知；多次邀宴，如请寅恪“来宓室中赏花，并用酒膳”，[2]其中，吴宓、寅恪多次访晤王国维，三人结下深厚友谊，本年12月3日，王国维五十岁，吴、陈二氏相皆前往祝寿[3]。

1927年6月王国维自沉，遗书托吴、陈二氏代为处理后事。完事后，经过认真地思索，29日晚，寅恪与吴宓共同作出了重要的决定，“为保全个人思想精神之自由”，“相约不入(国民)党”。以后，他不但知行合一，在生活和治学中身体力行，而且还在多个场合反复倡导“独立的精神，自由的思想”，如1931年纪念清华建校二十周年时，寅恪对学生发表看法说：“吾国大学之职责，在求本国学术之独立，此今日之公论也。”这一态度，贯穿了他一生。终身践行。

图5-3 《陈寅恪先生编年事辑》书影

寅恪的助教蒲江清，亦为吴宓所推荐[4]，而对于蒲江清的工作，寅恪是相当满意的。[5]后来，蒲江清也成长为清华中文系教授。

① 蒋天枢撰：《陈寅恪先生编年事辑》(增订本)，第61页。

② 吴宓：《吴宓日记》第三册，第188—196、212、331、336页。

③ 吴宓：《吴宓日记》第三册，第259页。

④ 蒲江清：《清华园日记·西行日记》，生活·读书·新知三联书店1987年版，第21页；《吴宓日记》第三册，第208页。

⑤ 吴宓：《吴宓日记》，第三册，第219页。

由上述可见，为了荐引寅恪执教清华，吴宓费尽气力；陈氏来清华后，吴宓仍然操劳不少，所以，蒋天枢在《陈寅恪先生编年事辑》中指出："先生之来清华，吴所介也。"[①]信乎此言！

(二) 共事清华及西南联大期间(1925—1946年秋)

吴宓与寅恪诗文唱还，谈艺论学，比学干帮，互相激励[②]，相约将研究中国民族、历史文化，振兴、弘扬中华学术与中国文化，定为自己终生奋斗的事业。后来，寅恪与吴宓终身坚持了这一选择。

兹举1933年一例。

1933年，吴宓因事业波折，正在"自伤《学衡》杂志、《文学副刊》等咸遭破毁"之时，寅恪为劝慰老友，"持示《艺芳杂志》一册，中述校务之艰难摧沮，及女士劳愁困顿情形"，文中"女士"指曾广钧之女曾宝荪女士(1893—1978年，字浩如，曾国藩之曾孙女)。1918年，曾宝荪与堂弟曾约农在长沙创办艺芳女校，后任校长，为办学、兴学历经艰辛，"久敬佩女士为理想事业辛勤奋斗"的吴宓在读了《艺芳杂志》后，"作(诗)一首以寄其同情"[③]，同时，吴宓本人亦大受鼓舞。而1933年寅恪为清华国文对对子试题之事，亦引起了一些人的哗然非议。素不喜欢张扬的寅恪于7月发表《与刘文典教授论国文试题书》予以自解[④]。对于遭人非议的老友，吴宓给予了有力的支持。在1934年夏，吴宓甚至公开宣扬，寅恪的《与刘文典教授论国文试题书》与《四声三问》(1934年4

---

① 蒋天枢：《陈寅恪先生编年事辑》(增订本)，上海古籍出版社1997年版，第61页。关于推荐陈氏执教清华者，学术界有吴宓、梁启超、胡适三说，以吴宓之说最为可信。冯友兰认为："雨僧一生，一大贡献是负责筹备建立清华国学研究院，并难得地把王、梁、陈、赵四个人都请到清华任导师，他本可以自任院长的，但只承认是'执行秘书'。这种情况是很少有的，很难得的！"(转引自孙敦恒：《吴宓与清华国学研究院》，《第一届吴宓学术讨论会论文选集》第67页)；有论者则指出，吴宓生平做了三件大事："创办《学衡》、筹建并实际主持清华国学研究院、慧眼识陈寅恪和少年钱锺书。"(刘梦溪：《陈寅恪与吴宓》，《炎黄春秋》1994年增刊，第109—114页；刘梦溪语，载盛巽昌、朱守芬：《学林散叶》，上海人民出版社1997年版，第341页，第3101条。)此外，桑兵《陈寅恪与清华研究院》(《历史研究》1998年4期，第129—143页)考证了三说，认为吴宓说最为可信。

② 吴学昭著：《吴宓与陈寅恪》，第30—126页。

③ 蒋天枢：《陈寅恪先生编年事辑》(增订本)，第84页；吴宓：《吴宓日记》第五册，第97页。

④ 陈寅恪：《金明馆丛稿二编》，第221—227页。

月发表)二文,“似为治中国文学者所不可不读者也”[1]。陈寅恪《与刘文典教授论国文试题书》还在《学衡》杂志发表,表明吴宓对陈文所持文化态度之赞同。

与寅恪备课下了很大功夫相类似,吴宓备课亦颇有特色。西南联大南迁之时,文学院在南岳衡山山腰圣经书院旧址上课,一度宿舍紧张。吴宓教授与钱穆、闻一多、沈有鼎四人合居一室。

时当抗战初起,办学条件简陋,而他从容自若,依然一丝不苟认真备课,让人肃然起敬。钱穆《八十忆双亲·师友杂忆》中有文章回忆此事,写道:

> 室中一长桌,入夜,一多自燃一灯置其座位前。时一多方勤读《诗经》《楚辞》,遇新见解,分撰成篇。一人在灯下默坐撰写。雨生(吴宓)则为预备明日上课抄笔记写纲要,逐条书之,又有合并,有增加,写成则于逐条下加以红笔勾勒。雨生在清华教书至少已逾十年,在此流寓中上课,其严谨不苟有如此。沈有鼎则喃喃自语:“如此良夜,尽可闲谈,各自埋头,所为何来?”雨生加以申斥:“汝喜闲谈,不妨去别室自找谈友。否则早自上床,可勿在此妨碍人。”有鼎只得默然。雨生又言:“限十时熄灯,勿得逾时,妨他人之睡眠。”
>
> 翌晨,雨生先起,一人独自出门,在室外晨曦微露中,出其昨夜所写各条,反复循诵。俟诸人尽起,始重返室中。余与雨生相交有年,亦时闻他人道其平日之言行,然至是乃始深识其人,诚有卓绝处。非日常相处,则亦不易知也。[2]

讲课的工夫来自备课的工夫。吴宓在南京东南大学任教时,讲课就声誉鹊起。

---

① 蒋天枢:《陈寅恪先生编年事辑》(增订本),第84页。

② 钱穆著:《八十忆双亲·师友杂忆》,生活·读书·新知三联书店2005年版。

多年以后,学生回忆他的教课,无不充满崇敬之情。如,李赋宁《怀念恩师吴宓教授》说:

先生讲课,内容充实,条理清楚,从无一句废话。先生对教学极端认真负责,每堂课必早到教室十分钟,擦好黑板,做好上课的准备。

温源宁《吴宓先生》则说:

作为老师,除了缺乏感染力之处,吴先生可说是十全十美。他严守时刻,像一座钟,讲课勤勤恳恳,像个苦力。别人有所引证,总是打开书本念原文,他呢,不管引文多么长,老是背诵。无论讲解什么问题,他跟练兵中士一样,讲得有条有理,第一点这样,第二点那样。枯燥,容或有之,但绝非不得要领。有些老师无所不谈,却不发任何议论,吴先生则直抒己见,言之有物:也可能说错了,然而,至少并非虚夸。他概不模棱两可,总是斩钉截铁。换句话说,他不怕直言对自己有什么牵累。在事实根据方面,尤其是见于各种百科全书和参考书的事实,他是无可指摘的,只在解释和鉴赏的问题上你还可以跟他争论。

吴宓对课题授课之负责,由此可见。

吴宓在清华讲"中西诗比较",写过一个教学说明:"本学程选取中西文古今诗及论诗之文若干篇,诵读讲论,比较参证。教师将以其平昔读诗作诗所得之经验及方法,贡献于学生。且教师采取及融贯之功夫,区区一得,亦愿述说,共资讨论,以期造成真确之理想及精美之赏鉴,而解决文学人生切要之问题。本学程不究诗学历史,不事文学考据,惟望每一学生皆好读诗,又喜作诗,终成为完美深厚之人而已。"①

① 傅宏星:《吴宓评传》,华中师范大学出版社2008年版,第137页。

1946年秋，清华大学在北平复校，吴宓则暂时请假一年，后未再回清华大学。1948年7月，吴宓曾“函覆广州中山大学校长陈可忠，辞该校文学院长、研究所长、中文系教授之聘”，退还三件聘书，此后又“荐举寅恪为中山大学教授，先送充足旅费”[①]。无独有偶，此时的陈寅恪也想到了岭南地区。[②] 吴、陈二氏想到的大学不同，但所想到的地点（岭南广州）却一致，此或灵犀相通吧。

1948年秋，“即决意辞卸武汉大学外文系主任的职务，到成都任教，目的是要在王恩洋先生主办的东方文教学院（以佛为主，以儒为辅）研修佛学佛教，慢慢地出家为僧”。作于1949年春的一首《将入蜀先寄蜀中诸知友》的诗，多少透露了他的心迹。诗曰：“余生愿作剑南人，万劫惊看世局新。野烧难存先圣泽，落花早惜故园春。避兵藕孔堪依友，同饭僧斋岂畏贫。犹有月泉吟社侣，晦冥天地寄微身。”老友已作“岭南人”，自己欲做“剑南人”。“月泉吟社”则是由一些南宋遗民诗人组成的一个群体，活动在浙西一带，以浦江名胜地命名，用诗歌形式表达反元复宋的心声和意志。月泉一时成为全国文化学术的活动中心和知识分子人格的象征。观吴宓志向，值此世变，不如隐去，找个清静的地方，与友同依，与僧同饭，诗书唱和，聊寄余生。

1949年4月20日，“国共和谈”破裂，随即，长江防线崩溃。4月29日，吴宓由汉口乘飞机入蜀。“初意本欲赴成都，在川大任教授而在王恩洋主办之东方文教学院讲学；但因行途不便，遂止于渝碚，而在私立湘辉文法学院任教授，并在梁漱溟主办之私立勉仁文学院讲学。此时，宓仍是崇奉儒教、佛教之理想，以发扬光大中国文化为己任。”（引自吴宓“文革”交代材料）吴宓的弟子对乃师落脚于重庆也有过种种猜测。或说吴宓的生死之交、著名诗人吴芳吉葬在重庆江津白沙，吴宓死后欲葬白沙吴芳吉墓旁；或说吴宓是先到重庆，再去成都，师从佛学大师王恩洋研修佛学，然后上峨眉山出家为僧。吴宓一生浪漫多情种，且游学中西，抛却俗世于他似乎不可理解。但遭世变，找个清静地方

---

① 吴学昭著：《吴宓与陈寅恪》，第127页。

② 蒋天枢：《陈寅恪先生编年事辑》（增订本），第143—144页。

述往圣之绝学,“以发扬光大中国文化”,似乎更为合理。吴宓一生作日记甚详,但其所撰1949年及1950年日记各一册,“文革”前托付给其西南师院中文系同事陈新尼教授保管,不想1966年秋,陈教授“惧祸,一举而擅焚毁”,吴宓这段关键的“转折”时期终至无法核对。

1949年10月,中华人民共和国成立。此时,钱穆与朋友们在香港筹办新亚书院,寄来章程及课表,以“学术主张及宗旨素通”,力邀吴宓赴港共事,“宓谢却之”。对于新政权,吴宓心怀忐忑,忧心忡忡,他写信给身居岭南的寅恪,1950年春,寅恪也怀着同样的心情寄诗一首《庚寅春日答吴雨僧重庆书》:“绛都赤县满兵尘,岭表犹能寄此身。菜把久叨惭杜老,桃源今已隔秦人。悟禅猲獠空谈顿,望海蓬莱苦信真。千里报书唯一语,白头愁对柳条新。”“柳条新”乃是暗指新政权,陈寅恪犹是“白首愁对”,吴宓更是愁上加愁。

1950年4月,两私立学院相继撤销,新政权不愿让梁漱溟在四川的世外桃源里独自耕耘自己的《中国文化要义》,将他召回北京,成为第一届人民政治协商会议的代表。吴宓则得好友李源澄之荐,应著名的苦行教育家柴有恒邀请,到新成立的四川教育学院任教。这年六月,他作有一首《临别训言》诗,诗序说“一九五零年六月,宓在磁器口四川教育学院授课,值一学年告终(宓来仅满两月),毕业班学生纷纷以纪念册,求各位教授、教员书写临别训言。诸多教师皆写了新时代、新国家之理论,马列主义、毛泽东思想之教导。宓独写出四句”:“每日必读书,读书欣自得,至理通今古,含情守渊默。”看得出,吴宓对新社会还不太适应,对“新国家之理论”尚不愿置一词。

不久,寅恪举家南下,1949年1月中旬至广州,吴宓则滞于蜀道。此后,吴宓与寅恪,一个“余生愿作剑南人”,一个“无端来作岭南人”,相见之日可数了①。

1950年底,作家艾芜特来拜访吴宓,想请他继续担任重庆大学中文系的

① 吴学昭著:《吴宓与陈寅恪》,第129—130页;《陈寅恪诗集》,清华大学出版社1993年版,第120页。

兼职教授。艾芜此时已是重大中文系主任，对此吴宓甚感疑惑："艾芜过去教过大学吗?"转而又释然："哦，这本不是问题…… 当年王国维做清华研究院导师时，也是一没留过学二没博士学位的。"

1950年8月，吴宓又随校并入西南师范学院外语系(后到中文系)任教。这年中秋，寅恪写信给吴宓，仍然觉得川中非久留之地，劝吴宓"以回清华为较妥"，并寄诗来，诗云："秦时明月满神州，独对婵娟发古愁。影底河山初换世，天涯节物又凉秋。吴刚斤斧徒闻说，庾信钱刀苦未求。欲上高寒问今夕，人间惆怅雪满头。"[①]诗写得甚是直白，可见过得也不太愉快。

这一年，吴宓随事辗转，最终有了新的落脚之地。此时，运动乍起，秧歌戏满街，到处是新景象，他还只是不习惯，只是觉得"藏名避世身同苦，保教存文事益难"[②]，毕竟运动尚未及身，一切都还在发展之中。

三、"颂红妆"的知音

1949年后，吴宓、寅恪虽阻隔于两地，但双方鱼雁频仍，不仅互相讯问，而且互赠诗作，有了学术新著如《元白诗笺证稿》等书出版，寅恪也赠吴宓。1950年，吴宓嗣父仲旗公病逝，寅恪函示哀意，并致赙为奠仪；吴宓也一如既往，在信函上，寄上诗、联，请寅恪改定；1950年，寅恪六十寿辰时，吴宓还寄诗祝寿，后来还曾"梦与陈寅恪兄联向"。可见，吴宓与寅恪，虽然被万山千水隔于蜀道与岭外，而心心相通，更加惦念。

由于1949年以后政治运动不断，及社会变迁带来的变化，吴、陈二人深感忧虑，吴宓更为老友寅恪的处境担忧。1959年9月，吴宓《寄答陈寅恪兄》三首，其一："回思真有泪如泉，戊戌重来六十年。文化神州何所系，观堂而后信公贤。"其三："受教追陪四十为，尚思粤海续前游。东山师友坟安否，文教中华付逝流。"[③]第一首以寅恪为王国维之后"文化神州"所系(即托命)之人，第三

---

① 陈寅恪:《陈寅恪集·诗集》，第74页。

② 吴宓:《吴宓诗集》，商务印书馆2004年版，第529页。

③ 吴学昭著:《吴宓与陈寅恪》，第137页。

首则在回首四十年(1919—1959 年)与寅恪谊兼师友的交往中,指出黄节("师")、李沧萍(黄节门生,"友"也)、寅恪为"文教中华"所托,并表示有前往岭南一访老友之打算。

吴宓重游粤海的计划,在 1961 年付诸实施。

该年 7 月 30 日,吴宓"作长函上陈寅恪兄,覆其 1960 年 1 月 26 日诗函,述一年来宓之情况。告即来粤晋谒,请通知此行应注意之事项云云"。8 月 4 日,寅恪分别函告吴宓、刘永济(弘度),欢迎吴宓前来,并告以来穗详情。

图 5－4　陈寅恪一家三代在中大

8 月 30 日夜 11 时 30 分,吴宓抵广州车站,受到了寅恪二女小鼓、三女美延及二女婿林启汉的迎接,即乘车直抵陈宅,"寅恪兄犹坐待宓来(此时已过夜半,12 时矣)相见"。

在穗的五天(9 月 4 日早上离开)中,这对一隔十六年的老友无话不谈,据《吴宓日记》记录,主要有:

> 寅恪兄决计不离中山大学而入京:以义命自撑,坚卧不动,不见来访之宾客,尤坚决不见任何外国人士(港报中仍时有关于寅恪之记载),不谈政治,不评时事政策,不臧否人物——然寅恪兄之思想及主张,毫未改变,即仍遵守昔年"中学为体,西学为用"之说(中国文化本位论)……但在我辈个人如寅恪者,则仍确信中国孔子儒道之正大,有裨于全世界,而佛教亦纯正。我辈本此信仰,故虽危行言殆,但屹立不动,决不以时俗为转移。
>
> 寅恪专述十二年来身居此校……而能自由研究,随意研究,纵有攻诋之者莫能撼动;然寅恪兄自处与发言亦极审慎,即不谈政治,不论时事,不

否人物，不接见任何外国客人，尤以病盲，得免与一切周旋，安居自守，乐其所乐，不降忘，不辱身，堪诚为人所难及；……其间宓亦插述宓思想，附述若干友好之生死存亡情事。

寅恪兄……(2)坚信并力持：必须保有中华民族之独立与自由，而后可言政治与文化。若印尼、印度、埃及之所行，不失为计之所得者。反是，则他人之奴仆耳。——寅恪论韩愈辟佛，实取其保卫中国固有之社会制度，其所辟者印度佛教之"出家"生活耳。若劼翁之《乾坤衍》犹未免比附阿时，无异康有为之说孔子托古改制以赞戊戌维新耳。(3)细述其对柳如是研究之大纲，柳心爱陈子龙，即其嫁牧翁，亦终始不离其民族气节之立场：赞助光复之活动，不仅其才之高、学之博，足以压倒时辈也，又及卞玉京、陈圆圆等与柳之关系、候朝宗之应试，以父在，不得已而敷衍耳。总之，寅恪之研究"红妆"之身世与著作，盖藉此以察出当时政治(夷夏)、道德(气节)之真实情况，盖有深意存焉，绝非消闲、风流之行事。[①]

从上述记载不难发现，在噤若寒蝉的表面之下，寅恪仍坚持其昔年"中学为体，西学为用"(中国文化本位论)，坚持"独立之精神，自由之思想"，"不以时俗为转移"，这真是"壁立千仞之态度"(陈序经语)。此外，寅恪细述了自己研究柳如是的大纲。可见，在新中国成立后两氏唯一的一次晤面中，寅恪已将自己一以贯之的文化态度以及近来研究之"深意"明白地透露给老友，在当时社会背景下，除吴宓外，还有谁人有此殊荣？

按8月31日，寅恪又有《辛丑七月雨僧老友自重庆来广州承询近况赋此答之》律诗一首，内有"留命任教加白眼，著书唯剩颂红妆"[②]。故而吴宓在日记中对"颂红妆"的学术构思有精略的概况，即在研究"红妆"之身世与著作的面目下，"察出当时政治(夷夏)、道德(气节)之真实情况"的"深意"。

① 吴学昭著：《吴宓与陈寅恪》，第143—144页。

② 陈寅恪：《陈寅恪集·诗集》，第113页。

吴宓此言是对《柳如是别传》撰作意旨最真切、最平实的评介[①]，这与寅恪在《缘起》中的自白完全一致：

> 披寻钱柳之篇什于残阙毁禁之余，往往窥见其孤怀遗恨，有可以令人感泣不能自已者焉。夫三户亡秦之志，九章哀郢之辞，即发自当日的士大夫，犹应珍惜引申，以表彰我民族独立之精神，自由之思想。何况出于婉娈倚门之少女，绸缪鼓瑟之小妇，而又为当时迂腐者所深诋，后世轻薄者所厚诬之人哉！[②]

很明显，吴宓所指的“深意”，还有寅恪力求表彰的精神与思想。一言以蔽之，“颂红妆”就是颂独立、颂自由。如果说“红妆”相当于“才女”，那么，作为一个研究者，在寅恪史学研究中，已有可以整齐排列的“红妆”系列了：

1935 年	武则天	见《武盟与佛教》
1936 年	秦　妇	见《读秦妇吟》
1941 年	崔莺莺	见《读莺莺传》
1944 年	杨贵妃	见《长恨歌笺注》
		韦丛见《元微之悼亡诗笺证稿》
	琵琶女	见《白香山琵琶引笺证》
1952 年	婚姻集团	见《记唐代之李武韦杨婚姻集团》
1953 年	陈端生	见《论〈再生缘〉》
1953—1964 年	柳如是	见《柳如是别传》[③]

从 20 世纪 30 年代以来，在寅恪的历史研究中，女性研究既是其来有自，更是逐步增强的，以至垂老之年达到“著书唯剩颂红妆”之地步，绝非咄咄怪

① 蔡鸿生：《“颂红妆”颂》，《〈柳如是别传〉与国学研究》，浙江人民出版社 1995 年版，第 35—42 页。

② 陈寅恪：《柳如是别传》，上海古籍出版社 1980 年版，上册，第 4 页。

③ 蔡鸿生：《“颂红妆”颂》，第 37—41 页。

事。所以,要完整地把握寅恪的历史观,就不能忽视陈氏在妇女问题上的卓越史识。[①] 而作为老友的吴宓,识破寅恪"红妆"研究所藏的"深意",称之为"颂红妆"的知音当非过誉。

在穗期间,寅恪夫妇均有诗赠吴宓,这些诗作表达了作为吴宓的老友,寅恪的深厚情感。《辛丑七月雨僧老友自重庆来广州承询近况,赋此答之》(其一)

留命任教加白眼,著书唯剩颂红妆。
为口东坡还自笑,老来事业未荒唐。

同时,这些诗作也表现了寅恪夫妇希望吴宓与原配陈心一女士复婚的祝愿(详见下节)。临别前,寅恪又赠诗多首:

《赠吴雨僧》(其一)
问疾亲辞蜀道难,相逢握手泪潸澜。
暮年一晤非容易,应作生离死别看。[②]

所言"应作生离死别看"更是一语成谶。从此,"过岭人"困顿于岭外,"蜀道客"坎坷于山城,再无晤面之机矣。这真是:"半轮白也川西月,摘尽春来岭外枝。乍晤翻成申旧约,百年泉路尽交期。"[③]

此后,吴宓在"文化大革命"狂潮中反对"批孔",并且冒着极大风险致函国立中山大学"革命委员会"(如此不合时宜的称谓),打听寅恪的消息,在自己处于非常时刻下,仍然关注着远方友朋。古人曰:"一死一生,乃见交情。"此即其谓乎?

---

① 蔡鸿生:《"颂红妆"颂》,第 37—41 页。
② 陈寅恪:《陈寅恪集·诗集》,第 119 页。
③ 戴镏龄:《戴镏龄文集》,广东人民出版社 1998 年版,第 360 页。

四、“神仙眷属须珍重”

在穗期间，寅恪夫妇均赠吴宓诗多首，陈夫人唐筼有《辛丑秋广州赠雨僧先生》《送雨僧先生重游北京》二首，系9月3日赠，其一曰：“北望长安本有家，双星银汉映秋华。神仙眷属须珍重，天上人间总未差。”对此，当日《吴宓日记》记曰：

> 筼嫂赠宓诗二首，笺书(存)，勖宓与心一复合；又赠心一方糖一大包，强宓带京。晚6:30在陈宅晚饭。……临别，筼嫂复再三说……。又一再致候心一，勖劝复合。

“心一”即指吴宓原配夫人陈(字心一)女士。临行前，寅恪《赠吴雨僧》绝句中有“幸有人间佳耦在，杜兰香去未移时”之句，在此，寅恪借用唐李商隐(号玉溪生)《重过圣女祠》原句，以“佳耦”(谐“佳偶”音)，亦含“勖劝”吴宓与陈心一“复合之意”[①]。可见，无论唐筼“神仙眷属须珍重”，还是陈寅恪“幸有人间佳耦在”，均表达了美好祝愿。

寅恪夫妇之所以在1961年力劝、祝愿吴宓破镜重圆，与1959年吴宓主动来函征求意见有关。

1959年1月，吴宓在致寅恪的“甚长之函”中，谈到了陈心一原本素健，近来屡病，忧其将先吴宓而逝。又言昔读顾炎武《悼亡诗》，尝感慨而思及陈心一，以为陈心一昔年曾为吴宓抄写《论衡》文稿，寄发杂志，助佐吴宓事业诸事，犹如顾炎武夫人“北府曾缝战士衣，酒浆宾客各无违。虚堂一夕琴先断，华表千年鹤未归”也，故欲与陈心一复合，并征求寅恪夫妇意见。收到信函后，寅恪很快复信，极表赞同。2月，吴宓收到寅恪复函，“极赞宓与陈心一复合。录去年夫人唐筼稚莹六十生日，寅恪撰赠联云：‘乌丝写韵能偕老，红豆生春共十

---

① 吴学昭著：《吴宓与陈寅恪》，第146—147页。

居。'……"[①]可见,寅恪不仅极赞成,且以对联喻示。

事实上,从20年代初吴宓与陈心一婚姻之缔结、婚变,到60年代勖劝复婚,寅恪一直是吴宓的知心、知情者。

1918年11月,同在美国留学的清华学校学生陈烈勋致函吴宓,欲以其妹陈心一介绍给吴宓,为此事,吴宓曾私下征求过同学汤用彤等人的意见。1919年初,吴、陈二氏缔交后,应吴宓之请,寅恪亦对此事表示过看法。《吴宓日记》1919年6月30日记录:

> 二君(指陈寅恪、汤用彤,与吴宓并称"哈佛三杰")皆谓当从事进行,调查实况,万不宜搁置。……
>
> 陈君寅恪云:"学德不如人,此实吾之大耻。娶妻不如人,又何耻之有?"又云"娶妻仅生涯中之一事,小之又小者耳。轻描淡写,得便了之可也。不志于学志之大,而竞竞惟求得美妻,是谓愚谬。今之留学生,其立言行事,皆动失其平者也"。由上种种言之,陈女之倾慕,果出于诚心,实有其情,则宓自不当负之,即可聘定。毋须苛计末节,徒以拖延犹豫,误己误人,费时费力。[②]

此外,吴宓还曾托友人朱君毅,请朱转托其未婚妻毛彦文代为调查、打听陈心一的情况。[③]

到了10月19日,吴宓决定允婚,"商之锡予(汤用彤字)及君寅恪,均以为宜,即如此办理。遂于是夕致陈君烈勋允婚"[④]。可见,对吴宓与陈心一的婚事,寅恪的意见有一定影响。

类似地,对于寅恪的婚姻,吴宓亦十分关心。1927年,他曾打算为寅恪介

---

① 吴学昭著:《吴宓与陈寅恪》,第134—135页。

② 吴宓:《吴宓日记》第二册,第34—35页。

③ 吴宓:《吴宓日记》第二册,第34页、74—75页、83—85页;《吴宓自编年谱》,第199页。

④ 吴宓:《吴宓日记》第二册,第85—86页。

绍女友，1928 年寅恪、唐筼结婚时，吴宓以红笺撰《贺陈寅恪新婚》诗一首为贺，寅恪夫妇十分高兴[①]。

1921 年 8 月，吴宓学成归国，旋与陈心一结婚。不久，朱君毅解除与毛彦文的婚约，毛彦文“心绪繁乱，逢人诉说”，吴宓初始同情：“吾为二人痛。”拟以毛彦文提供的“与(朱)君毅来往函件及昔年日记”“撰作小说”；继而怜爱不已，最终吴、毛二人相恋。吴宓更决定为了“真爱”而“与心一离异，而希望与彦结婚，世人诽笑，亲友责难，皆所不顾矣”[②]。

对于吴宓之情迁，寅恪得知较早，曾进行过规劝。1928 年 11 月，吴、陈二氏晤谈，“寅恪以法律如离婚，重于社会批评，如两妻，重婚。故人当遵守法律而宁犯社会之讥评，方为稳妥云”，寅恪的意义既中肯又坚决。《吴宓日记》1928 年 11 月 27 日记录：

> 夕 5—8 与陈寅恪谈，寅恪并在此晚饭。宓略以宓之心情及困难之问题告之。寅恪则谓无论如何错误失悔，对于正式之妻，不能脱离背弃或丝毫蔑视。应严持道德，悬崖立马，勿存他想。双妻制度，亦不可行。……又谓宓此时已堕情网，遂致盲目。感情所激，理性全无。他日回思，所见必异。既已一误，何堪再误云云。……寅恪谓此事已成悲剧之形式。[③]

但至此时，吴宓已听不进任何谏言了，他自认为“宓本具浪漫之特质，急激而重感情。又助人克己，热诚过度。昔与心一订婚、结婚，虽系愚痴，亦由热诚过度，与感情作用。即使今对彦亦如此，然宓知彦远比当时未睹心一面者为深。故今即使一切迷误，自始伊戚，他日亦决不悔也”。[④]

明白吴宓之意已决，寅恪一度感到失望。1929 年 6 月 15 日，吴宓夜访寅

---

① 吴宓:《吴宓日记》第三册，第 353 页、428—432 页、411 页；第四册，第 89 页。

② 吴宓:《吴宓日记》第二册，第 259 页；第三册，第 260 页；第四册，第 139 页。

③ 吴宓:《吴宓日记》第四册，第 162 页、168 页。

④ 吴宓:《吴宓日记》第四册，第 168 页。

恪，欲谈个人感情时，陈寅恪表示“不愿听”，称等到“精神好时再谈”。[①]

一度失望之后，寅恪对于吴宓的婚变反应平淡，不以为奇。寅恪认为“既已离婚，当然可以再娶。又谓婚姻（尤其对于男子）不过人生中之一小事，不宜视之过重”，“昔在美国初识宓时，即知宓本性浪漫，惟为旧礼教、旧道德之学说所拘系，感情不得发舒，积久而濒于破裂。犹壶水受热而沸腾，揭盖以出汽，比之任壶炸裂，殊为胜过。彼谓宓近来性行骤变者，实未知宓者也云云”。[②] 寅恪举“壶之出汽”以喻吴宓离婚之行为，以排非议，反映了他与吴宓相知甚深。[③]

吴宓离婚后，并未能与毛彦文结为夫妇。但是，吴宓一直热恋毛彦文，直到 1942 年 8 月，吴宓还曾致函寅恪，“求询关于彦之一切消息”。寅恪也倾其所知，9 月予以答复。[④]

在吴宓婚变一事上，可以看到吴宓、寅恪二人同中有异的个人性情与婚恋观念：作为研习文学、信奉“自由”“民主”“科学”为人文主义精谛的诗人、学者，吴宓既有坚持中国传统道德学术之举，有古貌古心、大义凛然之表，同时，又有浪漫诗情甚于理德教之实，因而也就有追求崇高感情而不顾现实之举。因此，别人认他“奇特”“矛盾”，吴宓的受业弟子季羡林如是说：

> 雨僧先生是一个奇特的人，身上也有不少的矛盾。他古貌古心，同其他教授不一样，所以奇特。他言行一致，表里如一，同其他教授不一样，所以奇特。别人写白话文，写新诗；他偏写古文，但又十分推崇用白话写成的《红楼梦》，所以矛盾。他看似严肃、古板，但又颇有一些恋爱的浪漫史，所以矛盾。他能同青年学生来往，但又凛然、俨然、所以矛盾。总之，他是

---

① 吴宓：《吴宓日记》第四册，第 260 页。

② 吴宓：《吴宓日记》第五册，第 50、60 页。

③ 李玉梅：《陈寅恪之史学》，香港三联书店 1997 年版，第 438 页；王子舟：《陈寅恪读书生涯》，长江文艺出版社 1997 年版，第 37 页。

④ 吴宓：《吴宓日记》第八册，第 358、378 页。

一个既奇特又矛盾的人。我这样说,不但丝毫没有贬意,而且是充满了敬意。[①]

相比较而言,寅恪则恪守传统文化,理智重于感情,不时甚至于个人感情趋于细微、隐晦,使人难于察觉(1949 年后越发趋明显)。作为吴宓的哈佛同窗、清华同仁、学术同道,寅恪在吴宓离婚之意初萌时,是坚决予以反对的,并且数次劝谏,以至一度表现出失望;而吴宓坚持离婚,引来口诛笔伐之时,寅恪不仅反而劝说吴宓勿为时人非议所烦恼,并且有通达情义、深明老友之论。由此前因后果的过程中,不难发现二人之知心情义。

五、学通中西,谊兼师友

早在留学哈佛之时,吴宓就接受了老师白璧德、穆尔教授的"新人文主义"学说。在吴宓眼中,白璧德是"西方救世之贤哲","宓服膺白师,甚至以为白师乃今世之苏格拉底、孔子、耶稣、释加。我得遇白师,受其教诲,既于精神之所感发,复于学术窥其全真,此乃吾生最大之遭遇"[②]。

在聆听白璧德、穆尔教诲之余,吴宓"饫闻梅(光迪)、陈(寅恪)诸良友之绪论,更略识西国贤哲之学说,与吾国古圣之立教,以及庭训之所得,比较参证,处处符合",而且,白璧德亦曾亲谓吴宓,"东西各国之儒者,Humanists(人文主义者)应联为一气,协力行事,则淑世易俗为功,或可冀成",所以,白璧德等人对留美的吴宓、寅恪、汤用彤、梅光迪、张鑫海等人"期望至殷"[③]。

融汇中西贤哲之说、宣扬文化守成主义的最佳途径之一,就是创办刊物,传播学说。所以学成回国的几个月后,吴宓就与梅光迪等同道决定创办刊物——《学衡》。1922 年 1 月,《学衡》第 1 期出版,直至 1933 年 7 月终刊,共

---

① 季羡林:《回忆雨僧先生》,收入《季羡林小品》,中国人民大学出版社 1992 年版,第 288—289 页。

② 吴宓:《吴宓日记》第六册,生活·读书·新知三联书店 1999 年版,第 90、96 页。

③ 吴宓:《吴宓日记》第二册,第 68 页、212—213 页。

版 79 期。

被吴宓视为同道的寅恪，对于吴宓及其《学衡》杂志，是给予了足够支持的。寅恪不仅曾经修改吴宓将刊于《学衡》的文稿、捐款 50 元作为《学衡》杂志经费[①]，而且还在《学衡》发表诗文。

寅恪在《学衡》杂志共发表诗文 7 篇，其中论文 4 篇：《与妹书》（20 期，1923 年 8 月）、《冯友兰中国哲学史上册审查报告》《敦煌劫余录》《与刘文典教授论国文试题书》（均收入第 79 期，1933 年 7 月）；诗作 3 篇：《挽王静庵先生》（60 期，1926 年 12 月）、《王观堂先生挽词并序》（64 期，1928 年 7 月）、《题文学士读书端已集诗》（71，1929 年 9 月）。兹略析之。

在《与妹书》中，寅恪谈到了自己对学问的心得与抱负、兼采中西的治学方法，实为陈氏一生治学之纲要，而在《冯友兰中国哲学史上册审查报告》中，寅恪提出了"同情了解"的中国哲学史研究方法，透显出了寅恪"中国文化本位"的文化解释意识[②]；在《敦煌劫余录序》中，寅恪既提出了"预流"这一"古今学术史之通义"，又号召中国学者"勉作敦煌学之预流"；在《与刘文典教授国文试题书》中，寅恪论述了被某些非议认为过时的"对对子"的"中国语文特性"，"不得不研究由此特性所在地产生之对子"，从中可以略见寅恪守成的文化态度[③]，一国文化自有其特性，不可乱其宗统，中国文化尤其如此。而寅恪诗作三篇，在纪念王国维"风义平生师友间"、追怀旧事之余，道出了对王国维的敬仰，"文化神州丧一身"，由此可见陈、王二氏"吾侪所学关天意"而产生的"文化"上相怜相惜。王国维自沉前遗嘱寅恪、吴宓二氏料理其后事，亦可见三人感情之真、相契之深。寅恪的挽词被吴宓、罗振玉等公认为哀王国维诸篇中最佳之作。

可见，寅恪在《学衡》上发表的诗文，表明他与吴宓等学衡派有着相通的精

① 吴宓：《吴宓日记》第四册，第 17 页、41 页。

② 王守常：《读陈寅恪先生关于冯友兰〈中国哲学史〉审查报告》，载王永新主编：《纪念陈寅恪先生百年诞辰学术论文集》，江西教育出版社 1994 年版，第 428—429 页。

③ 汪荣祖：《陈寅恪评传》，第 37—38 页。

神、治学方法和文化理念。此外，寅恪心目中的教育，乃是“求通解及剖析吾民族所承受文化之内容，为一种人文主义之教育”①；寅恪毕生所追求、所坚持的，乃是吾民族“独立之精神，自由之思想”，这其中具有明显的人文主义烙印，表明寅恪对人文主义的强调，而这点正是与吴宓等学衡派思想暗合的②。从这个意义上讲，吴宓与寅恪是名实相符的同志、同道。

寅恪的“中国文化本位”思想，与吴宓基本一致。在王国维自沉的次日，吴宓在日记中发出了铮铮誓言：③

> 宓固愿以维持中国文化道德礼教之精神为己任者，今敢誓于王先生灵，他年苟不能实行所志，而忍以没；或为中国文化道德礼教之敌所逼迫，义无苟全者，则必当效王先生之行事，从容就死。惟王先生实冥鉴之。

王国维自沉后十二日，在与寅恪“谈久”中，吴宓直率地表明了他对陈寅恪文化态度的赞同。据《吴宓日记》1927 年 6 月 14 日记录：

> 访陈寅恪，谈久。宓设二马之喻，言处今之时世，不从理想，但计功利。入世积极活动，以图事功。此一道也。又或怀抱理想，则睹事势艰难。恬然退隐，但顾一身。寄情于文章艺术，以自娱悦，而有专门之成就，或佳妙之著作。此又一道也。而宓不幸，则欲二者兼之。心爱中国旧日礼教道德之理想，而又思以西方积极活动之新方法，维持并发展此理想，遂不得不重效率，不得不计成绩，不得不谋事功。此二者常互背驰而相冲突。强欲以己之力量兼顾之，则譬如二马并驰，宓以左右二足分踏马背而

---

① 李玉梅：《陈寅恪之史学》，第 430 页。

② 乐黛云：《重估“学衡”——兼论现代保守主义》，转引自李玉梅：《陈寅恪之史学》，第 58、88 页；乐黛云：《世界文化对话中的中国现代保守主义——兼论〈学衡〉杂志》，载《第一届吴宓学术讨论会论文选集》第 253—268 页，又载《中国文化》创刊号，1989 年 12 月。

③ 吴宓：《吴宓日记》第三册，第 346 页。

> 絷之，又以二手紧握二马之缰于一处，强二马比肩同进。然使吾力不继，握缰不紧，二马分道而奔，则宓将受车裂之刑矣。此宓生之悲剧也。而以宓之性情及境遇，则欲不并踏此二马之背而不能。吾其奈之何哉？寅恪谓凡一国文化衰亡之时，高明之士，自视为此文化之所寄者，辄痛苦非常，每先以此身殉文化。如王静安先生，是其显著之例。而宓则谓寅恪与宓皆不能逃此范围，特有大小轻重之别耳。①

吴宓为“中国旧日礼教道德之理想”与“西方积极活动之新方法”二马的“背驰”“冲突”而调和，冀望“二马并驰”，与寅恪遵张之洞“中学为体，西学为用”有异曲同工之妙，而“二马分道而奔，则宓将受车裂之刑矣”，表示为了中国文化，吴宓不惜以身相殉的精神。而寅恪之论实出自他的《王观堂先生挽词并序》，表明为中国文化所化之人（“此文化之所寄托者”）在中国文化衰亡之时“每先以此身殉文化”的精神，亦为以身殉道。

吴宓、寅恪于殉道上的认同，成为吴、陈二氏面对逝去的高明之士王国维的宏亮誓词。此后几十年中，吴、陈二氏秉此素志以行，互相激扬、互相砥砺，为中国文化树立了正气，更为中国学人建立了榜样②。而这一对“神州文化共命人”亦从互怜互惜中体会到了“吾道之不孤”。

顺便值得一提的是，吴宓之所以设“二马之喻”，不外多方面原因：其一，西方新人文主义“有以乘马为喻”之例：“西儒又有以乘马为喻，谓不居正中，则堕鞍下；惟居正中，乃能用衔勒，指挥飞驰。”意在以其中、和为教（the Golden mean; Moderation, Harmony）也③。其二，“宓生于光绪甲午年，属相为马，性亦类似。故恒喜以马为喻”，诗文中更是如此④。吴宓甚至爱马及骡、驴：看见

① 吴宓：《吴宓日记》第三册，第 355 页。
② 唐振常：《识史集》，上海古籍出版社 1997 年版，第 8—9 页。
③ 吴宓：《吴宓日记》第二册，第 69 页。
④ 吴宓：《吴宓日记》第四册，第 181 页；第六册，第 28 页。

御者痛击青骡，而伤心悲痛；喜读拉丁文小说《金驴记》等[①]。

此外，吴宓与寅恪家族中多人，如陈寅恪尊人陈三立、兄弟陈登恪(1897—1974 年)、陈衡恪(1876—1923 年，字师曾)，衡恪夫人黄国厚、次子陈封怀、封怀妻张孟庄等均识悉[②]。在吴宓心目中，寅恪家是与他本人家族气类相同的“文化之贵族”，“故义宁陈氏一门，实握世运之枢轴，含时代之消息，而为中国文化与学术德教所托命者也”[③]。自然，《学衡》杂志也是陈氏家族的精神家园。所以，陈三立、陈衡恪的诗文也多次在《学衡》刊出[④]。这也表明，吴宓与整个寅恪家族在“中国文化与学术德教”上的认同。

吴宓与寅恪，一生均主张中西文化的融汇，但这种融汇是以中体西用为前提的，因而有较浓厚的文化守成色彩(或称为“文化保守主义”)，这在他们言行上也有着绝妙奇特的表现：吴宓古貌古心、凛然俨然，却有热情浪漫；在过孔子圣诞节、参加祭孔典礼等中国传节日的同时，也过在当时中国颇为时髦的情人节、耶稣圣诞节[⑤]。寅恪则一身“土”气，一副只知“子曰”“诗云”的老学究模样之下(寅恪侄封雄语[⑥])，不信中医(以至膑腿盲目)，相信西医，习惯牛油、面包、牛奶。中西之文化意味在吴、陈二氏身上如此似乎矛盾却又微妙协调，主要原因在于二氏在中西文化交汇、撞击之中，坚持中国文化本位的态度。因此，二人身上洋气固然洋溢，洋风也循然可追，但“王气”却为根基。

对于寅恪，吴宓自从相识之日起，就一直十分钦服。他对此毫不讳言，多次宣扬之。30 年代，吴宓在其中文版的代表作《空轩诗话》中写道：

---

① 吴宓：《吴宓日记》，第七册，第 188 页。

② 吴宓：《吴宓日记》第四册，第 116 页、6—7 页、45 页；第七册，第 219 页。

③ 吴宓：《读散原精舍诗笔记》，《国学研究》第一卷，北京大学出版社 1993 年版，第 550—551 页。

④ 陈三立的诗文在《学衡》刊出的共 3 篇：诗《题陆丹林红树室时贤书画集》(74 期)、文《刘古愚先生传》(19 期)、文《文道希先生遗诗序》(71 期)。陈衡恪刊于《学衡》上的作品全部为诗，共 7 首，见刊于 19 期、20(二首)期、14 期、21 期、24 期、27 期。

⑤ 吴宓：《吴宓日记》第二册，第 293 页；第三册，第 408 页；第六册，第 348、145、142 页；第八册，第 275 页；第六册，第 73 页；第三册，第 456 页。

⑥ 陈封雄：《“怪”教授》，《人物》，1983 年 4 期。

始宓于民国八年,在美国哈佛大学得识陈寅恪。当时即惊其博学,而服其卓识。驰书国内诸友,谓合中西新旧各种学问而且统论之,吾必以寅恪为全中国最博学之人。今时阅十五六载,行历三洲,广交当世人士,吾仍坚持此言。且喜众人之同于吾言。寅恪虽系吾友而实吾师。即于诗一道,历年所以启迪予者良多。不能悉记。①

在30年代,吴宓还慨言:

自古人才难得,出类拔萃、卓尔不群的人才尤其不易得。当今文史方面的杰出人才,在老一辈中要推陈寅恪先生,在年轻一辈要推钱钟书,他们都是人中之龙,其余如你我,不过尔尔。②

1942年8月,得知自己被任命为"西洋文学部聘教授",吴宓认为"固不足荣,然得与寅恪(历史)、汤用彤(哲学)两兄并列,实宓之大幸矣!"③50年代以后,在《自编年谱》中,吴宓仍坦言,寅恪"历年在中国文学、史学及诗之一道,所启迪、指教宓者,更多不胜记也"④。此例甚多,不用枚举。

此外,吴宓还在多种场合称述寅恪"学识之崇博",认为王国维、寅恪是"名高望重,举世同钦之学者"⑤,这种钦服,甚至带有敬畏的色彩,这在他个人日记中不难发现。⑥

综言之,套用寅恪言其与王国维"风义平生师友间"之句,而代指吴宓"寅恪虽系吾友而实吾师"之言,也是十分适当的。

---

① 蒋天枢:《陈寅恪先生编年事辑》(增订本),第83—84页。
② 郑朝宗:《但开风气不为师》,载《管锥编研究论文集》,福建人民出版社1984年版。
③ 吴宓:《吴宓日记》第八册,第369页;《吴宓与陈寅恪》,第109页。
④ 吴宓:《吴宓自编年谱》,生活·读书·新知三联书店1995年版,第189页。
⑤ 吴宓:《吴宓日记》第六册,第33、233页。
⑥ 吴宓:《吴宓日记》第八册,第234、299页。

吴宓与寅恪,两氏出于对中国文化的责任感及“神州共命”的使命感[1],他们从相识到相知,到以后的“共命”,其友谊超乎寻常人,达到了生死与共的程度。“一死一生,乃见交情”,吴宓、寅恪之友谊就是这种生死之交、金石之交的典范。

第二节　与刘文典[2]

学者刘文典(1889—1958 年),安徽合肥人,字叔雅,原名文聪,笔名天明等,室名松雅斋,晚年入滇自号“二云居士”,是西南联大唯一吸鸦片烟的教授。1943 年,他应云南普洱(磨黑)大豪绅、盐商张希孟之邀,为其母撰墓志,张希孟赠他“云土”50 两,直到昆明解放后才彻底戒掉。刘文典自幼入教会学校学习英语,1906 年入芜湖安徽公学,受到老师陈独秀、刘师培的影响,积极参加反清活动,1907 年加入同盟会。1909 年、1913 年两次赴日留学,毕业于早稻田大学。1917 年 28 岁时,即被聘为北京大学中文系教授。“五四”运动期间,参加《新青年》的撰稿、编辑工作,翻译、介绍叔本华等西方哲学家的学说,译有《进化与人生》《进化论讲话》等。1927 年,创办安徽大学并任校长,因顶撞前来安庆视察的国民政府主席蒋介石而入监,经蔡元培等人努力,获释。1928 年重新执教于北大。1929 年任清华大学中国语文系教授,1931 年代理系主任。1937 年后随校内迁为长沙临时大学、西南联合大学教授。1943 年任云南磨黑中学校长,脱离了联大。从 1944 年起,任云南大学文史系教授,直至去世。

刘文典曾先后师从刘师培、章太炎受小学、经学,平生服膺高邮王氏父子,在学术实践上,他又融会了晚清的新学风气,成为近现代学术史上的著名学者。刘文典一生主要从事高等教育和学术研究工作,成就突出,为培养从事传

---

① 汪荣祖:《吴宓与陈寅恪的情谊》,《历史》月刊第 71 期,第 57—61 页,台北 1993 年 12 月出版。

② 本节内容根据王川《刘文典与陈寅恪学术交往述论》(《四川师范大学学报》2003 年第 1 期,第 108—118 页)编辑修改而成。

统文化研究的人才作出了重要贡献。主要著作有《淮南鸿烈集解》《庄子补正》《说苑斠补》《三余札记》《群书校补》《杜甫年谱》等。[①] 至于学术，刘文典与寅恪的交往是近代学术史上不容忽视的一页。

一、水木清华共事八年(1927—1937年)

1928年夏秋之际，新上任的清华大学校长罗家伦曾聘刘文典来北平执教，时为安徽大学校长的刘文典亦应允，“以安徽大学坚留未能到校”。[②] 不久后，刘文典北上再次执教于北大。

1929年初，刘文典终于遂愿执教于清华大学中国语文系(简称中文系)，而此时，寅恪早已是清华中文、历史两系的合聘教授了。对于刘、陈的这一新旧状况，4月，罗家伦答上海记者问有如下一段[③]：

> (在余任内)计今年所聘教授讲师，如……刘叔雅先生之汉魏六朝文学……系新添之教授，为……有专门学术者也，至于以前即在清华之教授，如赵元任先生授音韵学，陈寅恪先生授佛经翻译及唐代西北史料……。总之，清华教授人选，总算是可以向学术界交待得过去。余聘教授，毫无门户之见，概以学术标准为衡。

罗氏之言，指出了当时刘、陈二氏之所长。

来清华后，刘文典即投入教学与研究。同年12月17日，他与朱自清、朱希祖、杨振声等人发起成立了“清华中国文学会”。[④] 约此前后，刘文典、寅恪相识。不久，清华中国文学会决定出版《清华中国文学会月刊》，刘文典、寅恪

---

① 安徽大学出版社与云南大学出版社1999年8月出版了4册刘文典全集；张昌华的文章《还有一个刘文典》(载《人物》杂志2006年第3期)记录了一些刘文典的趣事。

② 罗家伦：《整理校务之经过及计划》，《国立清华大学校刊》1928年11月23日，第12期。

③ 《罗校长与上海记者谈话》(1929年4月16日)，《国立清华大学校刊》1929年4月26日，第61期。

④ 姜健、吴为公：《朱自清年谱》，安徽教育出版社，1996年，第82页。

之论文得见在此刊物发表。[①]

1930年5月,罗家伦请辞校长之职,次年3月获准。兼理教育部长的蒋介石乃任命心腹吴南轩继之。吴南轩官僚作风严重,“未及二月,一切设施,均背同学公意,且妄改校章,不维信用,蔑视教授、贪夺权利,致激起全体同学之公愤,引起教授之反抗,忍无可忍之余,驱吴运动爆发”。[②] 刘文典参与,一向很少抛头露面的陈寅恪亦忍无可忍,在会上当众痛斥吴南轩办事糊涂,要求吴立刻辞职。刘文典、寅恪并与其他同仁签名要求更换校长,声明“倘此问题不能圆满解决,定于下学年与清华脱离关系”。[③] 同年7月,吴南轩下台。

1931年秋,清华大学研究院文科研究所成立了中国文学部、历史学部,在原有中文系课程之外,增设了一些研究课程,并由教授任导师,指导学生、研究生。其中,刘文典的指导范围为“选学、诸子、中国化之外国语”,并上《庄子》《墨子》、杜诗等,“诸书或以记事为职,或以立意为宗,或以文辞为主,要皆吾国语文学之根本”;寅恪的指导范围为“佛教文学”,并上“文学专家研究”课程,如阮籍、陶潜、庾信、李商隐、苏轼等,“取专家中之足以表一时代文学或能独创一格者,加以研究与批评”。可见,二人所指导范围,虽有不同,但是还有在古代文学研究上一致的。

此外,在历史学部,寅恪开设“中国中古史专题研究”,指导学生研究魏晋南北朝史、隋唐史。

由于授课、研究的接近及同系共事,刘文典、寅恪共同执教了一些学生,如作为考试委员、主席,二人出席过多次清华大学研究院文科研究所中国文学部

---

① 刘文典:《最容易读错的几个成语》,《清华中国文学会月刊》3卷第1期,1932年5月1日,第91—93页;陈寅恪:《蓟丘之植植于汶篁之最简易解释》,《清华中国文学会月刊》1卷第3期,1931年4月30日,第6—7页。

② 《驱吴运动爆发》,《清华周刊副刊》1931年6月6日,35卷12期。

③ 《四十八教授态度坚决之声明》(1931年5月28日),载清华大学校史编辑室编:《清华大学史料选编》第二卷上册,清华大学出版社1991年版,第103页。吴南轩下台与其中央政府背景等因素有关,参阅冯友兰《三松堂自序》,生活·读书·新知三联书店1984年版,第79—80页。

研究生的毕业考试(见表 5－1)①。

表 5－1 刘文典与陈寅恪共同指导的研究生一览表

时间	研究生姓名	考试类型	论文题目	资料出处	附注
1933 年 3 月 17 日	萧涤非	毕业初试		《朱自清年谱》第 120 页	
1933 年 6 月 12 日	萧涤非	论文考试	《乐府之变迁史》	《朱》第 123—124 页;《清华大学史料选编》二卷上册,第 648 页	黄节为主席
1934 年 5 月 23 日	霍世休	毕业初试		《朱》第 134 页	
1935 年 2 月 28 日	霍世休	论文考试	《唐代传奇中的印度故事》	《朱》第 142 页;《清》二卷上册,第 657—658 页	陈寅恪为主席
1935 年 5 月 30 日	崔殿魁	毕业初试		《朱》第 146 页	
1935 年 6 月 20 日	崔殿魁	论文考试	《萧选李注杨榷》	《朱》第 147 页;《清》二卷上册,第 657—658 页。	
1936 年 7 月 30 日	何格恩	毕业初试		《朱》第 160 页	
1936 年 9 月 17 日	何格恩	论文考试	《〈曲江集〉考证》	《朱》第 162 页;《清》二卷上册,第 688—689 页。	
1936 年 10 月 2 日	张恒寿	毕业初试		《朱》第 162—163 页	
1936 年 10 月 15 日	许世瑛	毕业初试		《朱》第 163 页	

注:《朱自清年谱》为姜建、吴为公所编,萧涤非为清华中文系第一届毕业的本科生、中国文学研究所第一届毕业的研究生。

① 《文学院中国文学系学程一览》(民国二十五年至二十六年度),《清华大学史料选编》第二卷上册,第 299—307 页。

需指出的是,上述学生中的不少人后来成为文史专家。此外,刘文典、寅恪还同为《清华学报》这一学术刊物的编委。按,7卷1期(1932年1月)出版之前,《清华学报》系由"国立清华大学出版委员会"编辑,从7卷2期(1932年6月)起,改设学报编辑部,以浦薛凤为总编辑,编委又有陈刘二人、吴宓等。

共事、论文于水木清华,刘文典、寅恪由相识到相知,相互了解逐渐加深,学术情谊日笃。清华时期,刘文典、寅恪学术交往最著名的事例是所谓"对对子"风波。

1931年8月,按清华休假制度,中文系代理系主任朱自清赴英访学一年,其从1930年7月以来代理的系主任之职,暂由刘文典代理。①

1932年夏,寅恪准备前往北戴河休养。一日,刘文典来访,曰"大学入学考期甚近,请代拟试题",因已决定次日出发,故寅恪在校阅清华历年试卷之后,"遂匆匆草就普通国文试题",即作文题:"梦游清华园记",以及对对子"孙行者""少小离家老大回"。对对子这类试题又见于陈寅恪拟定的二三年级转学生试题,"莫等闲白了少年头";以及研究生入学试题,"墨西哥""人比黄花瘦"。②

寅恪选定对对子为考试方式的理由,又与他"尤以做对子为长"有密切关系。在此,按编年顺序,笔者排出陈寅恪的史学"对子"系列(见表5-2)③:

表5-2　寅恪的史学"对子"系列一览表

时间	对子	出处
清华执教初期	南海圣人再传弟子,大清皇帝同学少年。	陈哲三《陈寅恪轶事》
1927年	十七年国久魂销,犹余剩水残山,留与累臣供一死。　五千卷牙签新手触,待检玄文奇字,谬承遗命倍伤神。	《陈寅恪诗集》第17页

① 姜健、吴为公:《朱自清年谱》,安徽教育出版社1996年版,第97、90页。

② 陈寅恪:《与刘叔雅论国文试题书》及"附记",《金明馆丛稿二编》,上海古籍出版社1980年版,第221—228页。

③ 姜亮夫:《忆清华国学研究院》,载王元化主编《学林集林》卷一,上海远东出版社1994年版,第241页。从二十年代起陈寅恪就多次为吴宓等人撰改对联,亦可说明此点(《吴宓日记》第四册,第27—28页)。

(续表)

时间	对子	出处
1928 年	黻珮想雍容,遗范开元全盛世。 蓂斋蕲净乐,伤神长庆悼亡诗。	《吴宓日记》第四册,第 28—29 页
1930 年	不通家法科学玄学,语无伦次中文西文。(横批)儒将风流	《陈寅恪先生编年事辑》第 63 页
40 年代	见机而作,入土为安。	同上
1941 年	人事极烦劳,高斋延客,萧寺属文,心力暗殚浑未觉。 乱离相倚托,娇女无庑,病妻求药,年时回忆倍伤神。	《陈寅恪诗集》第 29 页
40 年代	新雨不来旧雨往,他生未卜此生休。(集杜甫《秋述》、李商隐《马嵬》诗句)	文殊:《追怀先师吴宓教授》,载《追忆吴宓》,社会科学文献出版社 2001 年版,第 212 页。
50 年代中	野老已歌丰岁语,暗香先返玉梅魂。(集苏轼诗句)	金应熙:《陈寅恪传》,载《中国史学家评传》下册,中州古籍出版社 1985 年版,第 1352 页。
1956 年	中秋共赏团圞月,大学新栽桃李花。	吴定宇:《陈寅恪传》,第 205 页
1957 年	春风桃李红争放,仙馆琅玕碧换新。	《陈寅恪诗集》,第 107 页
1957 年	万竹竞鸣除旧岁,百花齐放听新莺。	同上,第 106—107 页
1957 年	古董先生谁似我,新花齐放此逢君	陆键东:《陈寅恪的最后二十年》,三联书店 1995 年版,第 197 页。
1958 年	乌丝写韵能偕老,红豆生春共卜居。	《陈寅恪诗集》,第 113 页
1959 年	六亿人民齐跃进,十年国庆共欢腾。	冯衣北:《陈寅恪晚年诗文及其他》,花城出版社 1986 年版,第 10 页
50 年代	得过且过日子,半通不通秀才。	陆键东:《陈寅恪的最后二十年》,生活·读书·新知三联书店 1995 年版,第 386 页。
1961 年	壬水庚金龙虎斗,郭聋陈瞽马牛风	此联或曰陈寅恪、郭沫若各写半联;或曰郭沫若作,见《陈寅恪的最后二十年》,第 317 页。
1964年元旦	丰收南亩春前雨,先放东风岭外梅。	吴定宇:《陈寅恪传》,第 228 页
1967 年	涕泣对牛衣,卌载都成断肠史,废残难豹隐,九泉稍待枯眼人。	《陈寅恪诗集》,第 150 页

清华考生对对子的答案,亦令人叫绝。对于"孙行者",寅恪拟定的标准答案是"胡适之",时中文系学生周祖谟、张政烺等三人均答"胡适之",又有学生答"祖冲之"。对于"墨西哥",时中文系学生赵萝蕤等人均未答出;对于"人比黄花瘦",有学生答"情如碧海深",亦妙对。①

"对对子"试题在社会上传开后,招来沸扬物议,尤其是部分洋派人士,认为对子与八股文是旧时代的产物,是落后、保守的象征,因而群起诘难。寅恪的故友旧朋中,亦有对此不完全赞成者。如李济未明显表示赞同,只说常作对子,人的理性与思想的逻辑会受限制,暗寓不支持"以对对子取士"之意味。②

对于哗然的舆论,寅恪泰然处之。他发表《答记者问》于《清华暑期周刊》第7卷第6期。次年,他致刘文典之函,在上海《青鹤》、南京《学衡》、天津《大公报·文学副刊》上发表或转载。其中,《青鹤》所加的"编者案语"是:

> 义宁陈寅恪先生,为散原老人第五子,学问淹博,久任清华大学教授,尝以对联为国文试题,一时群起诘难,先生未辨也。倾友人抄得其致刘叔

① 陈寅恪:《与刘叔雅论国文试题书》及《附记》,《金明馆丛稿二编》,上海古籍出版社1980年版,第221—228页;翁同文:《追忆陈寅恪师》,载王永兴主编《纪念陈寅恪先生百年诞辰学术论文集》,江西人民出版社1994年版,第53页;周祖谟:《往事自述》,《文献》1988年4期;《陈寅恪先生论对对子》,《燕都》1990年2月;陈智超:《张政烺先生访问记》,《中国史研究动态》1992年4期;周一良:《毕竟是书生》,北京十月文艺出版社1998年版,第156页;劳幹:《忆陈寅恪先生》,《传记文学》第17卷3期,1970年。但邓云乡说,"祖冲之"是陈寅恪的自拟答案(《也谈"孙行者"》,《文汇读书周报》1991年11月30日);吴小如则说,据卞慧僧(卞慧新)言,"王引之"才是陈寅恪的自拟答案(《关于陈寅恪先生的联语》,《团结报》1991年11月6日),因为有陈寅恪1965年写的《附记》,表明自拟答案为"胡适之",故邓、吴说均不正确。邓文又曰:"'孙行者'对'胡适之',也是流水对。在意思上不当人名讲,就是'孙子行走着',下句对'到哪里去呢?'这里'胡'是文言疑问词,'适之'是去哪里的意思。当年胡适之先生提倡白话文,有些反对白话的老先生就说:'胡适为什么不改名叫往哪里去呢?'周先生当年以'胡适之'对'孙行者'就是这个意思"。因此当作笑话,这一巧对流传很广,可以参阅周一良:《我所了解的陈寅恪先生》,《〈柳如是别传〉与国学研究》,浙江人民出版社1995年版,第13页。90年代,王翼奇对以"文中子"对"墨西哥",可称巧对,王系20年代北大中文系毕业生,参见叶九如:《"文中子"可对"墨西哥"》,《读书》1997年1期,第131页。

② 姚高淑芳:《追念先父高步瀛先生》,《传记文学》第17卷5期,1970年11月,第41—44页。事实上,胡适一生也撰写了不少对联,翻看《胡适日记》随处可见;李济:《关于在中国如何推进科学思想的几个问题》,转引自李光谟《锄头考古学家的足迹——李济治学生涯琐记》,中国人民大学出版社1996年版,第137—139页。

雅书。复录以示余。刘为是校国文系主任，曾嘱先生拟试题者。此书于命题之旨，颇多发挥，殊有兴趣也。①

此书(《与刘叔雅论国文试题书》)到底如何发挥、怎样有趣呢?

在此篇中，寅恪认为，国文试题应改变前趣，用一种方法，“其形式简单而含义丰富，又与华夏民族语言文字之特性有密切关系者，以之测验程度，始能于阅卷定分之时，有所依据，庶几可使应试者，无甚侥幸，或甚冤屈之事”。这种方法就是“对对子”，它是学习中国语言文字的基本功。

寅恪坦率地承认:“此法形式简单而含义丰富，又与华夏民族语言文学之特性有密切关系。”当然“此方法去吾辈理想中之完善方法，固甚辽远”，是“不得已而求一过渡时代救济之方法，以为真正中国文法未成立前之暂时代用品”，但在当时条件下，“尚是诚意不欺，实事求是之一种方法”，有四大优点：1. 对子可以测验应试者，能否知分别虚实字及其应用。2. 对子可以测验应试者，能否分别平仄声;陈寅恪认为此点最为重要。音韵之美，为汉语之至美。“若读者不能分平仄，就不能完全欣赏与了解，竟与不读相去无几”。3. 对子可以测验读书之多少及语藏之贫富。4. 对子可以测验思想条理。

可见，寅恪“对对子”试题蕴义丰富而深远。在此书中，他还论及“比较研究”需有一定“规范”，即“必须具有历史演变及系统异同之观念”，表明了他鉴于某些洋派人士对本国文化素无信心，凡事迁就西洋而强调本国文字之特性以及本国文化的特征，由此可见寅恪的文化态度——中国文化本位思想。另外，在这篇文章中，寅恪也表达了一些重要学术观点:重视“比较语言学”②，认为古罗马西塞罗辩论之文，含有对偶，有论者进而认为③，西方诗文中“偶体”(Couplet)的诗歌与汉语对子相似;而论希伯来文之特性，又可知寅恪对希伯

---

① 《青鹤》，1933 年 2 月 16 日;《学衡》第 79 期，1933 年 7 月。

② 汪荣祖:《陈寅恪评传》，百花洲文艺出版社 1992 年版，第 37—38 页;蒋天枢:《陈寅恪先生编年事辑》(增订本)，第 107 页。

③ 刘以焕:《国学大师陈寅恪》，重庆出版社 1996 年版，第 343 页。

来文研究之深浅;至于论黑格尔等哲学家及哲学思想,可见陈氏之“学问淹博”。

“十分崇拜”寅恪的牟润孙,自称:“陈寅老给清华大学出对子后,写的那封给刘文典的信,我都能背下来。”他如是回顾此事本末[①]:

> 大约是在民国二十二三年的时候,清华大学入学试,国文一科,一道作文题之外,有二条对对子的题目,大受当时人的批评。寅老写一封信给清华国文系主任刘文典,公开发表在《大公报・图书副刊》上。寅老自认题是他出的,强调中国文学中的骈偶性。读文学的人一定要先知道平仄。……此文发表至今(约1970年)已有三十多年,并没看见有什么反对言论。举此一事,即可以明白寅恪先生在语言文学上的造诣是如何的超越了。

牟氏的回忆有一小误,即时间不是民国二十二三年,而是民国二十一年(1932年)。从牟文可知,起初批评寅恪的意见不少,但后来销声匿迹,证实寅恪之举,已预见“对对子”之事不可废,并且“不失为一个新的试验”。[②] 到了八九十年代,中国大陆高考语文,仍有“对对子”之类试题,的确表明陈氏学识“如何的超越了”。[③]

---

① 牟润孙:《敬悼陈寅恪先生》,《谈陈寅恪》,传记文学出版社1970年版,第81—82页。此转引自《海遗杂著》,香港中文大学出版社,1990年版,第98—99页;牟润孙:《谈谈我的治学经历》,《文史知识》1988年2期,第6—7页。

② 唐振常:《重读〈柳如是别传〉忆陈寅恪先生》,《川上集》,第301—302页。

③ 1987年全国高考语文试题第六题以“梨花院落溶溶月”为上句,要求在以下四句中选出最恰当的对偶句:(A)柳絮池塘淡淡风;(B)榆英临窗片片雪;(C)带水芙蓉点点雨;(D)丁香初绽悠悠云。答案为(A)。这两句诗出自宋晏殊《寓意》。1992年全国高考语文则考过南宋刘过《沁园春》,第六题出了上句“疏影横斜水清浅”,要求写下句:(A)暗香浮动月正明;(B)暗香浮动合断魂;(C)暗香浮动共金樽;(D)暗香浮动月黄昏。答案为(D),源出北宋诗人林逋的七律《山园小梅》第二联。这些试题都测试了考生的对仗知识。2002年,鲲西(王勉,1938年毕业于联大社会学系)说:“陈先生此文所含的深意即对于当前语文教学也大有启发。”见《清华园感旧录》,上海古籍出版社2002年版,第11页。

二、西南联大的五年友谊(1938—1943年)

“七七”事变后，根据学校的安排，刘文典、寅恪南下长沙，执教于长沙临时大学。旋奉迁令。1938年初，文学院、法商学院师生内迁云南蒙自县，由此开始了刘、陈二氏共事于西南联合大学的五年时光。

1938年4月前后，刘文典、寅恪先后到达蒙自。蒙自原为边贸小城，故有法、希、英、德、意等西方列强所设的殖民机构及建筑，如领事馆、海关、洋行、邮局及别墅等，如希腊商人歌胪士(Kolas)曾于城南南湖之畔建有“歌胪士洋行”，后来人去楼空。联大内迁蒙自后，歌胪士洋行成为教授宿舍之一，刘文典、陈寅恪、闻一多、朱自清等人即寓身此楼。

歌胪士洋行旁即南湖。南湖系洼地积雨水而成，中有松岛，畔有古亭，又遍植杨柳，不失山水秀色。故刘文典、寅恪、吴宓、浦江清等联大教员及联大学生王勉等人常于湖边散步，议论国事，切磋学问，乃至吟诗咏词，寅恪、吴宓、浦江清等人均有咏南湖之诗作。[①] 其中，陈寅恪《蒙自南湖》七律曰：[②]

景物居然似旧京，荷花海子忆升平。
桥头鬟影还明灭，楼外笙歌杂醉酲。
南渡自应思往事，北归端恐待来生。
黄河难塞黄金尽，日暮人间几万程。

纷乱的时世、流离的家长，使寅恪产生了浓郁的悲愁，而南湖如画的山水、葳蕤的草木，令寅恪回想起升平之世的故都，稍舒郁闷之心。

---

① 鲲西(王勉)：《清华园感旧录》，第6页。

② 陈寅恪：《陈寅恪诗集》，清华大学出版社1993年版，第23页。对于《蒙自南湖》诗意的理解，可参阅陈寅恪《论再生缘》(《寒柳堂集》，上海古籍出版社1980年版，第76页)、《吴宓日记》第六册，第335页、350页。

寅恪诗成,刘文典、吴宓等均称善。吴宓并全录于《日记》[1];刘文典则抄录下来,赠给蒙自士绅马竹斋,刘氏手抄原件今尚存于蒙自县博物馆。

9月初,文、法两院奉命迁至昆明,此后在昆明期间,刘文典讲授“中国文学批评”,文选,讲《庄子》;还一度准备讲元遗山、吴梅村诗。寅恪除授历史课程外,则于师范学院国文系讲“历代诗选(唐)”,二人授课内容虽无直接关系,但也密不可分。[2]

对于《庄子》《淮南子》等上古秦汉典籍,刘文典素有研究。如《淮南子》(本名《淮南鸿烈传》,又名《淮南》)一书,早在执教北大时,他就下苦功予以校释,成《淮南鸿烈集解》二十一卷,附录一卷,由商务印书馆1924年印行,于当时学界影响很大。

《淮南鸿烈集解》出版后,谙悉上古秦汉之书而被陈寅恪目为“赤县神州训诂小学之第一人”的杨树达[3],亦对刘文典此书分外看重,在论述时屡加引用[4],后来,并撰《淮南子证闻》一书。[5]

《庄子补正》是刘文典的代表作。书成,商务印书馆将刊行。刊前,刘文典持本请寅恪审阅,并请作序。作为清华以来十余年之同事,寅恪对刘文典的《庄子》研究早已心仪,故欣然受之。1939年11月,寅恪序《庄子补正》,以不足400字的篇幅推崇此著的学术价值:

> 合肥刘叔雅先生文典以所著庄子补正示寅恪,曰,姑强为我读之。寅恪承命读之竟,叹曰,先生之作,可谓天下之至慎矣。其著书之例,虽能确认其有所脱,然无书本可依者,则不之补。虽能确证其有所误,然不详其

---

① 吴学昭:《吴宓与陈寅恪》,第93—94页;《吴宓日记》第六册,第334—335页;《陈寅恪诗集》,第23页;西南联合大学北京校友会编:《国立西南联合大学校史》,北京大学出版社1996年版,第34页。

② 《国立西南联合大学校史》,第114页。

③ 陈寅恪:《杨树达积微居小学金石论丛续稿序》,《金明馆丛稿二编》,第230页。

④ 杨树达:《古书之句读》,《清华学报》第5卷1期,1928年6月,第1660页、1663页、1690页、1691页。

⑤ 杨树达:《淮南子证闻》(七卷),1953年中国科学院排印本。

所以致误之由者，亦不之正。故先生于庄子一书，所持胜义犹多蕴而未出，此书殊不足以尽之也。或问曰，先生此书，谨严若是，将无矫枉过正乎？寅恪应之曰，先生之为是，非得已也。今日治先秦子史之学，著书名世者甚无。偶闻人言，其间颇有改订旧文，多任己意，而与先生之所为大异者。寅恪平生不能读先秦之书，二者之是非，初亦未敢遽判。继而思之，尝亦能读金圣叹之书矣。其注《水浒传》，凡所删易，辄曰，"古本作某，今依古本改正。"夫彼之所谓古本者，非神州历世共传之古本，而苏州金人瑞胸中独具之古本也。

由是言之，今日治先秦子史之学，与先生所为大异者，乃以明清放浪之才人，而谈商周邃古之朴学。其所著书，几何不为金圣叹胸中独具之古本，转欲以之留赠后人，焉得不为古人痛哭耶？然则先生此书之刊布，盖将一匡当世之学风，示人以准则，岂仅供治庄子者之所必读而已哉？己卯十一月十四日修水陈寅恪书于昆明靛花巷北京大学研究所宿舍。[①]

序文中，寅恪首先以"天下之至慎"来褒扬《庄子补正》"补""正"标准之严格："虽能确证其有所脱，然无书本可依者，则不之补；虽能确证其有所误，然不详其所以致误之由者，则不之正。""谨严若是"，或有矫枉过正之味。[②]

其次，寅恪解释了刘文典"所持胜义犹多蕴而未出"，实在是迫不得已。这种"非得已"正是刘文典学风"大异"于时世的原因。陈寅恪考溯学风，以明清之际的金圣叹为例。金圣叹（1608—1661 年），名人瑞，自恃其才，肆言无忌，尝谓天下才子之书有六：一庄、二骚、三马史、四杜律、五水浒、六西厢记，因此为各书作评注。以金圣叹评注的《水浒传》为例，寅恪批评了金圣叹随意补改原著的浮华学风。而这种"明清放浪之才人""谈商周邃古之朴学"的不良学风，对后世影响恶劣，在当时治"先秦子史之学"中表现最为突出。寅恪对此极

① 陈寅恪：《金明馆丛稿二编》，第 229 页。

② 陈寅恪：《金明馆丛稿二编》，第 247—248 页。

为痛心疾首,并愤言“寅恪平生不能读先秦之书”。寅恪作此愤言,决非无故呻吟,而是有的放矢的。

寅恪所针砭的治墨学、著中国哲学史的学风,不正是他在刘文典《庄子补正》序中所云“颇有改订旧文,多任已意”之学风吗?与金圣叹“注《水浒传》,凡所删易,辄曰‘古本作某,今依古本改正’”,而其“所谓古书者,非神州历世共传之古本,而苏州金人瑞胸中独具之古本也”之学风并无区别。由此,寅恪痛斥这种不良学风。

在此,对寅恪1935年所言“不敢观三代两汉之书”及本序中“平生不能读先秦之书”略作剖析。从事实来看,寅恪对三代两汉之书熟稔于心。俞大维回忆说,寅恪“对《十三经》不但大部分能背诵,而且对每字必求正解”[①],寅恪与董作宾的学术讨论《与董彦堂论年历谱书》[②]、教示蒋天枢读《周礼》等[③],均可表明此点。事实所揭示均与寅恪自言不同,其原因固然在于上古史料有限、众说纷纭难以论定之故,更在于寅恪愤于当时谈“先秦子史之学”者的不良学风,而故作此言。[④]

再次,在序文中,寅恪高度评价了《庄子补正》一书出版的意义。认为此书之刊布,不仅在于“治庄子者之所必读而已”,更在于匡正当世之学风,示范学界以准则。能获寅恪如此首肯,大概也只有陈垣、杨树达等数人而已。

联大在昆明时期,日本侵略者的飞机经常来扔炸弹,于是师生听到空袭警报响,就停下课来,老师学生都往防空洞里跑。寅恪曾写过对联“见机而作,入土为安”。一日,日机又空袭,警报响起,联大的教授和学生四下散开躲避。刘文典跑到中途,忽然想起他“十二万分”佩服的陈寅恪身体羸弱且目力衰竭,于

① 蒋天枢:《陈寅恪先生编年事辑》,第48页。

② 陈寅恪:《金明馆丛稿二编》,第313页。

③ 蒋天枢:《陈寅恪先生编年事辑》,第156页。

④ 金应熙:《陈寅恪传》,载《中国史学家评传》下册,中州古籍出版社1985年版,第1365页。近来又有人由此引申为系陈寅恪的“史学标准与上古范围内史料太少这一固有局限之间,存在着难以调和的矛盾”,见殷祝胜《史学标准与学科局限——陈寅恪放弃早年治学领域的根本原因》,《传统文化与现代化》1998年第4期,45页。

是便率几个学生折回来搀扶着陈往城外跑去。他强撑着不让学生扶他，大声叫嚷着："保存国粹要紧！保存国粹要紧！"让学生们搀着寅恪先走。

1941年末，太平洋战争爆发，日寇陷香港，寅恪困滞于绝岛，一时下落不明，刘文典极为关注，曾在课堂讲授时说："陈先生如遭不幸，中国在五十年内，不可能再有这种人才。"[①]刘文典对寅恪之推重，还有多种记载：其一，中国人民大学哲学系教授石峻（原西南联大学生）言，刘文典曾谓，如陈先生月薪五百元，则我只能拿五十元。刘先生平时目无余子，亦对寅老服膺如此[②]。其二，据云，刘文典常说："联大只有三个教授，陈寅恪先生是一个，冯友兰先生是一个，唐兰先生算半个，我算半个。"[③]刘文典与寅恪的互相推重，是二人友谊的坚实基础之一。

在这种情况下，1942年春，普洱大盐商张希孟以优厚的报酬，邀请刘文典为其母撰写墓志铭。[④] 刘文典赴普洱后，西南联大议论纷纷，联大中文系由北大、清华两校教师组成（南开没有中文系），教授仅有七人，其中寅恪远在香港，一时无法回校，刘文典一走，就只剩下闻一多、罗常培、朱自清、浦江清、王力5人。这些教授不仅要为中文系开课，还承担着全校各系一年级的通课。[⑤] 显然，刘文典不在就更使讲课人力捉襟见肘了。时任清华中文系主任的闻一多认为，刘文典不足为人师表，坚持将其解聘，并得到清华大学校长梅贻琦和文学院院长冯友兰的支持。不过，他们谁也没有想到，促成刘文典普洱之行的，竟然是皖南事变后疏散到那里的西南联大地下党员和进步骨干。而刘文典的到达，也起到客观掩护这批学生的作用。刘文典应请到普洱磨黑后，因有学生在云南磨黑办学，旋任磨黑中学校长。由此故，刘文典得知被联大解聘后，十

---

① 傅乐成：《我怎样学起历史来》，《中国时报》1968年5月7日，又见傅氏著《时代的追忆论文集》，（台北）时报出版公司1984年版，第260页。

② 周一良致李玉梅书（1988年7月26日），载李玉梅《陈寅恪之史学》，香港三联书店1998年版，第11页。

③ 转引自盛巽昌、朱守芬：《学林散叶》，上海人民出版社1997年版，第3页（第21条）。

④ 傅杰：《文史新书经眼录·刘文典全集》，《文汇读书周报》2001年7月7日，第12版；诸伟奇辑校：《刘文典〈大唐西域记〉简端记》，《文献》2000年第2期，第32—55页。

⑤ 翁同文：《追念陈寅恪师》。

分着急，却未得挽回。

在此前，陈、刘二氏的共同朋友吴宓曾致函陈氏，要陈寅恪上书联大校长梅贻琦进行挽留，时在广西桂林的寅恪十分担忧[①]；而闻知刘文典被解聘事，寅恪致函云南大学校长熊庆来(字迪之，抗战前曾任清华数学系教授兼主任)、文史系主任姜亮夫，推荐刘文典前往执教。[②] 半年后，刘文典返回昆明。

从1944年起，刘文典被云南大学文史系聘为教授。此后他执教于此校直至1958年去世。1949年后，刘文典成为云南大学的一级教授，专门研究杜甫，订正了《杜甫年谱》。1999年，云南大学出版社联合安徽大学出版社出版了4卷本共240万字的《刘文典全集》，收录了1949年以后刘文典研究写成的文稿，是一件功德无量的事。

刘文典执教于云南大学时，寅恪寓身于昆明靛花巷宿舍楼上，离云南大学校门不远，刘、陈二氏亦有相当的学术交流。

抗战胜利后，寅恪先北上北平，复蛰居岭表，与刘文典的学术讨论及交往亦大减。但是，二位学人曾经的交流已经成为学界的佳话，不时为各路学人津津乐道。

第三节　与李思纯

李思纯(1893—1960年)，字哲生，四川成都人，出生于父亲就仕的昆明，幼年全家迁回成都。受“五四”运动影响，于1919年6月参与成立“少年中国学会成都分会”，同年秋赴上海，年底与王光祈、李劼人等川籍学子同舟抵达法国勤工俭学，留学于法国巴黎大学前后近四年，曾从巴黎大学历史学者瑟诺博司治史学、文学。瑟诺博司又译作“色诺博斯”，独著有《西洋文明史》，合著有

① 《吴宓日记》第八册，第97页；第九册，第79页、80页、97页。

② 陈寅恪:《金明馆丛稿二编》，第234页。

《史学原论》(与法兰西国家图书馆馆长朗格诺瓦合作)等书。后又留学于柏林大学。学成回国后历任东南大学、四川大学、华西大学、北京师范大学教授,四川外语专门学校校长,"国大"代表,1953 年进入四川省文史研究馆为馆员。①

李思纯与"少年中国学会"的灵魂人物,留欧同学王光祈甚契合,性格、识见,甚至走的"中间路线"的路子都相近②。李思纯译有瑟诺博司与朗格诺瓦合著的《史学原论》[此后韩儒林(1903—1983 年)独译了《西洋文明史》上卷],著有《元史学》等书。③ 1945 年,吴宓《赋答李哲生思纯诗》有"仙河传译美""史业名山富"之句④,就总结了李氏治学的两大领域:史学、翻译。此外,李思纯还工诗。

正如有学者指出的,李思纯与"五四"新文化运动前后时期负笈德国留学的中国学者傅斯年、毛子水、姚从吾等人以及寅恪一样,均留欧,均以研究史学、国学而著名于世,并深受德国史学中语文考据学派(Kritisch Philologie/Historische Quellenkritik)的影响。⑤ 韩儒林亦留德且于 1936 年夏离柏林归国。

李思纯与寅恪先生之交往,以及二氏在中外关系史研究中的交流与切磋,显示了两位学人的卓识远见及发覆之功,对于后来学者治学,无疑提示和指向了津梁和途径,是值得总结的。

一、寅恪与李思纯系"留德旧友"

在新版《陈寅恪书信集》中,寅恪致李思纯函仅一封(第 266—267 页)。⑥

---

① 四川省文史研究馆编:《四川省文史研究馆建馆四十周年纪念册》(1952—1992),1992 年册,第 60 页。

② 李祖桢:《怀念我的父亲李思纯》,《文史杂志》1989 年第 4 期。

③ 《史学原论》由上海商务印书馆于 1926 年出版(1931 年再版),《元史学》由中华书局于 1926 年出版。

④ 《吴宓日记》第 9 册,第 396 页。

⑤ 冯锦荣:《关于陈寅恪先生对年代学的认识》,余振等主编《21 世纪世界与中国——当代中国发展热点问题》,清华大学出版社 2003 年版,第 514 页。

⑥ 《陈寅恪集·书信集》,第 266—267 页。

寅恪与李思纯系留德时相识。1921 年李思纯游柏林,初识在柏林大学读书的寅恪;之后二人逐渐相知,由此开始了二人长达 40 年的友谊。

1923 年,李思纯学成再至柏林,同年仲夏,李思纯挥赋有《柏林留别陈寅恪诗》(见刊于《学衡》第 22 期)后从欧洲返国,到南京就任东南大学(吴宓从 1921 年已在此校执教)外文系法文及法国文学教授,与吴宓、梅光迪等人共事,并捐助《学衡》。

李思纯与寅恪之所以在柏林缔交并相知,与二人文化观念的相近有关。表现之一即二人与当时吴宓、梅光迪等人所谓的"学衡派"见解相类,往来密切,二人视《学衡》为精神家园,常在上面发表论文,给吴宓以很大的鼓舞与支持。如 1923 年 8 月,吴宓记道:"平日办理《学衡》杂务,异常辛苦繁忙。至各期稿件不足,心中焦急。处此尤无人能知而肯为设法帮助。仅二三私情相厚之友,可为帮顾。"[①]至 1946 年 2 月,吴宓还"翻阅各期《学衡》,叹诸友之卓识宏论,中国近世莫可及"[②]。此中所谓"二三私情相厚之友,可为帮顾"当应包括寅恪、李思纯。因为 1923 年在柏林读书的寅恪,所写的致胞妹陈新午之函《与妹书》,8 月发表于当年《学衡》后,被视为陈寅恪一生中的第一篇学术论文[③];而李思纯不仅与吴宓校系相同,文化观念一致,而且相知甚深[④]。李思纯有多篇论文发表于《学衡》杂志,如第 19 期的《与友论新诗书》等。

1926 年,李思纯到达京城,在北大预科任教,与陈垣、寅恪等过从甚密,抗战期间先后任浙江大学史地系、四川大学历史系教授,寅恪与李思纯的友谊止于 1960 年 3 月李思纯逝于成都,双方的诗歌唱和则到 50 年代李思纯歇笔为止。

二、诗作唱还

1926 年 1 月 12 日,李思纯来访清华,研究院主任吴宓接待;2 月 6 日吴宓

---

① 《吴宓日记》第 2 册,第 256 页。

② 吴学昭整理:《吴宓日记》第 10 册,第 11 页。

③ 原载《学衡》1923 年第 20 期,此据陈寅恪:《金明馆丛稿二编》,第 355—356 页。

④ 李德琬:《吴宓与李哲生》,《新文学史料》2002 年第 2 期。

宴客，来者有汤用彤、叶企孙、冯友兰、汪懋祖及李思纯等人[①]；之后李思纯谒见梁启超，有诗(《学衡》第55期)；2月14日吴宓“导李君谒王国维先生”，并以所著《元史学》请正[②]，事后李思纯有诗述之(《学衡》第56期)；5月1日吴宓“偕柳公及李思纯、叶企孙，同游白纸坊崇效寺，观牡丹，又观青松红杏图，柳公与李君，各有诗纪游”，之后吴宓与李思纯还有多次游宴，相互有过诗作唱和，吴宓甚至将李思纯诗题于他人物品上。6月14日上午十时，吴宓“访李思纯于太平湖饭店。十一时许，黯然而别(今夕出京)”(《吴宓日记》第3册，第178页)[③]。7月7日，陈寅恪就任于清华国学研究院(系1925年夏从柏林大学学成归国)，与李思纯的“黯然而别(今夕出京)”相距不到一个月。

抗战期间，吴宓、寅恪随校内迁蜀地，与李思纯来往更频繁，吴宓对李思纯评价非常高，认为“蜀士多资性聪明，而处境丰裕”，但恋官爱财者不少，“独李哲生思纯尚能勉为真名士、真学者，笃于故旧之情，而气味渊雅，高出一切人上。为难能可贵矣”。此外，与李思纯亦有过从，如1946年宴李思纯夫妇及子女祖桓、祖桢、祖桂[④]。

根据李思纯女孙李德琬[思纯哲嗣祖桢(1916—?，四川大学毕业，曾任四川大学、华西大学讲师)之女公子]于1998年夏季的公布[⑤]，寅恪与李思纯有过数次的诗歌唱和。1998年公布的这批历经数次劫难而残存的陈李遗墨，以陈氏抄录1938年《蒙自南湖》为最早，抄录年代约为1944年，同时抄录的又有《昆明翠湖书所见》《暮春重庆夜宴归有作》。李思纯在执教东南大学、浙江大学后，回到故乡执教于成都诸高校。

之后，在寅恪滞蜀的1944—1945两年中，由于二人共同执教于成都，因而来往甚密，如1945年1月14日下午，李思纯与吴宓前往存仁医院，“探寅恪

① 《吴宓日记》第3册，第125页、148页。

② 《吴宓日记》第3册，第149页。

③ 李德琬：《鱼藻轩中涕泪长——记李哲生一九二六年晋谒王国维先生》，《学术集林》第11卷，远东出版社1997年版，第27—29页。

④ 《吴宓日记》第9册，第385页；第10册，第83页。

⑤ 李德琬：《记陈寅恪遗墨》，《学术集林》，远东出版社，1998年版，第1—7页。

病，久坐”；3 月 9 日下午，李思纯与吴宓前往“广益学舍”寅恪寓所，“访寅恪病榻”；9 月 9 日吴宓“至寅恪宅”，“适李思纯来”，吴、李在陈宅不期而遇[①]。二人诗歌唱和亦颇多，如 1944 年李思纯曾和诗二首，有《陈寅恪写示近诗，赋赠一首》：

沧海逢君玉貌英，华颠重聚锦官城。
宝书百国韦编绝，柱史三唐炬眼明。
应劫洪波沉此土，慰情悲顾托来生。
南枝雪下春机在，珍重梅花镧骨清。

此诗回顾了二氏在海外的初识及在成都的再度重逢。之后，李思纯有《峨眉一首和陈寅恪》：

峨眉谣诼动深宫，万里飞琼碧海东。
罗袜金钱娇未足，玉纤团扇怨何穷。
三姝薄媚排香阵，一夕微霜冷蕙丛。
如水君恩任花落，殿头西角有凉风。

同年，李思纯另赋诗一首，即《九日访陈寅恪寓庐共话》：

黄花红叶斗霜秋，无分登高倦欲休。
匝地玄阴催暮景，出门沧海讶横流。
图穷早卜输秦璧，天堕终疑验杞忧。
历劫共君成一叹，多生才白此生头。

---

① 《吴宓日记》第 9 册，第 410 页、451 页、502—503 页。

1945 年，李思纯曾和诗三首。当年春，寅恪在成都存仁医院手术后养目，赋有《乙酉春病目不能出户，室中案头有瓶，供海棠折枝，忽忆旧居燕郊清华园寓庐手植海棠，感赋》[①]；接诵后，李思纯有唱和诗《陈寅恪海棠诗次原韵》：

不遇花开那觉春，逢春垂老更伤神。
绿章丽色能倾国，红粉高枝解笑人。
金缕曲终天若醉，胭脂山关恨犹新。
杜陵溅泪乾坤眼，付与香泥十里尘。

7 月 7 日，逢“七七”事变八周年纪念日，寅恪赋《乙酉新历七夕》（《陈寅恪集·诗集》，第 44 页），之后李思纯有《和陈寅恪新历七夕并次原韵》：

灵鹊星桥竟有期，漫积短别与长离。
蘼芜诗怨缣空织，絮阁梅藏镜已亏。
海外仙丹疗妒减，怀中纨扇到秋知。
钗分钿合寻常事，莫遣猧儿覆乱棋。

当（7 日）夜，寅恪又赋诗《乙酉七七日听人说〈水浒新传〉，适有客述近事，感赋》（《陈寅恪集·诗集》，第 44—45 页），接诵后李思纯有应答之作《和陈寅恪读宋史》：

坐见宣和到靖康，三朝扰扰事全荒。
北盟借助倾天水，南面因人帝阜昌。
童蔡百污随腊尽，桧飞双厄共金亡。
长安年少胡心满，掩袂西台泪数行。

① 《陈寅恪集·诗集》，第 38 页。

对于陈诗及前后数诗，吴宓已有附注："时宋子文与苏俄订约，从罗斯福总统雅尔达秘议，以中国东北实际割让与苏俄，日去俄来，往复循环，东北终非我有。此诗及前后相关数诗，皆咏其事而深伤之。"①李思纯亦应有此意。

抗战胜利后，李思纯执教于成都的四川大学。他对于寅恪在京华、岭南的执教还是知悉的；同时，广州中山大学教授中亦有李思纯的多位旧友。

1950 年，李思纯在成都致函寅恪，并附近作，同时有托寅恪代问移席中山大学事；寅恪收读后，于 9 月 14 日复函称"惠书及大作诵悉，弟近来依旧作诗文自遣"，告以"足下中大友人已斥去矣"②，并录赠近赋诗《庚寅广州七夕作》及新著《元白诗笺证稿》。信末又称，"成都友人请代致意"。次年 1 月致华西大学中文系主任闻宥[字在宥，1901—1985 年，江苏松江(现属上海)人]函中，寅恪还询问："不知当时旧友尚留蜀中者为何人？又弟去后，到川诸人中，有弟之旧友否？晤面时祈均代为致意。"③

收到寅恪寄来的诗、书新著后，李思纯赋诗答谢，此诗应曾寄给寅恪。诗即《陈寅恪自广州诒贻所著〈元白诗笺证稿〉，赋谢》：

元和长庆斗浓纤，白傅微之此并参。
俳体新开成气格，謦言相次出青蓝。
稗官律讽风骚继，史笔诗才议论兼。
却羡横流沧海日，一编裁定在天南。

李思纯此诗，以"史笔诗才"赞扬了寅恪的文史之学与才华。

三、寅恪与李思纯治学方法与研究领域之同异

1939 年，李思纯在成都治学、读书时，写有札记《学海片鳞录》，后来存下

① 《陈寅恪先生编年事辑》，第 137 页。

② 四日后，陈寅恪致吴宓函称李思纯"欲在广东谋事，盖未知广州情形之故"，见《陈寅恪集·书信集》，第 268 页。

③ 见《陈寅恪集·书信集》，第 219 页。

了166条,其中部分内容收入了李思纯所著的《江村十论》。1965年,中华书局《文史》编辑部从该札记中"选择了可供研究者参考的三十二条,由傅振伦先生重加编次,整理文字",而仍以《学海片鳞录》为名发表[①],从这32条札记有"中国语之一音二字一字二音""畏吾儿语中之汉语""满语官名多本元代旧名""中国植棉古名译自外语""支那译自起源有二""清道光间俄国赠书之异译""明清以来西方诸国之旧译名""中国历代求法名僧行记之欧译""国际条约所用文字之例""清道光时初译之英语名词"等内容,可见李思纯治学兴趣较广,涉及历史学、语言学等领域。其中,"畏吾儿语中之汉语"一条,引用《元朝秘史》及相关研究著作多处,可见李思纯对于蒙古史、元朝史有相当研究。

李思纯早年著有《元史学》,并曾以该书请王国维指教,又购置那珂通世《成吉思汗实录》、霍渥尔特《蒙古史》及有关中亚、印度等史书多部,晚年所撰论文《说歹》《说站》《唱诺考》《说外族王号异译》等篇[②],均与蒙元史有关,而且还曾就蒙元史等问题与王国维、陈垣、柳诒徵、朱希祖等人论学(《元史学·自序》),李氏的研究成果曾受到过罗常培等人的瞩目。[③] 抗战期间,浙江大学文学院史地系教授陈乐素(1902—1990年,陈垣之子)已多次对研究生程光裕(1917—)等人介绍本系教授,"姚从吾、牟润孙、李哲生、方壮猷等先生有关宋辽金元史方面之研究成果。在当时,这几位先生,也就成为心目中所敬佩的前贤"[④]。也说明李氏对蒙元史确有较深入的研究。寅恪早在1926年回国执教之初,就指导清华学子进行"蒙古满洲之书籍及碑志与历史有关系者之研究",此后发表过多篇蒙元史研究的论文[⑤]。

但寅恪、李思纯在蒙元史研究上的交流详情,目前则难知其详。

寅恪对蒙元史有很深的研究,早年曾依据蒙、满、藏文诸本,"考订"《蒙古

---

① 李思纯:《学海片鳞录》,载《文史》第三辑,中华书局1965年版,第95—119页。

② 李思纯:《江村十论》,上海人民出版社1957年版。

③ 罗常培:《语言与文化》,语文出版社1989年版,第33页。

④ 程光裕:《永怀乐素师》,载常绍温主编:《陈乐素教授(九十)诞辰纪念文集》,广东人民出版社1992年版,第18页。

⑤ 蔡美彪:《陈寅恪对蒙古学的贡献及其治学方法》,载《历史研究》1988年第6期。

源流》的“得失”,撰成《蒙古源流注》书稿[①]。

他不仅从《大藏经》中检出元国师八思巴为真奎太子所造的《彰所知论》与《蒙古源流》之间的渊源关系,而且校勘、考订该书的东方诸文种译本,“对此后的蒙古史研究产生了重大影响”[②]。《元朝秘史》系13世纪蒙古官修史书,作者佚名。传世的汉文音译本系明代初年火原洁、马沙懿黑翻译,后来收入《永乐大典》十二先元字韵,其后有过多种版本刊印。

1960年3月14日,李思纯在成都去世。1961年夏,吴宓到中山大学探访寅恪,8月31日在日记中记道:“终夜大雨,风猛雨急,宓感孤寂,又忧水灾,有‘板天檐瀑沸肠肝’(李思纯1923年诗句)之情景。”吴宓常诵寅恪、李思纯的诗句,如1946年8月30日,“抵武昌机场降落,下机。晴,热,念柳公及哲生诗”[③]。吴宓1947年4月在武汉大学执教时,“荐举纯为史系教授……蒙采纳”,[④],可知推荐李思纯到浙大执教,吴宓发挥了作用。

研究领域上,寅恪与李思纯有较多的一致之处,除了蒙元史之外,还有藏学、音韵学等。

二人探讨藏学,如李思纯翻译了多篇民国早期法国传教士古纯仁(Francois Gore,又译“古高来”)的著作《川滇之藏边》,发表于任乃强主编的月刊《康藏研究》(该刊物从1946年7月至1949年9月共出版29期),主要有《四川之藏边》(第15期,1947年12月)、《川边之打箭炉地区》(第16期,1948年1月)、《川边之霍尔区与瞻对区》(第18期,1948年3月)、《理塘与巴塘》(第19期,1948年4月)、《维西》(第21期,1948年6月)、《旅行金沙江盆地》(第22期,1948年7月)、《察哇龙之行》(第23期,1948年9月)、《康藏民族杂写》(第26期,1949年4月)等文。此外,李思纯在抗战结束后成为国民大会的正式代表,所代表的正是西康省。1946年11月15日出席在南京召开的制

---

① 《陈寅恪集·书信集》,第244页。

② 蔡美彪:《陈寅恪对蒙古学的贡献及其治学方法》,载《历史研究》1988年第6期。

③ 《吴宓日记》第10册,第120页。

④ 《吴宓日记》第10册,第208页。

宪国民大会，参与《中华民国宪法》的制订。

20 世纪 20 年代中期留学德国柏林大学期间，李思纯曾与寅恪讨论中国古语有无纯粹“a”音的问题，“陈君慨然谓世界古语多 a 音，中国不能自外”，李思纯“颇承认其言”①。

李思纯与寅恪之所以在柏林缔交并相知，二人之所以在性格、识见等方面甚契合，与文化观念和史学思想的相近有关。李思纯有多篇论文发表于《学衡》杂志，如第 19 期的《与友论新诗书》等。陈、李二人不能说是学衡派，但与该派颇为亲近。

可以说，学衡派在肯定文化具有的历史与世界的统一性基础上所展开的文化观，非常重视继承传统民族文化，同时，不反对中西文化互相融合，不仅在更加完整的意义上反映了世界文化潮流的新变动，而且反映了学衡派既摆脱了东方文化派“隆中抑西”的虚骄心理，也超越了西化派的民族虚无主义，因而在一定意义上，学衡派具备了更为健全的文化心态②。可以说，学衡派对人文关怀的强调，具有极可贵的前瞻性。在当今人类社会诉求人性和呼吁人文精神的大背景下，学衡派文化观的价值将进一步得到世人的客观评价与正面认识。

正是由于有了“学衡”这一层原因（表面的和深层的），学衡派主将吴宓常常诵读陈寅恪、李思纯的诗句就容易被人理解。究其原因，除了三人是留欧同学外，更主要在于三人文化观念极其相似。

此外，寅恪、李思纯二人对于西方史学思想的变动亦作出了积极的回应，而且在关于史学的新观念，尤其是扩大史学研究范围的新观念上，亦有一致之处，这可从二人进行的藏学、蒙元史、音韵学、中西交通史（中外关系史）等领域的具体研究中反映出来，或从二人的著作，如李思纯的《江村十论》也可以清晰看出。

---

① 李思纯：《读汪荣宝君〈歌戈鱼虞模古读考〉书后》，《学衡》第 26 期，1924 年 2 月。

② 郑师渠：《“古今事无殊，东西迹岂两”——论学衡派的文化观》，《近代史研究》1998 年第 4 期。

当然,陈、李二人亦有一些相异之处,如李思纯勤于译述法文学术著作,除古纯仁的《川滇之藏边》一书外,李思纯还曾译有其师瑟诺博司与朗格诺瓦合著的《史学原论》(上海商务印书馆 1926 年初版,1931 年再版)等书,在学术上产生了重大影响。比较之下,寅恪则终生无一译作。

第六章 陈寅恪与学人交往(下)

第一节 与伯希和[①]

伯希和,即保罗·伯理奥(Paul Pelliot, 1878—1945年),法国汉学正统派领袖,举世公认的汉学泰斗。伯希和毕业于法国国立东方语言学校,导师为汉学大家沙畹(E. Chavannes, 1865—1918年),同学有马伯乐(H. Maspero)、葛兰言(M. Granet)、戴密微(P. Demiéville)等人。从1900年起,伯希和多次由法国来华,一次或逗留数年,他精通汉、藏、蒙、满、突厥等14种外语,因盗运敦煌文书而声名大噪。1925年后因主编《通报》(T'oung Pao),事业达到顶峰,是"向负盛名的一位法国支那通""欧美公认之中国学领袖","全世界治汉学者奉为祭酒者也"[②]。伯希和一生,热爱中国文化,与晚清、民国学术机构均有联系,是中央研究院历史语言研究所、北平图书馆的"通讯员",还为北大文科研究所国学门与万国地理学会建立学术联系而奔波;并与江藩、缪荃孙、沈曾植、董康、叶昌炽、罗振玉、王国维、张元济、陈垣、柯绍忞、胡适、洪业、吴宓、傅斯年、陈寅恪、王静如、王重民等几代逾百名中国学者均有交往。伯希和与中国

---

① 本节内容根据王川《陈寅恪与伯希和的学术交往述论》编辑修改而成,载《中山大学学报》2004年第5期,第80—84页。

② 潘光旦《中国人与国故学》,原载《读书问题》1930年11月,此据潘乃谷、潘乃和编《夔庵随笔》重排本,百花文艺出版社2002年1月版第14页;该报记者:《法国汉学家伯希和莅平》,《北平晨报》1933年1月15日;傅斯年:《伯希和教授》,《傅斯年全集》,(台湾)台北联经事业出版公司1980年版,第7册,第2350页。

学术机构、学者的交往既是法中友谊的表现,又是法中学术界交往的典型事例。其中,伯希和与陈寅恪之交往尤其值得研究。

关于寅恪与伯希和的学术交往,一般认为,二人的交往,在很大程度上反映了20世纪上半叶国际汉学传统与中国国学主流的相互交汇,其结果是既推动了欧美汉学界对中国学术文化及学术了解的加深,又对中国本土的学术发展产生了巨大影响,并指出了"伯氏与中国学术大师陈寅恪的关系"中的互相影响之处,以及《清华周刊》《岭南大学校报》等的"以讹传讹之处"[①]。

兹本"详人所略,略人所详"之旨,就寅恪、伯希和的交往、研究方法与治学领域的同异等问题,作一述论。

一、与伯希和的交往

寅恪与伯希和缔交甚早,甚为敬重伯氏。陈寅恪之初识伯氏,系由近代著名学者王国维之介绍。

寅恪《王观堂先生挽词》有"伯沙博士同扬権,海日尚世互倡酬"之句,注曰:"伯沙博士"乃"法人伯希和、沙畹两博士",又言"余之得识伯希和于巴黎,由先生作书介绍也"[②]。此处之"先生"即指王国维。1909年,为一睹敦煌文书真迹,王国维随罗振玉在北京初识伯希和,遂得相互问学,二氏有多次过从,对于伯希和的学术,一向出言谨慎的王国维也多次赞不绝口[③]。除寅恪外,20年代管复初在巴黎谒见伯希和,亦系王国维作书介绍。[④]

从1913年春季始,寅恪在巴黎大学读书,冬季则至伦敦,后返巴黎,至1914年秋返江西南昌;1919年赴美,之后赴德求学,直至1925年受聘为清华

① 桑兵:《历史研究》1997年5期,第115—138页,此文收入桑兵:《国学与汉学——近代中外学界交往录》一书,浙江人民出版社1999年版,第109—148页。

② 陈美延、陈流求编:《陈寅恪集·诗集》,生活·读书·新知三联书店2001年版,第15页。

③ 王国维:《近日东方古言语学及史学上发明与其结论》,《观堂译稿》(上),上海古籍书店1983年影印本,《王国维遗书》卷四二(未注页码)。

④ 吴泽主编:《王国维全集·书集》,中华书局,1984年版,第296页。

国学研究院导师。[①] 由此，寅恪之初识伯希和当在1913年或1914年；也可能为20年代留学德国之时。伯希和从1901年受聘为法兰西远东学校教授（年仅23岁）、1911年更就任巴黎法兰西学院中亚语言、历史、考古教授，伯希和与寅恪相识时，已是声名大噪的东方学家，而寅恪则为一求学异国之二十四五岁（或三十余岁）的青年学子，所以陈之初谒，带有求教、拜见之意味。

初谒伯希和之后，寅恪还曾再访伯希和。寅恪后来与陈垣讨论蒙元史时，曾透露说："《秘史》韩本前在巴黎伯君家匆匆一见，亦不知其与叶刊优势如何也。"[②]所言《秘史》即《元朝秘史》，为13世纪蒙古官修史书，有多种版本，"韩本"指韩泰华所藏《元朝秘史》鲍廷博抄本（抄自《永乐大典》，并据刻本补写）。"伯君"对蒙元史大有研究，1930年在《通报》发表《元秘史旧蒙文中之一段讹误》[③]，即系研究《元朝秘史》之成果；1933年1月，伯希和还与陈垣讨论"《秘史》韩本"问题。[④] 可见，在"巴黎伯君家"，伯希和、寅恪曾有论学。伯希和广博的语言学知识及卓越的治学才能，必定给寅恪留下了深刻的印象。

在巴黎求学期间，寅恪还听过伯希和讲授的一些课程，此系法国另一汉学家戴密微之断言[⑤]。因阙于相关材料，目前尚难定论，或许，法文伯希和日记的出版，方能明了这一疑问。

20世纪30年代，寅恪曾二度与来华的伯希和晤谈。第一次是1932年底，伯希和来华，经香港、上海至北平，虽闻有抗议之声，但伯希和仍然受到北平学界的隆重欢迎，此后在北平的四个月中，公私宴请伯希和者甚多，如新年除夕前和50多位中国学者出席法国公使馆举行的盛大欢宴"联欢"[⑥]。其间，寅恪数次与伯希和晤谈或邀宴，如1933年1月14日，陈垣代表辅仁大学欢迎

① 蒋天枢：《陈寅恪先生编年事辑》（增订本），上海古籍出版社1997年版，第32—55页。

② 陈智超编注：《陈垣来往书信集》，上海古籍出版社1990年版，第378页。

③ 冯承钧译：《西域南海史地考证译丛五编》，商务印书馆1995年版，第24—28页。

④ 吴泽主编：《陈垣史学论著选》，上海人民出版社1981年版，第620—621页。

⑤ 戴密微（P. Demieville）：《陈寅恪，1890—1969》（Tchén Yin-Kò，1890—1969），《通报》（TP）1927年第26卷，第138页。

⑥ 《东方学家伯希和抵华，北平中法学者联欢》，《国立中山大学文史研究所月刊》1933年第1卷第1期。

伯希和,陈垣在丰盛胡同谭祖任住宅(同时也是谭开经营的知名粤菜馆)作东,邀请伯希和,并邀陈寅恪等人作陪[①];另有一次"聊园新宴",时间为"癸酉二月七日"(3 月 2 日),陈垣、谭祖任作东,宴请伯希和,寅恪、柯绍忞、杨钟羲等均作陪,并摄影留念[②];22 日,陈垣代表辅仁大学欢迎伯希和,并邀寅恪等人作陪[③];4 月 15 日,伯希和由北平启程归国,陈垣、胡适、李圣章等到车站送行,寅恪是否送行不详。

第二次是 1935 年 5～6 月,伯希和最后一次来华,曾至殷墟实地考察,至北平后,于 5 月 18 日出席了傅斯年、寅恪等人的宴请。此后,伯、陈二氏未再晤谈。而伯希和病逝于 1945 年 10 月。

二、伯希和、寅恪研究方法与治学领域的同异

伯希和、陈寅恪二人,虽国籍、背景、求学途径、成名时间不同,但在研究方法、治学领域上却有较多的一致之处。

19 世纪末以及 20 世纪初,西方史学以历史语言考据学派(又称历史语文考证学派)为主流,其学风对欧洲东方学界及汉学界影响极深,使得欧洲的汉学家,如沙畹、高本汉(B. Karlgren, 1889—1978)、高第(H. Cordier, 1849—1925)、伯希和、马伯乐、卫礼贤(R. Wilhelm, 1873—1930)等人,无不从语言考证入手,进行蒙元、吐蕃、突厥及中亚等地的历史、民俗与文化的研究。

作为沙畹学生中影响最大者,伯希和也是一位将历史语言考据运用于比较考证法的先驱和大师,他博学多才,精通多种文字,研究成果几乎涉及了东方学的所有领域[④],所以治东方学、汉学时,伯希和的治学方法是历史语言考据之法。20 世纪 30 年代初,中央研究院历史语言研究所所长傅斯年曾如是

① 《辅大欢宴伯希和》,《北平晨报》1933 年 1 月 22 日;《陈垣来往书信集》,第 178 页。

② 陆键东:《陈寅恪的最后二十年》,上海三联书店 1995 年版,第 518 页;《陈寅恪集·书信集》,北京三联书店 2001 年版,封内插页。

③ 《辅大欢宴伯希和》,《北平晨报》1933 年 1 月 22 日;《陈垣来往书信集》,第 178 页。

④ 杨志玖审定,李治安、王晓欣编著:《元史学概论》,天津教育出版社 1989 年版,第 24 页。

总结伯希和"治中国学"之方法——"伯先生之目录学知识真可惊人,旧的新的无所不知","伯先生最敏于利用新见材料"[①],都说明了伯希和对历史语言考据方法之运用。

傅斯年所言的伯氏治中国学之法,与陈寅恪的方法是一致的。二十世纪前20年,陈寅恪在欧洲德、法等国游学之时,受到了德国历史语言考据学派的巨大影响。在寅恪的影响下,同学于柏林大学的傅斯年也接受了这一学派,以至回国创立了历史语言研究所,欲将"新观念、新路向"展示于国人[②]。所以,欧洲的汉学对陈寅恪有启发作用[③]。回国执教于清华之前,寅恪就以清华公款数千元购买"西人研究汉学及东方学之专门学籍";回国后即讲授"西人之东方学之目录学",时常查阅"古代东方文书及拓本、照片",将颜虚心所撰写的《法国东方学之西亚古代地理学》推荐发表于《东方杂志》等[④]。与寅恪是"两代姻亲,三代世交,七年的同学"的俞大维更指出:"他(指陈寅恪)深受西洋学者的影响。例如法国的P. Pelliot(伯希和)、德国的F. W. K. Muller(穆勒)、俄国的W. Barthold(巴尔托德)及其他国学者。"[⑤]

所以,寅恪以语言考证为方法来研究,与伯希和等人并无二致,并且均可溯源至历史语言考据学派。

有识者指出,追求精通而不流于博而泛或专而偏,是伯希和、寅恪的精神相通之处[⑥],笔者认为此点除了吴宓佩服伯希和"记诵考据之精博"外,还可从伯、陈二人的研究范围得到证实。伯、陈二人在敦煌学、藏学、蒙古及中亚史、突厥学及其他治学领域均有精深的研究。1928年,中央研究院历史语言研究所成立,伯希和被聘为"外国通讯员"(共三位,余二人为穆勒、高本汉),寅恪则

---

① 傅斯年:《法国汉学家伯希和莅平》,《北平晨报》1933年1月15日。

② 钱穆:《傅斯年》,载《八十忆双亲·师友杂记》,(台北)东大图书有限公司1983年版。

③ 汪荣祖:《陈寅恪评传》,百花洲文艺出版社,1992年版,第51页。

④ 苏云峰:《清华国学研究院述略》,葛兆光主编:《清华汉学研究》,清华大学出版社1997年版,第二辑,第401页;陈寅恪:《陈寅恪集·书信集》,北京三联书店2001年版,第274、234页。

⑤ 俞大维:《谈陈寅恪先生》,转引自《陈寅恪先生编年事辑》,第50页。

⑥ 桑兵:《国学与汉学——近代中外学界交往录》,第147页。

被聘为兼职研究员兼第一组(历史组)组长。陈、伯二人同时被聘于史语所,应是二人研究方法与范围接近的表现。

1. 敦煌学

伯希和以偷运敦煌文书而起家,以致今日巴黎所藏敦煌卷子仍冠以伯希和之姓氏,敦煌文书多次被劫及相关学术研究的落后,被陈寅恪叹为"吾国学术之伤心史也"[①]。伯希和本人在敦煌文书研究上卓有建树,写有《摩尼教流行中国考》等脍炙人口的名篇,由此故,学界有称伯希和为"中国摩尼教研究的先驱"[②]。寅恪则不仅首创"敦煌学"一词,而且指明了包括摩尼教在内的研究方向,预言敦煌学将成为世界显学[③]。陈寅恪认真研究敦煌文书,如陈著《〈忏悔灭罪金光明经冥报传〉跋》一文,即利用了新发现的敦煌于阗语文献——伯希和、洛伊曼(Leumann)所刊布的于阗文《金光明经》来研究佛教经文所出现的新问题。1933年,清华大学中国文学系专任讲师浦江清(1904—1957年,之前为寅恪助手)利用休假赴欧游学,研究敦煌卷子,行前,寅恪于8月9日为写介绍函:

伯希和先生著席:

台从前游北平,获承教益,欣慰曷极。清华同事友人浦江清先生游历贵国,嘱寅恪作书介绍于先生。浦先生在清华讲授中国文学史,凡巴黎图书馆等处藏有汉文珍贵材料可供研究者,尚祈执事指导与以便利。庶几浦先生得择其精要者迻移东归,不负此次西游万里之行,皆先生之厚惠也,感幸何可胜言。

自公离北平后,北平图书馆又发见明初刊本《元朝秘史》残册,惜公不及见之。陈援庵先生已作一校勘记,可以取阅也。又大著蒙古史论文,前

① 陈寅恪:《陈垣敦煌劫余录序》,《金明馆丛稿二编》,第267页。

② 林悟殊:《摩尼教入华年代质疑》,载《摩尼教及其东渐》,(台北)淑馨出版社1997年版,第44页。

③ 姜伯勤:《陈寅恪先生与敦煌学》,《广东社会科学》1988年第2期。

在平时承允惠赐一份，未及走领而台从已西归，尚乞便中寄下为荷。专请撰安。

弟陈寅恪再拜　八月九日书于青岛旅次[①]

寅恪的介绍函表明了他提携后学的胸怀，及当时他与伯希和的共同志趣：不仅研究敦煌文书，也研究蒙元史。因1933年1月伯希和在华，曾将“俄京所藏《元秘史》”“摄影分赠北平图书馆”，兼任馆长的陈垣曾于1月23日致函伯希和感谢，并进行学术探讨[②]，故寅恪有“北平图书馆又发见明初刊本《元朝秘史》残册，惜公不及见”等语。

除了认真研究伯希和盗运的敦煌文书外，寅恪对“钢和泰藏卷”等零散敦煌文书也有研究，无独有偶，伯希和亦研究过“钢和泰藏卷”，并以此撰有《塞语中之若干西域地名》等论文[③]。伯希和与寅恪，均为敦煌研究之名家，一个先以盗运敦煌文书而声名大噪，一个则以首创“敦煌学”而蜚声中外，均结缘于敦煌文书，反映了中国学术界从“伤心史”中走出的事实，亦中外学林之一桩巧事。

2. 藏学

伯希和著有考证汉文吐蕃名称由来、苏毗女国等藏学名作多篇，而寅恪早在外国求学时，就在《与妹书》中表现出了对藏学的浓厚兴趣，他学成回国正式发表的第一篇学术论文《〈大乘稻芉经随听疏〉跋》就是藏学论文[④]，在此文中，寅恪不仅考证出《大乘稻芉经随听疏》的译者为唐代吐蕃沙门法成，而且论述了法成在学术上的象征意义：“夫成公（指法成）之于吐蕃，亦犹慈恩之于震旦；今天下莫不知有玄奘，法成则名字湮没者且千载，迄至今日，钩索故籍，仅乃得

① 陈寅恪：《陈寅恪集·书信集》，第169—170页。

② 《陈垣来往书信集》，第417—418页。

③ 伯希和此文的中译本载于《西域南海史地考证译丛二编》，商务印书馆1995年版，第46—47页。

④ 陈寅恪：《金明馆丛稿二编》，第287—289页。

之。同为沟通东西学术,一代文化所托命之人,而其后世声闻之显晦,殊异若此,殆有幸有不幸欤!"

在此文中,寅恪吸收了伯希和的研究成果。在伯希和曾用功的《唐蕃会盟碑》研究中,寅恪亦作了译释,对学界大有启发,所以有"唐德宗与吐蕃之唐蕃会盟碑,许多学者,如法国之沙畹、伯希和等人均无法解决,陈先生之翻译也使国际学者满意"之说。[①]

3. 蒙元史及中亚史

伯希和继承了其师沙畹之遗志,对蒙元史及中亚史下了大气力,撰写了大量论著,这些研究论文在冯承钧译的《西域南海史地考证译丛》中随处可见,如《蒙古与教廷》、唐元时代中亚及东亚的基督徒、高丽史中的蒙古语、评注俄国汉学家巴尔托德(W. Barthold)的《蒙古侵略时代之土耳其斯坦》、评注英人巴德利(J. F. Baddeley)《俄国·蒙古·中国》而成的《卡尔梅克史评注》、注释《马可·波罗游记》等,可见伯希和在这一领域中,研究不仅广泛而且深入,以致有学者认为,"蒙古史(尤其是西蒙古史)是伯希和终生迷恋的重点项目之一"[②]。此外,伯希和对萨囊彻辰《蒙古源流》一书亦曾下力,而此书是寅恪用功颇深的蒙古史书。

早在1926年回国执教之初,寅恪就指导清华学子进行"蒙古满洲之书籍及碑志与历史有关系者之研究"[③];在伯希和评注巴尔托德《蒙古侵略时代之土耳其斯坦》的稍后,寅恪亦注意到了此书。他在1930年10月19日致陈垣函中,言及"近见西文本二种,似皆有可参考之价值者,谨于别纸录上,乞察览",这"西文本二种"中,其一就是巴尔托德之书,在函中,寅恪以英文抄录了该书的名称、作者、出版系列("吉本纪念系列丛书",出版地为伦敦,并将书名译为"《土耳其斯坦史》(蒙古侵略时代)",并注明"本俄文,新译成英文"[④])。

---

① 陈哲三:《陈寅恪先生轶事及其著作》,《传记文学》1970年第16卷第3期,第58页。

② [法]伯希和著,耿昇译:《卡尔梅克史评注》,中华书局1994年版,"译者的话"。

③ 《研究院各教授指导之学科范围》,《清华周刊》1925年第351期。

④ 《陈垣来往书信集》,第374页。

对于伯希和曾研究过的《蒙古源流》，寅恪亦深有考究，他不仅从《大藏经》中检出元国师八思巴为真奎太子所作的《彰所知论》与《蒙古源流》之间的渊源关系，而且校勘、考订该书的东方诸文种译本，“对此后的蒙古史研究产生了重大影响”。[①] 又前引寅恪的介绍函也涉及陈、伯二氏对蒙元史的研究。

4. 突厥学

伯希和精通突厥文，对突厥学研究亦有促进作用，他撰写了《汉译突厥名称之起源》《突厥语与蒙古语中的驿站》等论文；寅恪早年读书笔记中，仅学习突厥文的就有9册，有着扎实的治学根柢[②]，归国执教之初，寅恪的指导范围有“古代碑志与外族有关系者之研究（如研究〈唐蕃会盟碑〉之藏文、〈阙特勤碑〉之突厥文部分，与中文比较之类）”[③]，但寅恪对中国突厥学的直接贡献，并不是译释突厥碑，而是研究突厥史，尤其是唐帝国与突厥汗国的政治关系史。[④]

此外，伯希和在魏晋南北朝隋唐史（撰有《六朝同唐代的几个艺术家》）、版本学等领域也有所涉及，而这些领域正是寅恪研究的重点之一。

三、结　语

伯希和与寅恪，一在西欧，一在东亚，均为汉学界权威学者。伯希和生于1878年，长寅恪12岁，并在20世纪之初即享有世界性声誉。相比之下，当寅恪还是一位求学异域的学子，伯希和已是四海名扬的汉学泰斗了，寅恪对伯希和所言“获承教益”并非虚言，这就决定了伯、陈二人的关系只能是一师辈、一晚生，或至多“平生风义师友间”了。寅恪与伯希和的这种关系类似于他与王国维，或者陈述（1911—1992）之于寅恪。有学者谓寅恪“成就后来居上，出道

① 方龄贵：《关于元史研究的几个问题》，《社会科学战线》1986年第4期；蔡美彪：《陈寅恪对蒙古学的贡献及其治学方法》，《历史研究》1988年第6期。

② 季羡林：《从学习笔记本看陈寅恪先生的治学范围和途径》，载《纪念陈寅恪教授国际学术讨论会文集》，中山大学出版社1989年版，第74—87页。

③ 《研究院各教授指导之学科范围》。

④ 蔡鸿生：《陈寅恪与中国突厥学》，载《学境》，（香港）博士苑出版社2001年版，第50—56页。

却晚了一句”[①]，此言指出了伯希和与寅恪这种辈分的区别及成名的“时间差”。

伯、陈二人之学术交往，由于双方学术背景的一致性，以及治学方法、研究范围的接近而互有促进。相较之下，伯希和对寅恪之影响，远甚于寅恪对伯希和的影响，这正如俞大维、傅斯年所言的，但二人均从相互交往、切磋中获益，则是无可置疑之事。伯希和与寅恪之交往，既是近现代法、中学术界交往的典型事例，又是法、中两国汉学研究相互影响的具体表现，其结果自然是有力地推动了中国学术从传统到现代化的转型，促进了法、中两国学者友谊的加深，个中做法与经验对后世不无有益。

第二节　与陈述[②]

陈述(1911 年 10 月 20 日—1992 年 1 月 5 日)，字玉书，河北省乐亭县罗庄人，我国研究契丹及辽史知名学者，曾任中国辽金及契丹女真史学会会长。1935 年毕业于北平师范大学历史系，之后就职于中央研究院历史语言研究所一组(即历史组)，初在北京，1936 年迁移到南京。30 年代中期至 40 年代初期，陈述曾就契丹及辽史等学术问题多次向陈寅恪问学。从 1940 年起，任东北大学(曾内迁至四川三台县)、三台草堂国学专科学校(1946 年秋迁至成都西门外金牛坝，改名“成都尊经国学专科学校”)教授兼训育长、复旦大学等校教授，随校内迁，1949 年后在北京中国社会科学院民族研究所工作，任研究员。寅恪学采东西，名贯中外，既开风气又为师，其学术成就已为中外学界公

① 桑兵:《国学与汉学——近代中外学界交往录》，第 22 页。

② 本节内容根据王川《陈寅恪与陈述的学术交往》编辑修改而成，载《史学史研究》2003 年第 1 期。

认。本章基于陈述自述《陈寅恪先生手书信札附记》《陈述先生忆往事》①等文字,对陈述与寅恪的学术交往,作一述论。

一、早期的交往

陈述早年在罗庄村塾读书,1927年起,先后在北京香山慈幼院中学、宣化直隶省立十六中、北平求实中学读书。1929年,“陈援庵(垣)先生当时是辅仁大学校长”,“兼任师大史学系主任,我久慕他的名”,就考入北平师范大学预科,两年后升入师大本科史学系。

20世纪30年代初尚在北平师范大学历史系求学之时,陈述前往拜谒寅恪,成为二人相识之始。关于此事,陈述自述曰:

> 当时,援庵先生和胡适之(适)、陈寅恪先生以及钢和泰大约每周聚会一次,讨论学术……在一次聚会中,援庵先生把(我写的)《金史氏族表》交给寅恪先生看,问他:“你看作者有多大年纪?”寅恪先生说:“起码四十”。又问他:“你看有什么问题?”答:“没有什么问题,很好”。援庵先生才告诉他:“他是我的学生,今年才二十出头。”寅恪先生说:“让他跟我见见面。”
>
> ……
>
> 大概是罗莘田(常培)通知我某日某时去姚家胡同见寅恪先生。姚家胡同是南北向的,陈宅坐东朝西。我敲开陈宅大门,把名片递给门房……
>
> 我初见先生姚家胡同,那行(应系“天”之误)先生兴致很好,除垂询学业外多所指教。当时曾谈:王观堂先生学识精博,自是当世大学,惟王先

① 陈述讲述,刘凤翥、陈智超整理:《陈述先生忆往事》,载《中国史研究动态》1992年第3期,第26—28页;陈述:《陈寅恪先生手书信札附记》,载王永兴主编《纪念陈寅恪先生百年诞辰学术论文集》卷首,江西教育出版社1994年版,第1—2页。此二文均系陈述先生口述或亲书,具有较高史料价值。以下引自此二文之处,不再一一注明。抗战时期,陈述在四川“三台草堂国学专科学校”的学生袁诲余回忆说,陈述教授“精通契丹文字。有学问,但讲课口才不太利落,授课时过于严肃,显得死板,不易为人接受。他主讲断代史,但上课的人数很少”,载《四川文史资料选辑》第40辑,四川人民出版社1992年版,第46页。

生作学问兴趣每几年由这一方面转到其他方面,倘若专一为之,所获成绩当更大。先生对观堂先生深表敬佩之忱,亦示应有借鉴之处。语重心长,使人铭记不能忘。

寅恪自从1926年7月始任清华学校国学研究院教授后,曾在清华"工"字厅、南院二号居住过。1930年,"住西城姚家胡同三号",即"西四牌楼姚家胡同三号",蒋天枢忆说:"先生于民十八、九年(1929年、1930年)间已租就姚家胡同住宅以待老人(指陈寅恪父三立)之至。老人既未即来,有时先生亦自住其处。忆庚午年(1930年)年初枢往谒先生,即在姚家胡同寓中。"[①]由于1933年夏,陈三立离庐山牯岭经南京至北平就养后,寅恪乃"移居(清华)新西院,距西校门不远",每周六与钢和泰(Baron A. von Stael-Holstein, 1877—1937)学术讨论后即与三立团聚于姚家胡同寓所,之后即返校[②]。故可推知陈述初次拜谒系在1931—1933年之某一年。当时寅恪已是清华大学历史系、中国文学系、哲学系三系合聘教授,兼中央研究院历史语言研究所研究员及第一组(历史组)组长。

之后,经寅恪的推荐,《历史语言研究所集刊》发表了《金史氏族表》;寅恪还介绍陈述前往谒见中央研究院院长傅斯年,"见面后,傅问我毕业后是否有负担?我告诉他我还没有成家;他又问我是否愿到史语所工作?我表示愿意。于是当面约定,我毕业后到史语所工作。当时我是大学三年级学生"。由此可见,与周一良一样,由于寅恪的介绍,陈述得以入中央研究院历史语言研究所(所址在北平北海养心斋)工作。

1935年,陈述从师大毕业后进入了史语所工作,被分在第一组(即历史组),同年入所的还有余逊(字让之)、全汉升。当时史语所正处成立初期,年轻人很多,以第一组而言,除陈述、余逊、全汉昇外,还有劳榦、陈槃(字槃庵)、俞

① 蒋天枢:《陈寅恪先生编年事辑》(增订本),上海古籍出版社1997年版,第61—73页、82—83页。

② 陈流求:《流求笔记》,转引自《陈寅恪先生编年事辑》,第82页。

大纲等人(周一良系 1936 年入所工作)。俞大纲系俞大维之胞弟,寅恪之表弟,当时还在燕京大学历史系读研究生。时史语所所长为傅斯年(字孟真,1896—1950 年),寅恪系以清华大学教授的身份兼任史语所第一组组长、研究员。职是之故,寅恪与陈述又多了一层行政上的关系。

此后,寅恪对陈述在学业上的指导也更多了,学习日语即为一例。陈述回忆说:

> 1935 年秋,余让之逊、俞大纲、劳贞一幹、我四个人请了一位日文教师,每天晚饭后在大纲家里学日文,寅恪先生告诉要"和文汉读",两三个月学成。我们把这个意见跟教师商量,很能配合进行,学了将近三个月,我们就迁南京了。

寅恪之所以提出"日文、汉文同读"的建议,与他早年游学日本多年、精通日文有关。据台湾大学韩复智《傅斯年先生年谱》,史语所迁至南京北极阁系在 1934 年秋[①]。陈述在 1935 年底或 1936 年春到南京。此后,虽然执教于北平清华大学,"寅恪先生不常到研究所,但所里的事,特别是第一组即历史组的事,还是经常关注、指导",陈述举例说明:

> 一天,先生说:历史研究,资料范围要尽可能扩大,结论则要尽可能缩小,考证要求合符实际,一屋的人穿蓝的,也许就有一个人穿黑的,除有一定前提,类推不宜常用。先生对青年指点,常在燕谈笑语之间。

此处所谓"青年",指劳幹、余逊、俞大纲、陈述、全汉昇等人,据周一良回忆,他当时为燕京大学研究生,曾与劳幹、余逊"到清华三院去偷听陈先生讲魏

① 韩复智:《傅斯年先生年谱》,《台湾大学历史学报》1996 年 11 月第 20 期(《傅故校长孟真先生百龄纪念论文集》),(台北)台湾大学历史系第 262 页。

晋南北朝史”。[①]

自从陈述等史语所历史组年轻学者随所南迁南京后，陈述与寅恪之间的学术交往，就主要通过信函、明信片等形式了，今寅恪后人处已寻不到陈述的请教函了，而陈述处精心保存了陈寅恪的复函，即“寅恪先生手书信札 26 通，封面 14 面，共墨宝 40 件，系自 1935 年至 1942 年先生寄给我的，也有寄给贞一兄(劳榦)和我两个人的信札的一部分”，这 40 件陈寅恪手迹，表面看来，“只是当年请教问学或来往查书借书等事”。

从寅恪的这些手迹看，1935 年至 1942 年，寅恪致函陈述的形式有明信片、信函。其中，明信片占了相当的比例。

据 1936 年秋入史语所历史组工作的周一良回忆，他“向在北京的陈寅恪先生请教”及“通信讨论”时，回复时“陈先生喜欢用明信片，有时想起一个问题或想法即提笔，往往一日数片，常说自己‘无定见’‘可笑’”，“其实是反映了他思想的活跃与识见的敏锐”，无独有偶，这一特点在寅恪致陈述(或兼致劳榦、萧纶徽、张政烺)的明信片中也得到体现。

从 2001 年新版《陈寅恪集・书信集》看来，“七七”事变之前，陈寅恪由“北平清华大学西院卅六号”寄到南京史语所的明信片仅一张，更多的是寅恪的复函。这些信函(片)中，寅恪致陈述的有 21 封，时间从 1936 年 1 月 22 日始，至 1943 年 6 月 21 日止；寅恪致劳榦、陈述的有 7 封，从 1938 年 5 月 1 日始，至同年 6 月 17 日止；寅恪致萧纶徽、陈述的有 1 封，时间为 1938 年 5 月 30 日；寅恪致张政烺、陈述的 1 封，时间为 1938 年 12 月 7 日[②]。由此可见，寅恪致陈述之函(片)共达 30 封，其数量在已刊布的《陈寅恪书信集》中仅次于傅斯年(77 封)，较之第三位的陈垣(18 封)、第四位的闻宥(11 封)更多。寅恪与陈述交往之重要性由此可见。

当然，寅恪致陈述函(片)有其特点：一是前后时间不长，仅八年(1936—

① 周一良：《毕竟是书生》，北京十月文艺出版社 1998 年版，第 24、26、122 页。

② 陈寅恪：《陈寅恪集・书信集》，第 180—211 页。

1943年);二是内容单一,不外乎论学、查书借书及史语所一些杂事;三是二氏地位、学识、辈分相去甚远,因此二氏交往中大多是陈述向寅恪请教。但是,通过这些信函,可以看到,对于后辈同人的治学、研究,寅恪予以了热情的鼓励(如1936年1月24日称"大稿""足征精审",1937年3月21日称"大著甚精"等),并把自己的研究心得无私地传授。同时,对于尚待推究的问题,寅恪也表现了谨慎、科学的态度(如1936年1月24日,"此事极重要而复杂,仓卒间鄙见亦未敢有所决定也";1937年3月20日,"其详不敢言也"等)。此外,从这些函(片)还可知,寅恪具有放眼世界的学术视野,以及他对美、日、欧(德、法、英、丹麦、瑞典等)等地相关学术动态的了解;他使用英、法、德、阿拉伯等多国文字,也表明了他对外国语言的娴熟。

1935年,陈述着手研究契丹及辽史。他首先开始的工作是"校辑辽文"。

陈述自述:"1935年,述校补《辽史・百官制》,翻检历史语言研究所拓本。辽刻剥蚀者多,墨本仍觉难读,校理比验中,因就缪、黄、王诸家之所录,汇为一书,以成一代之总集。"[①]文中所言"缪"指缪荃孙(1844—1919年),字炎之,又字筱珊,晚号艺风,乃光绪进士,精于版本目录、金石碑帖之学,积三十年之功,集金石拓本一万零八百种,海内称最,其中辽刻本、拓本有一定数量。缪荃孙去世后,拓本归赠北京大学,北大特建"艺风堂"以藏之[②]。缪氏还著有《辽文存》六卷。"黄"指黄任恒,于民国初年著成《辽文补录》一卷,以补缪氏之书;"王"指王仁俊,他于清末著《辽文萃》七卷。

陈述的校补工作,还与碑刻拓本资料的对勘相结合,如上述缪氏拓本。1936年夏,陈述回北平,将北大艺风堂、北图所藏辽拓本与"史语所所藏者参照,交互补足","按其来源,是正文字,兼著别见之异同。益以晚近新得者若干篇,汇成一编,作为辽代遗文总集,题目《辽文汇》,凡十卷"。[③] 在1935年、1936年整录辽文、交互勘补的过程中,陈述在契丹与辽史研究有所收获,就

① 陈述:《全辽文・后记》,中华书局1982年版,第427页。

② 罗尔纲:《师门五年记・胡适琐记》,生活・读书・新知三联书店出版社1995年版,第48页。

③ 陈述:《全辽文》"前言""序例""后记",第1—2页、3—5页、427页。

“曳落河”及相关问题之考证撰成一稿,即《曳落河考释》,并于1936年1月初由南京函呈寅恪指正(陈述在当年初到南京),寅恪于1月22日、24日两次复函;陈述另函再请教,1月31日陈寅恪再复之[①]。

从寅恪的三封复函看,均为辽史问题,间涉佛教史等。

在1月22日的答复中,寅恪就曳落河的起源、赭羯、石羯、糺军问题表达了自己的看法,认为曳落河之考证可从“姚书”(指姚汝能《安禄山事迹》)记载入手,并抄录了相关原文记载;同时,对糺军等涉及辽金元几朝的问题“信笔写其印象”以供陈述参考。函中,寅恪再次提及王国维:“忆十年前王观堂先生欲作辽史索引,以移剌部名及其问题见语,寅恪当时亦未研究及此,颇忘其意旨所在。王公旋殁,遗著中亦无文论及此者。即寅恪心中觉此事尚有未发之覆。今忽读此文,知学问之道,真是后来居上。不觉欢忻感叹,一时交集。”并以“至佩至佩”鼓励陈述。

22日的复函表明,寅恪对辽史研究匪浅,正如学界有“综观其一生治学,上自魏晋,下迄明清,均有极其深入而影响重大的成就”之说。[②] 从1926年起担任寅恪助教的浦江清,在1927年所撰的《王静安先生挽诗》第三首中称:“烧烛堂堂辽史在,但成掩卷一欷觑。”自注:“先生晚年于辽史多发明,未及成稿而殁。”[③]事实上,王国维辽史研究之成果,尚有成稿一篇:《元朝秘史之主因亦儿坚考》[④],此文对“糺”字进行了考证,这正是陈述关注的问题。可见浦诗可补释寅恪函。

在24日的复函中,寅恪提醒道,考证中古民族文化之史,“异族语音译相同者颇多,若无他证,仅据对音,则只能备一说而不能确指也”,教示陈述谨慎使用“对音”这一工具;在1月31日的复函中,除涉及佛教史问题及论文(著)

---

① 《陈寅恪先生编年事辑》(增订本),第244—245页;又可参《陈寅恪集·书信集》,第180—183页。

② 桑兵:《晚清民国的国学研究》,上海古籍出版社2001年版,第155页。

③ 浦江清:《蒲江清文录》,第298页,转引自《浦江清文史杂文录》,清华大学出版社1993年版,第253页。

④ 王国维:《观堂集林》卷一六(第5册)上海古籍书店1983年版。

的表达格式外，寅恪表述了对日本东方学的总体看法："白鸟之著作，盖日人当时受西洋东方学影响必然之结果，其所依据之原料、解释，已依时代学术进步发生问题。且日人于此数种语言，尚无专门权威者，不过随西人之后，稍采中国材料以补之而已。公今日著论，白鸟说若误，可稍稍言及，不必多费力也。"寅恪函中所言"白鸟"系日本东方学、历史学者白鸟库吉。1933 年前，寅恪曾有答复白鸟库吉所提问题之函①，或云此说系清华国学研究院第二届学生蓝孟博（字文徵，执教于东北大学而早于陈述）误传。②

此函中，寅恪认为，日本之东方学研究，唯西方之东方学研究马首是瞻，原因在于日本于"数种语言尚无专门权威者"，结果只能是拾西人之牙慧，稍采并补以中国之材料罢了；而西方之东方学研究，却有多种长处（如 1937 年 3 月 24 日的复函中，他建议陈述参考瑞典汉学家高本汉的相关论著），这也是寅恪在清华大学曾开设"西方之东方学"课程的原因。寅恪之所以作此语，也出于并未视日本东方学研究为一无是处（详见后文）。

并且寅恪认为，倘若陈述能证明白鸟之说有误，"可稍稍言及，不必多费力也"，这正是寅恪继承中国传统代优良学风之表现，也是他的一贯作风。寅恪在具体研究中，始终坚持重在建立自己的理论体系、少批评他人研究是非的原则，这种多立少破的治学思路，实际上是对 20 世纪以来中国学术界一直流行的所谓"不破不立"、破字当头的治学方式无疑是一种反拨。寅恪在 20 年代后期的清华的这一态度，与当时学术界盛行的"疑古"学风以及过分否定传统文化的倾向有关，他的基本态度是不赞成批判重于一切的。对此，1926 年 8 月入学的清华国学研究院第二届学生姜亮夫晚年回忆道：

我在清华曾写过一篇批评容庚先生的文章，送登《燕京学报》，容庚先生把我的文章送给陈寅恪先生看。过后寅恪先生对我说："你花这么大的

---

① 《陈寅恪先生编年事辑》（增订本），第 245 页。

② 刘正：《陈寅恪杂考数则》，《中山大学学报》1996 年 4 期，第 96—103 页。

精力批别人,为什么不把这精力集中在建立自己的研究工作上!”这句话对我震动很大,从此以后,我不大愿写批评文章,越到后来越不做这样的事。①

时容庚为燕京大学教授,且从 1927 年 6 月《燕京学报》第一期出版起,就是该刊主任。不仅后来姜亮夫“不大愿写批评文章”,陈述亦然。寅恪不仅劝导门生、后学苦口婆心,而且自己以身作则。在唐史研究中,他在李商隐、李德裕等问题上与学界前辈张孟劬(字尔田)有分歧,1936 年 2 月,张孟劬诘难寅恪《李德裕归葬辨证》一文,寅恪虽然认为张说“殊属勉强,实难成立”,仍然“不拟答辩,免使得张先生生气”②。

1936 年夏至 12 月初,陈述出差回到北平,在北京大学查阅校读缪荃孙“艺风堂”拓片中的辽代碑刻拓本,可能曾谒见过寅恪。

寅恪的谆谆指导,对陈述研究的深入帮助很大。1938 年 5 月,陈述发表论文《曳落河考释及其相关诸问题》③,就充分采纳了寅恪的见解。如论“契丹兴起所凭藉之曳落河”,及“安禄山曳落河下落”“安禄山军队与契丹之关系”等问题时,陈述照抄寅恪复函中所示姚书之史料,注明“此承寅恪先生教”,论文结束处有“此文属稿,承陈寅恪先生驰书启诲者再,几千数言。谆谆不厌烦琐。谨此注明,用志心感”之语。④

的确,当时寅恪对陈述之教示,是他多年来读书治学之成果。如曳落河、羯胡等问题,他曾思考多年,后来认为“曳落河犹言健儿云”,并对杜甫《哀王孙

① 姜亮夫:《忆清华国学研究院》,收入王元化主编:《学术集林》第一辑,远东出版社 1994 年版,第 239 页。

② 蒋天枢:《陈寅恪先生传》,载北京大学中国中古史研究中心主编:《纪念陈寅恪先生诞辰百年学术论文集》,北京大学出版社 1989 年版,第 5 页。

③ 陈述:《曳落河考释及其相关诸问题》,《史语所集刊》第 7 本 4 分(1938 年 5 月),第 547—573 页。

④ 陈述:《曳落河考释及其相关诸问题》,《史语所集刊》第 7 本 4 分(1938 年 5 月),第 559、572 页。

诗》"朔方健儿好身手"等句有所解释[①]，他对羯胡的考辨也见于他的文化史观。1946年，寅恪指导助手王永兴写《论唐朔方军》时，也曾教示以"曳落河"之意义，所以王永兴论文中对曳落河、"健儿""羯胡"等史料又有所分析与阐释[②]。

二、徙转于西南天地

1937年"七七"事变后，寅恪、陈述随同清华大学、史语所开始内迁。之后又迁至湖南长沙、广西桂林；1938年春再迁至云南昆明，10月为避日机空袭，又迁至昆明郊外；1940年冬，史语所迁至四川南溪县李庄镇（今属四川宜宾市），此后直至抗战胜利后1946年冬返回南京[③]。在1940年就聘东北大学前，陈述亦一度随迁，从武汉到长沙，再"携带家眷取道越南到昆明"，以后入川的。

而寅恪一家于1937年11月3日出走北平，20日夜到达长沙，旋执教于长沙临时大学（即后之西南联大）；次年2月，西迁滇省。这期间，1938年2月，寅恪一家经广西桂林、梧州、广东东莞抵达香港。春节后，寅恪与张荫麟等西南联大教授由海道经越南转乘滇越铁路，再抵达滇越边城蒙自。4月～9月，执教于蒙自，秋季随校迁至昆明。1939年暑假后，寅恪全家赴港，9月返昆明。1940年暑假后，寅恪再赴港岛，陷于困境，1942年5月方冒险返回内地，6月末抵桂林，并于此执教于广西大学，直至1943年8月。

1937年末1938年初在长沙的两个多月时间中，陈述曾谒寅恪。据陈述言，他听过当时寅恪在长沙的授课：

---

① 陈寅恪：《书杜少陵哀王孙诗后》，《金明馆丛稿二编》，上海古籍出版社1980年版，第54—58页。

② 王永兴：《论唐朔方军》，载王氏著《陈门问学丛稿》，江西人民出版社1993年版，第413—421页。

③ 韩复智：《傅斯年先生年谱》，第267—286页。

先生讲课为高层次的,不同于一般讲义教本体裁,讲课与论著往往统一,讲完一个问题,就成一篇论文。在长沙临时大学,曾讲过两个单元,一是关于南方民族巴、蜀、蛮、僚、溪、俚、楚、越,一个一个的分别讲释过,对巴族特别解释说"瞎巴三千",谓巴人战斗勇猛,目前无敌,故称"瞎巴",非瞎眼也。另讲晋室渡江与王导功业,特释"江左夷吾"(管仲)"微管仲,吾其披发左衽矣"。

陈述听寅恪之课,并非"首创"。之前,俞大纲曾听过;1935 年秋,史语所余逊、劳榦和尚未入史语所工作的周一良均到清华三院偷听过陈寅恪先生的授课,余、劳、周三人听完课后竟不约而同地赞叹道:真过瘾,就像看了一出杨小楼的拿手好戏![①] 陈述所听见的"溪人"问题,亦是 1937 年前后周一良曾向寅恪求教的问题。1938 年 3 月,周一良撰写论文《南北朝内之各种人及政府对待之政策》发表[②],文中一再表示了对寅恪指教之谢意;而"瞎巴"之解,至今仍为蜀人袭用,借指张飞式的粗鲁人物;至于寅恪讲述东晋王导之功业,指出王导是一个管仲式人物,他"统一内部,结合南人北人两种实力,以抵抗外侮,民族因得以独立,文化因得以续延"。[③] 在当时,针对北人南下的现实作如此之言,含有民族统一、反击日本侵略的深意,在他后来成文的《述东晋王导之功业》中表达得很清楚。

在往广西途中,陈述又"曾由长沙搭木船为先生带去两箱图书,此书以后由芮逸夫兄转去",据寅恪第一次交代的底稿:

抗日战争开始时清华大学迁往长沙。我携家也迁往长沙,当时曾将

---

① 周一良:《毕竟是书生》,第 24 页;周一良:《钻石婚杂忆》,生活·读书·新知三联书店 2002 年版,第 59 页。

② 周一良:《南北朝内之各种人及政府对待之政策》,《史语所集刊》第 7 本 4 分(1938 年 5 月),第 449—504 页;周一良:《毕竟是书生》,第 26、112 页。

③ 陈寅恪:《金明馆丛稿初编》,上海古籍出版社 1980 年版,第 48—68 页。

> 应用书籍包好托人寄往长沙。当时交通不便，我到长沙书尚未到。不久我又随校迁云南，书籍慢慢寄到长沙堆在亲戚家中。后来亲戚也逃难去了，长沙大火时，亲戚的房子和我很多书一起烧光。[①]

可知，陈述由湘运桂之寅恪藏书，免于长沙大火之灾，实属不幸中的万幸。后来，1938年，寅恪"转道去昆明时，在滇越铁路运输中被窃去书籍两木箱（另易以两木箱，满装砖块）"，这是经过滇越铁路陈寅恪托运的全部藏书，于是"北平寄出之书既毁于长沙大火，滇越路运出之书又全被盗也"[②]。分析看来，这两箱书即陈述所携者。1954年、1955年，此事还有一个先喜后悲的结局，真有在劫难逃之意味。

徙转于西南天地之际，陈述经常致函请教，寅恪亦时予函示，或托陈述借书、查抄史料等。这一时期的寅恪致陈述之手书、信札，已发表的有10封（片），除《陈述辽史补注序》及附函（详见下节）外，又有2函见于蒋天枢《师生往事录》（以下简称"蒋甲""蒋乙"）[③]，其余7封（片）见于1994年的公布，剩下的则在2001年出版的《陈寅恪集·书信集》中公布。今将寅恪致陈述之手书、信札中重要的7封（片）照录于下（本文据1994年公布的影印页辨认，与2001年《陈寅恪集·书信集》所公布微有不同），并略加阐述。

其一（信函，1939年11月23日）：

> 玉书吾兄先生：前日烦钞检事，感荷感荷，兹再求查本所有无日本西京出版《东方学报》中内藤乾吉论唐六典文，如有，乞借出；如无，则乞代钞《稗海》中刘肃《大唐新语》及《郡斋读书志》及陈振孙书录关于《唐六典》文，示下至感。
>
> 敬叩　撰安　弟寅恪　廿三日。

① 《陈寅恪先生编年事辑》（增订本），第116页。

② 《陈寅恪先生编年事辑》（增订本），第160、119页。

③ 《陈寅恪先生编年事辑》（增订本），第245—246页。

其二(信函,1938年12月3日)曰:

玉书先生左右:弟前论李唐氏族问题,在史语所集刊发表者共有四篇,请兄或其(王注:此处脱“他”字)友人代为检出,一借即还。又,傅先生(王注:傅斯年)书目便中并求送下。全君(陈述注:全君指全汉昇)新婚,今日始知,已略具贺仪,交人转呈,惜不能亲贺,并希代为道喜。匆叩著安

弟寅恪　十二月三日

所中诸友并乞致意　又前次曾代刊木章否?如代刊,乞示刊费,以便奉还。

其三(明信片,1938年5月1日)曰:

贞一、玉书两兄先生左右:弟到蒙自已将十日矣,欲授课而无书,不知史语所之《三国志》《晋书》、南北史、《魏书》《隋书》《通典》等在昆明否?如在昆明,无论何种版本(即开明廿五史本亦可),请借出,邮寄或托友人带下均可,如昆明史语所无此类书,则朋友中能辗转借得否?此次来蒙,只是求食,不敢妄称讲学也。弟在港,已将拙文校毕付印,不知何日出版集刊稿?史语所集刊亦□□至何期?所中同人如□□□□奉恳敬启撰安。

弟寅恪　五月一日

其四(明信片,1938年5月12日)曰:

贞一、玉书两兄先生同鉴:南北史收到,感荷感荷。《北史》为百衲本,然则百衲本未运到耶?五月寄南北史,八日即收书。来示谓本月六日已寄《魏书》,今尚未收到,乞一查为感。傅先生如到昆明,请即示知,弟拟赴昆明一晤也。一组同人请均代致意。蒙自已入雨季,起居饮食尤感不便,

疾病亦多，吾侪侨寄于此者皆叫苦连天，想昆明或较此略胜。那君（按：指那廉君，下同）来蒙之期定否，专此，敬叩著安。

弟寅恪　五月十二日。

其五（明信片，1938 年 5 月 13 日）曰：

贞一、玉书两兄先生左右：倾接到邮局领书条，大约即是《魏书》也，昨请代查《魏书》已寄到，今可不查矣。那君行期定否？蒙自史所书籍中有无《大正一切藏》及四部丛刊否？敬乞示知为荷，敬叩著安。

寅恪　所中诸友均乞代致意。五月十三日。

其六（明信片，1938 年 5 月 30 日）曰：

绝教（陈注：纶教指萧纶徽，史语所会计）玉书先生左右：今日收到佛书两包，共前日所收为三包，谅尊处寄来之书尽于此矣。专此覆谢。

顺候日祉　寅恪　五月卅日　所中诸公均乞代致意。

其七（明信片，1938 年 6 月 8 日）曰：

玉书吾兄先生左右：史语所集刊中载有拙著《天师道与滨海地域之关系》一文，不知昆明所中尚有之否，如有之，求检寄一册；如无之，能以该册之本数、分数见示否？琐屑渎扰，不安之至。傅先生来滇之期，有听闻否？所中同人均希代致意。

专此　奉恳　敬叩　著安　弟寅恪　六月八日。

上述 9 封（片）中，蒋甲、蒋乙作于 1937 年或者 1938 年（有“联大”字眼）。寅恪于其四、其五信札中提到的“那君”，系史语所图书管理工作人员那廉君，晚年他开玩笑般地自诩“经我抚摩和搬运过的书,可以说大话,绝不吃旁人少”[1];他在1969年回忆道:“抗战期间,中央研究院历史语言研究所曾有一百六十箱书籍借给西南联大,最初运到云南蒙自;史语所派我去点交,我在这潮热的蒙自住了两个多月,终以无地可以上架,又由西南联大运回昆明。”[2]那廉君的回忆,解释了寅恪手札中“蒙自史语所书籍”“那君来蒙之期”等问题。

可见,9封(片)信札均系抗战期间寅恪流离于西南时所作,虽然不见得“一日数片”,但却有一月数片。在蒋甲、蒋乙信函中,寅恪提出查找《宋会要》(即《宋会要辑稿》),“或别有更进一步之解释也”,并说,联大与史语所均“无书可看”,“实不能工作”,“可谓国亡有期而汗青无日矣”,表达了对国家兴亡之忧思及续命河汾之自负。

信札其一至其七,则以借书、查抄史料与期刊为主,同时可见寅恪作为组长对历史组全体同仁,尤其是对青年学者(如陈述、劳榦、全汉昇等)的关心与爱护。从收、发地址来看,有从“香港罗便臣道125号”寄往“广西阳朔”的;有从蒙自寄往“昆明拓东路六六三号”的;有从广西桂林良丰(广西大学)寄往“四川三台后小湾十号”(东北大学)的[3],从中可见寅恪、陈述等中国学者,在“乞食于西南天地之间”的颠沛流离生活中[4],仍不忘中国学术文化发展与传承的情怀。

1942年后,寅恪与陈述相互往来之信札骤减。抗战胜利后,寅恪随清华大学回迁北平,陈述则与寅恪的弟子蒋天枢等人执教于上海复旦大学。新中国成立之后,如同寅恪与大多数昔日朋友一样,未再见双方有信函联系。

三、《陈述〈辽史补注〉序》

1940年暑假后,寅恪至香港,俟机赴英讲学疗目,不料次年末太平洋战争

---

① 那廉君:《孤蓬小品》,(台北)文海出版社1982年版,第63页。

② 那廉君:《傅孟真先生轶事》,(台北)《传记文学》1969年第15卷6期。

③ 国立东北大学编:《国立东北大学一览》,1939年6月刊,第7页。

④ 陈寅恪:《陈垣明季滇黔佛教考序》,载《明季滇黔佛教考》,科学出版社1959年版,第5页。

爆发，乃困于港岛，直至1942年5月才冒险返回内地，所谓“扶疾入国，归正首丘”，“七月五日至桂林良丰雁山”，途中收到陈述寄来《辽史补注·序例》，“急取读之”。11月19日，寅恪撰成《陈述〈辽史补注〉序》。序曰：

裴世期之注三国志，深受当时内典合本子注之熏习。此盖吾国学术史之一大事，而后代评史者，局于所见，不知古今学术系统之有别流，著述体裁之有变例，乃以“喜聚异同，坐长烦芜”为言，其实非也。赵宋史家著述，如《续资治通鉴长编》《三朝北盟会编》《建炎以来系年要录》，最能得昔人合本子注之遗意，诚乙部之杰作，岂庸妄子之书，矜诩笔削，自比夏五郭公断烂朝报者，所可企及乎？

寅恪侨寓香港，值太平洋之战，扶疾入国，归正首丘。途中得陈玉书先生述寄示所撰《辽史补注序例》，急取读之，见其所论宁详毋略之旨，甚与鄙见符合。若使全书告成，殊可称契丹史事之总集，近日吾国史学不可多得之作也。回忆前在绝岛，苍黄逃死之际，取一巾箱坊本《建炎以来系年要录》，抱持诵读。其汴京围困屈降诸卷，所述人事利害之回环，国论是非之纷错，殆极世态诡变之至奇。然其中颇复有不甚可解者，乃取当日身历目睹之事，以相印证，则忽豁然心通意会。平生读史凡四十年，从无似此亲切有味之快感，而死亡饥饿之苦，遂亦置诸度量之外矣。由今思之，傥非其书喜聚异同，取材详备，曷足以臻是耶？况近日营州旧壤，辽陵玉册，已出人间。葬地陶瓶，犹摹革橐。不有如释教信徒迦叶、阿难之总持结集，何以免契丹一族千年之往事及其与华夏关系之历史，不随劫波之火以灰尽？

故《辽史补注》之作，尤为今日所不可或缓者。寅恪频岁衰病，于塞外兄弟民族之文史，久不敢有所论述。惟尚冀未至此身盖棺之日，犹逢是书出版之期，而补注之于辽史，亦将如裴注之附陈志，并重于学术之林，斯则今日发声唱导之时，不胜深愿诚祷者也。

三十一年十一月十九日陈寅恪书于桂林雁山别墅。[①]

在序中,寅恪再次强调:裴松之注陈寿《三国志》,受到了当时佛教经典合本子注方式的影响,以至成为一种史书体裁,此系"吾国学术史之一大事",1933年,寅恪就在《支愍度学说考》中首次公开这一发现,此文"详考佛书合本子注之体"[②];1938年在蒙自授课时,寅恪又对学生徐高阮(字芸书,1914—1969年)等人讲述过[③]。寅恪认为,这种体裁若运用得体,"喜聚异同,取材详备",则可取得"心通意会"之效,并以自己困于香港时读这种体裁的史著《建炎以来系年要录》的亲身经历来略作说明。

其次,寅恪列举了相关的考古与文物新发现:"营州旧壤,辽陵玉册,已出人间,葬地陶瓶,犹摹革橐。"此泛指二三十年代东北营州、沈阳一带辽代墓葬中出土的辽代帝、后玉册及其他随葬物品。这一发现,甚至引起了1933年来华的法国汉学家伯希和的注意[④]。与伯希和有交往又深信王国维"二重证据法"的寅恪,认为若对这些新发现加以整理与研究,则其功将同于召集佛教第一次结集的虔诚佛教徒迦叶、阿难,也使契丹族及其与华夏民族之历史将永光于世。因而,对于陈述之研究,他认为"尤为今日所不可或缓者","若使全书告成,殊可称契丹史事之总集,近日吾国史学不可多得之作也",并预言陈述之功等同裴注,将"并重于学术之林",在肯定陈述研究意义的同时,又给予了热情的鼓励。

值得注意的是,寅恪一生惜墨如金,仅为学生(晚辈)数人写过序,陈述、徐高阮等人均有幸获此殊荣。由此可见,寅恪对陈述之器重。在寄序的附函中,寅恪又托陈述代向有关友人致意。时陈述在内迁四川省三台县草堂寺的东北

---

① 原载《读书通讯》1942年第56期;常见本为《金明馆丛稿二编》,第234—235页引录,此处系据陈寅恪手写原件照录得,与常见本稍有不同,参阅陈述:《陈寅恪先生手书信札附记》一文。

② 陈寅恪:《金明馆丛稿初编》,上海古籍出版社1980年版,第141—167页。

③ 鲲西(王勉):《感旧之余的话》,《读书》1996年1期;《清华园感旧录》,上海古籍出版社2002年版,第19—23页。

④ 冯家昇:《契丹名号考释》,《燕京学报》1932年12月第13期,第47—48页。

大学执教，与寅恪的清华弟子蒋天枢、蓝孟博等人为伍，故寅恪函亦寄至四川省三台县。

四、循循善诱励后学

陈述与周一良、劳榦、余逊等同辈，可称为寅恪之学生辈。三四十年代，尤其是1936年—1942年寅恪、陈述的学术交往，反映了国难时期两代学人传承祖国文化的情怀，及寅恪对后学无私的奖掖提携。

1936年秋入史语所历史组工作的周一良说："陈先生是历史组组长，但并不过问具体事务，组内成员自由读书，选题研究。但陈先生在组内以至所内的威信极高，无形中的影响也极大。说起来可笑，当时我们几个史语所中的青年，甚至写文章引书的卷页号码，都仿效陈先生的作法，使用大写数字。"①所谓"我们几个史语所中的青年"，包括了陈述、劳榦、余逊、俞大纲及周一良等人。从当时的研究来看，他们在许多方面均得到了寅恪的教示，而从他们的论文中也可看到寅恪的影响。如周一良《南朝境内之各种人及政府对待之政策》(撰于1937年2月)，不仅多处引用了陈寅恪之说，而且注明"此文承陈寅恪先生、傅孟真先生指导修正，谨志谢忱"。②

周一良回忆"陈先生向来注意日本的东方学"③，在致陈述信函中，寅恪有类似的表述：认为日本之东方学远不能与西方东方学匹敌，但日本之中国史研究则值得重视。1929年，他就对中国学子"群趋东邻受国史"感到"羞欲死"，流露出"平生所学宁堪赠"的满腔热忱④，其以文化使命自肩之情从中可见；1931年，他又指出"东洲邻国以三十年来学术锐进之故，其关于吾国历史之著

---

① 周一良：《毕竟是书生》，第139—140页。

② 周一良：《南北朝内之各种人及政府对待之政策》，《史语所集刊》第7本4分，第468页、504页。

③ 周一良：《钻石婚杂忆》，第189页。

④ 陈寅恪：《北大学院己巳级史学系毕业生赠言》，《陈寅恪诗集》，生活·读书·新知三联书店2001年版，第19页。

作,非复国人所能追步"[①],所以时刻关注着日本对中国史的研究。他的这一态度在致陈述信函中亦表现了出来。在前述明信片中,有寅恪请陈述代抄日本《东方学报》上日本学者论文之举,受此影响,后来陈述的论著中也注意日本的中国史研究,亦多次引用过《东方学报》等杂志、期刊上日本学者的论文[②]。

除曳落河问题外,在糺军及相关问题考证上,陈述《辽金元的糺军》一文[③],与王国维的考证、寅恪的函示也有关。所以有研究者指出,王国维、寅恪、陈述以及羽田亨、伯希和、符拉基米尔佐夫等中外学者,都直接或间接讨论过这个问题。[④]

寅恪在《唐代政治史述论稿》中,提出了著名的"河朔胡化说",对此观点,陈述在《契丹政治史稿》中予以采纳,并论证寅恪安史之乱后河北藩镇的"政治军事财政与中央政府实际上无隶属关系"之说,是经得起推敲的[⑤]。陈述此书并在卷末"本书征引书目略"中列出了寅恪的《唐代政治史述论稿》,引用了寅恪学生姚薇元《北朝胡姓考》的相关成果[⑥];而寅恪的三部名作,按他在讲授时所说:"我作的三本书:《略论稿》《述论稿》《笺证稿》,都叫稿,就是准确以后还要改。"[⑦]而陈述关于契丹及辽史的三本代表作《契丹史论证稿》《契丹社会经济史稿》《契丹政治史稿》可谓也"都叫稿",此非巧合当可断言。至于 1947 年 4 月,陈述在《辽文汇》"后记"中说:"寅恪先生有言:'考证之学,譬如积薪,后来者居上。'辑校之事,此义更显。"[⑧]按陈寅恪原文见于《金明馆丛稿二编》[⑨],

---

① 陈寅恪:《金明馆丛稿二编》,第 317 页。

② 陈述:《契丹社会经济史稿》,生活·读书·新知三联书店 1963 年版,第 123 页。

③ 陈述:《辽金元的糺军》,《光明日报》1951 年 2 月 3 日。

④ 杨志玖审定,李治安、王晓欣编著:《元史学概论》,天津教育出版社 1989 年版,第 85—87 页。

⑤ 陈寅恪:《唐代政治史述论稿》,上海古籍出版社 1997 年版,第 47 页;陈述:《契丹政治史稿》,人民出版社 1986 年版,第 94、84 页。

⑥ 陈述:《契丹政治史稿》,第 188 页、24 页。

⑦ 黄萱:《怀念陈寅恪教授》,载中山大学历史系编《纪念陈寅恪教授国际学术讨论会文集》,中山大学出版社 1989 年版,第 70 页;蔡鸿生:《"颂红妆"颂》,载氏著《学境》,(香港)博士苑出版社 2001 年版,第 35 页。

⑧ 陈述:《辽文汇》"后记"。

⑨ 陈寅恪原文见《金明馆丛稿二编》,第 304 页。

这更是陈述受寅恪学术思想影响之著例。

寅恪对陈述的函札教示，对陈述治学信念的坚定及学术水平的提高，具有指导意义。以后，陈述写出了《契丹世选考(附表)》《〈辽金制度考释〉序》《论契丹之选汗大会与帝位继承》《辽代教育史论证》等一系列论文；继冯家昇之后，完成了《辽史》的全部点校工作；撰写了《补〈南齐书·艺文志〉》及"三稿"等多部专著；主编《辽金史论集》多本①，等。取得这些成就，与其早年与陈寅恪之学术交往密不可分。而从陈述的论文(著)中，也不难发现寅恪影响的存在。

寅恪对陈述的函札教示，既是寅恪指导陈述、劳榦、周一良等史语所历史组青年学者众多举动的一部分，也是寅恪提携、奖掖后学的典型事例，从中体现了寅恪的精深学养与远见卓识，还是寅恪以文化自肩、河汾自承、循循善诱情怀的象征，诚如蒋天枢《陈寅恪先生编年事辑》的评语如论，兹引述以结束本文：

> 其时先生漂泊西南，备历艰困，当流亡逃死之际，犹虚怀若谷，奖掖后学，孳孳不倦。其以文化自肩，河汾自承之情伟矣！……世之读上录函件

---

① 陈述不负陈寅恪的期望，在契丹及辽史研究等领域取得丰硕成果，兹略举一二，以见其大概：发表的重要论文，有《契丹世选考(附表)》(《史语所集刊》8本，1939年9月)、《头下释义》(东北大学文科研究所编《东北集刊》1941年6月第1期)、《越里野利逸利越利诸族考》(东北大学文科研究所编《东北集刊》1943年第3期)、《〈辽金制度考释〉序》(东北大学编《志林》1943年1月第4卷)、《论契丹之选汗大会与帝位继承》(《史学集刊》1947年第12期)、《关于达斡尔族的来源》(《中国民族问题研究集刊》，1955年9月)、《要重视辽金史的研究》(《光明日报》1982年8月30日)；专著有《补南齐书艺文志》(二十五史补编本，1936年、1937年)、《补辽史交聘表》(两册五卷，三台县东北大学出版)、《契丹史论证稿》(北平研究院，1948年)、《中朝关系一百年》(上海神州国光社，1951年)、《辽文汇》(全四册，中国科学院出版局，1953年)、《金史拾补五种》("五种"分别是《金史氏族表》6卷、《女真汉姓考》2卷、《金赐姓表》2卷、《金史同姓名表》1卷、《金史异名表》1卷，科学出版社，1960年。陈述在《前言》中说"部分初稿刊于前中央研究院《历史语言研究所集刊》，这次在内容上又作了一些补充和修正")、《契丹社会经济史稿》(生活·读书·新知三联书店，1963年)、《辽代史话》(河南人民出版社，1981年)、《全辽文》(中华书局，1982年)、《契丹政治史稿》(人民出版社，1986年)；主编《辽金史论集》第1～4辑，由上海古籍出版社、书目文献出版社出版(1987—1994年)、《民族文化史》(台北地球出版社，据台北《历史月刊》第66期第15页，1993年7月)等。陈述晚年还培养学生在契丹及辽金史等领域进行研究，如指导蒋松岩完成历史学博士论文《金代地方政治制度研究》，后者在1991年7月获得博士学位，见中国社会科学院研究生院编著:《博士文萃》，中国社会科学出版社1994年版，第400—401页。

者,其亦省识先生当日感愤之深欤?①

第三节　与其他学者

一、与徐中舒

(一)徐中舒1926年毕业于清华国学研究院,寅恪是徐氏师长辈

徐中舒[1898—1991年,安徽怀宁(今属安庆)人]。1914年考入安庆第一师范学校学习,师从胡远浚(系桐城派大师吴汝伦的弟子)。胡远浚晚年曾执教于南京中央大学哲学系,著有《老子通义》和《庄子诠诂》。因此,徐中舒打下了良好的国学基础。

图6-1　徐中舒

徐中舒晚年回忆说:“师范的三年学习,我将绝大部分时间和精力都集注于国文课,其余功课只求及格就行了。学有偏爱,这为我以后的学业规定了方向和范围。”②

1925年,清华国学研究院成立,徐中舒考入该院并成为首批研究生,师从王国维、梁启超、李济等人,为以后学术事业的发展奠定了坚实的基础。次年毕业,同年寅恪开始执教清华。当时王国维讲授《古史新证》,率先倡导“二重证据法”,于我国传统史学研究方法外另辟蹊径,对“古史”进行“新证”;梁启超讲授《中国文化史》,继续他多年以来倡导的

① 《陈寅恪先生编年事辑》(增订本),第246页,按:“孳孳不倦”今作“孜孜不倦”。

② 徐中舒:《我的治学之道》,《文史知识》1987年第6期。

"新史学",批判旧史学为"君史",宣扬进化发展的历史观和注重社会生计、文化学术等多方面的"国史""民史"。李济之讲授的人类学、考古学,更是当时国内的新兴学科。徐中舒回忆说:"在清华国学研究院一年的学习中,我把大部分时间都用在从王国维先生学习古文字,抄写甲骨文、金文,并采用王国维先生提出的古史二重证法,将古文字材料与古代的文献典籍相互印证,相互补充,运用于中国古代史的探索之中。"[①]。可见,在诸位大师演示用近代科学研究方法"整理国故"的指导下,素有国学良好功底的徐中舒领悟到治学门径,从此步入学术的殿堂。

跟从王国维学习一年后,徐中舒便提交论文《从古书中推测之殷周民族》而毕业。论文后来发表于《国学论丛》第一卷第一期[②],是徐中舒研究中国古代社会的开端。徐氏在该文中搜罗古代文献和古文字资料,论证商、周非同种民族。从这篇论文已可看出,徐氏开始尝试运用王国维的方法来研究先秦历史问题,可以说,徐氏是得王国维学术真传而卓有成就的少数几个弟子之一。[③]

从清华毕业后徐中舒曾任教于合肥六中、上海立达学园。1928 年受聘为复旦、暨南大学中文系教授。1930 年因寅恪先生推荐,到北平中央研究院历史语言研究所任专任编辑员,两年后升为研究员。1931 年兼任北京大学历史系教授。"九一八"事变后,史语所南迁上海,后又辗转至长沙,先生在长沙应中英庚款与四川大学的协聘,辞去史语所职务,到四川大学历史系任教。1939 年暑期,川大为避空袭,迁往峨眉山。其间先生又受武汉大学之聘兼该校教授(当时武大迁在乐山)。1943 年川大迁回成都,他又到华西大学和迁到成都的燕京大学兼课。1946 年秋应聘到南京中央大学任教,次年返回川大,任历史系主任直至 80 年代(中有短期间断)。1956 年经教育部审定为一级教授,当

① 徐中舒:《我的治学之道》。
② 徐中舒:《从古书中推测之殷周民族》,《国学论丛》1927 年第一卷第一期。
③ 徐中舒:《井田制度探原》,《中国文化研究汇刊》1944 年第四卷上册。

选为全国人大代表、全国政协委员，从事学术研究和教学工作达70年。[①]

从清华国学研究院毕业以后，按照王国维古史研究的“二重证据法”的学术路线，徐中舒继续从事甲骨文字及商周史的探索与研究。

进入中央研究院历史语言研究所后，徐中舒如鱼得水，学术工作步入了一个新的境界。他陆续在《中央研究院历史语言研究所集刊》上发表了《耒耜考》《殷人服象及象之南迁》《殷周文化之蠡测》《殷周之际史迹之检讨》等一系列很有分量的学术论文，形成了自己关于中国古代社会研究的理论体系。徐中舒进入中央研究院史语所之时，正是安阳殷墟考古发掘的高峰期。徐中舒适逢其会，接触了大量的考古发掘材料，利用自己丰富的文献资料与地下材料相互印证，撰写了《再论小屯与仰韶》，在“古史二重证法”上开拓学术研究的新天地。

共和国成立后，特别是50年代晚期，徐中舒在中国古史分期的学术讨论中，坚持“西周封建说”，他绝不是为了附和范文澜的主张，更不是与郭沫若唱反调，而是以一个甲骨文专家与古史专家的双重身份提出自己的学术主张。可以说，“西周封建论”因为有了徐中舒这样的古史专家的支持和参与，学术主张的坚定性才有了深厚的底蕴。1957年，徐中舒在《历史研究》上发表论文《论西周是封建社会——兼论殷代社会性质》，从民族学、考古学、古文字学、古文献学的角度研究了殷周之际的社会性质。

王国维是“新史学”的开山祖，作为王国维亲炙弟子，徐中舒在中国历史学领域的地位是显而易见的。成就学术声名的徐中舒在民国时期成果迭出。在其九十七年的人生旅程里，徐中舒的《先秦史论稿》《论巴蜀文化》《甲骨文字典》等著作，为中国历史学的科学体系化作出了卓越的贡献。

寅恪虽仅长徐中舒八岁，但从1926年秋起，即与王国维执教于清华国学研究院，而徐中舒从1925年考入后便师从王国维，以及梁启超、李济等，学习仅一年后便按规定提交论文《从古书中推测之殷周民族》而毕业于清华国学研

① 彭裕商:《高山仰止——徐中舒先生百年诞辰纪念》转载自《历史研究》1998年第6期。

究院。寅恪十分敬重王国维，与其相知甚深，陈氏有“平生风义师友间”之谓；徐中舒为王国维嫡传弟子，由于有这一层关系，更得到陈寅恪的格外敬重。

此外，寅恪对于“王静公之弟子”——王国维在清华国学研究院培养的研究生，如戴家祥等人，他亦十分重视[①]。

（二）1930 年陈寅恪推荐徐中舒入史语所，徐、陈二人成为史语所同仁兼同事，共同整理了明清档案

徐中舒师从王国维，1926 年毕业于清华国学研究院，之后任职于中央研究院历史语言研究所。30 年代，年长徐中舒五岁的著名史学家顾颉刚在他的名著《古史辨》中，称誉徐中舒是一个“学术水平很高的专家”，扬名于学术界。

从目前已公布的材料看，陈、徐二氏之间的最早通信系于 1929 年 4 月 21 日，陈于此日致函徐中舒为亲属汪孟舒到“北平图书馆阅览旧书”提供“学术机关担保”，请徐“转告孟真先生照式填写盖章送下”。[②] 从此信现存傅斯年处看来，徐照办。[③] 四川大学徐亮工教授（徐中舒之文孙）正在撰写《徐中舒先生年谱》，一定收集有精彩的内容。

早在 20 世纪 30 年代，徐中舒工作于史语所时，由于工作关系，寅恪的信中已多次提到与徐中舒的交往，如致《燕京学报》主编容庚的函中说：“大作携归与徐、董二君共读之，甚佩，甚佩。惟据二君之意，以为门类分合，似略有可商，材料亦尚可增补。弟于此学无所通解，固不能判择其说之当否，亦不能记忆其要旨所在。拟请其与公会谈一次，以备公之参考。”[④]“董”指董作宾。时傅为所长，陈为第一组主任，而徐则受陈之托，办理诸事。

此外，寅恪还常率徐、于道君诸人“往观故宫满文老档”[⑤]；经常与徐交流对工作的看法，如整理历史语言研究所档案中的实录并刊印之，以此“表现史

---

① 陈美延、陈流求编：《陈寅恪集 · 书信集》，第 45 页。

② 陈美延、陈流求编：《陈寅恪集 · 书信集》，第 29—30 页。

③ 台湾史语所档案及傅斯年档案中有 75 封陈寅恪致傅斯年（1895—1950）函，其中，第十件为致徐中舒。

④ 《陈寅恪集 · 书信集》，第 11—12 页。

⑤ 《陈寅恪集 · 书信集》，第 35 页。

语所成绩也。昨已与中舒先生言之”[①]。

1930年10月,寅恪致傅斯年函称:“顷中舒先生持印就档案第一、二等册样本来,似尚整雅可观。”[②]另函称:“顷与中舒先生电话中略谈(因未见着),弟意此次档案整理至此地步,微徐公之力,不能如是。”[③]共同整理明清档案,且由徐序。

徐欲离所,陈极力挽留,致傅函称“若任其他去,不独人才可惜,而替人亦难觅。第一组主任弟仅挂虚名,诸事悉托其办理,故弟个人对之有特别感谢之以要”;不仅体现在上述关系中,又如,寅恪致函“孟真、中舒两公同览”[④],又托傅代向“徐、董诸公”问好并代致意[⑤]。

1947年,徐任教于川大时,与在川大、华西大学任教的闻宥、蒙文通、冯汉骥常相往还论学。

寅恪亦类似,因为中英庚款委员会在中国多所名校各设一个讲座,提供聘金,徐中舒得因中英庚款委员会与广西大学协聘为讲座教授,并为此将傅寄来的史语所“专任研究员聘书寄还”[⑥]。

由于在广西等地“无书可看”及广西等地生活“均不及四川”,寅恪“思入蜀”[⑦],就多次提及“徐公”,如1944年[⑧]。

1945年3月,寅恪致傅函谈到对于“川大”的某些情况,“徐中舒君知之甚详,兹不必多说”,[⑨]体现了对徐中舒的信任。

---

① 《陈寅恪集·书信集》,第36页。
② 《陈寅恪集·书信集》,第38页。
③ 《陈寅恪集·书信集》,第39页。
④ 《陈寅恪集·书信集》,第40—41页。
⑤ 《陈寅恪集·书信集》,第51、52页。
⑥ 《陈寅恪集·书信集》,第91页。
⑦ 《陈寅恪集·书信集》,第95页。
⑧ 《陈寅恪集·书信集》,第217—218页。
⑨ 《陈寅恪集·书信集》,第112页。

二、与缪钺

（一）寅恪与缪钺之交往或始于20年代末

缪钺（1904—1995年），字彦威，江苏溧阳人，幼承庭训，1924年肄业于北京大学，旋任河北保定私立培德中学、志存中学、保定中学、信阳师范学校等校的国文教员。后曾应聘为河南大学中文系教授，与刘节过从颇密。1935年秋又曾赴广州学海书院任教授及编纂一年，与谭其骧、龙榆生缔交。1938年起任浙江大学（时内迁广西宜山，1940年再迁贵州遵义）中文系副教授、教授，1946年8月应聘为华西协合大学中文系教授兼中国文化研究所研究员，不久又兼任四川大学历史系教授。从1952年11月起，专任川大历史系教授，历史研究所副所长。

关于寅恪、缪钺之交往，少不了谈二人的共同友人吴宓。

据缪钺回忆，20年代，他任教于河北保定私立培德中学，经友人李廉堂（时任教于保定省立第二师范，北大哲学系毕业，家居北京）介绍后，与吴宓始有神交，此后二人友谊长达半个世纪①。如1946年夏，由于吴宓向华西大学中文系主任闻宥[字在宥，1901—1985年，江苏松江（现属上海）人]的推荐，缪钺应聘于该系②。1926年11月，吴宓主编的《学衡》发表了缪钺《与〈学衡〉编者书》（第59期）；1927年9月下旬，吴宓将其编毕的《吴宓诗集》全稿寄给缪钺，缪钺题记后寄还缪钺；1929年夏，缪钺至清华与吴宓首次见面，在吴宓住处待了两三天，二人论学论文，甚为投机。《吴宓日记》1929年10月11日载“缪钺君之弟偕保定诸生来谈”等，与缪氏回忆相对应；很可能，缪钺与寅恪二氏是在清华园通过吴宓的中介而相识。

寅恪受聘为国学研究院导师后，于1927年7月8日被安排住于清华学校

① 缪钺：《回忆吴宓先生》，载《追忆吴宓》，第3—9页。

② 吴学昭整理：《吴宓日记》第10册，第43—106页。

的“工”字厅的“西客厅”单身宿舍[①]，与研究院主任、哈佛同学吴宓为邻。吴宓命名这一单身宿舍(当时建筑面积2571平方米)的西客厅(又名“西花厅”)为“藤影荷声之馆”(吴氏请黄节题额，制成匾额)，中有吴氏书房“空轩”，吴宓也由此成为“藤影荷声馆主”，每值长夜，馆主张灯，名士来集，饮宴赋诗，证今论古，兴尽而散，王国维、赵元任、寅恪、俞平伯、缪钺等人多次来此论学饮宴，“名庠”中的“名馆”——藤影荷声之馆，成为海内外学人雅集之所，俞平伯《壬申春日宴集即席赠雨公》、缪钺《清华园访雨僧兄》、邵子风《藤影荷声馆主招饮赋谢》等诗均言及，如缪钺诗有“故人有佳趣，邀我过名庠”之句。

缪钺诗《奉和雨僧兄癸酉岁暮述怀原韵》有“哲人入神域，大患有吾身”(其二)、“共励寒松节，羞随百草繁”(其四)之句，述明缪、吴、陈诸氏以文化自重的胸襟与气节。无独有偶，1931年陈寅恪亦有“空文自古无长策，大患吾今有此身”之句。1943年，陈寅恪又有“周妻何肉尤吾累，大患分明有此身”之句，乃化用缪氏诗句，或可作为缪、陈二人相识的侧证。[②] 关于当时二人的诗歌唱还，目前还难以遂言。

在新版《陈寅恪集·书信集》中，寅恪致缪钺函仅存世一封，关于寅恪、缪钺交往之缘起，言者大多归于1944年二人的一次信函往来[③]：1944年，缪钺“与在成都燕京大学任教的著名史学家陈寅恪先生通函请益。先生久读陈氏著作，深佩其学贯中西，识解精卓，能开辟学术中的新领域，寅恪先生也极赞赏彦威先生对诗、文、词的精深造诣”。[④]

由于吴宓的中介，寅恪、缪钺二人之所以在清华时代或已有所交往，与二人气类相投、家世及早年所受教育上相类似有很大关系。如二人家世有相类或相近处：缪钺出生于晚清时代的书香门第，曾祖父缪梓系道光时举人，仕至

① 《吴宓日记》第3册，第188页。

② 《陈寅恪集·诗集》，第20页。

③ 缪元朗：《缪钺先生编年事辑》，中华书局2014年版，第491—496页。

④ 刘琳：《缪钺先生的治学道路与学术特色》，载四川大学历史系编《冰茧彩丝集：纪念缪钺教授九十寿辰暨从教七十年论文集》，成都出版社1994年版，第1—14页。

两浙江南都转运使，兼署浙江按察使，《清史稿》有传；祖父缪巩系光绪举人，曾任知府；父亲在晚清河北一县衙任秘书。以上三代均有文集刊行或藏于家[①]。二人早年所受均为传统教育，极相近：缪钺幼承庭训，“我五六岁时开始认字，七八岁时，从外祖父邹蘅衫公读《论语》《孟子》，要求背诵……所以我从小时起就养成阅读古书的兴趣与能力。……对于史书，《资治通鉴》是我最爱读而且熟读的。……各种笔记、诗话、小说、戏曲等，我也极喜浏览，不但增广知识，且可以在研读经史之后，娱情遣兴，以资调剂”[②]，可以说受到了严格的文史之学的基本训练；1922 年中学毕业后，又考入北京大学攻读至 1924 年。

1943 年 1 月 6 日，寅恪致函浙大教授方豪(1910—1980 年)，说“先生与彦威先生读史精博如此，至为钦服”[③]，也提到了缪钺。

(二) 40 年代及此后二人的交往

1944 年 8 月 25 日，寅恪致函缪钺，称：“读大作七律四首，敬佩之至，知公于此道深矣。尊著文学论曾于此间书肆见之，亦拜读一过，非精于文、诗、词如公者不能作也。惜赐寄之本尚未收到，岂邮局误耶，抑燕大传达之误耶？以后如蒙惠书，乞寄：成都华西坝广益学舍四十五号，不由燕大转交，当较妥也。”[④]当时缪钺执教于贵州遵义的浙江大学中文系，从信函看来，此前缪钺曾将所撰论著“赐寄”居成都华西坝的寅恪。

1946 年 4 月 19 日，赴英国治眼失败的陈寅恪，乘船由英抵达“纽约卜汝克临二十六号码头”，在船中见了赵元任夫妇、周一良、杨联陞，杨联陞后来回忆说陈寅恪“对一良与联陞近况垂询甚详”，“先生又询及联陞内兄缪钺，云曾数度通信”。[⑤] 可惜，这“数度通信”，目前只发现了一封。

1967 年 7 月、8 月，“文化大革命”期间，在成都工作的陈寅恪长女流求因

---

① 缪钺：《缪钺教授自传》，载《冰茧彩丝集：纪念缪钺教授九十寿辰暨从教七十年论文集》，第 571 页。

② 缪钺：《治学琐言》，《文史知识》1982 年第 9 期。

③ 《陈寅恪集・书信集》，第 248 页。

④ 《陈寅恪集・书信集》，第 254 页，封二插页有陈寅恪复函及照片的影印。

⑤ 《陈寅恪先生编年事辑》，第 139 页。

母病返穗，在家侍父母半个月，后来陈流求追忆："当时父亲关心在川旧友'文革'中遭遇，屡屡问我川大等高校大字报情况。"[①]如1950年陈寅恪致李思纯函末称"成都友人请代致意"一样，当时李思纯已去世，尚健在的陈氏"在川旧友"不外指吴宓、徐中舒、缪钺等数人而已。

(三) 缪、陈二人治学的同异

首先，在治学途径与方法方面，缪钺深受寅恪的影响，尤其是寅恪"文史互证"或者诗文证史的方法。

缪钺早年亲承耆宿张孟劬(名尔田，原名采田)之教诲，同时深受王国维、寅恪二先生治学的影响，特别师法寅恪"文史互证"的方法，以史说文，以文证史。

据缪钺回忆道：

> 我读王国维、陈寅恪两位先生的著述，常感到他们的文章有灵光闪耀，不但获得许多新知殊解，而且在治学的途径与方法方面，也获得指导。[②]

又说：

> 陈寅恪先生学贯中西，淹通佛典，精研魏晋南北朝、隋唐以及蒙元时期的历史，融会贯通，自立新义，其卓越透辟，常能发千载之覆，而对于文学作品，如《桃花源记》《哀江南赋》《莺莺传》、元稹白居易诗、《再生缘》等等，均加以笺证，文史相通，见微知著。我读王、陈两位先生的著述，不但获得许多新知胜解，而在治学途径与方法上也获得指导。[③]

---

① 《陈寅恪先生编年事辑》，第181页。

② 陈贤华：《缪钺先生的治学与教学》，《文史杂志》1986年第2期，第28—29页。

③ 《缪钺自传及著作简述》(1981年2月写于四川大学)，《文献》丛刊编辑部：《中国当代社会科学家》第三辑，书目文献出版社1983年版，第337页。

这一说法得到了周一良的印证，他认为缪钺、严耕望等人在魏晋南北朝史研究领域“作出贡献而并非陈先生及门弟子者”，“或多或少受到了陈先生学风的影响”。[①] 20世纪40年代中期以后，缪钺转而钻研魏晋南北朝史，“在教学与科研过程中，常是用文史结合的方法，触类旁通，互相印证，涉猎既广，探索渐深。我的专著与论文，多是在这种情况下撰写出来的”，“在我的文史著作中，常会看到王、陈两家的影响”[②]。

缪钺于20世纪40年代末完成的《东魏北齐政治上汉人与鲜卑之冲突》一文，系缪氏魏晋南北朝民族史研究方面的代表作之一。是文从对东魏、北齐几次重大政争的分析着手，揭示政争背后的历史真相，并从体现先进文化的汉族士大夫改良朝政的失败的角度，指出了高氏政权不能解决其境内的民族融合而终为北周灭亡的原因。论文运用陈寅恪《隋唐制度渊源略论稿》等名著所阐述之民族观，对北齐政治与民族进行了精辟而独到的探索，这一研究结论亦从一个侧面进一步佐证并补充了陈寅恪的观点。从此可以说，缪氏之所以取得巨大成就，与陈氏之影响密不可分。[③]

其次，就一生的教学与研究经历而言，二人有许多共同之处，最显著的就是二人在教学时的中文系、历史系双栖以及治学时的“文史结合”。

寅恪二三十年代在清华曾是中文系、历史系、哲学系的合聘教授；1949年初从清华南下执教于岭南大学后，亦有数年为中文系、历史系合聘。缪钺亦类似，他自述：

> 我的专业是文学与历史。解放前，我在河南大学、浙江大学、华西大学等校教书共十余年，都是在中文系（只有在临解放前的两三年中，兼任川大历史系的课），讲授诗选、词选、六朝文、杜诗、中国文学史等课程。解

① 周一良：《纪念陈寅恪先生》，收入《纪念陈寅恪教授国际学术讨论会文集》，第21页。

② 《缪钺教授自传》，收入四川大学历史系编《冰茧彩丝集——纪念缪钺教授九十寿辰暨从教七十年论文集》，第573页。

③ 景蜀慧：《“文史互证”方法与魏晋南北朝史研究》，《中山大学学报》2000年1期。

放后的三十余年中,我一直在四川大学历史系任教。[①]

1952年,在全国范围的“院系调整”中,二位学者均被调至历史系。

所谓治学时的“文史结合”,系借用缪钺语,他自述:“我从小读书,就对于文学与历史都很感兴趣。后来读书多了,更认识到,文史结合是中国文化的优良传统。”[②]亦即寅恪《元白诗笺证稿》等著作所谓的以诗证史,以至于有“我国的历史学家,以陈寅恪先生为代表,开创了以诗证史的研究传统”之说。[③]

治学时的“文史结合”,具体而言有两个层面的含义:一指二人研究领域在文史之间,极为接近。如寅恪写《元白诗笺证稿》,实为重构唐代社会史[④];缪钺由研究古诗,逐渐扩展至对诗人个体、群体以及当时社会环境的研究,如著有《元遗山年谱汇纂》(1935年,南京钟山书局)、《中国史上之民族词人》(1943年,重庆青年出版社)、《杜牧年谱》《杜牧传》等专著,以及《论元好问词》(《纪念陈寅恪先生诞辰一百周年学术论文集》,北京大学出版社,1989年),均为融合文史深入研究之作。二指二人均喜爱古典诗词(集中于唐宋之世,如元白诗、杜诗、李商隐诗等),而且进行了相关的研究,如缪钺著有《诠诗》(《学衡》1929年5月第69期)以及《诗词散论》《灵谿词说》等论著。并且,两人均有长期的古典诗词创作实践,均有诗歌集收录古典诗词数百首传世,如寅恪有诗集传世,缪钺亦遗有《冰茧庵诗词稿》。

再次,与徐中舒一样,缪钺、寅恪执教于高校逾半个世纪,因而二氏均桃李遍天下。寅恪自不待言;缪氏施教亦颇有特色[⑤],因而弟子众多,遍及华夏。周一良曾撰一联贺寿,中有“文史回翔,绛帐春风三千弟子”之语,即系对此之描述。今缪氏弟子中颇有成就者有陈玉屏、罗新本、方北辰、景蜀慧、刘琳等。

① 缪钺:《治学琐言》,《文史知识》1982年第9期。
② 缪钺:《治学琐言》,《文史知识》1982年第9期。
③ 黄天骥:《序言》,载章文钦笺注《澳门诗词笺注》,珠海出版社2003年版,第2页。
④ 蔡鸿生:《康乐园里忆“二老”》,《学境》,(香港)博士苑出版社2001年版,第14页。
⑤ 《冰茧庵剩稿·治学补谈》,四川大学出版社1992年版,12—13页。

在2004年7月四川大学、西南民族大学联合主办的“中国魏晋南北朝史学会第八届年会暨纪念缪钺先生百年诞辰国际学术研讨会”上，众弟子无不表达了对老师的追思。在指导学生学习时，缪钺常以寅恪著作为重要读本①。

缪钺从事中国古代史、中国古典文学、历史文献学的教学与科研工作70年，治学原以先秦诸子及古典文学为主，80年代以后，同时又再致力于词学研究。与人共同主编了《唐诗精华》《中国野史集成》等专书，出版有《元遗山年谱汇纂》《诗词散论》《杜牧诗选》《读史存稿》《杜牧传》《杜牧年谱》《冰茧庵丛稿》《灵谿词说》(合著)《冰茧庵序跋辑存》《冰茧庵剩稿》《词学古今谈》(合著)等专著，发表论文120余篇，多数收入上述各论文集。另有旧体诗、词集《冰茧庵诗词稿》行世。《缪钺全集》于2004年6月由河北教育出版社出版，共八卷，颇便学界。

三、与林思进、孙次舟等学人②

民国以来，“蜀中向有林、龚、向之学所称道”，“三先生皆学林硕望，一时之选，为学博大，而又各极其精深”，“蜀中学人，罔有不出三先生门下者”。③“林”指华阳林山腴思进先生(1873—1953年)，“龚”指成都龚向农道耕先生(1876—1941年)，“向”指巴县向仙乔楚先生(1877—1961年)，此外还有赵少咸(1884—1966年)、向宗鲁(1895—1941年)等小学家、史家。

抗战时期，寅恪入蜀，因而与林思进等蜀籍学者，均有不同程度的交往。

(一) 与林思进

林思进，字山腴，华阳县(今属成都)人，晚清举人，曾在日本考察一年余。光绪三十三年(1907年)归国后，历任成都府中学堂(今石室中学)监督、华阳中学校长、成都高等师范学校、成都大学、四川大学、华西协合大学教授，四川

---

① 四川大学历史系编:《冰茧彩丝集——纪念缪钺教授九十寿辰暨从教七十年论文集》，第66页、84页、91页。

② 本节内容根据王川《陈寅恪与四川学者的交往述论》编辑修改而成，原文载《中山大学学报》2004年第5期，第80—84页。

③ 《文史杂志》，1990年第4期。

图书馆馆长等职,1949 年后任四川大学教授、四川省文史研究馆副馆长。林思进与赵熙(1867—1948 年)等人为巴蜀文宗,诗文均负盛名。姜亮夫(1902—1995,云南昭通人)曾为林思进、寅恪的学生,叙说了林思进与陈三立、寅恪父子的交往[①]:

> 先生(指林思进)与陈散原先生至契。抗战中,寅恪先生以父执拜见,求先生书联曰:"今日不知明日事,他生未卜此生休。"先生婉劝曰:"何必作此非常语,世事往往如此,放宽心为最佳。令尊一生亦多坎坷,然诗中自伤者至少"。……山公(亦指林思进)不可,乃求之王苏宇。

所谓"他生未卜此生休"乃李商隐《马嵬》诗句。姜亮夫的回忆,与林思进的另一门生刘君惠(1912—1999 年)回忆相近似。

刘君惠,成都人,1937 年毕业于四川大学,曾任四川大学、金陵大学等校教授,共和国成立后,刘君惠任教于四川师大中文系,是吴宓的晚辈后生,曾由吴宓引荐拜访过寅恪[②]。他回忆道:

> (陈寅恪)来成都。寅恪以父执礼事思进。尝书一联为贽,云:"天下文章,莫大乎是;一时贤士,皆从之游。"思进逊谢不受,曰"吾不敢当,此过情之誉也"。时寅恪目病甚剧,意兴颇沮丧,有"万国兵戈,故乡归死"之叹(见《寒柳堂集》附《寅恪先生诗存》)。又以一联乞思进书之。联语云"今日不知明日(原文此处脱"事"字),他生未卜此生休"。思进责之,曰:"君自有千秋之业,何言此生休耶!"谢以不能书,且多方温慰之。寅恪在华西大学广益院公开讲课时,思进与诸生列坐听讲。寅恪瞿然,语人曰:"山公

① 姜亮夫:《思师录》,《学术集林》第十四卷,远东出版社 1998 年版,第 60 页、73 页;姜亮夫:《学兼汉宋的教育家龚向农》,载四川省政协文史资料研究委员会、四川省文史馆编:《四川近现代文化人物》,四川人民出版社 1989 年版,第 117—125 页。

② 吴学昭整理:《吴宓日记》第 9 册,第 455 页。

厚我，励我，真我之良师也”。[1]

刘君惠的回忆被1942年入读燕京大学的唐振常所证实。唐氏自称“选修”过寅恪在燕京大学先后开设的四门课——“魏晋南北朝史”“元白诗”“唐史”“元白刘诗”。他的回忆应更为可靠：

> 在我校那坐得满满的教室，听讲的不但有他校学生，还有我校和他校的教师。至今记得的，时为金陵大学中文系主任的高文先生，每课必来听，并详记笔记。后迁往华西大学教室授课时，著名诗人、文学家林山腴思进教授亦来听课。林山腴先生为陈三立先生诗友，寅恪先生向以父执视之，忽见山腴先生在学生座中，为之瞿然，语人曰：“山公厚我，励我，真我之良师也。”[2]

《吴宓日记》记录了林、陈之间的来往，如1945年9月4日“林思进先生来访寅恪，宓强同陪侍”等[3]。

（二）与其他学者

刘咸炘（1896—1932年），字鉴泉，书斋名“推十”，成都双流人，系蜀中名儒刘止唐的二十四世孙，祖父刘沅、父梖文均为蜀中知名学者。幼从父兄受学，22岁完成《汉书知意》四卷，以后又完成其他文史著作多种，曾任成都大学、四川大学教授，36岁时卒。刘氏一生著述甚丰，生前总计成书235部，475卷，总名为《推十书》。此外还有30年代初印行的《弄翰余沈》。国内宿耆如张孟劬、梁漱溟、林思进等人均有推重之语。寅恪在成都华西大学讲学时，到处搜访购买刘氏著作，“认为先生是四川最有识见的学者”[4]。川大教授蒙文通

① 刘君惠：《林思进先生和他的〈清寂堂集〉》，载《文史杂志》1989年第2期。

② 唐振常：《川上集》，生活・读书・新知三联书店1996年版，第303—304页。

③ 《吴宓日记》第9册，第500页。

④ 刘伯固、朱炳先：《文化巨著〈推十书〉的作者刘咸炘》，《四川近现代文化人物》第132页。

评刘咸炘“其识骎骎度骝骅前，为一代之雄，数百年来一人而已”[①]，若然，则陈、蒙二氏可谓英雄所见略同。

华忱之(1914—2002年)，北京人，满族。1937年清华大学中文系毕业。寅恪有于1937年1月致清华大学中文系学生华忱之的答疑函[②]，同年华忱之毕业之后入川，历任乐山中央技艺专科学校副教授、教授，厦门大学中文系副教授、华西协和大学教授、四川大学中文系教授，并兼四川大学中文系代系主任、汉语言文学研究所副所长等。1940年寅恪入川，华忱之屡往谒见，寅恪私函、吴宓日记亦屡次提及华忱之[③]。自50年代后一直在川大中文系任教。原治古典文学，50年代后因故改授现代文学。80年代后，曾指导研究生数届。任教五十年，从事中国现代文学和古典文学的教学与研究，出版专著多部，主要有整理校订《顾亭林诗文集》(中华书局1959年排印本，1983年出版增订本)、《孟东野诗集》(附年谱、遗事，人民文学出版社，1959年)，编著《顾亭林文选》(四川人民出版社，1998年)。

林思进、刘咸炘、华忱之之外，陈寅恪与向楚、赵少咸、孙次舟等学者亦有所来往，又如陈寅恪《秦妇吟校笺》一卷油印本于1953年印成后，曾遥赠孙次舟一册，封面有陈寅恪“次舟先生教正　寅恪”墨迹，该油印本封二有孙次舟的蓝色钢笔题字“一九五四年一月二十二日收到，当日晚读竟。孙次舟”。此书已由孙次舟先生后人遵孙先生之嘱，赠送四川大学图书馆收藏。

---

① 杨代欣:《刘咸炘与他的〈三国志知意〉》,《文史杂志》1993年第2期;刘复生:《表宋风,兴蜀学——刘咸炘重修〈宋史〉简论》,《四川大学学报》2003年第5期。

② 《陈寅恪集·书信集》,第220页。

③ 《陈寅恪集·书信集》,第99页。

第七章　陈寅恪之家庭与生活情趣

寅恪一生，命运多舛，遇见两次世界大战，国内战争无数，社会运动若干，颠沛流离多次，但是，在教学、研究之余，在温馨的师生、友人、家人的爱护下，寅恪有着其高尚、洁雅的生活情趣，表现在寅恪一家的家庭节日、诗人聚会、欣赏戏剧、听读小说等方面。

第一节　家庭节日

寅恪一家既重视二十四节气、传统佳节，又有着独特的“家庭节日”，节日给“文盲叟”（寅恪的夫子自况语）寅恪带来了许多欢乐。

一、二十四节气

寅恪自幼爱好诗文，诗文根底深厚，因而他既是学人，又是诗人，他的诗作“不特为大史学家，旧体诗亦卓然大家。先生诗出入唐宋，寄托遥深，尤其于宋诗致力甚久。家学固如是也”；国学大师季羡林评论说，寅恪的“旧体诗作不多，但每有所出，多臻绝唱”。早年游学欧美时，感事抒怀，时有吟咏。他的《南飞集》等诗作，充分表现出了这一点。

寅恪的诗，集史家之才、哲人之思、学者之识于一体，前期可谓以治学之诚而为诗，可谓文史互证，这一点如他的故友李思纯在 1950 年所赞誉的“稗官律讽风骚继，史笔诗才议论兼”；他后期的诗作中，更本忧国忧民之怀，抒悲天关人之思，盛赋而成诗，更多寓含家国之思。程千帆（1913—2000 年）称其诗：

> 寅恪六丈当代通儒，余事为诗，亦复词采华茂，气骨清峻，而尤工于七言。古体掩有香山、梅村之长，今体则取法少陵及玉溪、冬郎之所则效少陵者。晚经浩劫，所存仅寥寥百十篇，而近百年时运推移，人情变幻，莫不寓焉。①

还有人认为寅恪诗"'双山'一手"，即陈诗学法唐代诗人李商隐（字义山）、白居易（字乐天，号香山居士）。由于寅恪的诗作既含有"古典"，又融入了赋诗时的"今典"，能折射出他对"近百年时运推移，人情变幻"的看法，因此，诗作亦在一定程度上反映了寅恪在赋诗时间的诸种情形。正是由于有家学缘故、作诗实践，寅恪诗词文学素养甚好，才能够身体力行地倡导"诗文证史"，并真正把它作为研究历史的方法，为史学的发展作出了贡献。

近年来解读寅恪诗作，不乏剥蕉至心、探河穷源之论，但亦有索隐附会，深文周纳，甚至罗织穿凿、含沙射影之作。程千帆论陈诗，甚得真谛。由于诗作能折射出寅恪对"近百年时运推移，人情变幻"的看法，因此诗作亦在一定程度上反映了寅恪的生活情趣。在康乐园的日子里，与夫人唐筼（字晓莹，1898—1969）、父执、旧朋、生徒等的诗作往还及赠诗，是寅恪乐在其中之事。

这其中，重视"二十四节气"，挥赋"二十四节气诗"，是寅恪诗作的组成部分之一。

"二十四节气"是西汉落下闳（公元前 156 年—公元前 87 年）创制，沿用至今已逾二千年。2016 年被批准为"世界非物质文化遗产"，表明其蕴含的文化价值，更得到了世界的承认。

寅恪在一个世纪之前，就极为重视二十四节气。他的诗作，除了传统节日外，作于二十四节气的诗共有 13 首（含有清明节 4 首），依时间先后这 12 首诗分别是：

---

① 程千帆、张宏生：《七言律诗中的政治内涵——从杜甫到李商隐、韩偓》，收入北京大学中国古代史研究中心编《纪念陈寅恪先生诞辰百年学术论文集》，北京大学出版社 1989 年版，第 161 页。

立春三首，即《癸卯正月十一日立春是夕公园有灯会感赋》《乙巳正月三日立春作》《丙午元夕立春作，仍次东坡韵》；

春分二首，即《甲辰春分日赠向觉明》《丙午春分作》；

冬至一首，即《癸卯冬至日感赋》；

小雪一首，即《壬寅小雪夜病榻作》；

大寒二首，即《去岁大寒节后一日，天气晴和，余自医院还家；今岁大寒节连日阴雨，感赋一律》等。

如《癸卯正月十一日立春是夕公园有灯会感赋》诗，完成于 1963 年 2 月，诗云：

南国轻寒细雨天，老夫病榻意萧然。
裁红晕碧今何处，插柳张灯更一年。
涉世久经刀刺舌，闻歌浑忘雪盈颠。
窗前东北风方急，薄絮衣成候又迁。

寅恪诗作中说，立春了，正刮东北风，暖意尚少，一直都欢喜节日挂灯的他，由于不能参加公园的灯会，只能听戏。虽然首联“南国轻寒细雨天，老夫病榻意萧然”，以及“涉世久经刀刺舌”，透溢出晚年寅恪的一丝悲凉感，但是，“闻歌浑忘雪盈颠”飘散出诗人专心享受戏剧艺术时的乐观情绪。

重视中国传统节日及二十四节气，既是陈寅恪“先生过岭诗为历”(《广州癸巳元夕用东坡韵》)的表现，又是他身体力行其“中国文化本位论”之举，更与其喜爱中国传统戏剧、1951 年叹息北京“琉璃厂书肆之业旧书者悉改业新书”是一致的。①

① 《陈寅恪集・诗集》，第 81 页。

二、传统佳节

寅恪一家，老幼均敬重传统文化，因而极其重视传统节日，寅恪得知“元夕张灯犹存旧俗”就“深喜”[①]，所以在欢度佳节之际，他往往挥毫赋诗，以《陈寅恪诗集》而言，他来到岭南后共赋诗230首，其中作于传统节日的有54首。

依时间先后，这54首诗分别是：

作于除夕七首，即《己丑除夕题吴辛旨诗》《癸巳除夕题晓莹画梅》《乙未除夕卧病强起，与家人共餐，感赋》《辛丑除夕作》《闻甲辰除夕广州花市有卖牡丹者，戏作一绝》《甲辰广州除夕作，时家人皆病》《除夕前夕买蜡梅、水仙各一株，除夕忽有风雨，口占一绝》；

元旦（正月初一）九首（含阳历元旦二首），即《己丑元旦作，时居广州康乐九家村》《答晓莹辛卯元旦见赠》《癸巳元旦赠晓莹》《甲午元旦题曾农髯丈所画齐眉绥福红梅图》《乙未阳历元旦作，时方笺释钱柳因缘诗，未成也》《乙未阳历元旦诗意有未尽，复赋一律》《乙未旧历元旦读〈初学集·崇祯甲申元日诗〉有“衰残敢负苍生望，重理东山旧管弦”之句，戏成一律》《乙巳广州元旦作》《丙午元旦作》；

人日（正月初七，据《荆楚岁时记》等古籍，相传女娲于此日创造了人类）五首，即《庚寅人日》《乙未人日》《甲辰人日作》《乙巳人日作》《人日》；

元夕（正月十五，又称“元宵”，即“上元”之夜）十首，即《庚寅元夕用东坡韵》《辛卯广州元夕用东坡韵》《壬辰广州元夕收音机中听张君秋唱祭塔》《广州癸巳元夕用东坡韵》《壬寅元夕作，用东坡〈二月三日点灯会客〉韵》《癸卯元夕作，用东坡韵》《甲辰元夕作，用东坡韵》《乙巳元夕次东坡韵》《乙巳元夕倒次东坡韵》《丙午元夕立春作，仍次东坡韵》；

清明（踏青节，冬至后的第108天，最重要的祭祀节日之一，是祭祖和扫墓的日子。民国时期曾经在1935年定每年的4月5日为国定假日，又称“民族

① 《陈寅恪诗集》，第129页。

扫墓节”)四首,即《己丑清明日作,用东坡韵》《壬寅清明病中作》《乙巳清明日作,次东坡韵》《丙午清明次东坡韵》;

端午(五月初五,又名“天中节”)二首,即《辛卯广州端午》《甲辰天中节即事,和丁酉端午诗原韵》;

七夕(七月初七夜,相传牛郎织女相会日)九首,即《己丑广州七夕》《庚寅广州七夕》《辛卯七夕》《癸巳七夕》《乙未七夕读义山马嵬诗有感》《丙申七夕,作时苏彝士运河问题方甚嚣尘上也》《丁酉七夕》《己亥七夕作,前二日立秋》《乙巳七夕》;

中秋(八月十五,团圆节)六首,即《庚寅广州中秋作》《甲午广州中秋》《乙未中秋夕赠内即次去岁中秋韵》《辛丑中秋》《壬寅中秋博济医院病榻寄内》《乙巳中秋作》;

重阳(九月初九,尊老敬老节)一首,即《重九日作》。

可见,作于元旦、除夕、元夕、中秋等辞旧迎新、阖家团圆佳节的诗作最多,如 1956 年 2 月,“乙未除夕,卧病强起,与家人共餐”;1962 年 2 月除夕,挥笔写下“病魔穷鬼相依惯,一笑无须设饯筵”的诙谐诗句;1965 年 2 月 1 日,时值除夕,“适值筼及美延皆卧病,且节约过春节,饭桌上只有两小盘青菜而已”,面对此情景,寅恪仍挥毫写下《甲辰广州除夕作,时家人皆病》诗,有“谢客今宵早闭门,家人相对更相存”之句①。

总之,寅恪作于传统佳节的诗,洋溢着家人的关爱温馨,友朋的惺惺相惜。

三、“家庭节日”

寅恪极其重视家庭,而家庭作为避风港,在化解非常时代的各种压力方面,起到了重要作用,给予寅恪以一方安心静气之所。因此,除中国传统节日及二十四节气外,寅恪一家还有独家的“家庭节日”,即寅恪夫妇的结婚纪念日、生日等。

---

① 《陈寅恪诗集》,第 103 页、121 页、139 页。

（一）寅恪夫妇的“结婚纪念日”

寅恪多年游学，遨游于知识的海洋，因而游学各国多年，全心扑在读书、研究学问上，成天忙于学术，根本无暇顾及个人的终身大事。1926 年夏，他就任研究院导师时，已是 37 岁了，但是仍然孑然一身。寅恪夫妇的相识，也是一段趣话。

当年 8 月底，寅恪赶回清华园，晚上在赵元任家中。9 月 2 日，他便由“工”字厅搬到了南院二号。根据赵元任、杨步伟夫妇回忆：“那时每家只住一所房子，因元任书多，所以我们特别要了南院一、二两号，寅恪到后，他一个人不愿住“工”字厅单身的地方，愿有家而不愿做家，我们就把南院二号给了他一半，吃饭、用人都由我们管。”搬到南院二号后，赵元任夫妇待他很好，照顾很周到。赵元任是寅恪的哈佛老友，钦佩他的学问，他们常一道讨论音韵训诂等语言方面的学术问题，关系是亲密无间的。

看见寅恪久未婚恋，食无定所，亲朋多次催促。

当时，寅恪的生母俞明诗已经去世 11 年了。一次父子见面时，慈祥而老迈的父亲陈三立也破例厉声发话了：“你如果再不娶亲，我就替你聘定一门亲事。”寅恪见状，要求稍缓，陈三立点头允许。朋友们更是关心寅恪的婚姻大事。吴宓与寅恪谊若金石，二人是无话不谈的，多次谈论过爱情婚姻之类话题。而作为挚友的赵元任夫妇，则行动多于理论。一次，饭后聊天，杨步伟对寅恪说：“你这样下去总不是事啊。”他回答说：“虽然不是永久计，现在也很快活，有家就多出一大些麻烦来了。”这不过是寅恪以为成家后，分散自己的精力和时间，妨碍自己读书搞学问为借口罢了。赵元任半开玩笑地说：“不能让我太太，老管两个家呵！”催促寅恪将个人婚姻大事提到生活的议事日程。

正巧，赵元任夫妇的同事、熟人郝更生、高仰乔二位情侣认识一位出身名门的女士唐筼，唐筼是高仰乔的干姐，赵元任夫妇见唐筼性情和顺，是贤妻良母型女子，与寅恪的年岁相当，能诗善文，国学基础扎实，很相配，就商量着做媒。

唐筼（1898—1969 年），又名家琇，字晓莹，广西灌阳籍客家人，清朝署理台湾巡抚唐景崧的孙女。早年父亲去世，和母亲居住于天津，幼读书于直隶省立第一女子师范学校，后从金陵女子学校、上海体育专科学校毕业，曾在北京女子高等师范学校任体育教师。后移居上海，与母亲同住，并在一家学校教书。

赵元任夫妇商量，觉得寅恪、唐篔都是受过新式教育的“近代的人物，哪可由别人做媒就算呢”，怎样介绍二人相识呢？细想后，谙悉他学术旨趣的赵元任找到了“突破点”——唐篔的房中悬挂着署名“南注生”写的条幅，赵元任推断这个由唐景崧挥毫的条幅必然会引起寅恪的兴趣。于是，赵元任便一次“偶然”对他谈到此事。果不其然，史学考据功底深厚的他据此很快惊奇地断言，“此人（唐篔）肯定是唐景崧的孙女”。唐景崧（1841—1903 年），广西灌阳人，字维卿，别号南注生，进士出身，光绪十五年（1885 年）任台湾道员，光绪二十五年（1895 年）署理台湾巡抚，率领台湾人民反对《马关条约》将台湾割让与日本，自行抗日，宣布成立“台湾民主国”，被群情激昂的台湾民众一致推举为“台湾民主国总统”。由于李鸿章的破坏，台湾民众的反日斗争失败，唐景崧不得不回到大陆，1903 年抑郁而死。景崧在台，与俞明震（寅恪舅父）有过共同的战斗经历；而且事后，唐景崧、俞明震等“民主国”官员因此不再受到任用，与寅恪祖、父命运相类似。寅恪还读过景崧的《请缨日记》，对唐氏的家世颇为了解。

所以，寅恪听了赵元任夫妇对唐篔的介绍，怀着对家国身世的感慨、专业考据的兴趣等多重目的，欣然同意前往拜访。于是，寅恪在赵元任的陪伴下前往，在高仰乔家中，两个客家人、一对“旧时王谢堂前燕”——他与唐篔，初次相会了，在当时普遍早婚的社会中，二人的见面虽然姗姗来迟，但是，一对神仙眷侣般的姻缘已经悄悄展开。此后，赵元任又鼓动寅恪主动，经常去找唐篔谈天说地，以增进互相了解。寅恪不仅治学严谨，而且在处理婚姻大事也严谨异常。

在朋友的促成下，寅恪与唐篔在多次接触和交谈中，双方的感情不断加深。1928 年 7 月 15 日，寅恪正式在清华订婚，并借用清华南院赵元任的家举行“订婚喜筵”,邀请校长罗家伦、赵元任、吴宓等人参加。吴宓深为老友高兴,还赋诗一诗《贺陈寅恪新婚》,在献上了“蓬莱合住神仙眷,胜绝人间第一流”的祝愿,也表达了羡慕之意。寅恪很喜欢这首诗,将贺诗传示给各位宾友,以分享喜悦,赵元任等清华同事、朋辈都表示贺意。

寅恪自述,“戊辰旧书七月十七日,陈寅恪与晓莹结褵于上海”[①],阳历为 1928 年 8 月 31 日。大喜日子里,父执曾熙(农髯,1858—1930 年)手绘《齐眉绥福红梅图》(又称《齐眉绥福图》或《红梅图》),余肇康(1853—1930 年,字尧衢,号敏斋,晚号倦知老人,湖南长沙人,曾任工部主事、两湖书院提调。光绪三十二年在江西任按察使,与江西盐法道沈曾植友善。当年二人在“南昌教案”中抗辩力争,保全了不少民众。事后,余肇康因此事而去官,沈曾植闻讯,即请以己官代之,一时传为风谊,二人愈加得到赣人的敬重[②],后又任粤汉铁路总理等。陈三立与余肇康自幼长于长沙,即相友善,“未几,同举于乡,又同举礼部。迨侍余父陈皋鄂中,君已用知府随牒在鄂监榷税有声”,不久,张之洞建两湖书院,余肇康“董院事”,陈三立被聘为“都讲”,岁时佳日,张之洞与二人等常宴集,“考道评艺,续叭歌吟”,“最称一时之盛”,陈三立与余肇康数有诗作唱和,如《次韵倦知同年感事》,并于 1919 年撰《余肇康诗集序》[③])撰联“天孙七夕展佳期”为贺。寅恪夫妇感谢父执的祝贺,寅恪还将《红梅图》悬挂于洞房壁间,之后将祝贺诗文、图画珍重收藏。后来,这些诗画随着寅恪夫妇流离,徙走于东南沿海及西南天地之间。过岭之后,寅恪夫妇时常取出加以观赏,寅恪不但在曾熙《红梅图》上题诗,而且以此图与余肇康贺联为题,多次赋诗,反复题咏,可见寅恪夫妇的重视程度。

39 岁的寅恪终于找到了志同道合的终身伴侣,与 31 岁的唐篔,建立了幸福恩爱的小家庭。“当年诗幅偶然悬,因结同心悟宿缘”,自然,唐景崧那件“南注生”条幅,成了他的眼中拱璧,不仅多次题跋,而且四处奔波随身携带,伴随

① 《陈寅恪诗集》,第 145 页。
② 严明编著:《沈曾植评传·作品选》,中国文史出版社 1998 年 6 月版,第 21 页。
③ 刘纳编著:《陈三立评传·作品选》,中国文史出版社 1998 年 6 月版,第 184 页、217—218 页。

这对患难夫妻走完了人生历程。而诗歌,成为以后 41 年中寅恪夫妇联络、表达情感的纽带之一,可谓“父唱妇和卌一载”。

新婚不及一月,以清华开学(本年度因罗家伦校长 9 月才到清华,以及清华改“学校”为“大学”,所以开学推迟至 10 月 12 日)在近,寅恪只身由沪乘船返京,9 月 26 日经过青岛海面,9 月 28 日为中秋节,尚在渤海,继续北上。寅恪思念新婚妻子,挥赋《戊辰中秋夕渤海舟中作》诗:

天风吹月到孤舟,哀乐无端托此游。
影底河山频换世,愁中节物易惊秋。
初升紫塞云将合,照彻沧波海不流。
解识阴晴圆缺意,有人雾鬓独登楼。①

这首表达“新婚离别之感”的律诗,是寅恪存世的 330 首诗中唯一的一首蜜月诗。

寅恪返校后,朋友们都为他喜结良缘而高兴。吴宓看到“寅恪新婚,形态丰采,焕然改观,颇为欣幸”。11 月中旬,夫人唐筼来到北京。吴宓在日记中说“寅恪顷已移居城中,似甚爽且乐也”,“寅恪新婚得意”。国学研究院讲师李济与吴宓、章寅等人饮宴,“席间李济等谈梅光迪、陈寅恪新婚快乐之情状”,看来这对新人的鱼水合谐、琴瑟之乐,从一开始就得到了朋友们的认同。

寅恪与唐筼,从 1928 年秋季完婚到 1969 年冬季双双去世,相爱 41 年,他们的爱情经受住了以后多种风波的考验,堪称“神仙眷属”,是恩爱一生的楷模夫妻。

寅恪赋诗纪念“莹寅结婚纪念日”,目前所见以 1951 年 8 月撰写的《旧历七月十七日赠晓莹》为最早。此日,寅恪不但赋诗赠贤妻,称“一笑风光似昔年”,而且与夫人合影一张,之后再作《题与晓莹结婚廿三年纪念日合影,时辛

① 《陈寅恪集·诗集》,第 18 页。

卯秋寄寓广州也》诗。

以后1955年、1964年、1965年的"莹寅结婚纪念日"，寅恪均赋诗①，寄托夫妻的深情，如1965年《展七夕诗》"序"称，赋诗目的是"聊述三十余年来甘苦共尝之意云耳"。

（二）寅恪夫妇的生日

寅恪生于光绪十六年五月十七日(1890年7月3日)，唐筼生于光绪二十四年五月初一日(1898年6月19日)，故陈寅恪长唐筼八岁。

图7-1　陈寅恪夫妇在中大校园

每逢寅恪生日时，家中往往要隆重庆祝一番。如1956年寅恪六十七岁寿辰之日，唐筼"置酒为寿"。陈寅恪不善酒，但喜欢葡萄酒，故对夫人之"置酒"，赋诗相酬，即《丙申六十七岁初度，晓莹置酒为寿，赋此酬谢》：

红云碧海映重楼，初度盲翁六七秋。
织素心情还置酒，然脂功状可封侯。
平生所学供埋骨，晚岁为诗欠斫头。
幸得梅花同一笑，炎方已是八年留。

---

① 《陈寅恪诗集》，第75页、77页、101页、134页、145页。

此诗除了“含泪的微笑”，陈寅恪的欢欣、感情之情还是溢于言表的，原因在于“幸得梅花同一笑”。

置酒设宴外，唐筼有时亦赋诗为贺。1952 年 6 月寅恪六十三岁寿辰之日，唐筼赋《壬辰五月十七日答赠寅恪》诗：

白花红芯逐时开，莫道年华不复回。
旧景难忘逢此日，为君祝寿进新醅。

夫妻恩爱之情表露无遗。

在祝寿诗中，唐筼多次表达了对寅恪名山事业的倾力支持。如 1955 年唐筼所作《乙未五月十七日，寅恪六十六岁初度，赋一律为寿，时值广州芒果、荔枝丰收也》：

今辰同醉此深杯，香檨(芒果最上品之名)离支佐旧醅。
郊外肴蔬无异味，斋中脂墨助高才。

有了“助高才”之“脂墨”，寅恪自然会有“然脂功状可封侯”之感叹了。

夫人唐筼生日时，寅恪也会挥毫祝贺。

1952 年春唐筼生日时，寅恪赋诗为贺：

《晓莹生日赋一诗为寿》

园林五月晚微凉，兼味盘餐共举觞。
理鬓未愁临镜影，画眉应问入时妆。
几回客里逢兹日，何处寰中似故乡。
记否凤城初见夕，榴花如火白莲香。

1955 年春唐筼生日时，寅恪赋诗有“脂墨已抄诗作史，妆台须看海扬尘”

(《乙未五月朔晓莹生日赋赠》)之句;

1958年唐筼生日时,寅恪撰有“乌丝写韵能偕老,红豆生春共卜居”之贺联。

除此以外,从《陈寅恪诗集》看,1952年、1962年唐筼生日诗,寅恪均撰贺诗[①]。

在读书、治学之暇,寅恪夫妇常忆及二人初识时的情景,所谓“并坐窗前望银汉,与君今夕话当时”(《展七夕诗》),即说明了此点。

且看寅恪夫妇的诗作。

寅恪“记否凤城初见夕,榴花如火白莲香”(1952年,《晓莹生日赋诗为寿》);“庭院清阴四柳垂,凤城西角访幽姿。新妆病起浑忘倦,沧海人来稍恨迟”(1962年,《忆燕山桑水河旧居,赋此诗时为晓莹生日,即以是篇为寿可也》)。

唐筼有“回首燕都初见日,恰排小酌待君来”(1955年,《乙未五月十七日寅恪六十六岁初度,赋一律为诗,时值广州芒果、荔枝丰收也》);“都中自遇逃名客,岭表相依共命人”(1962年,《答寅恪偶忆北京桑水河故居原韵》)。

就上述诗句来一番“陈唐诗笺证”,可以推见,1927年5月(据古诗“五月榴花照眼明”)某夜,由人介绍陈、唐二人于北京西城初识,春日迟迟,庭院深深,此前已识破“南注生”旧典而心仪的陈寅恪前往赴会(自称“冒称造访”),身染微恙的唐筼则略备“小酌”,双方一见如故,“恨迟”之感顿生。

1962年中秋节,寅恪赠夫人诗《壬赠中秋夕博济医院病榻寄内》有“肠断百年垂尽日,清光三五共离忧”之语,自注“庾子山《对酒歌》云:‘人生一百年,欢乐唯三五’。”可见,寅恪认为人生“百年”,“离忧”是主要的,这与庾信(字子山,513—581)的诗意是一致的,苦难、离忧,这也是他对于人生的基本认识。

虽然如此,康乐园时期的寅恪仍志趣高雅,家庭不仅替他挡风避雨、抒解压力,而且更给他带来安慰与欢乐。1955年,寅恪为结婚纪念日赋诗称“同梦

① 《陈寅恪诗集》,第81页、99页、113页、123页。

恩恩廿八秋，也同欢乐也同愁”（《旧历七月十七日为莹寅结婚纪念日，赋一短句赠晓莹》），或谓出于安慰之心。唐筼的态度则欢乐得多：“甘苦年年度此秋，已无惆怅更无愁。三雏有命休萦念，欢乐余生共白头。”（《答寅恪七月十七日赠句次原韵》）

寅恪夫妇恩爱一世，后来在1969年冬季双双去世，相隔仅45天，可谓“不求同年生，但却同年死”，真是一对同命鸟。所以，晚年的寅恪，虽然有着外界的多种冲击，但是，无论外境如何变幻，有着贤妻的安慰、相伴，家庭作为避风港，不仅替他挡风避雨、抒解压力，而且更给寅恪带来安慰、温馨与欢乐。

图7-2 陈流求、陈美延在四川大学徐中舒先生旧居前(2009年)

寅恪的三个女儿，2010年出版了《也同欢乐也同愁：忆父亲陈寅恪母亲唐筼》一书，如是回忆：

> 双亲寓居岭南二十载，这是他们生命的最后年月，父亲依旧教学、撰文，直至被迫停止讲课。父亲已经适应了目盲的生活和工作，不幸刚过古稀之后，又遭股骨颈骨折的厄运，目盲、体残后仍坚持著述，并在学术上继续有所贡献。在两老年事益高、身体愈衰的垂暮之岁，父亲能做到伤残老人难以达到的境界，母亲的功劳绝不可没，尤其在晚年更为突出。随着日

月流逝，我们姐妹对母亲的作为，有了进一步认识和理解，对母亲更加崇敬。①

这是对于寅恪夫妇感情深厚的证实。通过以上对寅恪一家家庭节日的述论，也可以证实寅恪夫妇相濡以沫的深厚感情。

第二节　生活情趣②

一、诗人兴会

（一）夫妻诗作的唱和

如上所述，寅恪夫妇的唱和，是寅恪一生唱和中最主要的部分之一，可谓“夫唱妇和卌一载”。

寅恪与夫人唐筼，从 1928 年夏订婚，到 1969 年同年冬双双去世，相爱 41 年，堪称“神仙眷属”，也就是恩爱一生的楷模夫妻。

唐筼是大家闺秀出身，能诗，《陈寅恪诗集·唐筼诗存》收存了唐筼的咏花卉、佳果之诗有多首，如《黄萱夫人赠水仙花》《颂珊夫人赠踯躅花（即杜鹃花）》等；“颂珊夫人”指关颂姗，系岭南大学医学院教授陈国祯之夫人，黄萱之夫周寿恺系岭南大学医学院院长，正是由于“颂珊夫人”在 1952 年 11 月的引见，黄萱成为寅恪的助手。唐筼的诗还描述了广州花市、珠江风景、对三个女儿的慈母深情等，如 1953 年 8 月《癸巳七月病中送流、彭二女各赴工作地》等。唐筼

---

① 陈流求、陈小彭、陈美延：《也同欢乐也同愁：忆父亲陈寅恪母亲唐筼》（回忆录），生活·读书·新知三联书店 2010 年版，第 88 页。

② 本节内容根据王川《陈寅恪在康乐园的生活情趣》（原载香港岭南大学主办《岭南学报》2000 年 10 月，新第二期，第 297—313 页；又载胡守为先生主编：《陈寅恪与二十世纪中国学术》，浙江人民出版社 2000 年版，第 571—589 页）修改编辑而成。

之诗明白流畅，还反映了当时的事件。除能诗外，唐筼还工于绘画。梅、竹、水仙、玫瑰、杜鹃花、木棉花等无不入画。有些时候，寅恪也在画上题诗，如唐筼所绘梅、印度象鼻竹等图均然。

自20世纪30年代起，寅恪夫妇就相互赠诗、和诗。

目前，《陈寅恪诗集》所见寅恪夫妇的相互和诗，以寅恪夫妇1928年7月15日订婚后、8月31日结婚前的两首唱和诗为最早。

此外，寅恪夫妇的诗歌唱和还很多。如1938年8月的七夕，寅恪在云南蒙自联大所撰七绝《戊寅蒙自七夕》：

银汉横窗照客愁，凉宵无睡思悠悠。
人间从古伤离别，真信人间不自由。

当时西南联大向大后方迁移，寅恪一家开始了颠沛流离的苦难历程，两地分居：寅恪独自一人在西南授课，夫人唐筼带着三个女儿客居东南的港岛。到了七夕，只能是人各一方，千里寄相思。

远在香港的唐筼收到诗作后，根据寅恪《戊寅蒙自七夕》的题旨立意、格律音韵，挥赋《和寅恪云南蒙自七夕韵，时筼寄寓九龙宋王台畔》诗作以唱和，遥相呼应，并题目中特意标明“俗称南宋末陆秀夫负帝昺投海处”：

独步台边惹客愁，国危家散恨悠悠。
秋星若解兴亡意，应解人间不自由。[①]

可见，唐筼的和诗，是以化解、劝慰为主。这是寅恪夫妇当时夫妻相处的缩影：当时寅恪身体健康，目光尚明，但是，在日军全面侵华、国事难料的情况下，寅恪的忧患意识、伤感主义已经洋溢于诗作。在这种情况下，夫人积极化

① 《陈寅恪集·诗集》，第26—27页。

解、劝慰，相处时也力所能及地抄录文稿。

本来，“贫贱夫妻已足哀，乱离愁病更相摧”（《大西洋舟中记梦》），以后，随着寅恪的病目、折足、高血压等身体状况的恶化，以及时局的变幻，唐筼在生活料理、文稿誊写等方面对寅恪的帮助作用，愈来愈显示出来，黄萱说：

> 凡陈先生所有来信件，都是她（唐筼）经手念给他听，并代为执笔作书的。寅师所作的诗，也都由她代为抄录。她自己也还写了不少和诗。他们两位的唱和之作，可在陈先生的《诗存》证知，他们生活的和谐由此也可见一斑。①

目盲的寅恪，眼睛看不见唐筼的行动，但是，内心对于夫人的一片苦心，却是了然于胸的，寅恪对女儿们说：“妈妈是主心骨，没有她就没有这个家，没有她就没有我们，所以我们大家要好好保护妈妈。”女儿们也说：

> 母亲不仅是父亲感情笃深的生活伴侣，而且是他志同道合的精神支柱与业务帮手，她在生活上无微不至地体贴与照顾父亲……有不少唱和、吟咏的诗篇，反映出他们的思想共鸣……如果没有母亲，很难想象体弱、多病、目盲、晚年又骨折的父亲能有如许丰硕的教学与研究成果。

夫人的助力使寅恪大感宽慰，故有1951年的“夫妻贫贱寻常事，乱世能全未可嗟”（《答晓莹辛卯元旦见赠》）等语，而唐筼亦有“同隐深山便是仙”“岭表相依共命人”（《答韵》《答寅恪偶忆北京檕水河故居原韵》）等语。因此，夫妇间的唱和、赠诗十分频繁。

---

① 黄萱：《怀念陈寅恪教授——在十四年工作中的点滴》，收入“纪念陈寅恪教授国际学术讨论会”秘书组编：《纪念陈寅恪教授国际学术讨论会文集》，第72页。寅恪的朋友对陈夫人的评价都很高，如“生死之交”吴宓在20世纪40年代日记中就写道：“宓深佩筼对寅恪爱护之忠诚及其处事之明达。”认为陈夫人是一位“举案”贤妻，见《吴宓日记》第9册，第388页、483页。

如1951年元旦夫妇的互赠诗作、1955年同题陈眉公梅花诗画册之和作等，甚至由于住医院暂见不到唐筼，寅恪亦撰诗以赠，如1962年的《壬寅中秋夕博济医院病榻寄内》。在某些时候，寅恪夫妇还“联句”作诗，如《别水仙》等数篇即是[①]。另外，寅恪夫妇为诗，均喜用东坡韵。

在某些时候，他们夫妇还“联句”作诗，如《别水仙》等。

玉容憔悴浅颦眉，(注：此句唐筼出)
脉脉相香绿鬓垂。(注：寅恪答)
暂别人间留后约，(注：唐筼又出)
未妨重见一春迟。(注：寅恪续)

这一次寅恪夫妇的诗歌唱和，一反以前夫妇唱和的常态：寅恪赠诗，夫人应对而和。寅恪夫妇这次联袂作诗，是夫人先出牌，寅恪应对而和诗。

又如，1955年春，寅恪赋诗《晓莹昔年赁宅燕都西城浸水河，庭中植柳四株，以白垩涂树身，望之如白皮松。乙未春日与晓莹同寓广州，偶忆及之，感赋一律》：

玉干葱条罢絮新，夏荫庭院似春深。
乍来湖海逃名客，惊见神仙写韵人。
款曲细倾千种意，低徊俄悟百年因。
数篆卅载空回首，忍话燕云劫后尘。

唐筼感激丈夫以“神仙写韵人”相称，迅即和诗《答寅恪偶忆北京浸水河故居原韵》：

---

① 《陈寅恪诗集》，第167页、171页。

翠竹红棉斗艳新，炎方二月已残春。
都中自遇逃名客，岭表相依共命人。
柳苑已堕飞絮花，桑田谁忏种瓜因。
仙家韵事宁能及，何处青山不染尘。

1956 年 2 月，寅恪夫妇应邀前往从化县温泉镇（今从化市），寅恪撰写了题为"口号"的诗二首，即《从化温泉口号二首》，表述夫妇间的笑谑与他心情的舒展。当然此诗也有其"今典"。

总而言之，频频酬唱是他们夫妇伉俪情深、水乳交融的表现，是"三十余年来甘苦共尝"。他们夫妇感情之深厚、婚姻之圆满，得到了友朋、识者及后人的一致赞同，人称他们的姻缘"应该是最具典型意义的学者型美满婚姻之一"，"应是古今中外最和谐，因而也是最美满的伉俪之一，如果人世间的夫妻真有什么'天作之合'的话，那么陈唐就是最美好的一对"。

这些诗以作于结婚纪念日和二人生日者为最多（详见下）。还应注意的是，唐筼之诗是解读寅恪诗深邃内涵的钥匙之一，她 1953 年的《广州赠蒋秉南先生》、1961 年的《辛丑秋广州赠雨僧先生》《送雨僧先生重游北京》等诗作均是理解寅恪相关赠诗的关键之一。

（二）诗人唱和

与旧雨新知、父执生徒等人的诗作往还及赠诗，表达出人间的真情，既是寅恪淡如水的君子之交的体现，也是他学术人生的重要组成部分。如 1957 年 1 月寅恪为中山大学历史系高守真（1927—　）等同学写了一首"贺年诗"，当时《中山大学周报》的报道便洋溢着温馨的师生情：

当陈寅恪老教授正在散步时，史三高守真同学向大家所敬爱的老师送上一张美丽的贺年卡，并念着她写在贺年卡上的一首诗。老教授听着，他笑了，连连称好。就在元旦前夕陈寅恪老教授为青年人写了一首贺年诗：

万竹竞鸣除旧岁，百花齐放听新莺。

新的一年，给康乐园年老的、年青的一代带来了兴奋和欢乐。①

高守真所献的诗，不仅代表了她个人的敬意，也是“1955 年夏季至 1956 年有幸在金明馆通向寒柳堂的过道上，听寅恪先生讲史达一年之久”的历史系其他同学的心意②。

按《陈寅恪诗集》所载，寅恪与父执、友朋、生徒的诗作涉及 18 人，共 40 首。至于抄诗以赠北京的邓广铭（1907—1998 年）、向达（1900—1966 年），长沙的杨树达（1885—1956 年），成都的李思纯（1893—1960 年）等人则不计入。

其中，寄赠父执与友朋的，有叶恭绰（字誉虎，1881—1968 年）一首（《叶遐庵自香港寄诗询近状，赋此答之》）、夏承焘（字瞿禅，1900—1986）一首（《听读夏瞿禅新著〈姜白石合肥本事词〉即依见赠诗原韵酬之》）、朱师辙（字少滨，1879—1969 年）八首[（《送朱少滨教授退休卜居杭州》）等，不含最新在杭州发现的寅恪诗]、吴三立（字辛旨，1897—1989 年）二首（《己丑除夕题吴辛旨诗》）、吴宓（1894—1978 年）四首[（《庚寅春日答吴雨僧重庆书》）等，陈夫人赠诗二首]、冼玉清（1895—1965 年）四首[（《题冼玉清教授修史图》）等，另于 1957 年 1 月赠春联一副]、瞿宣颖（1892—1973 年）三首（《寄瞿兑之》等）、余嘉锡（1884—1955 年）三首（系挽词，另寄抄录诗作二首），詹安泰（字祝南，1907—1980 年）、董每勘（1902—1967 年），王起（字季思，1906—1996 年）三首（《丁酉上巳前二日，广州京剧团及票友来校清唱，即赋三绝句》，同赠三人）、曾昭燏（1899—1964 年）二首（《乙巳元夕前二日始闻南京博物院院长曾昭燏君逝世于灵谷寺，追挽一律》等），向达一首（《甲辰春分日赠向觉明》），冼得霖、陈植仪夫妇一首（《答冼得霖、陈植仪夫妇》）、龙沐勋（字榆生，1902—1966 年）二首（《答龙榆生》等）。

---

① 生：《陈寅恪老师写诗贺新年》，《中山大学周报》第 179 期（1957 年 1 月 5 日）第 1 版。

② 蔡鸿生：《“颂红妆”颂》，（香港）博士苑出版社 2001 年版，第 34—35 页。

赠予生徒的有：蒋天枢（字秉南，1903—1988年）三首（《广州赠别蒋秉南》等，此外陈夫人赠诗一首，抄录诗三首及寅恪夫妇诗画合璧之作一幅）、王竞三首（《答王啸苏》）等。

在上列的40首诗中，晚年的寅恪表达出代几十年来一以贯之的避世思想，如"岭表独能寄此身"；认可友朋的治学道路，如"流辈争推续史功，文章羞与俗雷同"；感谢他人的询闻，如"音候殷勤念及门，远来问疾感相存"；回顾旧交，如与瞿宣颖"论交三世"（"三世交亲"）、与冼玉清"患难朋友廿五春"；回顾往日友朋间谈学论艺之乐，如"君今饭啖荔枝去，谁话贞元七十秋"（尝与君论光绪壬午科乡试事），并期待来日重逢："他年上冢之江畔（寅恪先茔在六和塔后牌坊山），更和新诗结后缘。"从这些诗作，可见晚年寅恪与冼玉清、朱师辙等学人交往情形之一斑。

在想念故旧、生徒之际，对于京华烟云，尤其是水木清华的回忆，也一直令寅恪魂牵梦萦，因此赋有《庚寅仲春，友人绘清华园故居图见寄，不见旧时手植海棠，感赋一诗，即用戊子春日原韵》等诗。凡燕京浸水河旧居及屋旁柳树，社稷坛园中崇孝寺的牡丹、青松、红杏，清华园故居，及往日所植海棠，无不入诗。此类诗作凡九首。遗憾的是，自从1948年底离开北京直到去世，寅恪未能再重返京城。

二、观赏康乐景色与岭南风物

唐乐园时期的陈寅恪，大多数时间居于东南区1号[原名"第一麻金墨屋"(The McCormick Lodge No. 1)，今陈寅恪故居纪念室]。1957年特地前往中山大学拜访陈寅恪的《光明日报》记者将其描绘得很有诗意：

> 望去那景致十分幽雅，几株南方特有的棕树，矗立在楼角，枝干高过屋顶，梢头棕叶有如一柄巨扇，兀自在摇曳，似乎怕那南国的热风闷坏了小楼的主人，门前的两株木兰花，在北方难得见到有长得那么高大的。一

条小路就横在树下。[①]

充满南国风情的岭南景色引起寅恪的格外兴趣，故他所赋之诗也具有浓郁的岭南特色，举凡岭南的气候、植物，康乐园的风光、景致乃至听闻所见和粤讴粤语（如寅恪诗《哀金圆》，自注："粤俗呼物之无用者曰'温柴'。"），无不入诗。

四五十年代的岭南大学，校园到处是茂密的绿树竹林，不懂古木参天，而且一年四季均有花草，"过岭南来便隔天，一冬无雪有花妍"（《庚寅元夕用东坡韵》），并之钟荣光（1866—1942 年）等前岭大校长的大力提倡种植[②]，杜鹃花、木瓜、橄榄、荔枝、南洋杉、罗汉松、木棉、竹类、蕉类、洋菊（非洲菊）、无花果、羊桃等遍布校园。有些植物系从国外直接引进，如夏威夷种的木瓜，从美洲、澳洲引入的香豆花、甘笋、绵豆、柑橘、桉树等植物。正因为如此，寅恪来到康乐园不久就写下了"朱橘黄蕉门岁新"之句。

寅恪来到岭南之前，已经是"盲人教授"。来到岭南之后，目疾虽重，但是尚能依稀辨出门前白色信道；更得夫人及其他故旧、生徒之助，得以通过耳闻等途径一补眼观之不足。此时寅恪之咏物诗，如同他的咏史诗一样，既有叙述手法，又运用象征、抒情、暗示之技巧；既有实写见闻景色，又有虚化所咏之物。这是需要注意的一点。

寅恪笔下的岭南，植物很多。暮春时节，面对"康乐许多山岗上，亦关着一簇簇赤红的杜鹃花"[③]，一代宗师挥笔写下了《咏校园杜鹃花》：

美人浓艳拥红妆，岭表春回第一芳。
跨向沉香亭畔客，南方亦有牡丹王。

---

① 梁诚端：《访陈寅恪教授》，《光明日报》1957 年 5 月 10 日，第 2 版。

② 廖奉灵：《回忆钟荣光校长》，《广州文史资料》第 24 期（1981 年 12 月），第 152 页；黄菊艳主编：《近代广州教育与岭南大学》，（香港）商务印书馆 1995 年版，第 41 页、187 页。

③ 朗丁：《康乐风景线》，《岭南周报》，1949 年 3 月 7 日，第 2 版。

浓艳的杜鹃成为寅恪心目中的“牡丹王”。

杜鹃花开时人开心，花落时则人神伤；《乙巳春夜忽闻风雨声，想园中杜鹃花零落尽矣，为赋一诗》有“绝艳植根千日久，繁枝转眼一时空”“遥夜惊心听急雨，今年真负杜鹃红”之叹。

1957 年 5、6 月间，康乐园东北区竹类标本图“有一竹义桔有形如雪梨的竹果，有些竹干甚至为这些沉重的果实压得弯垂下来，值得科学家和大自然爱好者予以注意”，《中山大学周报》在报道后感叹“这种罕见现象，会使你选赏大自然的美妙，真是无奇不有”[①]。这一“罕见现象”引起了陈寅恪注意，他向人请救，知此竹为“印度象鼻竹”，随后陈夫人叙画其状，寅恪赋诗记之，此即《丁酉首夏校园印度象鼻竹结实大如梨，晓莹学写其状，寅恪戏题二绝》。这首题画诗言情状物，既可见伉俪情深，又可知诗人当时的平和心境。后来，这一“师母会竹实图并画诗其上”的合璧之作，陈夫人寄赠寅恪的弟子蒋天枢[②]。

除朱橘、黄蕉、杜鹃花、印度象鼻竹外，荔枝、木棉花、水仙花、蜡梅、洋菊等岭南植物亦时见于寅恪诗中[③]。至于唐筼咏花卉、佳果之诗则更多，凡“友人赠红梅一枝”“友人赠新种绛色玫瑰”“黄萱夫人赠水仙花”“颂珊夫人赠蹲蹰花（即杜鹃花）”以及“芒果、荔枝”之历均入诗[④]。

除植物外，康乐及岭南的景色也吸引了寅恪。1949 年 12 月，寅恪夫妇与中文系教授冼玉清相偕前往岭大之南的漱珠岗纯阳道观游览，归来后三人均有诗文记之。“岭南才女”冼玉清记曰：

> 去岭南大学四里，有乡名五凰村。村有漱珠岗，纯阳观在焉。休沐之暇，游人学子，络绎不绝。余辄偕学侣散步其间。以此地毗邻大学，又为

① 《中山大学周报》，第 195 期（1957 年 5 月 25 日），第 4 版。

② 蒋天枢：《楚辞论文集》，陕西人民出版社 1982 年版，“弁语”。

③ 《陈寅恪诗集》，第 76 页、123 页、149 页、126 页、138 页、149 页。

④ 《陈寅恪诗集》，第 165—177 页。

河南胜处……因同(寅恪夫妇)至纯阳观看花。[①]

寅恪素喜梅花,来岭南后写了多首梅花诗句,如"岭南人日早春天,不见梅花亦惘然"(《乙巳人日作》等)。此次游观看花归来,即以(《乙巳仲冬纯阳观探梅,东冼玉清教授》)为题,赋诗一首:

我来只及见残梅,太息今年特早开。
花事已随尘世改,苔根独是旧时栽。
名山讲席无儒士,胜地仙家有劫灰。
游览总嫌天宇窄,更揩病眼上高台。[②]

诵寅恪诗后,才思敏捷的冼玉清即将韵和诗一首:

骚怀惘惘对寒梅,劫罅谁来讯落开。
知干肯随春气暖,孤根独倚岭云栽。
苔碑有字留残篆,杰灶无烟剩冷灰。
谁信两周花甲后,有人思古又登台。[③]

因见壁中石碑刻于道光乙丑年(1829 年),故冼玉清有"两周花甲"之句。陈夫人唐筼亦有"同寅恪纯阳观寻梅"诗存世。

从诗文看来,陈寅恪虽有"我来只及见残梅,太息今年特早开"之微憾,但

---

① 冼玉清:《天文家李明澈与漱珠冈》,《岭南学报》第 10 卷 2 期(1950 年 6 月),第 173—191 页,并收入佛山大学佛山文史研究室、广东省文史馆编《冼玉清文集》,中山大学出版社 1995 年版,第 193—214 页。

② 据冼玉清:《天文家李明澈与漱珠冈》一文所录,而与《陈寅恪诗集》所录者(第 65 页)微有不同。后者诗题为《纯阳观梅花》,每二句"欢息今年特早开"似误"太"为"欢",第三句作"花事已随浮世改"。

③ 《冼玉清文集》,第 212 页。

游兴盎然，梅、松、碑、观均得入眼，“游览总嫌天宇窄，更揩病眼上高台”，还算兴尽而归。事后冼玉清致陈垣的信也说明这一点。

1956 年 2 月，趁参加广州地区部分高校“知识分子问题”座谈会之机，寅恪夫妇前往广州北部的风景区与疗养胜地从化县温泉镇(今从化市)。沐浴于“知识分子问题”时代春风中的陈寅恪，欣然撰写了题为“口号”的诗二首，即《从化温泉口号二首》：[①]

其一

火云蒸热涨汤池，待洗倾城白玉脂。

可惜西施心未合，只能留与浴东施(医言患心脏病者不宜浴此泉)。

其二

曹溪一酌七年迟，冷暖随人腹里知。

未解西江流不尽，漫夸大口马禅师(余日饮温泉水一盏)。

“马禅师”指唐代禅宗高僧马道一(709—788 年)，四川什邡马祖镇人，曾在福建、江西等地弘扬禅法，代宗大历年间弘法于钟陵开元寺(今南昌)，形成“洪州宗”，以善辩著称，其著名公案有“磨砖成镜”与“平常心是道”。“曹溪一酌七年迟”谓自己来到岭南已七年。一诗言浴，一诗言饮，且以“西施”喻患心脏病的唐筼；在此，寅恪畅快地表述夫妇间的笑谑与他心情的舒展。

纯阳观与从化温泉之行，是寅恪晚年外游仅有之例。此外，除了几次乘校车入城听京剧、桂剧之外，他就是蛰居于康乐园中，“稳和陶诗昼闭门”了(《丙戌居成都，五十六岁初度，有句云“愿得时清目复明，扶携同泛峡江船”；辛卯寓广州六十二岁生日，忽忆前语，因作二绝并赠晓莹》)。

① 陈寅恪：《从化温泉口号二首》，载《陈寅恪集・诗集》，第 121 页。

三、欣赏传统戏剧与听读小说

（一）欣赏传统戏剧

在对待戏剧的态度上，较好体现了寅恪对中西文化兼收并蓄的态度。他早年留欧，喜爱西洋歌剧，一度流连于欧洲的影剧院，早年留学德国时，寅恪、俞大维请赵元任夫妇看“德国歌剧”之事令后者感动且永志不忘；学成归国后，转而喜欢中国影剧、影片；眼病恶化后，寅恪改为欣赏中国传统影剧，中国国粹——京剧及赣剧、桂剧、粤剧等地方剧种是中国传统文化的重要组成部分，对此，寅恪有特殊的爱好。

20世纪初，寅恪眼聪目明，所以在上海等地欣赏过谭鑫培（1847—1917年）等京剧名家的表演，聆听过梅兰芳（1894—1961年）、张君秋（1920—1997年）等名家的唱腔。当时在清华园，京昆、皮黄特别发达，以致有识者称为当时“清华文化的一个小小的侧页”，热爱的师生（陈寅恪、俞平伯、浦江清、叶公超、许宝骙、张荫麟等人）甚多，30年代，清华园内热爱京昆之风更炽盛，“京华第一名票”爱新觉罗·溥侗（艺号“红豆馆主”，1877—1952年）被清华聘为特别导师、“旧剧研究社”顾问，将清华园的戏剧活动向前大大推进了一步，“六院票房”“谷音社”等先后成立。

抗战胜利后返京，寅恪的这一爱好集中表现出来。助手王永兴（1914—2008年）回忆当时情景道：

> 先生喜欢听京剧，特别是张君秋唱的《望江亭》。一次，有客人来访，说张君秋唱的《望江亭》改了几个字，已灌成唱片，市场上可以买到。我知道先生的心情，向他提出我进城去买改了几个字的《望江亭》唱片。先生笑着同意了，并嘱咐我，改变的是哪个字，在商店当时就听一听，我按先生的嘱咐买回唱片，先生很高兴，立即听了，并说，是改动了几个字，更好了。

寅恪对京剧的欣赏水平已不止是一般爱好者的层次，而是票友。

执教康乐园后，由于目疾恶化，寅恪的这一爱好表现得更加突出。如 50 年代初，他从收音机里收听京剧名家张君秋唱的《祭塔》；之后又观赏新编剧目《十三妹》，均赋诗记其感想：1957 年又自言“年来除从事著述外，稍以小说、词曲遣日”，“年来颇喜小说戏曲”[①]，可谓“关心曲艺休嫌晚”。为了方便他收听，1962 年中共广东省委书记陶铸曾安排“省委送来牡丹牌电唱两用机一架、唱片三十二张”。“文革”一来，上述物品成了陶铸的“罪证”，均被革命师生拿去，并要寅恪交代与陶铸的关系。

1957 年“反右”前的康乐园，热爱京昆之风虽然比不上二三十年代的清华园，但醉心于此的教授却大有人在。当时，学者们生活优越，环境宽松，对京昆的热爱表现无遗（“反右”后，此风大为收敛）。寅恪与中文系诸教授如冼玉清、詹安泰、董每勘、王起、郑曾同、端木正、江静波等人，均是戏剧爱好者和戏曲专家。在这一点上，寅恪在康乐园不乏“知音”。

寅恪听京剧最广为人知的事例，发生在 1957 年 4 月 1 日。这一天，“广州京剧团诸同志暨名票史彤先生、伍凤仪女士”（董每勘和诗序），“访问中山大学，集教师之家，座谈、清唱、情甚欢洽、走笔赋赠。翌日，寅恪先生见示佳作”（詹安泰和词序）。此“佳作”即听完表演的陈寅恪意气风发而赋的《丁酉上巳前二日，广州京剧团及票友来校清唱，即赋三绝句》：

其一

暮年萧瑟感江关，城市郊园倦住还。

来谱云和琴上曲，风声何意落人间。（谓张淑云、孙艳琴两团员及伍凤仪女士。）

其二

---

① 《陈寅恪诗集》，第 111 页、108 页。

沈郁轩昂各有情(谓男团员及票友),好凭弦管唱升平。

杜公披雾花仍隔,戴子听鹂酒待倾(新谷莺、华兰萍两团员未来)。

其三

红豆春生翠欲流,闻歌心事转悠悠。

贞元朝士曾陪座(四十余年前,在沪陪李瑞清丈观谭鑫培君演《连营寨》,后数年在京又陪樊增祥丈观谭君演《空城计》),一梦华胥四十秋。①

诗中所言张淑云、孙艳琴、新谷莺(本名傅谷英,1923—)、华兰萍等均为当时广州京剧团名伶。寅恪在诗中说“沈郁轩昂各有情,好凭弦管唱升平”,如果不是对现实生活有了深切的感受和体会,那么他不会随便去“唱升平”的,因此,诗作所表达的寅恪的欢欣及对“升平”时局的赞许,不是明眼人也可看出。

寅恪的赠诗对象——中文系教授詹安泰、董每勘、王起,均是戏剧爱好者和戏曲专家(如董每勘在和诗注释中自述“余参加粤剧改革工作三年有余,亦甚爱之”)。在读寅恪诗后,均有唱和之作。詹安泰《南歌子》词曰:

南国花齐好,京华艺不群。廿年骚屑等流尘,谁信演员教授一家春?说笑人曾识,听歌近愈真,番番奇响遏行云,料得归来异日更情亲。

董每戡和诗四首,有“花前杖策听莺语,清兴来时妙句成。硕学先生非古董,风流诗笔压群英(陈先生曾戏作二联,中有‘百花齐放听新莺’及‘古董先生谁似我’句,故云)”及“皮黄腔韵贵当行,各有千秋传与王。盛世居然多盛事,座间顾曲尽周郎。(是日与会诸教授均系京剧爱好者,故云)”等。

---

① 据《中山大学周报》第191期(1957年4月13日)第4版,与《陈寅恪诗集》所录者(第107—108页)略有不同。

王起的和诗为："好春迤逦叩诗关，谁与先生启笑颜？一曲惊从云外落，娇莺姹燕满人间。余腔谭调各千秋，四十年前省旧游。好为中华制新曲，黄河明日是清流。"①

从詹、董、王三人的和诗看，他们无疑也沐浴于骀荡春南之中，赞同寅恪的"升平"之论，无疑是寅恪"清兴来时"拄"杖"(抗战联大内迁期间得自云南蒙自的"黄藤手杖")而听新谷莺"莺"语，之后盛赋为诗("妙句成")情景的写照。詹安泰从今日"演员教授一家春"而期待"异日更情亲"，这是新社会的新景象，在旧社会的广州是不可想象的②。40 年代，梁宗岱(1903—1983 年)与女演员甘少苏的结合曾掀起轩然大波。王起则从寅恪绽开的"笑颜"联系到"满人间"的"好春"，进而断定"黄河明日是清流"。董每戡巧妙地将新义注入"古董先生"故典，又在赞誉陈寅恪"风流诗笔压群英"之余，更为"盛世居然多盛事"而欢呼。

四人的唱和诗作很快发表于《中山大学周报》，不到一个月即为北京《光明日报》、香港《文汇报》转载，因而产生了一定的社会影响。

夏季，赣剧团来校清唱《牡丹对药》《梁祝因缘》等剧目，寅恪亦往聆听，归来赋七律二首，并赠董每戡。董每戡接读，随即和诗一首。

寅恪与詹安泰等教授们的唱和，是当时学者们人处于生活安宁、环境宽松、学术精进的好时期的表现，洋溢出当时中山大学一派祥和的景象，至今在康乐园中还传为美谈。

寅恪与詹安泰等的诗作唱和在 1957 年时戛然中止，詹安泰、董每勘成为当年全国 49 万多"右派分子"的一员，从此进入了漫漫的艰难时世。1957 年 7 月，董每勘在中大检讨，称几个月以至几年前自己的"右派"言行是"资产阶级个人主义思想在作祟"；王起被迫多次做各种检讨，发表了《古锦旧绣的外衣迷惑不了人》等文章，侥幸成"漏网之鱼"；寅恪则因 1954 年 1 月 28 日总理周恩

---

① 《中山大学周报》第 192 期(1957 年 4 月 20 日)，第 4 版。

② 佟绍弼、杨绍权：《旧社会广州女伶血泪史》，《广东文史资料》第 34 期(1982 年 2 月)，第 211—225 页。

来的“要团结一切爱国分子，如陈寅恪，要考虑科学家待遇”等因素而暂缓了灾难的来临，但仍免不了“中右”分子的“定论”。

1959年3月15日，广州京剧团“男团员”傅祥麟率新谷莺、孙艳琴等人还一同上门拜访寅恪，并表演清唱，给病中的寅恪带来欢笑。其后，唐筼设家宴招待这几位客人。事后，寅恪赋诗三首以记之，即《春尽病起，宴广州京剧团，并听新谷莺演〈望江亭〉，所演与张君秋微不同也》，兹录二首：

其一

兼旬病过杜鹃花（陆务观新夏感事诗云“病起兼旬疏把酒，山深四月始闻莺”），
强起犹能迓客车。
天上素娥原有党（钱受之中秋夕效欧阳詹玩月诗云“天上素娥亦有党”），
人间红袖尚无家（谓座客之一）。
关心曲艺休嫌晚，置酒园林尽足夸。
世态万端同是戏，何妨南国异京华。

其二

江郊小阁倚轻寒，新换春妆已着禅。
青镜铅华初未改，白头哀乐总相干。
十年鲑菜飧能饱，三月莺花酒尽欢。
留取他时作谈助，莫将清兴等闲看。①

诗中既表述了“置酒园林尽足夸”“三月莺花酒尽欢”的愉悦，更完结了两

① 《陈寅恪诗集》，第113—114页。

年前“新谷莺、华兰萍两团员未来”的微憾。同时，寅恪又言“世态万端同是戏”，“南国”“京华”有何异，说明此时与1957年4月“微不同也”。从寅恪此时处于病中、诗成未与友人唱和、诗作未能公开发表等因素看，局外人也能察觉其中的“微不同”。

及至1962年4月，广州京剧团新谷莺等名伶再次前来中山大学清唱，前往聆听的寅恪又一次赋诗，即《一九六二年三月二十九夕，广州京剧团新谷莺诸君来中山大学清唱，追感六年前旧事，仍赋七绝三首以纪之》（今存二首）：

歌动重楼映海光，病夫乘兴亦看场。
今宵春兴人同暖，倍觉承平意味长。

又一首：

文字声名不厌低，东坡诗句笑兼啼。
千秋有命存残稿，六载无端咏旧题。

诗中所言“春暖”“承平”之意，既是寅恪欣赏京剧的感觉，也是对当时自然及政治季节的描述，更是那一时期寅恪心境平和的表现。

后来，寅恪还曾欣赏了上海昆剧团的表演，与来访的高级党政干部如张奚若等人谈起戏剧演出：张奚若“讲他听了俞振飞昆曲《太白醉写》，非常好”，寅恪感慨“我不曾得到入场券，我也很喜欢听这出戏”。

京剧之外，对于乡音赣剧、夫人唐筼家乡的桂剧，寅恪也有着极大的兴趣。他不仅在康乐园中聆听江西赣剧团演出的《牡丹亭》《梁山伯与祝英台》等剧目（1957年4月），而且还进城听演改编桂剧《桃花扇》（1959年8月），事后均赋诗记之[①]。就《陈寅恪诗集》而言，康乐园时期的寅恪写下了赏戏诗作共十九首。

50年代中期，舆论报道说寅恪“在广东很少发表意见。他不喜欢应酬，也不喜欢接待外人”，“他绝不评论时事及当局人物，这是他谨言慎行的一种表现”。在“百家争鸣”时，人们请寅恪讲一讲，寅恪只讲了一条：“孟小冬戏唱得较好，当今第一，应当找他回来唱戏，以广流传。”

寅恪的诗中，与新老朋友、父辈学生的唱和、赠诗，表达出人间的真情，是他淡如水的君子之交的体现，也是他一生生活的重要组成部分。

（二）听读小说、弹词等“俗文学”

听演戏剧之外，由于目疾恶化，寅恪不但需听国内外重大新闻（40年代在成都时，吴宓曾为寅恪读报），借以了解国内外重大新闻，而且也听读小说、弹词等民间文学作品。

早在40年代的英伦及燕京，寅恪曾听读熊式一（1902—1992年）《天桥》及鸳鸯蝴蝶派作家张恨水（张心远，1895—1967年）《天河配》《水浒新传》等小说。在1945年的成都，寅恪基本失明后，开始接受“今后只有靠听力工作和生活”的残酷现实，也就是从这一时间起，他开始了收听、出席戏剧表演、听读报纸小说。

寅恪尤其喜欢听读张恨水的《天河配》《水浒新传》等通俗小说，并表示了褒扬之意，这一爱好大多与他父亲三立老人有关。之所以“他很愿听张恨水先生的小说。我想不仅是因为小说中着重描述他无限思念的北京城，深切同情穷苦百姓，更是对抗击外侮的民族精神有所共鸣”。张恨水的另一部小说《啼笑姻缘》则成了他“金明馆”的藏书，而且寅恪对该小说情节之熟娴，让60年代的护士们大为惊讶。1963年，已折足的寅恪在收到湖南图书馆借阅的法国作

① 陈诗即《丁酉首夏赣剧团来校演唱〈牡丹对药〉、〈梁祝因缘〉，戏题一诗》（《陈寅恪诗集》，第108—109页）、《听演桂剧改编〈桃花扇〉，剧中香君沈江而死，与孔氏原本异，亦与京剧改本不同也》《观桂剧〈桃花扇〉，剧中以香君沉江死为结局，感赋二绝》（《陈寅恪诗集》，第116页）。

家小仲马《茶花女》的中译初刻本后，于病榻让护士诵读。

1953年夏，病中的寅恪听读小说、弹词之际，对清代女作家陈端生创作的弹词《再生缘》产生了浓厚兴趣，寅恪推崇《再生缘》“乃一叙事言情七言排律之长篇巨制”，是弹词中最佳之作，连杜甫的七言排律也“不可同年而语”。因而有后来的名著《论〈再生缘〉》。所谓弹词，是由宋、元词话发展而来的一种将故事编为韵语的说唱文学，有“说”（说白）有“唱”（唱词），伴以“噱”（穿插）、“弹”（伴奏）。对此，他自谦道：

> 寅恪少喜读小说，虽至鄙陋者亦取寓目，独弹词七字唱之体则略知其内容大意后，辄弃去不复观览，盖厌恶其繁复冗长也。……及长游学四方，从师受天竺希腊之文，读其史诗名著，始知所言宗教哲理，固有远胜吾国弹词七字唱者，然其构章遣词，繁复冗长，实与弹词七字唱并无甚差异，绝不可以桐城古文义法及江西诗派句律绳之者，而少时厌恶此体小说之意，遂渐减损改易矣。……又中岁以后，研治元白长庆体诗，穷其流变，广涉唐五代俗讲之文，于弹词七字唱之体，益复有所心会。……衰年病目，废书不观，唯听读小说消日，偶至《再生缘》一书，深有感于其作者之身世，遂稍稍考证其本末，草成此文，承平豢养，无所用心，忖文章之得失，兴窈窕之哀思，聊作无益之事，以遣有涯之生云尔。①

寅恪研究元白诗、长庆体诗、唐五代“变文”后，于弹词益有心会，盖三者皆以繁复冗长为其特色也。到了晚年，寅恪听读《再生缘》，深有感于作者之身世，乃考证成文。寅恪明确指出了撰写名著《论〈再生缘〉》之用心，在于“忖文章之得失”“兴窈窕之哀思”。所谓“忖文章之得失”，指客观评价弹词文体，尤其是评价《再生缘》，包括《再生缘》的思想、结构、文辞；所谓“兴窈窕之哀思”，

① 陈寅恪：《论〈再生缘〉·自述》，收入《寒柳堂集》，生活·读书·新知三联书店2001年版，第1页。

指考证《再生缘》作者身世，并对才女陈端生寄以无限同情。

可见，在休养时，寅恪从小说等史料中考证版本，仍然不辍地从事学术研究，可谓“为有益之事，以兴无涯之学”也。

四、余　论

无论在北京，还是成都、广州等地执教，寅恪很早就参与政治，醉心于讲坛、书桌。到了晚年，更是如此。

寅恪虽然早在50年代中期就被舆论报道为“在广东很少发表意见。他不喜欢应酬，也不喜欢接待外人”[①]，但是他对时事并非无动于衷。寅恪通过别人为他读国内外重要新闻、听收音机的播放，和冼玉清等故旧交谈，对外界情况相当了解。只是“他绝不评论时事及当局人物，这是他谨言慎行的一种表现”[②]。但在诗作中也反映有时事，如1956年《丙申七夕作，时苏彝士运河问题方甚嚣尘上也》诗，有的诗则表达了陈寅恪对时局的看法，如1953年冬的《咏黄腾手杖》，即反对当时奉行的对苏联“一边倒”政策；1954年的《无题》则对俞平伯在“红学”风波中遭到围攻表示异议……此例甚多。后来的事实证明，陈寅恪的看法是经得起推敲的。

1959年3月，西藏一小撮分裂分子发动叛乱。这一次，对藏学素有研究的寅恪站出来公开表态，兹节录4月30日出版的《中山大学周报》的相关报道：

> 历史系师生在座谈会和大字报中列举大量历史事实说明：早在公元七世纪，西藏和我国各族在经济、政治上和文化上已经有着密切的联系，从十三世纪开始，西藏已成为我国的一部分。该系陈寅恪老教授斩钉截铁地说：“西藏是中国的领土，不容分割！”[③]

---

① 梁诚端：《访陈寅恪教授》。

② 周连宽：《回忆陈寅恪先生二三事》，《纪念陈寅恪教授国际学术讨论会文集》，第66页。

③ 《中山大学周报》第308期（1959年4月30日），第1版。

寅恪"斩钉截铁"之言可作为他在同年所作七律《逻些》的注脚[①]。这是晚年寅恪仅有的几次公开表态中的一次。

怎样才能全面地看待寅恪晚年的欢乐与苦难呢?

人生苦难多是寅恪的基本人生态度之一。之所以有此观念,实与他一生颠沛流离时间长,其间又经历多次剧变有关,如"世变",可谓世界大战两次、小战无数;再如"家变",由封疆大吏到"神州袖手人",到教授、院士;"病变",先是盲目,复又高血压、消化系统病症,再折足;"徒变"……职是之故,寅恪的避世思想源起很早,从20世纪20年代与吴宓相约不入国民党,1930年的"最是文人不自由",1938年的"真信人间不自由",到1942年困于孤岛香港时的"乞米至今余断贴,埋名从古是奇才",及同年"读书久识人生苦,未待崩离早白头""乱离骨肉病愁多",以及1949年下岭南时已明言"避地难希五月花",1950年"闭户寻诗亦多事,不如闭眼送生涯"(《庚寅人日》)。可见,随着年事增高,苦难与病痛的折磨,他愈来愈倾向于消极也是可以理解的,以至于有些"不合时宜"。正如有学者在诗中所言:"二十春秋寒柳梦,一任风雨金明中。如今山河换时尚,奈何人格未趋同。"[②]

1962年中秋节,寅恪赠夫人诗《壬寅赠中秋夕博济医院病榻寄内》有"肠断百年垂尽日,清光三五共离忧"之语,自注"庾子山《对酒歌》云:'人生一百年,欢乐唯三五'。"可见寅恪认为,人生"百年","离忧"是主要的,这与庾信(字子山,513—581)的诗意是一致的,也是他作为一位时代艰难转型过程中,担忧民族文化的学者的基本人生态度。

对于人生的"离忧"态度,与寅恪一生享有高雅的生活情趣,并不矛盾。

寅恪有很强的家庭观念,爱护妻子、女儿;而温暖的家庭,不仅替寅恪挡风避雨、抒解压力,更给他带来安慰与欢乐。1955年,寅恪为结婚纪念日赋诗称"同梦悤悤廿八秋,也同欢乐也同愁"(《旧历七月十七日为莹寅结婚纪念日,赋

---

① "逻些"系拉萨古称,诗中所言"法帐""金瓶""黄教""唐碣""会盟长庆"等均藏史大事。

② 据中央民族大学王文长教授诗。

一短句赠晓莹》),或谓出于安慰之心。唐筼的态度则欢乐得多:"甘苦年年度此秋,已无惆怅更无愁。三雏有命休萦念,欢乐余生共白头。"(《答寅恪七月十七日赠句次原韵》)无论外境如何变幻,家庭作为避风港,带给寅恪的永远是温馨。

有学者在研究《陈寅恪诗集》所收寅恪诗330首(其中作于1910—1949年的110首,1950—1966年220首)后,认为陈诗绝大多数带有浓重的悲观主义的"伤感色彩",而且始终不渝。来岭南大学后,陈诗悲观主义的"伤感色彩"(或称为"感伤主义色彩")有所减轻。同时,生活上的欢乐气氛显著增加①。如1962年2月,寅恪的老友、中国科学院副院长竺可桢前往中山大学探望寅恪,二人晤谈甚欢,竺可桢在日记中记道:"寅恪他住原住的宿舍二楼,精神甚佳而健谈,虽目盲而谈笑风生。"1966年3月,竺可桢再往中山大学探望折足的寅恪,二人晤谈仍欢,竺可桢记道:"至中山大学寅恪处,他卧在床上,由他太太招待,但寅恪仍健谈,我坐在床上与他谈一刻钟。"②

通过以上对于寅恪生活情趣的述论,可知寅恪家里曾有过欢乐笑语,给它罩上一重灰色之幕并不代表历史真相。③

① 李坚:《〈陈寅恪诗集〉中的悲观主义色彩浅释》,收入《〈柳如是别传〉与国学研究》,第103—120页;邱世友:《读陈寅恪教授〈柳如是别传〉感念而作》,收入《〈柳如是别传〉与国学研究》,第204—231页。

② 竺可桢:《竺可桢日记》,第4册,第590页;第5册,第29页。

③ 陈寅恪研究"热"起来后,受到社会广泛的关注,作为历史人物的陈寅恪在若干程度下也被主观地象征化和符号化了,参阅止庵(王进文):《作为话题的陈寅恪》,《中华读书报》1999年10月27日,第13版。

附录一　陈寅恪大事年表

光绪十六年(1890),1岁

公历7月3日(庚寅年五月十七日乙酉)寅时,寅恪出生于湖南长沙通泰街的一所老宅。是年,祖父陈宝箴出任湖北按察使,旋署布政使。光绪二十一年(1895)任湖南巡抚。

光绪二十四年(1898),9岁

秋,戊戌变法失败,慈禧太后训政,祖父、父亲被革职,全家回南昌,定居西山(古城"散原山")。

光绪二十七年(1901),12岁

陈三立在南京定居,在家中办起了"学堂",教学"四书五经"、数学、英文、音乐、绘画和文体等课程,寅恪兄弟、三个妹妹入学。

光绪二十九年(1903),14岁

春,留学日本东京巢鸭弘文书院初中。

光绪二十九年(1904),15岁

考取官费留日,乃于冬季再度赴日,留学弘文书院高中。

光绪三十二年(1907),18岁

"插班考入"上海复旦公学,后年以第一名毕业。

宣统元年(1909),20岁

秋,赴德国留学,考入柏林大学。

宣统三年(1911),22岁

秋,转学入瑞士苏黎世大学。

中华民国二年(1913),24岁

春,留学于法国巴黎大学。次年冬,应江西省教育司(相当于教育厅)之邀,回国阅留德学生考卷。

中华民国四年(1915),26岁

春,到北京任全国经界局督办(局长)蔡锷的秘书,几个月后离职。次年秋,受湖南省省长兼督军谭延闿之任命,任省长公署的交涉科长。

中华民国七年(1918),29岁

年末登舟由上海出国。次年初抵达美国,入学哈佛大学。

中华民国十年(1921),32岁

秋冬之际,留学德国柏林大学研究院。

中华民国十二年(1923),34岁

8月,寅恪撰写家书《与妹书》,被视为他一生中的第一篇学术论文,也是他一生治学的纲要,指引了他一生的治学方向。

中华民国十四年(1925),36岁

在德国接受清华学校国学研究院导师之聘。

中华民国十五年(1926),37岁

1月,寅恪从法国马赛登船,2月抵达上海。7月,抵达清华学校国学研究院,任导师。

中华民国十七年(1928),39岁

8月,与唐筼在上海结婚。

中华民国十八年(1929),40岁

夏,应邀撰写了碑文《海宁王静安先生纪念碑》。

清华学校正式改名为"清华大学",寅恪改任清华大学中文系、历史系两系合聘教授。

中华民国二十年(1931),42岁

在纪念清华建校二十周年时,寅恪对学生发表看法,说:"国可亡,而史不可灭。"

中华民国二十一年(1932),43 岁

夏,应邀为清华大学入学考试代拟“普通国文试题”,引发“对对子”风波。

中华民国二十六年(1937),48 岁

2 月,胡适认为“寅恪治史学,当然是今日最渊博、最有识见、最能用材料的人”。

11 月 3 日,寅恪全家从北京逃亡。

中华民国二十七年(1938),49 岁

春,寅恪到达云南蒙自县,为“国立西南联合大学”文学院学授课。秋,随西南联大由蒙自迁往昆明。

中华民国二十八年(1939),50 岁

春,英国牛津大学聘寅恪为该校汉学(即中国学)教授,牛津大学在信中特意写明,他是该校成立三百余年首次被聘请的第一位中国人专职教授,并派该校副教授休斯担任助手。接到聘书,寅恪表示愿意接受牛津大学汉学教授之聘。

6 月底,寅恪抵达香港,准备全家搭船去英国。9 月,第二次世界大战爆发,赴英计划搁置。

中华民国二十九年(1940),51 岁

夏,课程结束后到香港,赴英之事被迫延缓。寅恪就任香港大学客座教授,次年曾代理香港大学中文系主任数月。

中华民国三十一年(1942),53 岁

6 月底,寅恪全家人在逃离香港后,历尽千辛万苦到达广西桂林。

中华民国三十二年(1943),54 岁

6 月 30 日,作为中山大学文科研究所特约教授,寅恪冒险前往迁至广东北部山区坪石的中山大学讲学一星期,从此,他与中山大学结缘。

12 月底,抵达成都,受成都燕京大学之聘,同时受聘于华西大学中国文化研究,所任特约研究员。

中华民国三十五年(1946),57 岁

回国,任职于清华大学。

中华民国三十八年(1949),60 岁

1 月 19 日,寅恪全家住进了广州的岭南大学,就任该校中文系、历史系合聘的教授。

1950 年,61 岁

5 月,受业弟子向寅恪赠送了“万世师表”的锦旗。

1952 年,63 岁

10 月,院系调整,寅恪任新的中山大学历史系的专任教授。11 月,黄萱任助手。

1953 年,64 岁

9 月,弟子蒋天枢专程从上海复旦大学前来拜谒,寅恪非常高兴,对于论著的“传付”,师生已有内心的默契。

11 月,寅恪接到中国科学院院长郭沫若、副院长李四光联名签署的信,正式请他出任新组建的中科院第二历史研究所(中古史研究所)所长,他于 12 月 1 日作了一番自述,答复科学院。

1954 年,65 岁

5 月,寅恪在历史系举行的“尊师爱生晚会”上接受师生赠送的“诲人不倦”的锦旗。

同年,寅恪受聘为新中国首批中国科学院哲学社会科学“学部委员”,直至逝世。

1956 年,67 岁

2 月,中共中央中南局书记陶铸邀请广州地区高校教师,到从化县温泉镇(今从化市,隶属于广州市)参加“知识分子问题”座谈会,寅恪应邀前往。

同年,国务院副总理陈毅与夫人一道登门造访,双方晤谈甚欢。

1957 年,68 岁

4 月,寅恪与中文系董每戡等人相互赠诗,具有较广泛的社会影响,至今传为美谈。

广东省委第一书记陶铸时常到校看望他，并对他多加照顾。

1958 年，69 岁

秋季起，寅恪被迫不再上课。

1961 年，72 岁

8 月，吴宓从重庆的西南师范学院专程前来探望。

1962 年，73 岁

春，陶铸陪中共中央宣传部副部长胡乔木到康乐园看望寅恪。

6 月 10 日，寅恪折足。

1964 年，75 岁

5 月，蒋天枢专程从上海复旦大学到广州，祝贺 75 岁寿诞，寅恪将论著的修改、编辑工作交给蒋天枢。

完成了“颂红妆”的传世之作——《柳如是别传》。

1966 年，77 岁

“文化大革命”开始，寅恪受到攻击与迫害。他被迫于次年春季在《我的声明》中说：“我生平没有办过不利于人民的事情。”

1969 年，80 岁

10 月 7 日，寅恪由于心力衰竭，兼之突发肠梗阻、肠麻痹，无法救治而凄然逝世。

10 月 18 日，广州《南方日报》《广州日报》刊登了他逝世的消息。12 月 1 日，香港出版的《春秋杂志》报道了陈寅恪去世的消息。

11 月 21 日，唐筼因脑出血、高血压、心脏病等数病并发去世。

附录二　夜访王永兴先生小记

秋高气爽，天高云淡。岭南的康乐园（广州中山大学校园）高朋满座，“纪念陈寅恪教授国际学术研讨会”于 1999 年 11 月 27 日—29 日在此召开，季羡林、石泉、王永兴、池田温、卞孝萱、刘桂生、龚方震、张国刚、马幼垣、胡守为等国内外著名专家近一百人出席了这次学术盛会，周一良先生也发来了书面发言《向陈先生请罪》。借开会之机，11 月 28 日傍晚，我陪同导师蔡鸿生教授、林悟殊教授前往黑石屋拜访了王永兴先生。黑石屋（The Blackstone Lodge）系 20 世纪初美国友人黑石夫人（Mrs. T. B. Blackstone）捐建，新中国成立前为私立岭南大学校长钟荣光之住宅，现为中山大学高级招待所。

王永兴先生，东北辽宁省昌图县人氏，生于 1914 年 6 月，1934 年考入清华大学，师从陈寅恪先生，学习研究魏晋南北朝与隋唐史、敦煌学。后为陈寅恪先生在清华时期（1946 年 10 月—1948 年 12 月）的助手，先后任教于西南联合大学、清华大学、北京大学。现为北京大学历史系教授，知名历史学者，著有《陈门问学丛稿》（江西人民出版社 1993 年版）、《陈寅恪先生史学述略稿》（北京大学出版社 1998 年版）等著作，主编有《纪念陈寅恪先生百年诞辰学术论文集》（江西教育出版社 1994 年版）等书及数十篇论文。

进入黑石屋后，蔡、林二先生坐下。稍一寒暄，王先生就讲开了：“陈（寅恪）先生之所以研究唐太宗，事由有因啊！”接着就是一番王先生的学术独白。

王先生说：隋朝建立之前，北齐、北周都把国库的大多数财物送给突厥，实是国力孱弱之故。隋朝末年，突厥仍然强大，基本上能支配刘武周等七个割据势力，突厥骑兵更是动辄就南下太原，甚至洛阳、长安等地，李渊也不说不沿袭旧策，屈膝降服。

的确，当年陈寅恪先生已精详地考证出隋末唐初，突厥就是东亚之霸主，李渊曾臣事之，可谓发覆之功甚巨。王先生继语：李世民就不服这口气，他率领军队，艰苦努力，对割据势力，展开攻克。这些战斗都是非常艰苦的，如讨伐刘武周，李世民上阵指挥就曾两天两夜不吃饭，不喝水，从武德元年(618)到九年(626)，将各个割据势力一一荡平。之后，他在励精图治后，将矛头对准强大的突厥，历经苦战，于贞观四年(630)，终于将强大的突厥击败，并将其首领颉利可汗俘获，押至长安，跪于宫前。唐太宗李世民为什么能取得这样空前的胜利呢？就在于唐太宗的励精图治、"自强不息"！王先生继续道：所以，陈先生对唐太宗评价很高，认为唐太宗是"不世出之人杰"，陈先生对皇帝的评价没有比这更高的了。

此外，唐代历史上还有若干重要史实，均与自强不息、厚德载物有关。这是陈寅恪先生特别重视唐史的原因啊！

"天行健，君子以自强不息，天势坤，君子以厚德载物"是出自《周易·大传》中的名言，清华大学将"自强不息，厚德载物"作为自己的校训(时称"校箴")，王永兴先生曾兼职清华作陈寅恪先生的助手，对这八个字理解体会很深，他的不少论文中都将之视为华夏民族文化的基本精神之一。

王先生又讲到自己：我是农家子，1931 年入读高中，念了十天书，"九一八"事变就发生了，我和其他十个同学(一个读高二)相伴，前行一百多里逃到皇姑屯，一路上都是从日本侵略军屠杀的同胞遗体堆中过来的，真是民族仇啊！到了北平(北京)，我们无以为生，当了两年叫花子。我经过努力于 1934 年秋考入了清华大学，入读几个月，就爆发了"一二九"运动，我来自东北，对日本帝国主义有国仇家恨，毫不犹豫地参加了运动，所以并没读什么书。

原来王永兴先生还是"一二九"运动的直接见证人和参与者！

真正读点书是在清华南迁、办学西南联大之后。以后认识了陈寅恪先生，才真正入了门。这正如我在一本书的后记中所说的："我从陈寅恪先生受业，始于 1937 年 10 月，至今已 60 年。"(按：此话见《陈寅恪先生史学述略稿》第 463 页)联大的八年和以后抗战胜利后回到清华的三年，我从寅恪先生那里得到了许多教诲,更深刻地体会到寅恪先生是自强不息、厚德载物之人。“自强不息,厚德载物”这一清华校训,在陈寅恪先生身上说到了绝好体现。

讲到这里,王先生望着蔡鸿生先生、林悟殊先生说:鸿生啊,咱们是同门学友、师兄弟,都是为了老师,一定要努力啊,千万不要客气。王先生之意,就是以陈先生“自强不息,厚德载物”为勉言,将陈先生的名山事业发扬光大。

蔡、林二先生点头赞许,对于王先生的一番议论,他们完全赞同,蔡鸿生先生的新著《唐代九姓胡与突厥文化》(中华书局 1998 年版),关于突厥的不少论述即可从陈寅恪先生说的论著及课堂讲述的启发中来,所以在《唐代九姓胡与突厥文化·后记》,蔡先生有这么一段浓情回顾:

> 记得五十年代中期,在陈寅恪先生“元白诗证史”的讲席上,初闻“九家胡”“突厥法”之类的故实,即怦然心动,想作“大唐西域”的精神漫游了。有一次,也许是讲《新乐》府吧,寅恪先生顺带提及近代的借词“苦力”源出古突厥的“奴”字,点到即止,未曾细说。小子何知,竟敢悬拟传播路线,想要写篇《从库利到苦力一个突厥词的旅行记》。回首往事,未免令人汗颜。正所谓“秉愚钝之质,挟鄙陋之学”,而欲言人所未言,纵然是牛犊之思,也难辞狂妄之嫌了。……
>
> 我不相信无师自通的奇迹。慧能之慧,也要靠人指点。关于陈(寅恪)、岑(仲勉)、戴(裔煊)三师的回忆,无非是对引发粟特史、突厥史研究的那段学术因缘未能忘情……

蔡先生的回忆,不仅说明了自己受陈寅恪先生影响之深,也表明了对陈先生“指点”的“未能忘情”。事实上,蔡先生正是遵照乃师的指点而治学的,仅从听“寅恪先生顺带提及近代的借词‘苦力’源出古突厥的‘奴’字”,就“想要写篇《从库利到苦力一个突厥词的旅行记》”一事看来,就如此。这不正是 1935 年陈寅恪所谓“凡解释一字即是作一部文化史”(《陈寅恪致沈兼士函》,见《沈兼士学术论文集》,中华书局 1986 年版,第 202 页)的体现吗?

王先生又讲述了关于向达(觉明)、郑天挺(毅生)等先生的佚事,向、郑均史学大家,郑天挺之尊人郑叔忱先生与陈寅恪之尊人陈三立,曾在清末共过事,可谓世交;向、郑二先生素来都对寅恪先生恭恭敬敬,执弟子礼,与陈先生讲话时都一直站着;郑天挺先生又说陈寅恪先生对清史"特别熟"。1949 年后,向先生研究《大唐西域记》,带着许多问题到广州向陈先生请教,"住了半个多月,站了一个上午",后来陈先生似乎有所察觉,问道"我觉得向先生怎么是站着"? 向达先生存疑的问题都得到了陈先生的答复,他满意而归。王先生说到这里,我看见蔡先生不住地点头,大概他回想起"元白诗证史"课程上自己所作的"大唐西域"的精神漫游了吧。

一个小时很快过去了,王永兴先生对陈寅恪先生感情的深厚,我当面领教了。而八十五岁高龄的王永兴先生休息的时间到了,王先生在公子的陪同下将我们送到门口。

我侍随蔡、林二先生,步行于康乐园。一路之上,我脑子中都是王永兴先生口头不停念着的那八个字:"自强不息,厚德载物。"

(1999 年 11 月 28 日深夜于康乐园西区 721 栋 204 室。2008 年 9 月 15 日,王永兴先生去世于北京,享年九十五岁)

附录三　主要参考书目

1. 胡守为:《陈寅恪传略》,载《晋阳学刊》1982 年第 3 期,第 25—32 页;

2. 冯衣北:《陈寅恪晚年诗及其他——兼与余英时先生商榷》,花城出版社,1986 年;

3. 中山大学历史系编:《纪念陈寅恪教授国际学术讨论会文集》,中山大学出版社,1989 年;

4. 北京大学中国古代史研究中心编:《纪念陈寅恪先生诞辰百年学术论文集》,北京大学出版社,1989 年;

5. 汪荣祖:《史家陈寅恪传》,百花洲文艺出版社,1992 年;增订本,北京大学出版社,2004 年;

6. 王永兴编:《纪念陈寅恪先生百年诞辰学术论文集》,江西教育出版社,1994 年;

7. 胡守为主编:《〈柳如是别传〉与国学研究》,浙江人民出版社,1995 年;

8. 陆键东:《陈寅恪的最后二十年》,生活・读书・新知三联书店,1995 年;

9. 吴定宇:《学人魂・陈寅恪传》,上海文艺出版社,1996 年;

10. 蒋天枢:《陈寅恪先生编年事辑》(增订本),上海古籍出版社,1997 年;

11. 周一良:《毕竟是书生》,北京十月文艺出版社,1998 年;

12. 吴宓著、吴学昭整理:《吴宓日记》,共十册,生活・读书・新知三联书店,1999 年;

13. 胡守为主编:《陈寅恪与二十世纪中国学术》,浙江人民出版社,2000 年;

14. 陈寅恪:《唐代政治史述论稿》,生活·读书·新知三联书店,2001年;

15. 陈寅恪:《隋唐制度渊源略论稿》,生活·读书·新知三联书店,2001年;

16. 陈寅恪:《元白诗笺证稿》,生活·读书·新知三联书店,2001年;

17. 陈寅恪:《柳如是别传》(上中下三册),生活·读书·新知三联书店,2001年;

18. 陈寅恪:《金明馆丛稿初编》《二编》,生活·读书·新知三联书店,2001年;

19. 陈寅恪:《寒柳堂集》,生活·读书·新知三联书店,2001年;

20. 陈寅恪:《陈寅恪集·书信集》,生活·读书·新知三联书店,2001年;

21. 陈寅恪:《陈寅恪集·诗集》,生活·读书·新知三联书店,2001年;

22. 陈寅恪:《陈寅恪读书札记》(一二三集),生活·读书·新知三联书店,2001年;

23. 蔡鸿生:《学境》,(香港)博士苑出版社,2001年;

24. 罗志田:《二十世纪的中国思想与学术》,广东教育出版社,2001年;

25. 蔡鸿生:《仰望陈寅恪》,中华书局,2004年;

26. 陈小从:《图说义宁陈氏》,山东画报出版社,2004年;

27. 刘隆凯:《陈寅恪〈元白诗证史〉讲席侧记》,湖北教育出版社,2005年;

28. 何炳棣:《读史阅世六十年》,广西师范大学出版社,2005年;

29. 卞僧慧:《陈寅恪先生年谱长编(初稿)》,中华书局,2010年;

30. 陈流求、陈小彭、陈美延:《也同欢乐也同愁:忆父亲陈寅恪母亲唐筼》(回忆录),生活·读书·新知三联书店,2010年;

31. 刘梦溪:《陈寅恪的学说》,生活·读书·新知三联书店,2014年;

32. 陈流求编:《陈寅恪诗集》,清华大学出版社,1993年;生活·读书·新知三联书店,2001年。

后 记

作本书之缘起，在于“江苏省出版行业领军人才计划入选者”、南京大学出版社编审、学术出版中心主任杨金荣博士的约请。2016 年 1 月，在南京大学参加教育部人文社会科学研究基地南京大学“中华民国史研究中心”组织举办的“中华民国史研讨会”期间，作为中心教授的金荣兄约起海峡两岸几位学人夜游秦淮河，那天恰逢雨夜，船上台海两岸学人雅聚，天南海北，晤谈甚欢。金荣兄谈起了这一套民国学人丛书的编撰，并以《陈寅恪卷》书稿相询；后来，金荣兄几次电话、电子邮件相邀，感动于金荣兄的信任之余，笔者欣然接受了这一任务。内容几经调整，书名也由“一本书读懂陈寅恪”“陈寅恪与近代学人”“陈寅恪与学界”“走进陈寅恪”等初名，最终确定为主要面向大学生群体的《读懂陈寅恪》。

回想 1991 年 4 月 26 日，自己在中山大学参加硕士生入学复试，陈春声师提问，知道陈寅恪先生吗？他的主要成就是什么？我回答，陈寅恪先生是一位盲人教授，他对于典籍掌握深厚，研究精深……看到春声师、张荣芳师记录的陈述良师满意地点头。此后，我连续选修了胡守为师为本科生讲授的选修课“魏晋南北朝史研究”等课程，接触到中山大学档案馆的陈寅恪档案，参加了 1994 年、1995 年、1999 年、2004 年在中山大学、清华大学、香港岭南大学举办的三次相关研讨会，引发了我对陈先生学术研究的极大兴趣，更为陈先生一生坚持的独立自由之思想所折服。

留校执教不久，我于 1994 年 9 月参加了学校主办的“《柳如是别传》与国学研讨会”，负责录音记录了季羡林、赵令扬等先生的口头发言，并将录音整理成为文稿。事成，胡守为师反馈说：季老说，中山大学同志整理细腻，说话的原始口气都保留下来了，对于整理的文稿很满意。我也开始撰写论文，参与了多次在广州、香港等地召开的研讨陈寅恪先生学术的研讨会，23 年来先后也在香港《文汇报》《中山大学学报》《史学史研究》《四川师范大学学报》《西藏大学学报》等报纸杂志上，发表了多篇研究陈寅恪先生的论文，讲授本科生、硕士生课程“陈寅恪与中国文化”等。本书之撰写，部分初稿就来源于我的讲稿，以及引用新史料后重新撰写旧文而成。

书稿在撰写、修改过程中，参考了黄萱、胡守为、蒋天枢、季羡林、汪荣祖、王永兴、周一良、蔡鸿生、陈春声、桑兵、罗志田、陆键东、张荣芳、王启龙、吴定宇、林中泽、胡晓明、卞僧慧、刘克敌、刘经富、陈小从等先生的有关文章，并引述了他们的一些材料和观点，由于体例的限制、撰写时间的较为匆忙等原因，没有逐一注明，特此说明并向诸位先生表示感谢。

本书在撰写前后，我曾多次向蔡鸿生、陈春声、舒大刚、徐亮工（中舒先生文孙）、陈其津（序经先生哲嗣）等先生请教，并常与郭德焱、陈勇、杨金荣、任羽中、田利军、杨永明、朱晓舟等学友讨论相关问题，其过程使我愉悦，同时也感谢这些师友的耳提面命、指点与互相激励，感谢硕士生周竟成、吴艾坪、刘朋乐查核资料。

家里积极为我撰写是书创作便利条件，使我能够全身心投入研究，母亲、妻子、儿子王令我对我工作的理解与支持，我不能不表达谢意。2017 年 1 月，我完成了初稿，次年 1 月完成了二稿。杨金荣先生在认真审读书稿后，先后提出了修改意见；编辑王静女士反复联系，提出编校建议，提高了本书的质量。我对此表示衷心的谢意。

王 川

2018 年 1 月，于蓉城“潜读斋”

图书在版编目(CIP)数据

读懂陈寅恪 / 王川著. -- 南京 ：南京大学出版社，2019.1

ISBN 978-7-305-21414-1

Ⅰ. ①读… Ⅱ. ①王… Ⅲ. ①陈寅恪(1890—1969)—学术思想—研究 Ⅳ. ①K825.81

中国版本图书馆 CIP 数据核字(2019)第 007245 号

出版发行　南京大学出版社
社　　址　南京市汉口路 22 号　　　邮　编　210093
出 版 人　金鑫荣

书　　名　读懂陈寅恪
著　　者　王　川
责任编辑　王　静　　　编辑热线　025-83593963

照　　排　南京南琳图文制作有限公司
印　　刷　江苏苏中印刷有限公司
开　　本　718×1000　1/16　印张 21.5　字数 300 千
版　　次　2019 年 1 月第 1 版　2019 年 1 月第 1 次印刷
ISBN 978-7-305-21414-1
定　　价　58.00 元

网址：http://www.njupco.com
官方微博：http://weibo.com/njupco
官方微信号：njupress
销售咨询热线：(025) 83594756